Reise-Taschenbuch

Daniela Eiletz-Kaube
Kurt Kaube

Senkrechtstarter

La Réunion macht aus allen Perspektiven eine gute Figur. Von oben, von unten, von links, von rechts. Ein bisschen wie eine alternde Diva, die sich trotz ihrer Runzeln und Falten von allen Seiten für die Fotografen rausputzt. Aussichtspunkte ohne Ende, Strände in allen Farben, donnernde Wasserfälle, schroffe Steilküsten, Vulkanlandschaften, Bergurwälder, freundliche Gesichter, bunte Märkte. Bunt, ja so ist sie, die Lady. Bunt und voller Perspektiven. So präsentiert sie sich auch bei den Cascades de Grand-Galet.

Überflieger

Saint-Denis

Urbanes Savoir-vivre vor herrlicher Bergkulisse

Sich ins Marktgetümmel stürzen

Eine Runde Panorama, bitte!

La Roche Écrite

Voll gekritzelter Tafelberg

Saint-Paul

Das Mekka der Strandtouristen

Cap Noir

Nach einem entlaufenen Sklaven benannt

Cirque de Mafate

Cirque d

Salazie

Zu Fuß unterwegs im Feuchtgebiet

Die blaue Lagune

Saint-Gilles-les-Bains

Wanderwonnen

Piton Maïdo

L'Hermitage-les-Bains

Aussichtsbalkon für den Cirque de Mafate

Piton des Neiges

Trois-Bassin

Perfekte Wellen, aber keine Surfer

Cirque de Cilaos

Hierher führt eine dramatische Passstraße

Saint-Leu

In die Sterne gucken

Legendäre Sonntagskonzerte

La Fenêtre

Les Makes

Cilaos von oben

Dorfidyll am Dimitile

L'Entre-Deux

Schwarzsehen

L'Étang-Salé-les-Bains

Fischers Fritze

Saint-Pierre

Grand'Ans

Eine Bucht zum Verliebe

La Réunion — mitten im Indischen Ozean! Mal eben drüberfliegen, von West nach Ost und von Nord nach Süd. Vulkane und Strände, Urwald und Gärten!

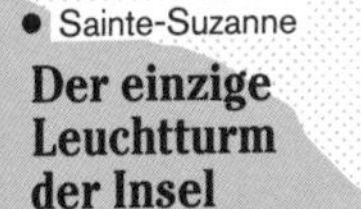

Querfeldein

Fundstücke — zwischen Furchen und Flüssen, Berg und Beach, Lava und Lichtungen. Eines ist gewiss: Ohne Schweiß läuft auf La Réunion kaum etwas.

So weit das Auge reicht

Horizont ist ein Begriff, der auf Réunion in vielen Nuancen auftaucht. Die Fernsichten machen süchtig, wer einen Berg oder Aussichtspunkt erklimmt, plant schon in Gedanken den nächsten. Selbst wer vier Wochen auf der Insel weilt und täglich wandert, hat nicht annähernd alle Gipfel bestiegen. Ein Grund mehr, wiederzukommen.

Körnchenweise Glück

Die Strände könnten nicht mit Mauritius mithalten, hört man immer wieder. Stimmt genau. Weiß, das kann ja jeder, aber anthrazitgrau, das ist mal was Besonderes. Oder Olivingrün. Die Strände passen exakt zur Insel: charaktervoll, in vielen Formen und Farben, mal schroff, mal zum Baden geeignet, mal nur eine Augenweide. Hand aufs Herz: Bloß zum Faulenzen am Strand ist die Insel ohnehin viel zu schade. Kleiner Tipp von einer Geschädigten: Vom dunkelgrauen, höllisch heißen Sand trägt man Brandblasen davon!

Graue Eminenz(en)

Wenn es nur einen Grund gäbe, um die Insel zu besuchen, dann würde ich die Vulkane nennen. Atemberaubend schön die mondlandschaftenartige Plaine des Sables, feurig spritzig der aktive Piton de la Fournaise, von der Feuerwalze überrollt der Grand Brûlé, ein olivgrüner Strand, ein schwarzer Strand, überwucherte Lavaströme als Wanderwege: Praktisch die ganze Insel ist ein Sammelsurium aus Vulkanen, Calderas, eingebrochenen Magmakammern, Lava und Kratern. Dennoch: So unbeschadet wie hier kommen Sie den vulkanischen Elementen nirgendwo näher auf der Welt.

Machen Sie es den Insulanern nach: Wandern Sie, was das Zeug hält, picknicken Sie bei jeder sich bietenden Gelegenheit an idyllischen Plätzen und vergessen Sie am besten schnell alles, was Sie in der Fahrschule gelernt haben.

Fast die ganze Welt auf einer kleinen Insel

So unerfreulich die Gründe für ihre Immigration waren, so einzigartig machen Tamilen, Chinesen, Araber und Ostafrikaner das Leben heute. Strahlendbunte hinduistische Tempel stehen neben schlanken Minaretten. Mittags gibt es indische Samoussas, kreolisches *cari* und französische *crème brûlée*. Voodoozauber ergänzt mühelos den sonntäglichen Kirchgang. Eine perfekte westliche Infrastruktur aus Straßen, Schulen und medizinischer Versorgung trifft auf Wellblechhütten und verbeulte Karren. Wozu nach Indien, China oder Madagaskar reisen, wenn Sie all das auch auf Réunion haben können?

Heiliger für alle Fälle
Beistand bei einer schwierigen Prüfung? Sie wünschen Ihrem untreuen Ehepartner die Pest an den Hals? Kein Problem. Die glühende Verehrung des römischen Kommandanten Saint-Expédit, der auf kuriosen Wegen nach Réunion gelangte, lässt sich an unzähligen Schreinen und Altären ablesen. Gut, dass er für alles Gute und Schlechte angebetet werden kann.

Der Stolz der Hausfrau ist ihr bunt blühender Garten. Eine Schönheit hübscher als die andere.

Die ganze Insel in einem Glas

Fragen Sie gleich an Ihrem ersten Abend auf Réunion nach einem *rhum arrangé*, im Nachhinein bereuen Sie es sonst sicher, es nicht getan zu haben. Ein Abend ohne *rhum arrangé* ist fast so öde wie ein Abend ohne glühenden Sonnenuntergang. Die beiden sind sich ähnlicher als gedacht, denn jede Farbnuance eines Sonnenuntergangs hat ihre alkoholische Rum-Entsprechung. Im Prinzip findet sich alles, was auf der Insel wächst, im Rumtopf wieder. Ursprünglich in der Familie als Medizin von Generation zu Generation weitervererbt, dient er heute eher kulinarischen Genüssen. *Santé!*

Inhalt

Vor Ort

Saint-Denis und Umgebung 14

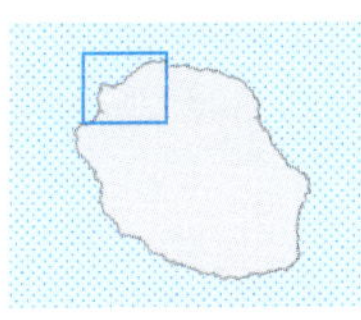

Bunt – das Gebot der Stunde. Fassaden, Gesichter, Blüten. Sogar der graue Vulkan spuckt feuerrot.

Der Westen 36

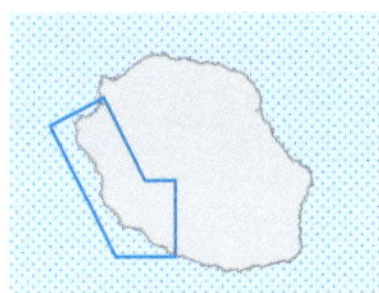

Der Süden 84

Der Osten 128

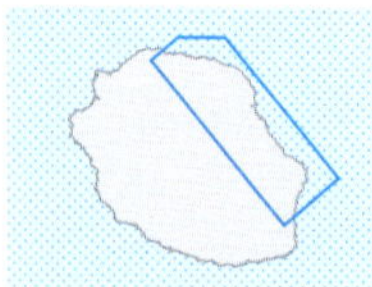

Farbenfroh: der Temple Petit Bazar in Saint-André

Die drei Cirques: Salazie, Mafate und Cilaos 166

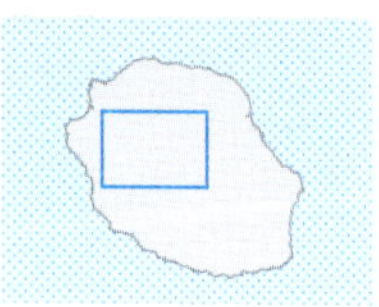

Die Hochplateaus und der Vulkan 208

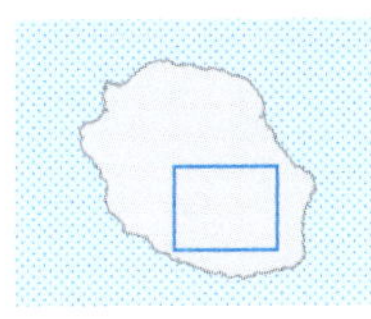

Das Kleingedruckte

Das Magazin

Vor

Ort

Gewusst wo: Ein großer Teil der Lagune vor La Saline-Les-Bains ist als Marinereservat ausgewiesen, doch ganz nah an der Küste dürfen die Kiter über die Wellen fliegen.

Saint-Denis und Umgebung

Wo kommt ein Stau gelegener? — Hinter einem das funkelnde Meer, vorne zerklüftete, sattgrüne Berglandschaften.

Eintauchen

Seite 20

Petit Marché

Hier herrscht am Vormittag dichtes Gedränge um die Obst- und Gemüsestände. Kein Markt für Touristen, sondern einer, wo die Einheimischen unter sich bleiben.

Seite 21

Maison Carrère

Im originalgetreu nachgebauten Haus eines Zuckerhändlers können Besucher das Leben vor 100 Jahren rekonstruieren. Die Damen erhielten damals nicht alleine Ausgang, sie saßen auf der Terrasse und beobachteten von hier aus das Leben auf der Straße.

Meiden Sie die Stadt am Sonntag, da herrscht Grabesruhe!

Seite 22

Musterhafte Villenviertel

Links, rechts, links. Lassen Sie sich durch die Straßen der Innenstadt treiben und bewundern Sie die prachtvollen Palais und Stadtvillen.

Seite 24

Musée Léon-Dierx

Liebhabern der schönen Künste präsentiert das Museum Bilder und Skulpturen namhafter réunionesischer und französischer Künstler des 19. Jh. Das kleine Museum erfordert ein wenig Vorbildung, um es würdigen zu können.

Seite 28

Ausgehviertel

Das urige Altstadtflair hinter der Kathedrale ist einzigartig auf Réunion. Im Schatten der Kirche gedeihen Kneipen, Bars und Restaurants mit Gottes Hilfe. Abends finden sich glückstrunken Nachtschwärmer unter dem Kreuz ein und genießen das Flair.

Seite 30

La Roche Écrite ✪

Der Tafelberg von Saint-Denis (Abb. rechts) direkt hinter der Hauptstadt geizt weder mit Aussicht noch mit sportlicher Herausforderung. Nur eine Seilbahn wie in Kapstadt gibt es noch nicht. Und die kurvenreiche Anfahrt zieht sich wie Kaugummi. Oben auf dem Berg wird klar, woher er seinen Namen trägt. Aber tun Sie es Ihren Vorgängern nicht gleich und verzichten bitte darauf, sich hier ›einzuschreiben‹.

Seite 32

Rundwanderweg zum Cap Noir

Der Weg von Dos d'Âne zum Cap Noir und weiter eröffnet herrliche Aussichten über den Cirque de Mafate vorne und auf die Küste hinten. Auch La Roche Écrite (Abb. oben) kommt in den Blick. Bis auf einige enge Stellen und zwei Eisenleitern eignet sich die Wanderung auch für weniger Geübte.

Merken Sie sich Ihr Fahrzeugkennzeichen, Sie brauchen es für die Parkscheinautomaten.

»Wir gehören zu Europa, sind aber ganz nah an Afrika.«
Peter Mertes, Gründer von Pardon!

erleben

Von 0 auf 2276 m

D

Der erste Blick auf Réunion vom Flugzeug aus macht Lust auf mehr: Die zerfurchten und sattgrünen Berglandschaften leuchten verheißungsvoll. Der weiße Häuserteppich von Saint-Denis überzieht die Hänge und verliert sich weiter oben im Bergnebel. Das türkisblaue Meer plätschert an die anthrazitgrauen Steine der Küste. Ein Postkartenmotiv!

Die kribbelige Vorfreude auf das, was kommen mag, hält nur so lange, bis Sie das erste Mal im Stau stehen. Außerdem ist der erste Eindruck, wenn Sie vom Flughafen kommen und nach Westen fahren, gar nicht so schmeichelhaft. Eingepfercht in Hochhäusern ohne Grün und Perspektiven, leben einkommensschwache Stadtbewohner in den *quartiers* östlich der Innenstadt. Die Villenviertel verschanzen sich im hinteren Teil des Stadtzentrums und viele wohlhabende Dionysiens hat es längst in die Höhenlagen gedrängt, wo die drückende Hitze besser zu ertragen ist. Besser nach oben als nach Ost oder West, denn die allmorgendlichen Verkehrskollapse machen ein pünktliches Erscheinen im Büro fast unmöglich. An manchen Tagen fühlt sich Saint-Denis millionenschwer an, aber es leben gerade einmal 153 000 Menschen im Stadtgebiet.

ORIENTIERUNG **O**

Internet: www.reunion.fr. Offizielle Website des Fremdenverkehrsamts.
Verkehr: Die Route Nationale N2 verbindet den östlich der Stadt gelegenen Flughafen mit dem Stadtzentrum. Die Linie T (www.carjaune.re) fährt direkt vom Flughafen zum Jardin de l'État (und weiter an die Strände, u. a. Boucan-Canot, Saint-Gilles oder Saint-Leu, 5 €, www.reunion.aeroport.fr/passagers/transports). Stadtbusse: Citalis, www.citalis.re. Stadtbusse verkehren flächendeckend im ganzen Stadtgebiet zwischen 6 und 20 Uhr. Busse sind leider für die Erkundung des Hinterlandes keine Alternative.
Wanderkarten: IGN 4402 RT für La Roche Écrite, IGN 4401 RT für La Possession, Dos d'Âne, Le Port.

Viele machen einen großen Bogen um Saint-Denis, doch dies tut der Stadt unrecht. Denn das Ballungszentrum kann mit hippen Lokalen, sehenswertem historischem Bestand, Museen, Straßenmärkten, Krämerläden, Nachtleben und Konzerten und nicht zuletzt mit Hausbergen und Wanderungen punkten, die Kapstadt zur Ehre gereichen würden. Willkommen am südlichsten Ende Frankreichs!

Saint-Denis E/F1/2

Am Meer

21 Raketenschüsse und »Vive le Roi«-Rufe kündeten am 27. November 1819 eine neue Ära an. Endlich bekam Saint-Denis einen Hafen. Bereits 1669 gegründet, wurde die Insel von Saint-Paul aus regiert, obwohl Saint-Denis viel näher an den großen Plantagen im fruchtbaren Nordosten lag. Erst 1738 verlegte man die Kolonialverwaltung, doch ein Hafen blieb ihnen verwehrt. So erbaute man östlich der Avenue de la Victoire einen langen Steg, der mit weiteren Pieren in Richtung Westen das Hafenbecken begrenzen sollten. Er war auf Schiffe von bis zu 150 t ausgelegt, doch noch während der Bauarbeiten fegte ein mächtiger Zyklon den Traum vom Hafen weg. An einen Hafen erinnert nichts mehr, vielmehr ist der **Barachois** ❶ heute ein lang gezogener Grün- und Betonstreifen zwischen N2 und dem Wasser östlich der Kanonen. Die Küstenpromenade ist ein beliebter Treffpunkt der Einheimischen – insbesondere in den Stunden der glutroten Sonnenuntergänge.

FAKTENCHECK

Einwohner: knapp 153 000.
Bedeutung: Inselhauptstadt, Sitz der Präfektur (höchstes politisches Amt) und Stadt des Geldes.
Stimmung auf den ersten Blick: schwül-heiße Verkehrshölle.
Stimmung auf den zweiten Blick: Die Nächte könnten länger werden.
Besonderheiten: Hier spielt die Musik – politisch, wirtschaftlich, Spital, Universität.

Er klingt so verheißungsvoll, der Barachois, mit seinen Kanonen und der Brandung davor. In Natura wirkt die Promenade weit weniger idyllisch, weil sich dahinter eine Verkehrslawine entlangwälzt.

Einer flog über die Insel

Vor dem Café gleichen Namens, steht die **Roland-Garros-Statue** ❷. Der 1888 in Saint-Denis geborene Luftfahrtpionier überflog als erster Pilot das Mittelmeer, machte sich bei sehr vielen europäischen Wettbewerben einen Namen und war im Ersten Weltkrieg der erste Soldat, der eine Maschine mit Gewehr an Bord – quasi das erste Jagdflugzeug – manövrierte. 1918 starb er im Luftkampf.

Zwei Runden mit dem Auto auf Parkplatzsuche gedreht, und Sie haben den Dreh raus. Eine Querstraße verläuft

Saint-Denis

Ansehen
1 Barachois
2 Roland-Garros-Statue
3 Gouverneurspalast (heute: Hôtel de la Préfecture)
4 Grand Marché
5 Grande Mosquée Noor-e-Islam
6 Petit Marché
7 Li Si Tong
8 Shri Maha Kalikambal
9 Jardin de l'État
10 Square La Bourdonnais
11 Villa an der Rue Rontaunay
12 Banque de la Réunion
13 Rue Jean Chatel
14 Rathaus
15 Häuser in der Rue de Paris
16 Muséum d'Histoire Naturelle
17 Maison Carrère
18 Musée Léon-Dierx
19 L'Arthothèque
20 Musée des Arts décoratifs et du design

Schlafen
1 Villa Marie Lucie
2 Villa Angélique
3 Hôtel Juliette Dodu
4 Dina Morgabine Saint-Denis
5 L'Austral Hôtel

Essen
1 L'Atelier de Ben
2 Apoteek
3 Au Comptoir du Potager
4 Le Carré
5 Chez Pépé Dofé
6 Mafate Café
7 L'Oiseau du Jardin
8 Le Saint Georges
9 Le Caudan
10 Inde ô Chine
11 Le Massalé
12 Le Lys Sucrée

Einkaufen
1 Pardon!
2 Rouge Céladon
3 Librairie Autrement

Ausgehen
1 Le 144
2 Ô Bar
3 Quartier Cathédrale

---

nach links, die nächste nach rechts usw. Weil die barocke Ordnung in der Städteplanung in Europa gerade en vogue war, strickte man den Grundriss wie ein einfallsloses Schachbrettmuster. Der untere Teil war der Ostindien-Kompanie, u. a. ihren Lagerhallen, Läden und gar einem Priesterseminar zur Ausbildung von Geistlichen für die Kolonien (24–26, av. de la Victoire, gegenüber der Kathedrale, heute Université de la Réunion) wie auch dem **Gouverneurspalast** (heute **Hôtel de la Préfecture**) 3 vorbehalten. Weiter oben, südlich des Hôtel de Ville (Rathaus),

NULLNUMMER

Bei den markanten Kanonen direkt am Meer beim Square La Bourdonnais geht die Nulllinie der Insel durch, d. h. von hier aus werden die Distanzen zum Rest der Welt gemessen.

sollten die Residenzen der wohlhabenden Bürger Platz finden.

Rue Maréchal Leclerc

Auf Ramschniveau runtergestuft

Verloren steht der der **Grand Marché** ❹ (Mo–Sa 7–18 Uhr) im Abseits am Ende der Rue Maréchal Leclerc. Stilistisch nehmen die schmucken Eisenkonstruktionen Anleihe an der Architektur des Second Empire. Kosten und Mühen wurden keine gescheut: Die Einzelteile wurden direkt aus Paris eingeführt. Drinnen glänzt die Markthalle schon lange nicht mehr, es wird viel Ramsch aus China oder Madagaskar und wenig Originelles angeboten.

Jenseits der Rue de Paris schließt die Fußgängerzone an, aber in den kleinen Lädchen findet sich kaum Ware für den mitteleuropäischen Geschmack. Mittendrin leuchtet das ›Licht des Islam‹, die 1905 eröffnete **Grande Mosquée Noor-e-Islam** ❺. Das 32 m hohe Minarett der ersten, auf französischem Boden errichteten Moschee ist nicht zu übersehen (nur von außen; s. S. 296).

Was den Händlern heilig ist

So klein ist er eigentlich nicht, der **Petit Marché** ❻ (Mo–Sa 6–18 Uhr), der sich hinter dem Verkehrsgewusel versteckt. Am leichtesten finden Sie ihn, wenn Sie beim Leader Price in die Ruelle Akwon Lawson oder in die Rue Michel Hasam abbiegen. Früchte, Gemüse, Fisch, Fleisch, Blumen und Delikatessen bieten die Marktbeschicker hier feil.

Händler prägten diesen Teil der Stadt nachhaltig. Deshalb ist der chinesisch-daoistische Tempel, die **Li Si Tong** ❼ (Mandarin: Lishe Tang; 63, rue Sainte-Anne), dem General Guan Yu (Guandi) gewidmet, der vor 2000 Jahren lebte und als Gott des Handels, des Krieges und des Mutes verehrt wird. Hier die Chinesen, dort die Tamilen. Dankbare, gottesfürchtige Kaufleute ließen den farbenfrohen Hindutempel **Shri Maha Kalikambal** ❽ errichten. Beide Gebetshäuser sind nicht mehr öffentlich zugänglich.

Am Ende der Rue de Paris

Garten mit bipolarer Störung

Mit dem **Jardin de l'État** ❾ (tgl. 6–18 Uhr, Eintritt frei) ist's wie mit dem Wetter: mal top, mal flop. Je nach Jahreszeit, Festlichkeiten und Pflege verändert sich sein Gesicht. Vor allem an heißen, stickigen Tagen zieht die grüne Lunge die Städter magisch an. Seine Glanzzeiten erlebte der 1767 eingerichtete Garten in den 1860er-Jahren, als hier über 4000 Pflanzenspezies aus aller Welt wuchsen.

Das am Ende des Parks gelegene und 1855 eröffnete **Muséum d'Histoire Naturelle** ⓰ erstrahlt nach der Renovierung wieder in hellem Glanz. Ein kurzweiliger (klimatisierter) Stopp im Reich der Tiere und Pflanzen kann niemals schaden. Das hübsche, neoklassizistische Gebäude ist jedenfalls ein Hingucker.

Museen

Dodo, Tenrek und mehr

⓰ **Muséum d'Histoire Naturelle:** Das Obergeschoss des Naturhistorischen Museums ist den Tieren und der Natur von La Réunion und ihren Nachbarinseln gewidmet. Stattlich: Der wegen seines Fleisches bis zum völligen Aussterben gejagte Laufvogel Dodo wurde originalgetreu rekonstruiert. Im Erdgeschoss finden sich zahlreiche Sammlungen (teils aus dem 19. Jh.), angefangen von Mineralien vom Piton de la Fournaise bis hin zu Artefakten der Tuareg aus der Sahara.

1, rue Poivre, Di–So 9.30–17.30 Uhr, 2 €

Peepshow auf Kreolisch

⓱ **Maison Carrère:** Der Fußboden knarzt, von hinten ruft jemand und im Garten kreischen Vögel. Ob die Familie des Zuckerhändlers die gleiche Geräuschkulisse vernahm? Im 1905 erbauten und originalgetreu renovierten Haus wohnte das Ehepaar Carrère mit seinen fünf Töchtern. Exotisches Mobiliar, verziert mit Spitzendecken, sowie kunstvollen Vitrinen, die typisch für wohlhabende Haushalte waren, sind zu sehen. Nicht zugänglich sind die Rauchküche, der Hühnerstall und die Latrinen (selbst gut situierte Stadtbewohner hatten Ende des 19. Jh. weder fließend Wasser noch Strom oder eine Kanalisation) im hinteren Teil. Die Abende verbrachte man zu Hause, denn die in den europäischen Städten üblichen Zerstreuungen fehlten. Aus Angst vor Übergriffen war es Frauen nicht gestattet, am öffentlichen Leben teilzunehmen oder sich auf den Straßen frei zu bewegen. Das geselligste Ereignis des Tages für Bürgertöchter und -ehefrauen bestand darin, auf der *guétali,* einer Art Panoramaterrasse an der Einfriedung des Gartens, zu sitzen, zu häkeln und hinter den filigran geschnitzten Holzabdeckungen das Treiben auf der Straße zu beobachten. An einigen Häusern in Saint-Denis sind die *guétali* (die kreolische Wendung *gèt a li* bedeutet so viel wie ›Schau dir das an!‹) noch erhalten.

Viele Besucher machen um Saint-Denis einen Bogen, obwohl an allen Ecken und Enden architektonische Meisterwerke zu bestaunen sind, wie die Grande Mosquée Noor-e-Islam in der Rue Maréchal Leclerc.

TOUR
Jeder Schritt eine Geschichte

Spaziergang durch Saint-Denis

Kaum ein paar Schritte gelaufen, strömt der Schweiß aus allen Poren. Können Sie sich vorstellen, dass anfangs die landwirtschaftliche Ware nur in Holzverschlägen gelagert wurden? Kein Wunder, dass ein Großteil verdarb, lange bevor ein Schiff es abtransportieren konnte. Ein gemauertes Lagergebäude musste her. Gouverneur Mahé de Labourdonnais ließ das erste Steingebäude der Stadt zu einem repräsentativen multifunktionalen Gouverneurspalast (heute: **Hôtel de la Préfecture** ❸) samt Befestigungsanlage mit Kasernen und Lagerhallen für den Kaffee ausbauen. 1739 fertiggestellt, hinterließen mehrere Baumeister danach ihre Handschrift, doch die meisten fanden Gefallen an neoklassizistischen Elementen wie den Säulengängen, den Veranden oder den prägnanten Erkern. Am nebenan liegenden **Square La Bourdonnais** ❿ wurde am 20. Dezember 1848 die Abschaffung der Sklaverei proklamiert.

Beim Duft von Burgern und Pommes zweigen Sie links in die Rue Rontaunay ab. 1810 floh der 17-jährige Waisenjunge Julien Gaultier de Rontaunay von Mauritius nach Ile Bourbon. Was er angriff, wurde zu Gold, egal ob Handel, Börsenspekulationen oder die Kolonialisierung von Madagaskar, die er federführend vorantrieb. Trotz zwischenzeitlichem Bankrott avancierte er 1834 zum mächtigsten Mann der Insel, mit noch mehr Sklaven als die berüchtigte Madame Desbassyns. Beeilen Sie sich, seine imposante **Villa an der Rue Rontaunay** ⓫ zu bestaunen, bevor daraus ein Hotel wird. In architektonischer Hinsicht

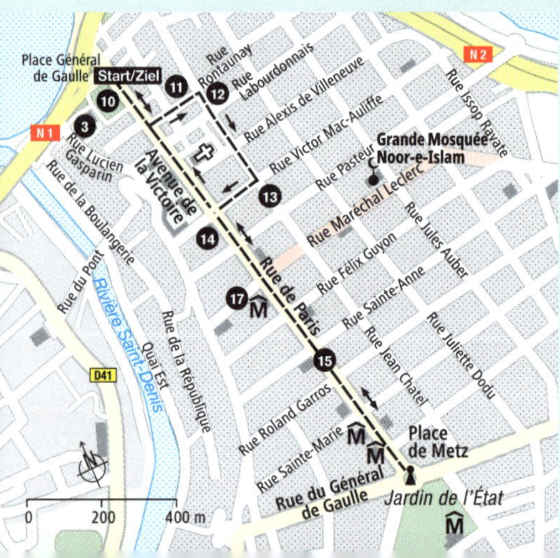

Infos

F1
s. Cityplan S. 18

Start/Ziel: Hôtel de la Préfecture 3

Hinweis: Alle Gebäude können nur von außen besichtigt werden.

ist der Bau ein Juwel mit allen traditionellen Elementen einer kreolischen Villa: Holzbauweise, der U-förmige Grundriss mit der Veranda im zentralen Eingangsbereich, die typischen Durchgangszimmer sowie der neoklassizistische Stuck. Doch allein schon das hübsche Gässchen lohnt den Ausflug.

Zu den prunkvollsten und am besten erhaltenen Palais der Stadt zählt das strikt in Weiß gehaltene, mächtige Gebäude an der Rue Jean Chatel Nr. 27. Die **Banque de la Réunion** 12 ging 1878 als erstes Unternehmen der Insel an die Pariser Börse, heute hat die Bank in jeder größeren Stadt auf La Réunion und sogar auf Mayotte Bankfilialen.

In der **Rue Jean-Chatel** 13 bleibt Ihnen nichts anderes übrig, als wie ein Hans-Guck-in-die Luft die Straße entlang zu spazieren. Hören Sie es auch? Fast erwartet man eine Jazz-Combo um die Ecke biegen, die »When the Saints Go Marching In« trötet. Es sieht aus wie in New Orleans, mit filigranen Balkonen, Blumentöpfen und frisch gewaschener Wäsche auf den unzähligen Balkonen links und rechts der Einbahnstraße.

Triumphierend thront am Anfang der Rue de Paris das 1860 fertiggestellte alte **Rathaus** 14. Der neo-klassizistische Monumentalismus entsprach dem Selbstverständnis der Grande Nation: Mit 75 Fenstern, imposanten Maßen von 37 m x 13 m, dem kecken Campanile und dem prächtigen Springbrunnen im Innenhof kann es wohl kaum ein anderes Gebäude auf der Insel aufnehmen.

Neben dem Rathaus sind nur noch wenige originale Gebäude erhalten, denn die meisten der zwischen 1830 und 1870 aus Holz erbauten Villen mussten im 20. Jh. abgerissen werden. Vielfach errichtete man stattdessen originalgetreue Kopien. An einigen **Häusern der Rue de Paris** 15 hängen Hinweistafeln. Lassen Sie sich treiben, aber am besten Sie marschieren auf einer Seite hoch bis zum Jardin d'État und auf der anderen Seite zurück. Interessierte an der historischen Stadtplanung und den Stadtvillen lassen den Spaziergang im **Maison Carrère** 17 (s. S. 21) ausklingen, wo ein Ausstellungsraum der Rue de Paris gewidmet ist.

14, rue de Paris, auch Office de Tourisme, Mo–Sa 9–18, Okt/Nov So 9–13 Uhr, Eintritt frei

Licht für die Welt

⓲ **Musée Léon-Dierx:** Kunstbeflissen allein reicht hier nicht. Man muss schon echtes Interesse und Vorkenntnisse haben, um die Werke gebührend schätzen zu können. Alle anderen können sich aber wenigstens an den Farbfeuerwerken und den klimatisierten Räumen erfreuen. Gegründet vom Literaten Léon Dierx 1912, verschrieb es sich qualitativ hochwertiger Kunst aus dem 19 Jh., die durch eine Schenkung des réunionesischen Kunsthändlers Vollard 1947 weiter gewann. Aus der Künstlerkolonie von Barbizon, Wegbereiter des Impressionismus, hängen ebenso Malereien wie von bedeutenden Impressionisten oder aus der École de Pont-Aven. Seltenheitswert haben die réunionesischen Maler, denn es handelt sich weltweit um den einzigen Ort, wo sie ausgestellt sind. Skulpturen von Gauguin, Picasso oder Pierre August Renoir stehen dazwischen. Sicher, es handelt sich um ein kleines, feines Museum, das aber für die meisten nach dem Prinzip Überraschungsei funktioniert: Was man bekommt, hängt stark von den eigenen Interessen ab.

28, rue de Paris, www.musee-leondierx.re, Di–So 9.30–17.30 Uhr, 2 €

Es sprudelt moderne Kunst

⓳ **L'Artothèque:** Wenn Sie Interesse an zeitgenössischer Kunst haben, wird Ihnen die Artothek Freude machen. Schon allein die blau-weiße Scheinfassade und das neoklassizistische Gebäude machen etwas her. Wechselnde Ausstellungen im Erd- und Obergeschoss.

26, rue de Paris, https://artotheque-reunion.fr, Di–So 9–17 Uhr, Eintritt frei

Außen hui, innen mau

⓴ **Musée des Arts décoratifs et du design:** Die prächtige Villa verspricht von außen alles, hält aber leider innen nichts. Bei der letzten Recherche hingen einige Exponate an der Wand – mit handschriftlichen Informationen. Schauen Sie dennoch hinein, allein schon die wunderbaren Zementfliesen auf der Veranda und die starke Klimaanlage rechtfertigen eine Pause.

49, rue de Paris, in der Villa de la Région, Di–So 10–17 Uhr, Eintritt frei

Schlafen

Die Auswahl an empfehlenswerten Hotels ist in der Inselhauptstadt überraschend klein. Es ist in der Innenstadt üblich, auf der Straße zu parken (s. S. 33).

Klein und so fein

1 **Villa Marie-Lucie:** Ein bisschen wie Urlaub bei Freunden, bei nur vier Gästezimmern kein Wunder. Die knallgelbe, kreolische Villa besticht durch geschmackvolles Interieur, viel Platz und aufmerksame Gastgeber. Im lang gezogenen Pool können Sie sogar richtige Bahnen schwimmen! Toplage unweit vom Jardin de l'État.

3, rue du Général de Gaulle, www.villamarielucie.fr, DZ/ÜF ab 181 €

Schlafen wie ein Zuckerbaron

2 **Villa Angélique:** Sechs charmante Zimmer, geschmackvolles Interieur und das kreolische Flair aus dem letzten Jahrhundert machen dieses Boutiquehotel aus. Manch einer erdreistet sich am Straßenlärm, aber die exzellente Lage direkt an der Rue de Paris hat seinen Preis. Wer es sich leisten will, sollte die größeren Deluxe Suites buchen. Das angeschlossene Restaurant hat seine guten und schlechten Tage, das Frühstück ist französisch bescheiden.

39, rue de Paris, T 0262 79 00 79, www.villa-angelique.fr, DZ ab 149–229 €

Schön altmodisch

3 **Hôtel Juliette Dodu:** Für die sehr beengten Standard- und Superiorzimmer

Lieblingsort

Wie in guten alten Zeiten

»Registrierkasse?«, lächelt der Danyal verschmitzt. »Nous allons rester traditionnelles.« Sagt's, schreibt die Beträge auf ein Blatt und addiert sie mühelos im Kopf. Auf gelben Zettelchen stehen in handgeschriebenen Blockbuchstaben die Namen der Häppchen. An der Wand hängt eine getippte ›Speisekarte‹, die neuen Preise wurden einfach handschriftlich übermalt. Seit 1962 existiert das **Le Massalé** 11, das Danyals Vater mit seinen Schwestern eröffnet hat, die aus Guajarat stammen. Heute führen die Söhne die Tradition weiter. Dem Lokal sieht man die Männerwirtschaft an, im kalten Licht der Neonlampen machen die Plastiksessel und die mintgrünen Hochglanzfliesen nicht die beste Figur. Es reicht, wenn Kunden Glamour in die Hütte bringen: Eine junge Frau mit violetten Stöckelschuhen und Prada-Täschchen stellt sich gerade hinter dem Tresen an. Zu den Teigtaschen *(samoussa)*, scharfen Bohnenbällchen *(bonbon piment)*, Zucchiniplätzchen *(beignet courgette)*, natürlich allesamt großzügig in Fett gebadet, werden hausgemachte Saucen gereicht. Als Nachtisch haben Sie die Qual der Wahl, *balfi chocolat* (Milchküchlein) oder doch *bonbon coco vanille* (Kokosette-Plätzchen)? Der Herr nickt uns aufmunternd zu und schmatzt: »Délicieux!« (30, rue Alexis de Villeneuve, T 0262 21 75 06, Mo, Mi/Do 11–20, Fr–So 10–20 Uhr, ab 0,60 €/Stück) wünschte man sich ein wenig vom heroischen Mut der Juliette Dodu, die in diesem denkmalgeschützten Haus geboren wurde. 43 behagliche Zimmer, die doch schon in die Jahre gekommen sind. Pool im Innenhof, einladende Lounge im ersten Stock, Parkplatz vorhanden, aber meist besetzt.

31, rue Juliette Dodu, T 0262 20 91 20, www.hotel-juliette-dodu.fr, DZ/ÜF 171–277 €

Gute Lage, unschönes Viertel

4 **Dina Morgabine Saint-Denis:** Modernes, recht schickes Stadthotel mit 80 Zimmern direkt an der Einfahrtstraße, das nach einem langen Flug für die erste Nacht taugt. Meer und Promenade sind zum Greifen nah, Sie müssen nur die stark befahrene N2 überqueren. Trotz der Randlage sind die Rue de Paris oder der Barachois fußläufig binnen 15 Minuten zu erreichen.

1, rue Issop Ravate, T 0262 50 01 92, https://saintdenis.dinamorgabine.com, DZ ab 129 €

Nur praktisch

5 **L'Austral Hôtel:** Zwar renoviert, aber dennoch eher ein funktionales, zentral gelegenes Hotel ohne viel Schnickschnack für eine Nacht maximal. Mini-Pool vorhanden.

20, rue Charles Gounod, T 0262 94 45 67, www.hotel-austral.re, DZ 112 €, Büfett-Frühstück 14 €

Essen

Très bien

1 **L'Atelier de Ben:** Im schicken Lokal in der Nähe des Kriegerdenkmals wird raffinierte mediterrane Küche um kreolische Nuancen ergänzt. Gilt als eines der besten Restaurants der Insel. Speziell die Mittagsmenüs sind für die gebotene Qualität preislich in Ordnung.

10, rue de la Compagnie, T 0262 41 85 73, Di–Fr 12–13.15, 19.30–21.15 Uhr, Mittagsmenüs ab 38 €, Hauptgerichte ab ca. 34 €

Brasserie meets Industrial

2 **Apoteek:** Lässige englische Leder-Klubsofas vor Wänden aus roten Klinkerziegeln, ein halbiertes gelbes Mini-Auto hängt als Eyecatcher an der Wand, aus dem Lautsprecher dudelt französischer Rap. Schwer einzuordnen das Ganze, eher ein Gesamtkunstwerk, aber eines ist gewiss: Die französische Küche (nur kleine Speisekarte) mundet vorzüglich.

18, rue Rontaunay, T 262 20 19 19, Di–Fr 10–0.30, Sa 16–0.30 Uhr, Mittagsmenüs 24 €, Fleischhauptgerichte ab 28 €

Drei mal drei

3 **Au Comptoir du Potager:** Wenn der Chef die ›Speisekarte‹ handschriftlich in ein Notizbüchlein oder auf eine Tafel kritzelt, dann weiß man, dass hier nichts von der Stange kommt. Täglich werden je drei Vorspeisen, Hauptspeisen und Desserts frisch zubereitet, die beliebig zu einem Menü zusammengestellt werden können. Auf den Tisch kommt, wonach Frédéric gerade der Sinn steht.

12bis, rue Félix Guyon, T 0692 85 59 31, Mo–Do 12–14, Fr 12–14, 19.30–21.30, Fr–Sa 19.30–21.30 Uhr, Mittagsmenü ab 26,50 €, Abendmenü ab 38 €

Très français

4 **Le Carré:** Schickes Ambiente, weiße Tischtücher, serviert wird qualitativ solide französische und mediterrane Küche. Der Sonntagsbrunch ist schnell ausgebucht!

10, rue Roland Garros, T 0692 26 98 12, Do 17–21, Fr/Sa 10–15, 19–22, So 10–15 Uhr, So Brunch, Hauptgerichte ab ca. 23 €

Wie bei Muttern

5 **Chez Pépé Dofé:** Sehr traditionelle, kreolische Küche, teils mit Gerichten, die anderswo von den Speisekarten verschwunden sind. Seien Sie experimentierfreudig und stürzen Sie sich ins Unbekannte, auch wenn das Resto einer Imbissstube ähnelt. Zur Not hilft der Wirt mit Händen und Füßen mit dem Übersetzen.

16bis, rue Sainte-Anne, T 0692 60 45 46, Mo/Di, Do/Fr 11–14, 18–21, Mi, Sa 18–21 Uhr, Hauptgerichte ab 20 €

Brunch par excellence

6 **Mafate Café:** Wer gerne herzhaft frühstückt und wem Croissant samt Espresso am Morgen nicht reichen, wird hier verwöhnt. Pancake, Eier, Speck, Würstchen oder ein veganer Brunch bis 11.30 (Sa bis14) Uhr. Sie sollten hungrig sein!

3, rue du Moulin à Vent, T 0693 94 30 32, www.mafatecafe.com, Di–Fr 8.30–18, Sa 8.30–14 Uhr, Brunch ab 12,90 €, Mittagsmenü 25 €

Vogelzwitschern zum Dessert

7 **L'Oiseau du Jardin:** In der Freiluftbrasserie im Jardin de l'État lässt es sich an schwülen Tagen gut aushalten. Wenn Ihnen der Gesprächsstoff ausgeht, können Sie Passanten beobachten, die ihr mitgebrachtes Essen im Park verzehren. Oder Läufer. Oder spielende Kinder. Interessant für Airbnbler, da hier die auf der Insel seltene Spezies der Frühstückseier heimisch ist.

Jardin de l'État, beim Eingang links halten, T 0262 31 80 05, Di–Do, Sa 7–19 (im Winter bis 18), Fr 7–22, So 9–17 Uhr, Mittagsgerichte ab 16 €, Frühstück mit Ei 12 €

Dunkle Versuchung

8 **Le Saint Georges:** Stylishes Lokal im dunklen Boho-Style am Rand des Ausgehviertels, wo Crêpes, Galettes & Co. aus der Bretagne kredenzt werden.

5, ruelle Édouard, T 0262 21 59 09, Di–Sa 11.45–14, 19–22 Uhr, Gerichte ab ca. 13 €

Indisch mit Smile

9 **Le Caudan:** Einfach, gut, preiswert, von Biriani über Tandoori bleiben im kleinen, indo-mauritianischen Resto keine Wünsche offen. Es wird sogar Englisch gesprochen – und das mit einem Lächeln.

38, rue Charles Gounod, T 0262 94 39 00, Di–Sa 10–14, 16.30–22, So 10–14 Uhr, ab 14 €, zum Mitnehmen ab 10 €

Kein Chichi, aber mmhhh

10 **Inde ô Chine:** Man wird freundlich bedient, die Preise stimmen und man verlässt den Tisch mehr als nur satt. Das große Plus: Die indische sowie chinesische Küche schmeckt vorzüglich.

77, rue Sainte-Marie, T 0692 01 42 01, Mo–Mi 11.30–14.30, Do–Sa 11.30–14.30, 18.30–21.30, So 18.30–21.30 Uhr, Hauptgerichte ab 13 €

Indisch von der alten Schule

11 **Le Massalé:** s. Lieblingsort s. S. 25

Prêt-à-manger

12 **Le Lys Sucrée:** Wie Haute-Couture-Kleider sind Törtchen und süße Naschereien in der Auslage ausgestellt. Schmeckt allen Kleidergrößen: Brot, Gebäck, Patisserie, Pralinen und mittags sogar Snacks wie Quiche oder Lachssalat. Délicieux!

36, rue Alexis de Villeneuve, T 0262 97 94 47, Di–Sa 6.30–18.30, So 6.30–13 Uhr

Einkaufen

T-Shirts und mehr

1 **Pardon!:** Hier werden einheimische Klamotten und Accessoires mit Kultcharakter verkauft.

96, rue Jean Châtel, T 0262 41 15 62, www.pardon.re, Mo–Sa 9–18 Uhr

Ein Meer aus Vintagefarben

2 **Rouge Céladon:** Home Decor mal ein bisschen anders. Zwischen Möbeln und Interieur lassen sich Schmuck, Badetücher, Poster oder Krimskrams entdecken. Außergewöhnlich: die tropischen, gedeckten Vintagefarben.

33, rue Alexis de Villeneuve, T 0262 23 39 05, https://rougeceladon.com, Di–Sa 10–18.30 Uhr

Lesen, aber anders

3 **Librairie Autrement:** Exzellent sortierte Buchhandlung mit Reiseführern,

Lieblingsort

Drink. Eat. Laugh. Repeat.

Ding, ding, dong, das metallische Gebimmel der Kathedrale windet sich in den letzten Winkel des Viertels. Rotzfrech bäumt sich flotter Electro Swing gegen die Glocken auf. Auf Bierbänken und an Bistrotischen palavern Passanten, in gepflasterten Gassen unter filigranen Eisenbalkons klappern Absätze, lautes Lachen, klingende Gläser, scheppernde Teller. Zum Lunch, zum *dîner*, zu zweit, zu viert, in Grüppchen, Hauptsache, ein Glas Wein richtet die Welt wieder ein. Welches Lokal Sie an der Hinterseite der Kathedrale anvisieren – das schicke Ktdral, das beschwingte La K'frine, das weltmännische Café Édouard, die Bar Ainsi Parlait Zarathoustra mit Konzerten und DJs – ist eigentlich egal. Hauptsache, Sie tauchen ein in das mitreißende Flair des **Quartier Cathédrale** 3. Was außer dem historischen Ambiente noch dafür spricht: Es gibt keinen Autolärm!

Bildbänden, Magazinen und Büchern, in der Regel auf Französisch.

82, rue Juliette Dodu, www.sa-autrement.com, Mo–Sa 9–18.30 Uhr

Bewegen

Rad benötigt?

Radverleih: Mittlerweile boomen Fahrräder und E-Bikes auch auf La Réunion. Ausleihen können Sie diese am besten bei **Bibi & Bike** (www.bibiandbike.re, City-E-Bikes ab 39,99 €/Woche) oder **Ecobike** (www.ecobike.re, 25–60 €/Tag). Ab Saint-Denis können Sie eine Radtour auf dem Sentier Littoral Nord starten (s. Tour S. 134).

Wo nicht jeder hinkommt

Das **Office de Tourisme** (s. Infos) im **Maison Carrère** ⓱ organisiert geführte Rundgänge und mehr in und um Saint-Denis, z. B. dienstags »Les Villas créoles« in Saint-Denis, 15 €/Pers. Zum Zeitpunkt der Recherche war das Angebot ausgedünnt. Nur interessant, wenn Sie Französisch sprechen und an lokalen Traditionen interessiert sind. **Les Aventuriers** (www.lesaventuriers.re, T 0692 34 45 21) bieten eine Tour (tgl. 9.30, 14 Uhr, 15 €, auf Franz.) zu den Villen in der Rue de Paris an.

Ausgehen

Wer sich einen Einkehrort am **Barachois** ❶ sucht, sieht dort zwar den Sonnenuntergang, es rollt aber die Verkehrslawine vorbei.

Lässig mit Anspruch

2 **Apoteek:** Coole Vibes kann man sich auch mehrmals am Tag gönnen, nicht nur zum Speisen, sondern auch zu einem gepflegten Glas Wein.

18, rue Rontaunay, Di–Fr 10–0.30, Sa 16–0.30 Uhr

Genüsslich ausklingen lassen

1 **Le 144:** Mittags und abends ein Restaurant, aber wer hat schon etwas gegen ein Gläschen Wein, einen Cocktail oder Tapas einzuwenden? Fr ab und an Livemusik.

12, rue de Nice, Di–Fr 11.30–15, Sa 17.30–0.30 Uhr

Hauptsache flüssig

2 **Ô Bar:** Tagsüber ein Resto, mutiert es abends zu einer angenehmen Bar. Fr/Sa immer gut besucht, beliebt für einen *apéro*.

34, rue de la Compagnie, T 0262 52 57 88, Mo–Sa 11–0.30 Uhr

Was für ein Flair!

3 **Quartier Cathédrale:** s. Lieblingsort S. 28

Feiern

Leider gibt es keinen zuverlässigen Kalender, der alle religiösen Feierlichkeiten übersichtlich ankündigt. Alle anderen Ereignisse werden auf www.reunion.fr. (Planifier/Agenda) gelistet.

- **Barachois:** Unregelmäßig samstags ab 20 Uhr Musik, meist Jazz oder Maloya.
- **Nouvel An chinois:** Feb. Mit etwas Glück schlittern Sie in einen Drachenumzug hinein.
- **Dipavali:** Okt./Nov. Beim hinduistischen Fest des Lichts sind Besucher willkommen. Musik, Tanz und kulinarische Köstlichkeiten am Square Labourdonnais (Barachois).
- **Fête des Cafres:** 20. Dez. Groß feiern alle Réunionesen den Tag der Abschaffung der Sklaverei. Hoch her geht es in der Avenue de la Victoire und am Barachois bei einem farbenprächtigen Umzug mit Tanz, Musik und Gesang.

Infos

- **Office de Tourisme Saint-Denis:** 14, rue de Paris, Maison Carrère, T 0262

TOUR
Felsmalereien der Gegenwart

Wanderung auf La Roche Écrite 

Häufig fällt er dem allzu engen Zeitkorsett zum Opfer, aber La Roche Écrite lohnt den Aufstieg in jedem Fall.

Unglaublich, wie schnell man die trubelige Großstadt hinter sich lässt. Knapp 30 Min. Zickzackfahrt bergauf und das verschlafene Le Brûlé auf 830 m Seehöhe ist passiert. 6 km dahinter startet der Marsch im **Mamode Camp,** einem großen Naherholungsgebiet auf 1200 m. Anfangs führt der Weg durch schattigen Sicheltannenwald, streckenweise dicke Wurzeln im an sich gepflegten Pfad erfordern Balance. Weiter oben verändert sich die Vegetation, die endemischen *tamarins*

des hauts mit Bartflechten, Fanjanfarne und Calumet-Bambus übernehmen das Kommando.

Schilder leiten die Wanderer zur **Plaine des Chicots,** wo Genusswanderer im Gîte (reservieren bei IRT oder Tourismusamt) übernachten, einerseits um den recht fordernden Anstieg aufzusplitten, andererseits um früh genug am Gipfel zu sein. Nur geübte Wanderer in guter körperlicher Verfassung sollten die Tour an einem Tag in Angriff nehmen. Dahinter wird die Vegetation immer niedriger, Heidebüsche und Ginster wechseln sich mit offenen weiten Grasflächen ab, massive Basaltplatten begleiten den Weg bis ganz nach oben.

Steht man endlich an der Abbruchkante der 2276 m hohen **La Roche Écrite,** ist der Name des Berges kein Rätsel mehr. Auf dem nackten Felsen hinterließen Wanderer aus aller Welt ihre Signaturen, aber bitte tun Sie es ihnen nicht gleich. Dominant, wie ein zerfetztes Sahnehäubchen auf einem Capuccino zieht der Gros-Morne (3019 m) die Blicke auf sich. Der höchste Berg der Insel, der Piton des Neiges, nimmt sich daneben fast halbwüchsig aus. Links unterhalb liegt der zerklüftete Cirque de Salazie mit seinem abgeflachten Kegel, dem Piton d'Anchaing. Der spitz zulaufende Cimendef (2228 m) trennt Salazie vom Cirque de Mafate rechts. Ach ja: Über das Panorama dürfen sich nur jene freuen, die vor 9.30 Uhr am Gipfel sind, Nachzügler sehen wahrscheinlich eher weiß.

Beim Rückweg über denselben Pfad machen Sie doch einen Abstecher zum **Mare-aux-Cerfs.** Der ›Hirschteich‹ erinnert daran, dass europäische Seemänner um 1750 Hirsche aus Java und Borneo aussetzten, um sich auf der Überfahrt nach Indien Frischfleisch zu sichern. Heute sind zwar wieder welche heimisch, sie verhalten sich aber scheu. Die eigentliche Attraktion liegt hinter dem Tümpel, nämlich ein weiterer Aussichtspunkt auf Mafate. Vorbei an der **Caverne Dufour** erreicht man schnell den Gîte. Der restliche Abstieg zum Parkplatz Mamode Camp geht zügig voran.

Infos

E/F 4

Start/Ziel: Parkplatz Mamode Camp

Länge/Dauer: 19 km, 6–9 Std. hin und retour; 1. Etappe zum Gîte de la Plaine des Chicots 5,35 km; 2. Etappe auf La Roche Écrite 4,15 km

Anfahrt: via Bellepierre, Le Brûlé und die D42

TOUR
Jeder Schritt ein Seufzer

Wanderung zum Cap Noir mit 360°-Rundumpanorama

Infos

D 3

Start: Dos d'Âne, Chemin de Cap Noir, Wanderung spätestens 7 Uhr, Fotostopp Cap Noir 9 Uhr

Länge/Dauer: 3 km, 2–4 Std. Rundweg

Hnweise: Schwindelfreiheit, Trittsicherheit, Wanderschuhe mit gutem Profil
Anfahrt/Parken: N1, *sortie* 5, nach Rivière-des-Galets, dann D1, in Dos d'Âne rechts ab auf den Chemin de Cap Noir, Parkplatz

Nicht einmal ins Schwitzen kommt man richtig, ist das erste Highlight nach knapp 10 Minuten bereits erreicht. 180° feinste Panoramen in den Cirque de Mafate offeriert das **Cap Noir** – vom Grand-Bénare rechts über den zerklüfteten Rücken Gros-Morne bis zur Roche Écrite links. Es fühlt sich an wie vor einer Tortenvitrine, ein Stückchen süßer als das andere! Sie könnten nun einfach zurück zum Auto gehen und sich den restlichen Tag am Strand räkeln, aber es wäre schade, wenn Sie die mäßig anstrengende, aber an manchen Stellen heikle Wanderung über La Roche Verre Bouteille nicht machen würden (Route Frühjahr 2024 nach Felssturz noch gesperrt).

Der Weg schmiegt sich an den Bergrücken, rechts geht es abrupt in die Tiefe, Aloesträucher begrenzen den schmalen Pfad. Eine Passage ist so schmal, dass man sich an Handläufen festhalten muss. Es geht gemächlich bergauf. An zwei Punkten sind Leitern zu überwinden. Noch eine letzte Steigung und **La Roche Verre Bouteille** (1240 m) ist erklommen, aber der Ausblick ähnelt dem des Cap Noir.

Über Stock und Stein schraubt sich der Pfad nach oben, bis der schmale Grat erreicht ist. Rechts liegt einem das Dorf **Dos d'Âne** mit seinen Feldern und Glashäusern zu Füßen, ein wenig erinnert die Szenerie an einen Mini-Cirque.

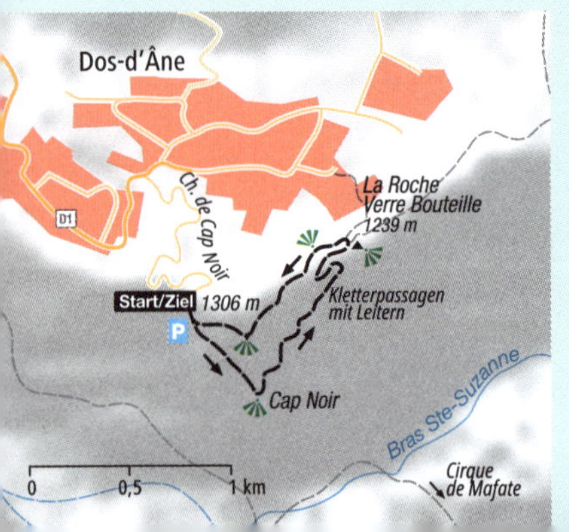

Nun geht es überwiegend flach weiter, vorne kommt das dicht verbaute Le Port und das Meer dahinter ins Blickfeld. Teilweise ist der Pfad sehr schmal, aber die Aussichten bis nach Saint-Paul und Saint-Gilles-les-Bains sind grandios. Nachdem Sie sich an den Panoramen sattgesehen haben, folgt ein letzter, steiler Abstieg über Stock und Stein und das Auto ist erreicht.

41 83 00, www.lebeaupays.com, Mo–Sa 8.30–16.30 Uhr.

- **Flughafen:** Der Aéroport Roland Garros (www.reunion.aeroport.fr) liegt ca. 8 km östlich des Zentrums an der N2 (15 Min. Fahrzeit). Ab Flughafen verkehren Busse, Infos unter www.reunion.aeroport.fr/passagers/transports.
- **Mietwagen:** Mehrere Firmen sind am Flughafen, z. B. Au Bas Prix (www.aubasprix.fr), ADA (www.ada-reunion.com), Rent a car (www.rentacar-reunion.fr) oder Hertz (www.hertzreunion.com).
- **Busbahnhof:** bd. Lancastel, an der N2. Fast alle Fernlinien von Car Jaune, www.carjaune.re, halten hier, Tickets 2 €. Infos zu Sperrungen/Umleitungen auf der Website.
- **Stadtbusse:** Citalis, www.citalis.re, fährt 6–20 Uhr. Es gibt keinen Busbahnhof, aber große Haltestellen beim Hôtel de Ville, dem Jardin de l'État und dem Petit Marché. Tickets im Vorverkauf 1,30 €, im Bus 1,60 €.
- **Taxis:** Standorte der – teuren – Taxis sind vor dem Best Western Hotel am Barachois oder dem Leader Price am Petit Marché. Telefonische Bestellung: Taxis Paille-en-queue, T 0970 35 94 67, www.taxis-pailleenqueue.re, Allo Taxi, T 0692 85 41 34, www.taxi-narayanin-reunion.com, Taxi Péi, T 0693 20 70 59, www.vtcpei.com. Alle Taxiunternehmen bieten Transfers, z. B. zu Wanderungen oder in einen der Cirques, oder auch Exkursionen.
- **Parken:** Parken in den Innenstadtstraßen Mo–Fr 8–12, 14–16, Sa 8–12 Uhr, Zone Orange: max. 2 Std., 1 Std. 1,70 €, 2 Std. 3,40 €. Zone Verte (grüne Zone): max. 7 Std., 1 Std. 0,60 €, 4 Std. 1,40 €, So und in den Schulferien kostenlos. Für Langzeitparker existieren sieben Tiefgaragen/Plätze (z. B. Petit Marché, Grand Marché, Rue Lucien Gasparin (hinter dem Hôtel de Ville): 2 Std. ab 4,60 €, www.citypark.re.
- **Verkehr allgemein:** Saint-Denis kämpft täglich mit dem Verkehrskollaps. Man sollte die Stadt von 6.30 bis 9 Uhr, mittags und von 17 bis 19 Uhr großräumig meiden.

Es fällt schwer, sich mehr auf den Weg als auf die Aussicht zu konzentrieren, hier kurz vor La Roche Verre Bouteille.

Westlich von Saint-Denis

B/C2

Wenn Sie jetzt an Großstadt-Speckgürtel und Vorstadtidylle denken, liegen Sie falsch. Der massive **Steilfelsen von La Grande Montagne**, der auf der Rückseite bis zum Cirque de Mafate reicht, hat all dies verhindert.

Milliarden-Felssturz

Lange war der Felsblock unüberwindbar. Erst 1849 wurde mit dem Bau einer Höhenstraße begonnen, die aber als zeitaufwendige Alternative zur zweistündigen Bootsfahrt nur bei stürmischer See in Frage kam. Noch heute ist die **D41** eine panorama- und kurvenreiche Ausweichroute zwischen Saint-Denis und La Possession.

Heute weiß jedes Kind auf Réunion, dass es sich um den teuersten Felsblock der EU handelt. 1963 wurde die vierspurige Autobahn fertiggestellt, die sich zwar malerisch an die steil aufragenden Wände schmiegt, aber wegen des häufigen Steinschlags sehr teuer in der Erhaltung war. Dann kam die neue Streckenführung: Geprägt von Korruption, Planungsfehlern und Umweltsünden ist die 12,5 km lange, noch unfertige **Nouvelle Route du Littoral** seit Planungsbeginn Dauerbrenner in den Inselmedien. Die neue Strecke verläuft fast komplett im Meer. Wegen der aufwendigen Statik und weil sie zyklonsicher sein muss, löste sie die Route des Tamarins als »teuerste Autobahn der EU« ab.

Wanderbarer Kriegspfad

Im Hinterland verläuft zwischen Saint-Bernard und La Possession der ca. 19 km lange, mit Basaltsteinen gepflasterte **Chemin des Anglais.** Ursprünglich angelegt, um La Grande Montagne mit Ochsenkarren zu überwinden, nutzten die Engländer im Krieg 1810 das Teilstück zwischen ihrem Landeplatz La Grande-Chaloupe und Saint-Bernard (ca. 4 km) in den Höhen über Saint-Denis, um von dort gegen die Stadt vorzurücken.

Start für Wanderungen: Alter Bahnhof von La Grande-Chaloupe, La Possession oder Saint-Bernard

Wassermassen für Arbeitsplätze

Hinter La Possession öffnet sich die breite Aufschüttungsebene der Rivière-des-Galets. Als Ort für den Hafen viel besser als die Bucht von Saint-Denis, wurden 1886 die ersten Becken eröffnet. Dockersiedlungen, Lagerhäuser und Matrosenkneipen schossen aus dem Boden. 1895 wurde daraus die flächenmäßig kleinste Stadt der Insel. Als Wiege der Gewerkschaftsbewegung sah sie die ersten Streiks und ist nach wie vor die Hochburg der Kommunisten. Heute ist **Le Port** (knapp 33 400 Einw.) die einzige Industriestadt Réunions und Sitz der wichtigsten Arbeitgeber. Östlich der Pointe-des-Galets liegt der Industriehafen mit seinen Containerschiffen, Kränen und Lkw-Kolonnen, der Port Est. Der alte Hafen (Port Ouest, Port de Plaisance) westlich davon ist frei zugänglich. Ab November legen im Port Ouest Kreuzfahrtschiffe an – ein majestätisches Schauspiel.

In der Zyklonzeit muss das ansonsten knochentrockene Flussbett unvorstellbare Wassermassen aus Mafate aufnehmen, die Le Port manchmal an die Grenze einer Katastrophe bringen. Mit etwas mehr als 33 km gehört die Rivière-des-Galets zu den längsten Flüssen auf der Insel.

Dos d'Âne

D3

Das Bergdörfchen ›Eselsrücken‹ an sich rechtfertigt nicht den Umweg, wohl aber ein Aussichtspunkt und eine Wanderung der Extraklasse: nicht übermäßig anstrengend, aber voller traumhafter Panoramen in alle Richtungen (s. Tour S. 32).

Schlafen

Aussicht hat ihren Preis

Lodge Roche Tamarin & Spa: Die Konstruktion der Lodge im südafrikanischen Safaristil scheint etwas deplatziert, aber die 20 gemütlichen Chalets haben alle Blick aufs Meer. Alles hat stolze Preise, sowohl das Restaurant als auch das Spa.

142 chemin Bœuf Mort, T 0262 44 66 88, https://villagenature.com, DZ/ÜF ab 253 €

Infos

- **Anfahrt:** Am einfachsten über die D1 (*sortie* 5), 14 km nach Dos d'Âne.

Zugabe
»Pardon! ...«

T-Shirts aus Protest

Ohne ihn wäre die Insel viel weniger bunt: Peter Mertes.

Jedes Mal, wenn mich was aufgeregt hat, habe ich T-Shirts gemacht«, sagt Peter Mertes. Scheinbar gab es jede Menge Aufreger auf der Insel, denn seit über 40 Jahren sind ihm die Sprüche und Motive für die Marke Pardon! nicht ausgegangen. Ein Freund erzählte ihm 1983, er kenne eine Insel, wo alle Ethnien vermischt seien und es viele schöne Frauen gäbe. Da musste er hin, »doch es hat mir am Anfang nicht so gefallen, weil hier alles schon um 18 Uhr dichtmacht«. Drei Monate wollte er bleiben, um sich das Rückflugticket zu verdienen. Mit einem handgestrickten Siebdrucker begann er Hemden zu bedrucken: »Die waren der Reißer«. Dem 1962–82 erschienenen, deutschen Satiremagazin »Pardon« entlieh er sein Logo, den Hut lüpfenden Teufel. Bedenken wegen Copyright? Ach was, »für drei Monate war mir das doch egal«.

Die Liste der Skandale, für die der kritische Geist aus Trier gesorgt hat, ist lang, die seiner Niederlagen ebenso. Feuer durch Brandstiftung in der Siebdruckanlage, Insolvenz und manchmal hat er sich mit seiner Kritik zu weit aus dem Fenster gelehnt, aber den Mund verbieten lässt er sich noch immer nicht. »Wenn man schon so lange auf der Insel ist, und man die Insel gernhat, dann kann man auch sagen, was nicht gut läuft.« Dies tut er übrigens mit Augenzwinkern im ›inoffiziellen Réunion-Reiseführer‹ »Réunion mon Amour«. Eines der größten Probleme in seinen Augen? Die Korruption, vor allem auf der politischen Ebene. »Die politischen Ämter werden einfach innerhalb der Familie vergeben.«

»Ich mache alles, was mir Spaß macht.«

Er hat sich damit arrangiert, ist trotzdem geblieben. Mittlerweile tragen Kleidung, Accessoires, Möbel, Galerien, der erwähnte Reiseführer und das Quartier Cathédrale seine Handschrift. »Ich mache alles, was mir Spaß macht.« Warum ausgerechnet ein Ausgehviertel? »In Frankreich hat doch jedes Dorf neben der Kirche eine Kneipe.« Ein wenig Selbstzweck wird da wohl dabeigewesen sein, wenigstens muss er nun nicht mehr um Schlag 18 Uhr sein Bier austrinken. ■

Der Westen

Für jeden etwas dabei — das kann der Inselwesten mit Fug und Recht von sich behaupten. Strand, türkisblaues Wasser, Berge, Kultur, Musik, Nachtleben, gute Restaurants und Unterkünfte. Ja sicher, touristisch, aber enttäuscht dennoch nicht.

Seite 40

Markt von Saint-Paul

Märkten haftet auf Réunion etwas Farbenfrohes an – diesem Wochenmarkt ganz besonders. Jeden Freitag setzen sich Massen in Bewegung, um auf dem Markt einzukaufen oder ihn zu bewundern. Ziehen Sie bequeme Schuhe an, vielleicht müssen Sie weit zum Auto laufen.

Seite 52

Musée de Villèle

Im alten Herrenhaus in Saint-Gilles-Les-Hauts wird die Vergangenheit lebendig, die der gepeinigten Sklaven und die der privilgierten Oberschicht.

Eine afrikanische Savanne im Indischen Ozean? Wetten, dass?

Eintauchen

Seite 54

Piton Maïdo 

Nirgendwo anders ist der Blick in den Cirque de Mafate so dramatisch wie von hier. Manch einer findet die lange, kurvenreiche Anfahrt sogar dramatischer. Zum Weinen ist allerdings die Uhrzeit, zu der Sie unterwegs sein sollten.

Seite 56

L'Hermitage-les-Bains

Im Schatten von Abertausenden von Filaosbäumen am Strand von L'Hermitage-les-Bains schlagen Sie der Tropenhitze ein Schnippchen. Gemeinsam mit allen anderen.

Seite 60

La Saline-les-Bains

La Saline ist einer der wenigen Orte mit netten Strandlokalen. Hier lässt sich mit den Zehen im Sand gut ein Sundowner genießen. Auch andere reißen sich um die Plätze in den Strandbars, wo man gepflegt in den Abend chillen kann.

Seite 75

La Fenêtre

Was der Maïdo für Mafate, das ist La Fenêtre für den Cirque de Cilaos. Zwar per Auto erreichbar, doch mit eigener Muskelkraft erobert ein bleibenderer Eindruck.

Seite 78

L'Entre-Deux

Im schmucken Bergdorf zeigt sich der typisch kreolische, von weißen Kleinbauern entwickelte Baustil. Doch vor allem ziehen die üppigen Gärten die Blicke auf sich.

Seite 83

Im Trüben fischen

Wenn die Insel in den letzten Jahren international für Aufsehen sorgte, dann wegen der Haiangriffe. Aber ist sie haus- und menschengemacht, die *crise requin?*

Keine Palmen, sondern Filaos, also Kasuarinabäume, säumen meist die Strände.

»Berceau du peuplement«, ›Wiege der Bevölkerung‹, steht im Wappen der Kommune Saint-Paul.

S(tr)andburgen unten, Bergkulissen oben

M

Mit der Westküste verhält es sich ungefähr so wie mit einem Früchtebrot. Stellen Sie sich vor, es ist gefüllt mit Haselnüssen, Mandeln, Datteln, Feigen, Rosinen und Zitronat und glasiert mit einem göttlichen Schokoguss obendrauf. Genauso viele Geschmacksrichtungen hat der Küstenstreifen zwischen Saint-Paul und Saint-Louis. Als Schokoguss obendrauf gibt es Strände zuhauf, von dunkelanthrazit bis blütenweiß. Wer da nicht sein eigenes kleines Paradies findet, der findet es nirgendwo auf der Insel.

Mal laut, mal leise

Viel weniger Regen, trockene Hitze, kilometerlange Strände und die umfassendste touristische Infrastruktur haben den Westen von La Réunion zum Touristenmagnet werden lassen. Unkenrufen zum Trotz hat Réunion einige sehr schöne Strände, und im Gegensatz zu anderen tropischen Gefilden liegen Sie meist Handtuch an Handtuch mit Insulanern, die einen Nachmittag am Strand genauso zelebrieren wie ein weitangereister Tourist. Am Wochenende geht's hier rund.

O

ORIENTIERUNG

Auto: Von Saint-Paul bis nach Saint-Pierre reicht die Route des Tamarins (N1). Wer nicht unbedingt schnell von A nach B muss, kann die alte Straße N1A nehmen, die über weite Teile direkt am Meer entlangläuft.
Busse: Busse von Car Jaune verkehren entlang der Küste, einige fahren über die Höhen (Les Hauts), was länger dauert. Busse sind für Touristen aber nur eine Notlösung und nicht optimal.
Transfers: VTC La Réunion, T 0692 79 65 38, www.vtc-lareunion.re, Transfers zum Flughafen 90 €, Transfers in der Umgebung 30–40 €.
Wanderkarten: IGN 4401 RT für Saint-Paul, Maïdo; IGN 4404 RT für Saint-Leu, Le Tévelave, L'Étang-Salé; IGN 4405 RT für Les Makes, L'Entre-Deux.

Wer des Trubels und der Sonnencreme überdrüssig geworden ist, hat Rückzugsmöglichkeiten in die Berge, nach L'Entre-Deux oder Les Makes. Sensationsaussichtspunkte wie am Maïdo oder am Dimitile bringen zudem Abwechslung in den Strandalltag.

Saint-Paul

B3/4

Egal, von welcher Seite Sie kommen, in Saint-Paul staut es sich mit Vorliebe. Nicht einmal der Bau der Route des Tamarins konnte die Verkehrslawine zähmen, aber wundern Sie sich nicht: Saint-Paul gehört zu den am dichtesten besiedelten Ballungsräumen der Insel und ist flächenmäßig eine der größten Kommunen Frankreichs.

Schiffsreise ohne Wiederkehr

Die Masten ächzten, es stank nach Schweinen und Ziegen an Bord und im Schiffsbauch schlitterten Kisten voller Saatgut und Werkzeuge im Takt der Wellen hin und her … So könnte es gewesen sein, als sich zwei tropenerprobte Franzosen 1663 auf den Weg nach Saint-Paul machten, um auf der Île Bourbon einen permanenten Posten einzurichten. Nachdem die ersten Meuterer aus Madagaskar völlig unerwartet gesund und munter in Sainte-Suzanne aufgefunden wurden und sich die Insel 1658 nach einer weiteren ›Expedition‹ als siedlungstauglich entpuppt hatte, rang sich die Krone zur Besiedelung durch. Mit zehn madagassischen Dienern, darunter drei Frauen, gingen die Franzosen an Land und lebten zwei Jahre in der heute **La Grotte du Peuplement** genannten Höhle. Sie bauten Holzunterstände zum Schlafen, legten Felder an und zogen Ställe für das Vieh auf.

Route des Premiers Français (N1A), im Park gegenüber dem Cimetière marin (s. S. 40), erkennbar am Parkplatz, dem Pfad zur aufragenden Wand folgen

Geld regiert die Welt

Zwei Jahre später landete eine 20-köpfige Siedlergruppe – Franzosen, Flamen und Engländer, die am Nordufer des Teiches, nahe dem heutigen Viertel Savanna, Vieux Saint-Paul gründeten. Saint-Paul wurde zur ersten französischen Niederlassung im Indischen Ozean, nicht nur wegen der besten Ankerbucht der Insel, sondern da der Ökonom Jean-Baptiste Colbert – er hatte unter Ludwig XIV. den Staatshaushalt saniert – das Potenzial der Insel erkannte und sie zum Stützpunkt auf dem Handelsweg nach Indien machte.

Im Stadtzentrum

Saint-Paul liegt zwischen Route des Tamarins und Meer und platzt aus allen Nähten. Die *sortie* 8 (La Plaine / L'Étang, Centre Commercial) bringt Sie auf die alte Chaussée Royale. Sie verläuft parallel zur Autobahn, aber von den ehemaligen Residenzen sind kaum mehr welche übrig.

Nicht für Weicheier

Ein richtiger Hafen? Undenkbar wegen der Naturgewalten und der rauen See. Deshalb stellten Stege die einzige Möglichkeit dar, um Schaluppen mit Waren zu beladen, die zwischen dem seichten Ufer und den draußen in der Baie de Saint-Paul ankernden Schiffen hin und her pendelten. Unzählige Stege, direkt am **Quai Gilbert,** konnten den gewaltigen Kräften der Zyklone nichts entgegensetzen und wurden zerstört. Der letzte Neubau erfolgte nach dem Jahrhundertzyklon Gamède 2009; mal sehen, wie lange er den Elementen trotzt. Das Sklavendenkmal, eine symbolische Halsfessel, wurde nach Gamède ebenfalls wiederaufgebaut.

H

HAI-ALARM AN DER WESTKÜSTE

Vor dem Gang ins Wasser ist die Lage vor Ort in Bezug auf Haie zu prüfen (Rettungsschwimmer, https://securite-requin.re, Polizei, Gastgeber). Im Zweifelsfall ist vom Schwimmen abzusehen, falls die Präfektur nicht ohnehin das Baden verbietet.

Heute zieht der 12 m lange Steg speziell bei Sonnenuntergang die Menschen an.

Gegenüber vom Steg liegt ein markantes Gebäude mit gelber Fassade, grauen Balken und markanten Veranden. Das vormalige Hôtel Lacaye für betuchte Reisende und verdienstvolle Marineoffiziere, in dem zeitweise die Marinebehörde, eine Schule und sogar die Feuerwehr einquartiert waren, beherbergt heute ein Restaurant. Weitere historische Gebäude befinden sich im Umkreis, z. B. der alte Bahnhof 200 m nördlich, erkennbar am Schild »Point Justice de Saint-Paul«. Legen Sie eine Pause auf der Uferpromenade ein!

Anfahrt: Folgen Sie auf der N1A der Beschilderung »Cimetière Marin« und »La Baie« im Süden von Saint-Paul (auf der Höhe vom Friedhof). Die Rue de la Baie führt direkt zur Küste und dem Quai Gilbert im Zentrum

Kunterbunter Markt

Ach, kann man es doch niemandem recht machen. Ohne Souvenirs kämen die Touristen nicht, ohne bäuerliche Erzeugnisse die Einheimischen. Der **Wochenmarkt** von Saint-Paul war der erste Markt auf Réunion, den Touristen für sich entdeckten, deswegen beklagen auch viele, dass er zu kommerziell geworden sei: Kleidung aus Indien, madagassische Vanille, Souvenirs aus fernen Ländern. Was soll's! Rein ins Gewühl und sich treiben lassen, trotz aller Kritik bleibt der Markt als bunt und quirlig in Erinnerung. Am eindrucksvollsten ist er am Freitagvormittag.

Quai Gilbert, nördlich des Steges, Fr 7–16, Sa 7–12 Uhr

Verkehrsumtoste Festung

Sieht aus wie eine Festung, war auch eine: In der ehemaligen Kaserne der Ostindien-Kompanie (auf der Rückseite des Hôtel Lacaye) ist seit 1815 das Rathaus *(hôtel de ville)* untergebracht. Ein Spaziergang durch das historische Altstadtviertel lohnt sich wegen einiger historischer Bauten und des Flairs. Kreolische *boutiks,* staubige Krämerläden mit allerlei Ramsch, Plastikblumen in der Auslage und verschleierte Frauen prägen das Stadtbild, leider auch viel Verkehr, denn eine verkehrsberuhigte Stadt wäre in der autovernarrten Gesellschaft so utopisch wie Schnee am Strand. Weiße Gesichter sind Mangelware, *métros* siedeln sich hier erst gar nicht an, denn mangels schwimmtauglicher Strände ist mit Tourismus hier kein Geld zu machen.

Wer Lust darauf hat, ein revitalisiertes Herrenhaus von innen zu sehen, lässt sich in die Rue du Commerce treiben und hofft, dass die **Villa Rivière** offen hat (www.villariviere.com, T 0262 592018, Di–Sa 9–12, ohne Reservierung nur während der Monate Juli bis September zu besuchen, geführten Touren um 9, 10, 11, 14, 15, 16 Uhr, sonst nur n. V., 10 €, Nachtführungen 1 x/Monat, 16 €). Hinter der massiven weißen Wand samt protzigem Tor verbirgt sich eine neoklassizistische Villa aus dem 18. Jh., die in großen Teilen orginalgetreu erhalten blieb.

Politiker, Poeten und Piraten

Verwitterte Gräber aus Vulkanstein, Frangipaniblüten am Boden trotzen der Vergänglichkeit, Vögel zwitschern mehrstimmig. Der **Cimetière marin** ist ein Ort von seltsamer Würde, wo hochdekorierte Dichter und brutale Piraten, Schiffsbrüchige und Kapitäne, Großgrundbesitzer und chinesische Vertragsarbeiter Seite an Seite verehrt werden. Ja, es ist ein wenig morbid, dass ein Friedhof zu den schönsten Attraktionen einer Stadt gehört. Das würde man eher von Wien als von Saint-Paul erwarten. Er verkörpert in bester Manier den wilden Mix aus Menschen, den die Insel ausmacht. Abgesehen davon liegt er idyllisch direkt am schwarzen Strand, der in der Sonne funkelt.

So fanden der Poet Leconte de Lisle (1818–94) und der allseits verehrte Pirat La Buse (1680–1730) hier ihre letzte Ruhestätte. La Buse machte als gefürchteter Freibeuter die Gewässer zwischen

Auf den ersten Blick gibt er nicht viel her, der Étang de Saint-Paul, doch das Ökosystem steht unter Schutz – für die Wasserskiläufer ein Balanceakt in jeglicher Hinsicht.

Madagaskar und den Seychellen unsicher. Sein sagenhafter Schatz soll irgendwo auf den Seychellen – oder vielleicht doch auf Réunion? – vergraben sein. An sein Grab pilgern Menschen und opfern Zigaretten oder Münzen, in der Hoffnung, er möge sein Geheimnis ausplaudern.

2007, nach dem Jahrhundertzyklon Gamede, entdeckte man am Strand Gebeine aus der Mitte des 19. Jh. Sie wurden Sklaven aus Tansania und Mosambik zugeordnet. Mehr als 2000 Menschen sollen damals einfach am Strand vergraben worden sein. Ihnen zu Ehren hat man die **Gedenkstätte der vergessenen Sklaven** errichtet (Cimetière des esclaves oubliés).

Route des Premiers Français (N1A)

Sumpfig und süß

Nicht wirklich schön und eigentlich fast nicht sichtbar, aber als Naturreservat ausgewiesen, ist der **Étang de Saint-Paul.** Der größte Süßwassersee der Maskarenen, der von den Regenfällen in den Bergen gespeist wird, garantierte lange Zeit die Wasserversorgung der Siedler. Er reicht bis zu 1,5 km ins Landesinnere und zieht sich auf der anderen Seite der Schnellstraße von Norden nach Süden an der ganzen Stadt entlang, allerdings in weiten Teilen versumpft und überwuchert. Wer sich für Kajak- oder Radtouren, geführte Spaziergänge, Vögel, Insekten und Pflanzen interessiert und des Französischen mächtig ist, findet unter www.reserve-etangsaintpaul.fr ein Programm mit geführten Aktivitäten im und um das Naturschutzgebiet.

Zufahrt: Abfahrt »L'Étang/Savanna« (*sortie* 8) und der Beschilderung folgen

Für Historiker perfekt

Einfache Wellblechhäuser, im Sumpf wuchernden Taropflanzen und Papyrusstauden und mitten drin ein altes Mühlrad …, wenn über das alte Réunion ein Historienfilm gedreht würde, böte die hintere Seite des Étang de Saint-Paul das perfekte Setting. Die 7 km lange Fahrt (am besten per Auto) führt durch das in den Anfangsjahren der Kolonie bevorzugte Siedlungs- und Anbaugebiet, bevor sich dieses mit zunehmender Versumpfung zu einem Malariaherd entwickelte.

Die Tour startet an der D6 (nach Plateau-Caillou). Nach der Autobahnunterführung hält man sich links und folgt den Schildern »Tour des Roches«. An der nächsten Kreuzung passieren Sie rechter Hand das älteste noch erhaltene Gebäude der Insel, La Poudrière. Das heute ockergelb gestrichene Pulvermagazin, das wegen der Piratenangriffe errichtet wurde, soll 1724 erbaut worden sein.

Folgen Sie dem **Chemin du Tour des Roches**. Palmenalleen flankieren kreolische Häuser, wo Ziegen im Gartengestrüpp nach Essbarem wühlen. Weiter vorne wuchern Taropflanzen und Bananenstauden, ein verwilderter, verwunschener Dschungel nur wenige Kilometer vom urbanen Leben entfernt. Auf halber Strecke um den See liegt ein altes Mühlrad *(moulin à eau)*, dort wo häufig Wasser über die Straße rinnt. Es ist das einzige erhaltene Mühlrad, das bei der Zuckerproduktion im Einsatz war. Falls Ihnen der Sinn nach einer kurzen, historischen Wanderung steht, biegen Sie rechts in den Chemin des Cèdres ab, fahren hoch bis zur kleinen Parkbucht und erklimmen den gepflasterten **Chemin pavé Bellemène.** Oben wartet ein herrliches Panorama auf Sie! Einzige Herausforderung: Es geht bergauf und die Sonne sticht. Die Tour endet im nördlichen Ortsteil Savanna. Hier befindet sich die stillgelegte Zuckerfabrik von Savanna, die in ein Geschäfts- und Bürozentrum verwandelt wurde. Zwar wenig spektakulär, erlaubt die Selbstfahrer-Tour aber einen historischen Blick auf die Anfangszeit der einstigen Kolonie.

Schlafen

Ausblick zum Hierbleiben

La Kaz Nana Sakifo: In der Höhe und doch nah der Küste – die Lage ist ideal. Die Betreiber wohnen nebenan und sorgen sich rührend um ihre Gäste. Pool mit Sonnenliegen. 2 DZ, 1 Bungalow, 1 Suite.

12, rue Arégno, Plateau-Caillou, T 0692 40 50 46, www.lakaznanasakifo.com, DZ/ÜF ab 145 €, auf Wunsch Abendessen 40 €

Höchste Freuden

Villa Garriga: Drei Zimmer in den kühlen Höhen von Saint-Paul (Anfahrt ca. 30 Min.), persönlich und familiär. Ben und Denis scheuen keine Mühen. Auf Wunsch gibt es köstliches kreolisches Abendessen. Der Blick vom Pool auf das Meer, Le Port und Saint-Paul ist der Hammer!

133A, rue de l'Église Saint-Thomas, Zufahrt über D4 (Bois-des-Nèfles), T 0693 46 26 36, https://villagarriga.re, DZ/ÜF ab 135 €

Günstiger Familienanschluss

Kia Ora: Drei etwas einfachere Zimmer stehen in einem gepflegten Garten mit Pool zur Wahl, aber das Highlight ist die Gastfreundschaft von Myléne und Bruno: hilfreich, herzlich und 100 % da für die Gäste.

204, rue Saint-Louis, zentral, schräg gegenüber eines Hindu-Tempels, T 0262 25 31 68, www.kiaorarun.com, DZ/ÜF 75–95 €

Essen

Dahinter liegt das Meer

La Barque: Tische rund um einen kleinen Pool im Hinterhof, Meerrauschen im Ohr, an französischer Küche orientierte, niveauvolle Speisen, viel Fisch und Meeresfrüchte. Spezialität des Hauses: *tartare* in jeder Variation und Thunfisch-Tataki.

48, rue de la Baie, T 0692 23 20 01, So–Di 11.45–14, Mi–Sa 11.45–14, ab 19 Uhr, Hauptgerichte ca. 30 €

Darf's ein bisschen Fusion sein?

La-Bas Ter La: Fast würde man an der unscheinbaren Veranda und Fassade vorbeilaufen, aber es wäre schade drum. »Fusion at its best«, lautet die Devise, wo sich peruanische, indische, französische, vegane oder Thai-Einflüsse auf der Karte finden. Viel Fisch und Meeresfrüchte; wichtig sind Christelle (gute Seele) und Emmanuel (Chefkoch) besonders die frischen Zutaten, viele davon in Bioqualität.

4, rue Eugène Dayot, etwas versteckt, T 0262 57 10 51, Di–Sa 12–14, 19–22 Uhr, Hauptgerichte ca. 30 €

Bistro mit Biss

Le Bistrot de St Paul: Dass im petrolblauen Gebäude an der stark befahrenen Straße solide französisch gekocht wird, überrascht. Freitagabends Livemusik. Oder haben Sie vielleicht Lust auf Karaoke?

191, chaussée Royale, T 0692 43 64 12, Mo–Do 12–14, Fr 12–14, 19–22 Uhr, Di/Mi Mittagsmenü 20 €, Hauptgerichte ca. 30 €

Nah am Wasser gebaut

Le Capitainerie: Über die Qualität der Hauptspeisen lässt sich streiten, aber gegen einen gepflegten *café gourmand,* Tapas oder Crêpes ab 15 Uhr ist bei der tollen Lage am schwarzen Strand nichts zu sagen. Sonntagabends oft Livekonzerte.

1, quai Gilbert, T 0262 57 79 36, tgl. 10–22 Uhr, Hauptgerichte ca. 25 €, *café gourmand* 9,50 €, Crèpes 6 €

Andouillette und echte Pommes

Le Débarcadère: Das leuchtend gelbe Holzhäuschen schräg gegenüber vom Steg macht Appetit, die große Speisekarte auch. Es gibt Fisch und Fleisch, Spezialitäten aus Lyon und Inselköstlichkeiten.

1, rue de la Baie, T 0262 45 19 41, Mo–Do 12–13.45, Fr/Sa 12–13.45, 19–21 Uhr, Hauptgerichte ca. 25 €

Bewegen

Fliegen wie ein Vogel

Felix ULM: Der Wind im Gesicht, die Haare flattern, so fühlt es sich also für Vögel an. Die Fluggeräte beim ältesten und renommiertesten Anbieter von Ultraleichtflügen sind in Top-Zustand, die Piloten werden laufend geschult. Bequeme Kleidung, eventuell eine windundurchlässige Jacke und Sonnenbrille sind nötig. Pro ULM kann nur ein Gast transportiert werden, u. U. müssen Sie nacheinander fliegen.

Z. A. Cambaie, Ausfahrt Sans Souci, den Schildern zur Base ULM folgen, T 0692 87 32 32, www.felixulm.com, 85–220 €/Pers.

Siedler, Piraten & Co

Les Aventuriers: Die Agentur bietet eine historische Tour durch Saint-Paul (auf Franz.) an. Es geht zum Steg, zur Grotte du Peuplement und zum Cimetière marin.

https://lesaventuriers.re, T 0692 34 45 21, tgl. 9.30, 14 Uhr, 15 €

Feiern

- **Cavadee:** Mai/Juni. Prozession vom Hindutempel in La Grande Fontaine über die Innenstadt bis in den Tempel in der Rue Saint-Louis. Beim Büßerfest sind Besucher willkommen.

Infos

- **Auto:** *Sortie* 10 führt ins Zentrum. An der Meeresfront gibt es (außer an Markttagen) genug Parkplätze (30 Min. 0,50 €). Gratis parken Sie u. a. zwischen Viadukt und N1A.
- **Busse:** Der Busbahnhof liegt im Stadtzentrum an der Chaussée Royale. Nach Saint-Denis: O1, O2, O3; in Richtung Saint-Pierre: O2, S3, S4, T, ZO; bis nach Saint-Joseph: S3 (alle Car Jaune).
- **Busse nach Maïdo:** s. S. 56.

Lieblingsort

Wo Elefanten um die Ecke kommen müssten

Genug von triefend grünen Bergwäldern und üppig wuchernden Vanilleorchideen im feuchten Unterholz? Raus aus dem Auto, rein in die bequemen Treter und rauf in die Savanne! Dem trockensten Fleckchen Erde der Insel einen Besuch abstatten sollten Sie frühmorgens oder ab 16.30 Uhr, denn tagsüber verbrennt die Sonne selbst die besten Intentionen. Wenn die Landschaft in weiche Farben getaucht ist, leuchten die goldbraunen Flächen aus Süßgräsern herrlich. Nester von Webervögeln pendeln von Weißkopfmimosen, weiter oben breiten Aloepflanzen ihre Kleider gönnerhaft aus. Das azurblaue Meer im Hintergrund komplettiert die perfekte Illusion einer afrikanischen Szenerie. Das Schöne an **La Savane** (📍 B4) ist die Vielzahl der gut gewarteten Pfade. Viele Menschen nutzen sie für ihre tägliche Bewegungseinheit, und egal, wo Sie hochlaufen, es findet sich immer ein Weg hinunter zum Auto (Anfahrt: N1A zwischen Boucan-Canot und Saint-Paul, Parken am Cap la Houssaye).

Boucan-Canot A4

Die Sonne auf den Bauch scheinen lassen, Sandkörner zählen und Wellen bewundern steht südlich von Saint-Paul auf dem Programm. 15 km überwiegend feinsandige Küste warten mit Hotelanlagen und Ferienwohnungen, Restaurants und Bars und viel Action für Jung und Alt auf. Erster Stopp: Boucan-Canot.

Für viele die Nummer eins

Wohl die meisten stimmen zu, dass es sich um einen der schönsten Strände der Insel handelt. Nicht nur deswegen lieben die Insulaner Boucan-Canot heiß, sondern auch, weil man hier lange Zeit die einzige Strandpromenade mit Cafés und Restos mit Blick aufs Meer hatte. Was Boucan-Canot von den anderen Stränden unterscheidet: Kein vorgelagertes Riff schützt es, daher donnern die Wellen in die Bucht und das Wasser ist tiefer als in der Lagune. Für Surfer waren dies lange Zeit traumhafte Bedingungen, bis die Haiangriffe kamen. Am Hauptstrand steht Schwimmern ein Felsenbecken zur Verfügung. Ob Schwimmen im als Badezone ausgewiesenen Meer (mit Überwachung durch Rettungsschwimmer) möglich ist, ist vor Ort zu klären. Die Plage des Aigrettes liegt südlich, vom Hauptstrand getrennt durch den Felsen Cap Homard.

Dahinter eher so lala

Das Herz des Ferienortes schlägt in der Fußgängerzone, die von Kneipen und Restaurants gesäumt wird. Davor schließen die terrassierten Liegeplätze an sowie weiter vorne der Rettungsturm. An den Wochenenden strömen die Insulaner in Scharen an den Strand. Sehen und gesehen werden, lautet die Devise. Das recht dicht verbaute Boucan-Canot dahinter liegt unmittelbar an der Umfahrungsstraße, was auf den ersten Blick uncharmant wirkt.

Schlafen

Abgesehen von den drei großen Hotels in der ersten Strandreihe gibt es jede Menge Ferienwohnungen in zweiter Reihe, die aber überteuert sind. Bei den genannten Hotels ist Schwimmen im Meer nicht möglich.

Platzhirsch mit Platzwunden

Le Saint Alexis: Schon etwas ramponiert ist die Anlage direkt am Wasser, aber die Lage kaum zu schlagen. Vier Sterne verdient es zwar nicht, doch das Hotel punktet mit großem Pool, wunderbarer Terrasse mit Blick aufs Meer und guter Verpflegung.

44, rue du Boucan-Canot, T 0262 24 42 04, www.hotelsaintalexis.com, DZ ab 190 €, Frühstück 27 €

Lage, Lage, Lage

Le Boucan-Canot: Herausragend ist die Lage des Hotels in Gehdistanz zum Felsenbecken, wo Sie geschützt im Meerwasser schwimmen können. Hübsche Terrasse mit Pool direkt am Strand. Moderne, helle Zimmer, aber Restaurant nur so lala.

32, rue du Boucan-Canot, T 0262 33 44 44, www.boucancanot.com, DZ ab 132 €

Nicht direkt am Strand

2A Boutik Hotel: Zwar kommt die Anlage modern daher, aber irgendwie fehlt ihr der Inselcharme. Auch die Lage ist nicht optimal. Nur zu empfehlen, wenn die anderen beiden Häuser voll sind.

54, rue du Boucan-Canot, T 0262 35 59 53, https://hotel2a.com, DZ ab 190 €

Essen, Ausgehen

Wie in Paris

Le Bistrot de Pepe Gentil: *Garçon*, möchte man am liebsten laut rufen. Bistrostühle wie in Paris, dunkelbraunes Interieur, alles *véritable français*. Die Betreiber sammelten im Mutterland

Retro-Interieur aus den 1960er-Jahren. Traditionelle Küche wie in Frankreich, aufgepeppt und modernisiert für Gourmets – und Weinkenner. Der Sommelier hilft gerne weiter.

15, pl. des Coquillages, T 0262 221278, Di–Sa 19–22 Uhr, Hauptgerichte ca. 32 €

Farbenmeer

Cap Sunset: Unter Palmen und Kasuarinen im Grünen beseelt auf das türkisblaue Meer blicken – das muss nicht auf den Sonnenuntergang beschränkt sein. Warum nicht mit dem Frühstück beginnen? Idyllisch und etwas abseits vom Trubel.

Rue des Sables, Cap Homard, T 0263 04 04 10, https://cap-sunset.re, Di–So 8–23 Uhr, Frühstück 8–14.30, Lunch 12–14.30, abends Küche ab 18 Uhr, Frühstück ab 8,50 €, mittags ab 17 €, abends nur Tapas ab 8 €

Infos

- **Auto:** Von Saint-Paul fährt man am besten auf der Landstraße N1A entlang der Küste nach Boucan-Canot. *Sortie* 13 führt ins Zentrum. Parken an der Straße oder jenseits der Umfahrungsstraße.
- **Busse:** Die Busse von Car Jaune – O2, S3, S4 und T – halten in Boucan-Canot.

Saint-Gilles-les-Bains

A4

Stoßstange an Stoßstange. Wenn man Pech hat und zur falschen Zeit fährt, ist das der erste Eindruck von Saint-Gilles-les Bains. Zweiter Eindruck? Dicht verbaut, zubetoniert. Wo die Reisejournalisten und Werbetexter den »mondänsten« Ferienort der Insel sehen, blieb mir in all den Jahren, die ich La Réunion kenne, verborgen.

Gesehen muss man es haben

Wie kommt es dann zu dem Hype? Ja, die Preise sind nirgends so hoch wie hier. Ja, es leben nirgendwo mehr *métros* als hier. Was aber macht Saint-Gilles aus? Es brummt das Nightlife und die Dichte niveauvoller Restaurants und teurer Boutiquen ist so hoch wie sonst nur in Saint-Denis. Das Städtchen profitiert von seinem quirligen Jachthafen und den Stränden, allen voran Roches-Noires und Plage des Brisants. Die geschützte Lagune erlaubt alle Spielarten von Wassersport. Gegen ein paar Stunden Kurzweil in Saint-Gilles ist also nichts einzuwenden. Zum Übernachten bieten andere Orte aber mehr Flair.

Am Meer

Schwarz-weißes Sehen

Blenden Sie die Betonwüste dahinter aus, konzentrieren Sie sich lieber auf das davor. In der Fußgängerzone *(esplanade)* direkt an der **Plage des Roches-Noires** ❶ wuselt es Tag und Nacht. Alt und Jung, Einheimische und Touristen finden sich hier gerne ein, genießen die Nähe zu Cafés und Bars und warten auf den Sonnenuntergang. Jenseits der *esplanade* am **Boulevard Roland Garros** und der **Rue de la Plage** ❷ liegen einige kreolische, blütenumrankte Villen, die an Zeiten erinnern, als in Saint-Gilles noch Baumwolle wuchs und mit der Bahn die ersten Badegäste kamen.

Um zu baden (Stichwort Haie), bleiben Sie in jedem Fall am überwachten Strandabschnitt südlich der Steine im Wasser. Wegen der Strömungen und des starken Wellengangs ist Vorsicht geboten!

Parkplätze sind Mangelware, am besten am Jachthafen parken

Perpetuum mobile

Von frühmorgens bis mittags herrscht Betriebsamkeit im **Jachthafen** ❸. Boote laufen aus, andere kommen mit großem

G

GIGANTISCH SANFT

Fontänen im Meer, Schwanzfluken tänzeln elegant über Wasser – »Les baleines sont de retour.« Eher unerwartet tauchten 2008 die ersten Buckelwale auf und beehren seitdem die Insel jedes Jahr von Mai bis Oktober, mal in größerer, mal in kleinerer Zahl. Sie kommen, um die Jungen in warmen Gewässern zu gebären, bevor sie im Oktober in die kalten, planktonreichen Gewässer der Antarktis weiterziehen. Doch der Trubel im Wasser und unbelehrbare Beobachter könnten sie vergraulen. Von achtsamen Walbeobachtern ist Eigenverantwortung einzufordern: Boote müssen einen Mindestabstand von 100 m einhalten und nicht mehr als fünf Boote sollten sich in einem 300-m-Radius aufhalten. Sprechen Sie vorab mit den Anbietern oder den Tauchzentren (s. Bewegen S. 50).

Fang zurück. Taucher zwängen sich in Neoprenanzüge, Flaneure schlürfen in den Bistros ihren Espresso. Tun Sie es ihnen am besten in einem der zahlreichen Lokale gleich.

Der Jachthafen ist durch zwei Brücken mit der Stadt verbunden, eine liegt in der Nähe der Post (Nähe Plage des Roches-Noires), eine in der Nähe des **Tourismusamtes.**

Frische Fischgesichter

Wo könnte man sich dem Thema Meer und Fische besser annähern als auf einer künstlichen Insel mitten im Jacht- und Fischerhafen? Das **Aquarium de la Réunion** 4 widmet sich der Unterwasserwelt von Réunion und thematisiert die einzelnen Lebensräume des Meeres sowie deren Bewohner. In großen Aquarien können zahllose Fische ganz aus der Nähe beobachtet werden. Zudem gibt es Videovorführungen. Wirklich sehenswert, nicht nur an Regentagen.

T 0262 33 44 00, www.aquariumdelareunion.com, tgl. 10–18 Uhr, 9,90 €

Zehen im Sand, nicht im Bier

Als ob sie kein Haar krümmen könnte, so kommt die idyllische **Plage des Brisants** 5 beim ersten Hingucken daher. Dabei war sie früher, vor den Haiangriffen, dafür bekannt, dass sich wegen des Riffs besonders viele Surferprofis verletzten. Gut, dass man sich in der rustikalen, allseits beliebten **Strandbar Sauvage Plage** 6 einen etwaigen Schrecken wenigstens schönsaufen kann. Der Ozean ist unter den Dachplanen zum Greifen nahe, die Brandung braust heran.

Schlafen

Blaue Zentrale

1 **Hotel Le Grand Bleu:** Zwar nicht am Strand und ohne Blick aufs Meer, aber nur ein paar Schritte von Roches-Noires entfernt, befindet sich das moderne, sympathische Stadthotel mit coolen Zimmern und englischsprachigem Personal. Kleiner Pool, hippe Bar mit Restaurant, freundlicher Empfang. Co-Working Space vorhanden.

46, bd. Roland Garros, neben der Post, T 0262 02 60 60, www.hotel-legrandbleu.com, DZ/ÜF ab 152 €

Aus alt mach schick

2 **Latitude 21:** Das Hotel in einer der gefragtesten Gegenden von Saint-Gilles wurde 2021 renoviert und umgebaut. Hoch über den Dächern der Stadt bestticht es mit Panoramablick, ruhiger Lage und bester Anbindung an die Schnellstraße.

196, chemin Summer, T 0262 33 13 33, www.latitude21.re, DZ ab 119 €

Geschmackvolle Selbstversorger

3 Senteur Vanille: Tolle Lage, ruhig, ein prächtiger Garten, charmantes Interieur und ein Ausblick zum Niederknien. Insgesamt sieben Einheiten, von Studio bis zur Villa (teils mit antikem Mobiliar). Die Gastgeber auf der Mangoplantage sprechen Englisch und Deutsch.
Route du Théâtre, von der D10 in Richtung L'Éperon bei der Total-Tankstelle links abbiegen, T 0692 78 13 05, www.senteurvanille.com, Mindestaufenthalt 3 Nächte DZ ab 87 €, Villa ab 184 €

Essen

Frischer Fisch

1 Le D.C.P.: Das Restaurant hat zwar einen zungenbrecherischen Namen (Dis-

Saint-Gilles-les-Bains

Ansehen
1 Plage des Roches Noires
2 Boulevard Roland Garros und Rue de la Plage
3 Jachthafen
4 Aquarium de la Réunion
5 Plage des Brisants

Schlafen
1 Hotel Le Grand Bleu
2 Latitude 21
3 Senteur Vanille

Essen
1 Le D.C.P.
2 O ti marché
3 Chez Marie
4 Ti Mahi Mahi
5 Fostin
6 Sauvage Plage
7 Chez Mité
8 La Case à Pains

Einkaufen
1 Pardon!
2 L'Effet Péi
3 Rhum Mamzel

Bewegen
1 Bato Péi
2 Cat'Ananas
3 Cocoboat
4 Bleu Marine
5 Rando Réunion Passion
6 Lavatunnel
7 Helilagon

Ausgehen
1 Le QG
2 Chez Nous
3 Flaniermeile Esplanade

---

positif de Concentration de Poissons), aber der Fisch geht runter wie Butter. Die Hochseefischer liefern ihn direkt ins Lokal.
2, pl. Paul Julius Bénard (pl. du Marché), T 0262 33 02 96, tgl. 12–14, 19–22 Uhr, Fischgerichte ab 23 €

Früh, mittags, abends
2 **O ti marché:** Der Name ist Programm, das Lokal mit Garten im Brasseriestil liegt am Platz gleich neben dem Markt. Gut für französische Spezialitäten, hausgemachte Köstlichkeiten, Tapas und Snacks. Ab mittags durchgehend warme Küche bis 21.30 Uhr! Kleiner Feinkostladen.
23, rue du Saint-Laurent, T 0262 24 54 94, tgl. 7.30–21.30 Uhr, Fleisch/Fisch ab 22 €

Üppig portioniert
3 **Chez Marie:** Wie es sich für ein Lokal im Hafen geziemt, dominiert Fisch auf der Speisekarte. Das alteingesessene Lokal ist über die Stadtgrenzen hinweg bekannt und häufig voll besetzt.
Port Saint-Gilles, neben Corail Plongée, T 0262 24 08 87, tgl. 12–15 Uhr, Hauptgerichte ca. 23 €, Tagesmenü 20 €

Kein fauler Fisch
4 **Ti Mahi Mahi:** An Fisch kommt man hier nicht vorbei. In der kleinen Holzbude an der stark befahrenen Straße gegenüber vom Hafen kommen Fischliebhaber auf ihre Kosten. Das Tatar *(tartare)* zergeht auf der Zunge. Preis-Leistung stimmt.
167ter, rue du Général de Gaulle, T 0692 10 90 66, Di–Sa 11.30–14.30 Uhr, Fisch ab 24 €, *tartare* ab 21 €

Ristorante originale
5 **Fostin:** Wer eine italienische Pause von *cari* und *tartare* sucht, *buon appetito!* Die Pizzen sind interessant belegt, schmecken köstlich und die Pasta ist hausgemacht.
145bis, rue du Général de Gaulle, T 0262 33 58 56, Mi–So 18–24 Uhr, Pizzen ab 12 €

Berauschende Aussicht
6 **Sauvage Plage:** In der einzigen richtigen Strandbar bis La Saline-les-Bains finden sich bei Sonnenuntergang Hinz und Kunz ein. Fürs Essen (typisch französisch) macht eine Reservierung Sinn, für chillige Cocktails (ab 10 €), ein Glas Wein (ab 7 €)

oder ein Bier findet sich leichter ein Platz. Dennoch ist es ratsam, frühzeitig vor Ort zu sein. Über gelegentliche Schwächen im Service muss man bei dem formidablen Ausblick einfach mal hinwegsehen.

Plage des Brisantes, südlich der Marina, T 0262 44 88 73, www.sauvage.re, tgl. 8–23, warme Küche 8–10, 12–14, 19.30–21.20 Uhr, Hauptgerichte ca. 25–30 €

Früh hungrig sein

7 **Chez Mité:** Lange Schlangen um 11.45 Uhr können nicht irren: kreolische Küche wie bei Muttern! Wenn die Töpfe leer sind, geht der Rollbalken runter. Essen im überdachten Innenhof oder zum Mitnehmen.

6, rue de la Plage, Mo–Fr 11.30–14 Uhr, zum Mitnehmen ab 8 €, im Restaurant ab 11 €

Pain au chocolat oder Quiche?

8 **La Case à Pains:** Frühstück, süße und pikante Leckereien sowie Snacks für den Hunger zwischendurch. Sehr schmackhaftes dunkles Brot.

Port Saint-Gilles, T 0262 96 33 01, Mo–Sa 6–19, So 6–18 Uhr

Einkaufen

An der Durchgangsstraße Rue du Général de Gaulle befinden sich primär Souvenir- und T-Shirt-Läden. Saint-Gilles' teure Boutiquen liegen rund ums Tourismusbüro.

Kult-T-Shirts

1 **Pardon!:** Die Kollektionen wechseln jede Saison und immer werden typisch réunionesische Dinge porträtiert und ironisiert. Coole Sprüche und smarte Designs.

57, rue du Général de Gaulle, T 0262 24 49 58, www.pardon.re, Mo–Sa 9.30–19, So 9–13 Uhr

Mehr T-Shirts

2 **L'Effet Péi:** Weitere beliebte, réunionesische T-Shirt-Marke.

82, rue du Général de Gaulle, T 0262 33 91 45, Mo–Sa 9–19, So 9.30–12.30 Uhr

Hochprozentig köstlich

3 **Rhum Mamzel:** Wer am hiesigen *rhum arrangé* Gefallen gefunden hat, muss im ›Flagship Store‹ einen Boxenstopp einlegen. Ausgefallene Sorten, interessante Geschmackserlebnisse. Die Erzeugnisse sind aber inselweit erhältlich.

Galerie Amandine, neben Le D.C.P., T 0262 14 58 26, Mo 13–19, Di/Mi 9.30–19, Do/Fr 9.30–12.30, 13.30–19, Sa 9.30–20 Uhr

Bewegen

Als Indiz für die gute Qualität von Veranstaltern gilt das Siegel »Réunion Qualité Tourisme«, für das sich die Mitgliedsbetriebe jährlichen Tests unterziehen.

Ein Boot, ein Mann, ein Erlebnis

1 **Bato Péi:** Josias, seines Zeichens waschechter Kreole aus dem Süden, lebt für das Meer und bringt den nötigen Respekt im Umgang mit den Kreaturen des Meeres mit. Unvergessliche Wal- und Delfintouren mit Leidenschaft und Humor.

Port Saint-Gilles, T 0692 64 81 97, www.batopei.com, 2-stündige Ausfahrt 38 €

Sonnenuntergang, Wale, Delfine

2 **Cat'Ananas:** Dolce Farniente auf einem Segel-Katamaran mit Skipper. Mit etwas Glück sieht man Delfine oder Wale (allerdings nur während der Saison).

Port Saint-Gilles, T 0262 33 28 32, www.grandbleu.re, 3 Std. 53 €, 4 Std. 67 € inkl. Snacks und Getränke

Sprung ins Wasser

3 **Cocoboat:** Wenn die Wale nicht da sind, halten sich Christophe und Kollegen respektvoll an Delfine und Sonnenuntergänge. Man kann es mögen oder nicht: Sie können sogar ins Wasser springen und mit den Meeressäugern schwimmen.

Port Saint-Gilles, T 0693 82 49 05, https://www.cocoboat.re, ab 30 €

Tauchen beim Haudegen

4 **Bleu Marine:** Professionelles, gut gewartetes Equipment, Erfahrung seit 1995 und der gewisse Schmäh sind die Markenzeichen von Yves Reignier. Im Büro gibt es ein WC, eine Dusche und Kaffee gratis. Mit englischsprachigen Instruktoren.

Port Saint-Gilles, T 0692 85 80 83, www.bleu-marine-reunion.com, Di–So, Tauchgang 55 €, 3 Tauchgänge 159 €, 10 Gänge 500 €

Radrodeo

5 **Rando Réunion Passion:** Über Stock und Stein (oder Asphalt) Downhill-Fahren auf zwei Rädern, z. B. vom Maïdo oder dem Piton de la Fournaise.

167, rue du Général de Gaulle, T 0692 88 54 58, www.vttreunion.com, ab 69 €

Auf die Knie

6 **Lavatunnel:** Der Lavatunnel beim Bassin Bleu in L'Éperon soll über 300 000 Jahre alt sein. Sie sollten sich kleinmachen können und nicht an Klaustrophobie leiden. Besuch buchbar über Envergure Réunion (www.canyon-speleo.re, 55 €/Pers.).

Die Welt von oben

7 **Helilagon:** Am eindrücklichsten ist mit Sicherheit der Überflug (fast) der gesamten Insel (Tour »L'Incontournable«). Bestehen Sie auf einen Fensterplatz! Ein Shuttleservice von den jeweiligen Hotels zum Heliport ist vorhanden, bei der Reservierung helfen die Hotels und das hiesige Tourismusamt.

Abflug vom Altiport de l'Éperon, T 0262 55 55 55, www.helilagon.com, Rundflüge 60–349 €/Pers.

Ausgehen

Es herrscht kein Mangel an Nachtklubs, Discos und Bars, u. a. in der Rue du Général de Gaulle bei der Hafeneinfahrt oder in der Avenue de Bourbon bereits in L'Hermitage.

Absacker-Bar

1 **Le QG:** Um ein paar Gläser über den Durst zu trinken oder einfach bei einem gepflegten Bier den Tag ausklingen zu lassen, eignet sich Le QG prächtig. Bar mit Bistro-Flair, selbst das Abendessen ist gut.

122, rue du Général de Gaulle, tgl. 18–2 Uhr

Wein, Whiskey, Sex on the Beach

2 **Chez Nous:** Nachdem alle gegessen haben, verwandelt sich das hübsche Resto im französischen Brasseriestil in eine Bar. Rock und Pop, angenehmes Ambiente, an den Wochenenden manchmal Konzerte.

122, rue du Général de Gaulle, T 0262 24 08 08, Di–So 19–2 Uhr

Berauschende Aussicht

6 **Sauvage Plage:** s. S. 49.

Umtrunk zum Sonnenuntergang

3 **Flaniermeile Esplanade:** Bei Sonnenuntergang ist die Promenade am Strand von Roches-Noires ein beliebter Treffpunkt. Einige Lokale offerieren Snacks und Getränke *(l'aperó)*, z. B. La Plage, Kazbar oder das überdachte L'Esplanade.

Feiern

- **Grand Boucan:** Ende Juni. Ein Faschingsumzug durch das Stadtzentrum, an dem bis zu 15 000 teils verkleidete Narren teilnehmen. Das Straßenfest gipfelt in Feuerwerk, Livemusik und der Verbrennung König Dodos.

Infos

- **Office de Tourisme:** 1, place Paul-Julius-Bénard, T 0262 42 31 31, www.

ouest-lareunion.com, tgl. 10–13, 14–18 Uhr.

- **Auto:** Die N1A führt an der Stadt vorbei, um ins Stadtzentrum zu gelangen, muss man abfahren. Von der Route des Tamarins (N1) erreicht man über *sortie* 13 die D10 und das nördliche (kürzere Anfahrt), über *sortie* 14 und D100 L'Hermitage das südliche Ortsende. Gratis-Parkplätze gibt es nahe der Touristinfo und am Hafen, sonst gebührenpflichtig (30 Min. 0,50 €).
- **Mietwagen:** Lokale Leihagenturen in der Rue du Général de Gaulle oder ihrer Verlängerung, der Avenue de Bourbon (in Richtung Les Filaos/L'Hermitage).
- **Busse:** Die Linien S3, S4 und T von Car Jaune halten am Hauptplatz in Saint-Gilles-les-Bains, unweit von Roches-Noires.

Saint-Gilles-les-Hauts

B4

Ohne die Familie Desbassayn wäre die Siedlung keine Erwähnung wert, aber Mitte des 18. Jh. erbte Henri Paulin Panon große Ländereien im Westen der Insel, darunter die drei Bassins der Ravine Saint-Gilles, was ihm den Beinamen Desbassayns (Von den Bassins) einbrachte. Als er 1770 die beste Partie der Insel, Mlle Marie Anne Ombline Gonneau, ehelichte, war der Grundstein für eine der reichsten Plantagenfamilien gelegt. Zuerst wurde der Anbau von Baumwolle und Kaffee betrieben, später aber in den Höhen (Les Hauts) durch Zuckerrohr ersetzt.

Saus und Graus

Die einen lebten in Saus und Braus, die anderen wurden wie Möbelstücke weitervererbt. Und das alles Tür an Tür. Die Familie Desbassayns residierte im Maison de Villèle, heute viel besuchtes Herzstück des **Musée de Villèle.** Der herrschaftliche Steinbau – unüblich zu einer Zeit, als man Häuser aus Holz fertigte – wurde 1788 ganz nach den Plänen des Hausherrn im Stil der südindischen Kolonialhäuser vollendet – von Tamilen *(malbars)*, die er als Kriegsbeute aus Indien mitgebracht hatte. Innen zeugen edle Parkettböden mit Intarsien, elegante Holzvertäfelungen aus Tamarin des Hauts und edelste Ausstattung, u. a. chinesisches Porzellan, vom Wohlstand der Besitzer. Vor ihrer edlen Tür schufteten Sklaven bis zum Umfallen. 1845 ›besaß‹ die Zuckerbaronin 406 Sklaven, über die sie penibel Buch führte. Nach dem Tod ihres Mannes 1800 regierte sie mit eiserner Hand. Wäre es nicht vorgeschrieben gewesen, hätte sie vermutlich großzügig auf den Bau des Lazaretts für ihre Sklaven verzichtet. Selbst kranke Sklaven waren zu Tätigkeiten wie Seileknüpfen oder Steinezermahlen angehalten.

Domaine Panon Desbassayns, 2, rue Mahatma Gandhi, T 0262 55 64 10, www.musee-villele.re, Di–So 9.30–12.30, 13.30–17.30 Uhr, Führungen (nur Franz.!) 10, 10.30, 11.30, 14.30, 15.30, 16.30 Uhr (mind. 10 Pers.), Dauer ca. 45 Min., 2 €, deutsche Beschreibung liegt aus, mehr Infos auf Englisch in der App Villele Museum; Garten, Küche, Sklavenhospital und Dauerausstellungen im 1. Stock gratis

Katholischer als der Papst

Ob Madame Desbassayns sich kurz vor ihrem Tod 1846 ein Denkmal setzen wollte oder sie einfach aus praktischen Gründen ein Gotteshaus in der Nähe des Herrenhauses haben wollte, bleibt unbeantwortet. Das 1841 erbaute Kirchlein **Chapelle Pointue** mit kreisförmigem Grundriss und spitz zulaufenden Turm sticht jedenfalls markant hervor. Fakt ist, dass die Kirche bequem nahe am Arbeitsplatz der Sklaven lag, und bei den Zwangstaufen und verpflichtenden Gottesdiensten wenig Arbeitszeit verloren ging.

Chemin des Immortelles, Infos auf Englisch in der App Villele Museum, Di–So 9.30–17.30 Uhr, Eintritt frei

Wandern in den Höhen

Verbotene Freuden

Eigentlich ist das Wandern in der Ravine Saint-Gilles verboten, da der 20 km lange Wasserlauf eine der wichtigsten Trinkwasserquellen des Westens darstellt, aber es scheint niemanden zu kümmern. Ironischerweise zählt die kurze Rundwanderung zu den **Bassins de la Ravine Saint-Gilles** von ca. 1–1,5 Std. zu den beliebtesten Touren im Westen, speziell an den Wochenenden. Der Eingang zum Bassin Malheur, Bassin des Aigrettes und Bassin des Cormorans liegt rechts 100 m hinter dem Imbiss Snack Les Cormorans, wenn man bergwärts auf der D10 unterwegs ist. Die Wanderung erfordert ein wenig Geschick, da immer wieder über Felspassagen geklettert werden muss, ist aber insgesamt nicht anstrengend. Streckenweise geht man entlang Kanälen oder betonierten Rampen, passiert drei Wasserfälle und drei Bassins.

Anfahrt: 2 km nördlich von Saint-Gilles zweigt die D10 bei Grand-Fond nach L'Éperon (beim Fast-Food-Resto Burger King) ab, gute Wegbeschreibung auf https://randopitons.re: »Les bassins et cascades de Saint-Gilles«

Einkaufen

Wenige geschickte Hände

Village artisanal de l'Éperon: Die ursprüngliche Idee, in der ehemaligen Zuckerfabrik der Desbassayns ein Kunsthandwerksdorf zu etablieren, war gut gemeint, ist aber an den hohen Mieten gescheitert. Nur eine Handvoll Künstler und niveauvolles Kunsthandwerk sind übrig geblieben, aber die charmanten Boutiquen mit Kleidung, Interieur und Papeterie sowie

An den Wochenenden zeugen lange Autoschlangen am Straßenrand von der Beliebtheit der Wanderung zur Ravine Saint-Gilles. Die Schönheit der Bassins mit ihren Wasserfällen ist eben unwiderstehlich.

die Cafés lohnen einen Ausflug, wenn Ihnen der Sinn nach Shoppen steht.

In L'Éperon an der D10, uneinheitliche Öffnungszeiten

Bewegen

Löcher mit Aussicht

Bassin Bleu: 18-Loch-Golfanlage in den Höhenlagen von Saint-Gilles mit noblem Ambiente.

75, rue du Golf (vormals: rue Mahatma Gandhi), T 0262 70 03 00, www.bassinbleu.fr, tgl. 7.30–18.30 Uhr, 9 Löcher ab 40 €, 18 Löcher ab 57 €

Infos

- **Auto:** Von der Route des Tamarins *sortie* 13 oder 14 bergwärts halten (D10), vom Strand Zufahrt über die D10. Nach der Durchfahrt von L'Éperon am großen Kreisverkehr auf die D6 in Richtung Saint-Gilles-les-Hauts einbiegen. Der Abzweig nach rechts zum Musée de Villèle ist nach weiteren 1,8 km erreicht. Beschilderung fehlt, nur die Chapelle Pointue (linker Hand etwa Höhe des Abzweigs) sowie der Turm der Zuckerfabrik sind sichtbar.

Piton Maïdo

Wahnsinn, was für ein Ausblick! Mehr als diese fünf Worte braucht es nicht, um den 2205 m hohen Piton Maïdo zu beschreiben. Vorne liegt einem der Cirque de Mafate zu Füßen, hinten schweift der Blick bis hinunter zum Meer.

Ohne Fleiß kein Preis

Die Aussicht muss man sich erst ›erarbeiten‹. Es ist nicht nur erforderlich, mit den Hühnern aufzustehen, sodass man bis spätestens 7 Uhr am Gipfel ist, sondern die etwa einstündige, kurvenreiche Anfahrt hat es selbst mit dem Auto in sich. Der Maïdo ist gut von der Autobahn aus beschildert. Die Anfahrt erfolgt ab Saint-Paul oder Saint-Gilles-les-Hauts (27 bzw. 29 km). In jedem Fall muss man sich immer in Richtung Le Guillaume halten. Hinter Le Guillaume wechselt man schließlich rechts auf die 17 km lange, gut ausgebaute Forststraße RF8. Über den lang gezogenen Höhenweiler La Petite-France gelangt man schließlich auf den Maïdo.

Botanisches Lehrbuch

An der Anfahrt ist speziell die Durchquerung der verschiedensten Vegetationszonen interessant. Im unteren, dicht besiedelten Bereich überwiegen die Nutzpflanzen, allen voran Gemüse und Zuckerrohr. Weiter oben herrscht ein frischeres, Europa vergleichbares Klima vor, in dem Buchen, Eichen, Platanen, vor allem aber schnellwachsende Akazien gedeihen. Ihre Hitzeleistung war für die Destillerieapparate bei der Geraniumölherstellung genau richtig und so kultivierte man sie rund um **La Petite-France.** Selbst aus Grasse reisten einst die Parfümeure an, um die hochwertigen Öle aus Rosengeranien zu kaufen. Die endemischen Holzarten wurden gegen 1920 flächendeckend abgeholzt und dem Rosengeranienanbau geopfert.

Oberhalb von La Petite-France gedeiht in bis zu 1500 m Höhe Réunions einziger endemischer Bambus, der Calumet (erkennbar an den markanten Büscheln). Früher beim Hüttenbau verwendet kommt er heute nur mehr an wenigen Plätzen vor. Vielerorts hatte man die gerodeten Flächen mit Kryptomeriawald (Sicheltannen) aufgeforstet. Die letzten Kilometer sind von einigen Picknickplätzen und Kiosken gesäumt, zuerst entlang von Wiesen und knorrigen *tamarins des hauts* (Akazienbäume), ab 1950 Höhenmetern überwiegend in Heidelandschaft.

F

FRÜHER ALS DIE HÜHNER

Es tut weh, um 4.30 Uhr im Urlaub aufzustehen. Ohne Kaffee im Magen sind die engen Kehren eine Herausforderung. Gut, dass die Boulangerie du Maïdo in Le Guillaume ein Herz für Frühaufsteher hat, eine kurze Pause für Espresso und ein Croissant lohnen sich unbedingt. Endlich oben, ziehe ich mir die Mütze tiefer ins Gesicht. Brrr, es ist verdammt kalt! Dann der Moment des Glücks: Hinter dem Piton des Neiges zeigt sich zaghaft die Sonne, sie steigt und steigt, taucht den Cirque de Mafate in weiches Licht, hüllt uns ein, lullt uns ein. Vergessen die Kälte, die unorthodoxe Uhrzeit, die müden Glieder. Pures Gipfelglück!

Gipfelweise Glück

Die schönsten Berge geben sich ein Stelldichein: von der La Roche Écrite ganz links über den Cimendef, den Gros Morne, den zweithöchsten Berg der Insel, der den Piton des Neiges verdeckt, bis hin zum Grand-Bénare rechts außen. Darunter ruht der zerklüftete Cirque de Mafate mit seinen glänzenden Dächern auf den *îlets*. Oberhalb drehen knatternde Helikopter und ULM-Flugzeuge ihre Runden.

Am oberen Parkplatz beginnt die Wanderung zum dritthöchsten Gipfel, dem **Grand-Bénare** (2898 m) und zur **Caverne de la Glacière.** In dieser Höhle wurde zur Zeit der Desbassayns (s. S. 52) in den Becken des Baches Eis ›gemacht‹. Im kühlen Hochlandklima fror die Wasseroberfläche zu. Diese Eisplatten wurden eingesammelt und den Gutsbesitzern sowie ihren illustren Gästen in kühlen Drinks serviert.

Wanderungen am Maïdo

Eiskalter Aufstieg

Die kurze, aber herausfordernde **Boucle du Grand Bord** (Rundweg, 3 km, 1,5–2 Std.) führt vom Parkplatz Maïdo zu einer Marienstatue mit spektakulärer Aussicht oben am Kamm und zurück über das Observatorium zum Parkplatz. Es geht teils steil über Fels und Stein, manchmal müssen die Hände zu Hilfe genommen werden. Von *facile*, wie es auf der Hinweistafel steht, kann keine Rede sein.

Vom Terrain her einfacher ist der **Marsch zur Caverne de la Glacière** (2548 m; hin/zurück 11 km, 4–5 Std.), da Sie vom Parkplatz Maïdo aus die ausgetretene Piste nehmen. Die Herausforderung besteht eher in der Länge und dem Aufstieg von 340 Höhenmetern. Unübersehbar führt der Pfad stetig bergauf bis zur Caverne de la Glacière. Der Rückweg erfolgt über den **Piton de la Glacière,** ein kurzer, knackiger Aufstieg. Zurück zum Parkplatz nehmen Sie denselben, gut ausgebauten Weg. Einziges Minus: Die Panoramen sind nicht ganz so großartig.

Kraftvoll zum Grand-Bénare

Kraft in den Beinen benötigen diejenigen, die auf den sensationellen Blick in den **Cirque de Cilaos** nicht verzichten wollen (hin/zurück 16,5 km, 6–8 Std.). Hinter dem Parkplatz Maïdo verlassen Sie die Betonrampe und halten sich links bergauf in Richtung Marienstatue *(vierge)*. Das Terrain ist anspruchsvoll, teils mit Kletterpassagen, es geht 750 Höhenmeter bergauf. Sie klettern und marschieren entlang der Abbruchkante, ständig den Cirque de Mafate im Blick. Oben auf dem Grand-Bénare, auf 2898 m Höhe, breitet sich dann der Cirque de Cilaos vor Ihnen aus. Zurück geht es über den gut ausgebauten **Chemin de la Glacière,** der an der Eishöhle vorbeikommt und kaum spektakuläre Panoramen bietet.

La Petite-France

Ein Stopp in La Petite-France auf dem Rückweg bietet Kurzweil – mit dem Besuch einer Schaudestillerie (s. Einkaufen), einem guten kreolischen Mittagessen sowie einer Runde auf dem E-Roller (Parc de la Luge, www.parcdelaluge.re, an schulfreien Tagen und während der Schulferien). Nachdem Ende des 19. Jh. der Geraniumboom eingesetzt hatte, kaufte die Familie Lougnon mitten im Wald auf etwa 1000 m Seehöhe Land und ließ sich hier nieder. Weil ihn das kühlere Höhenklima an seine Heimat erinnerte, taufte das Familienoberhaupt Ker Anval sein Land La Petite-France. Einige wenige Geraniumöldestillerien sind noch geöffnet.

Essen

Kreolisch kredenzt

Chez Doudou: Im gepflegten Holzhäuschen mit buntem Inneren gibt es mittags ein schmackhaftes, kreolisches Büfett.
394, route du Maïdo, T 0262 32 55 87, Di–So 12–14 Uhr, Mittagsbüfett 25 €

Einkaufen

Dufte Düfte

La Maison du Géranium: Schon der hübsche Garten macht direkt Lust stehenzubleiben. Reichhaltiges Sortiment an Körperpflegeprodukten und ätherischen Ölen, die meisten aus eigener Produktion. Außerdem: Konfitüren, Gelees und andere Insel-Köstlichkeiten. In der Schaudestillerie wird die Ölherstellung erläutert.
Route du Maïdo, La Petite-France (ausgeschildert), T 0692 82 15 00, Fr–Mi 9–16 Uhr

Infos

Für Wanderungen nach Mafate empfiehlt sich der Bus von Kar'Ouest (www.karouest.re) oder ein Transferdienst (s. Touristeninfo Saint-Gilles-les-Bains, S. 51).

- **Busse:** Die Linie 61 von Kar'Ouest auf den Maïdo (70–80 Min. Fahrt, 2 € im Bus) fährt Mo–Sa 5.40, 9.25, 12.15, 15.30 Uhr ab Gare Routière de Saint-Paul, zurück Mo–Sa 6.53, 10.45, 13.40, 17.10 Uhr.
- **Auto:** *Sortie* 12 und 13 der Route des Tamarins, beide führen nach Le Guillaume. Wegen Einbruchsgefahr den Mietwagen nicht über Nacht am Maïdo parken.
- **Tipps:** Abfahrt in Saint-Gilles-les-Bains vor Sonnenaufgang, je nach Saison/Wetterlage ziehen zwischen 8 und 10 Uhr die ersten Wolken auf. Deutschsprachige Wanderführer: s. S. 249.

L' Hermitage-les-Bains ✪ A5

»Le plus belle plage de la Réunion«, sind sich Einheimische und Gäste einig – oder wenigstens gleichauf mit Boucan-Canot. Idyllisch sind der 3 km lange, weiße Sandstrand (streckenweise aus Kiesel, zudem liegen viele Überreste von Korallen herum) und die schattenspendenden Filaosbäume, aber das kitschig türkisblaue Wasser überstrahlt alles. Am Nordende geht er nahtlos in den Strand von Saint-Gilles-les-Bains, im Süden in den von La Saline-les-Bains über.

Vorne hui, hinten na ja

Ein kilometerlanger Tropentraum also. Stimmt. Und dahinter? Eine Handvoll beliebte Restaurants, aber die Hotels zwar in vielen Fällen renoviert, sind unpersönlich, Marke ›Bettenburg‹. Die Insulaner stört

Wenn Sie Glück haben und den Strand von L'Hermitage so menschenleer vorfinden, dann bleiben Sie einfach dort. Schattenplätze hat's reichlich, Snacks gibt es hinter dem Grünstreifen.

das nicht. An den Wochenenden frönen sie hier ihrem Lieblingshobby: Picknicken. Unter der Woche geht es gemächlicher zu, doch so richtig für sich wird man die Lagune wohl nie haben. Es ist verboten, sich dem Korallenriff zu nähern, da sich dort kleine Strudel und Strömungen bilden. 100 % haifrei ist auch die Lagune vor L'Hermitage nicht: Kleinere Haie schlüpfen durch Löcher der Korallenbarriere.

Jardin d'Éden

Botanische Gärten gibt es viele auf La Réunion. In den acht Zonen des Jardin d'Éden finden Sie Seerosen und weitere Wasserpflanzen, Heilkräuter, Gewürzpflanzen, manche mit aphrodisierender Wirkung, Kakteen und ihre Verwandten, inseltypische Gewächse und weitere tropische Blühschönheiten. Schauen Sie genau hin! Der Garten ist dafür bekannt, dass häufig Chamäleons zu sehen sind. In der liebevoll gepflegten Anlage bleibt es auch im Hochsommer angenehm kühl. Deutsche Infomappen liegen aus. Mückenspray nicht vergessen!

An der N1A direkt am Kreisverkehr zur Av. de la Mer, T 0262 33 83 16, www.jardindeden.re, tgl. 10–18 (letzter Einlass 17) Uhr, Rundgang ca. 1 Std., 8 €, geführte Tour 10 € inklusive Eintritt (1–2 x/Woche, s. Website)

Schlafen

Fünf verglühte Sterne

Lux* Saint Gilles: Sicher, die 164 stylishen Zimmer und die Anlage bieten allen erdenklichen Komfort und der Strandabschnitt hat Fünfsternequalität, aber fünf Sterne werden auf der Insel definitiv anders interpretiert als auf Mauritius oder den Malediven. Das sollte man wissen, bevor man bucht, und auf Defizite eingestellt sein. Kleine Bäder, aber große Pools. Gute Deals bei Direktbuchung und bei Pauschalpaketen.

28, rue du lagon, beim Leader Price in Richtung Meer abbiegen, T 0262 70 00 00, www.luxresorts.com, große Preisschwankungen je nach Saison, DZ/ÜF ab 251 €

Rechtzeitig reservieren

Les Bougainvilliers: Das beliebte, familiäre Gästehaus mit adretten, farbenfrohen Zimmern (mit AC, TV und Kühlschrank), einem schönen Pool samt Gemeinschaftsküche inmitten eines gepflegten Gartens ist immer gut gebucht. Fahrradverleih und Schnorchelausrüstung gratis.

27, ruelle des Bougainvilliers, am Ortsende in Richtung Saline rechts in den Chemin de l'Hermitage abbiegen, T 0262 33 82 48, www.bougainvillier.com, DZ ab 83 €

Essen

Mehrere typisch kreolische Imbisslokale wetteifern um die Gunst der Gäste. Gekocht werden nur wenige Tagesgerichte, Verkauf solange der Vorrat reicht. Wenn das **L'Arc en Ciel** (14, rue Père-La-Frite, Nähe Hauptstrand, Mo–Sa 11–14.30, 18–22 Uhr) voll oder ausverkauft ist, gehen Sie weiter zu **Chez Herbert** (40, bd. Leconte de Lisle, gegenüber dem Hauptstrand, tgl. 10–21, warme Küche 12–15, 18–21 Uhr, dazwischen Snacks, Essen zum Mitnehmen ab 8 €, sonst ab 10/11 €).

Beliebt für Fisch und Fleisch

Le Manta: Im überbordenden Tropengarten sitzt man in einer offenen Veranda und lässt sich die kreolisch-französischen Gerichte schmecken. Auf der anderen Straßenseite glitzert das Meer unter den Kasuarinen. Reservieren sinnvoll.

18, bd. Leconte de Lisle, unweit der Fußgängerbrücke am Südende, T 0262 33 82 44, tgl. 12–14, 19–22 Uhr, Hauptgerichte 20–30 €

Sinnlich bis hinter den Gaumen

Le Jardin des Sens: Kleine Tageskarte, groß im Geschmack. Wer zwischendurch wieder mal schicker speisen gehen möchte, ist mit dem Terrassenlokal gut bedient. Weinliebhaber kommen auf ihre Kosten.

24, av. de Bourbon, Di–So 19–24, Sa/So 12–15 Uhr, Hauptgerichte ab ca. 25 €

Rustikal lokal

Chez Rosa: Hinter der schmucklosen Fassade, vor der sich mittags die Menschentrauben bilden, kocht Rosa kreolisch mauritianisch (z. B. *bol renversé*) mit madagassischem Einschlag. Der unscheinbare Holz-Blech-Verschlag verspricht nicht viel, aber lassen Sie sich überraschen. Auch zum Mitnehmen ab 8 €.

183, route de Trou d'Eau, T 0262 24 65 28, Mo–Do 11.30–14.30, 18.30–21, Fr/Sa 11.30–14.30 Uhr, Tagesgerichte ab 12 €

Leckerschlecker

La Glacerie: Sie haben Lust auf Eiscreme? Für das hausgemachte Eis kommen die Leute von weither. Immer viel Betrieb. Die Waffeln, Crêpes und Smoothies sind auch nicht zu verachten.

Av. de Bourbon, neben Carrefour, Di–So 13–19 Uhr

Knusperhäuschen

La Case à Pains: Kleine Niederlassung der besten Bäckerei weit und breit.

93, av. de Bourbon, Mo–Sa 6–19, So 6–14 Uhr

Bewegen

Elektrisch cruisen

ADA Vélo: Selfservice-Elektro-Fahrradverleih, mit Standorten im Hotel Le Lux (28, rue de Lagon), Le Relais de l'Hermitage (123, av. Leconte de Lisle), Le Recif (50, av. de Bourbon) und im Dina Morgabine (80bis, rue des Engagés, Bruniquel lieu-dit Vert Lagon, La Saline-Les-Bains).

App runterladen, anmelden, Rad abholen, zahlen nach der Rückgabe.

www.ada-reunion.com/location-velo-electrique.html, T 0692 76 76 39, tgl. 24/7, 1 Std. 6 €, 3–6 Std. 15 €, 24 Std. 24 €, 290 € Kaution

Infos

- **Mietwagen:** In L'Hermitage gibt es viele Mietwagenfirmen, u. a. ITC Tropic Car (www.itctropicar.com), Avis/Budget (www.avisreunion.com), Hertz (www.hertzreunion.com), ADA (www.ada-reunion.com).
- **Busse:** Die Linien O2, S3, S4 und T von Car Jaune stoppen bei Les Filaos (bei der Av. de la Mer); danach sind es noch ca. 800 m zum Strand, 2 €.
- **Auto:** *Sortie* 14 der Route des Tamarins. L'Hermitage-les-Bains beginnt am Kreisverkehr, wo die Rue du Général de Gaulle zur Avenue de Bourbon wird, und endet auf Höhe des Hôtel Le Lux. Von der Route de Trou d'Eau gibt es mehrere Zufahrten, u. a. über den Kreisverkehr beim Jardin d'Éden und über den Chemin de l'Hermitage. Beim Supermarkt Leader Price am nordwestlichen Ortseingang von La Saline befindet sich der Zugang zum Lux-Hotelstrand.

La Saline-les-Bains

A/B5

Früher gerne als Badeort für Arme abgetan, hat sich Saline-les-Bains zu einem quirligen Touristenort mit Restaurants, Bars und neuen Quartieren herausgeputzt. Grund: Der attraktive Sandstrand von L'Hermitage findet hier seine Fortsetzung.

Plage, Plage, platsch

Ein breiter, weißgelber Sandstrand, an vielen Stellen mit Korallenresten versetzt, trennt die Ortschaft auf der Länge ihres Gemeindegebiets vom türkisblauen Meer. Die Zufahrt zum Strand erfolgt über ein Einbahnstraßensystem, Einfahrt gegenüber vom Fußballfeld. Folgen Sie am besten den Schildern zur Copacabana oder Planch'Alizé. Parken am Straßenrand, beim Fußballplatz oder bei der Post.

Am südlichen Ortsende, in Richtung Saint-Leu, liegt der noch viel idyllischere Abschnitt **Trou d'eau** unter einer Schar von Filaosbäumen. Es gibt nur zwei ausgewiesene Parkplätze, beim Restaurant La Bonne Marmite und etwas weiter südlich (auf Wertsachen achten, nichts Auffälliges im Auto lassen, Fahrzeug abschließen!). Der komplette Abschnitt liegt innerhalb der Lagune, aber ob man unbedenklich im Wasser schwimmen kann (Haie!), ist vor Ort zu klären. Die Unterwassergärten der Lagune gehören zu den Top 10 der Biodiversitäts-Hotspots weltweit, mit Acropora-Steinkorallen und Tausenden von Unterwasserspezies.

Schlafen

Prioritäten setzen

Le Nautile: Was das Hotel ausmacht: die Lage direkt am Meer und dass es sich auf deutsche Touristen spezialisiert hat. Im älteren Mittelklassehotel mit kreolischem Charme und kleinen Zimmern quartieren viele Reiseveranstalter wegen des guten Preis-Leistungs-Verhältnisses ihre deutschen Kunden ein.

60, rue Lacaussade, Einfahrt bei Vert Tu Oses (grünes Gebäude), T 0262 33 88 88, http://nautile.re, DZ/ÜF 218 € in der Hochsaison

Zugang zum Meer

Ness by D-Ocean: Mit 81 Zimmern nicht unbedingt überschaubar, aber die Lage direkt am puderzuckerweichen Strand überzeugt. Moderne, spartanisch ausgestattete Zimmer in verschiedenen Kategorien, jedes Zimmer mit Kitchenette. Kleiner Pool, der schnell mal voll belegt

ist. Tolle Bar/Lounge in erster Reihe, aber essen Sie lieber auswärts.
26, route de Trou d'Eau, T 0262 70 30 00, https://nessbydocean.com, DZ ab 180 €

Beste Wahl an der Lagune

Villa de la Plage: Im charmanten Refugium von Delphine und Alain schmeckt der Urlaub nach Piña colada und Sonnencreme. Vier hübsche, perfekte Zimmer stehen zur Wahl, drei sogar mit Außendusche. Die tropischen Farbakzente schmeicheln der Seele, am liebsten möchte man das Aussichtsdeck vorne am Meer gar nicht mehr verlassen. Direkt am Sandstrand, mit Zugang zum Meer. Rechtzeitig reservieren!
52, route de Trou d'Eau (erkennbar an der türkisen Außenwand), T 0693 99 24 25, www.lavilladelaplage.fr, DZ/ÜF ab 185 €

Oberste Liga

Poz Lagon: Herrliche Blicke auf die Lagune entschädigen dafür, dass die beiden hübschen Bungalows samt Open-Air-Kitchenette auf der Terrasse 10 Min. vom Strand entfernt liegen. Wunderbare Gastgeber, ganz viel Privatsphäre und Ruhe.
89, rue des Scalaires, T 0692 64 77 29, www.pozlagon.com, DZ/ÜF 180 €

Durchatmen

Villa Prana: Der Name klingt nicht nur wie Durchatmen, sondern ist Programm. Gäste haben drei luftige, moderne Zimmer und zwei Appartements zur Auswahl. Aufmerksame Gastgeber, viel Platz, ein großer Pool und eine Dachterrasse machen den Aufenthalt maximal erholsam. Blick aufs Meer, ca. 600 m vom Strand in Höhenlage.
184, rue des Argonautes, T 0678 29 93 37, www.villapranareunion.com, DZ/ÜF ab 195 €

Essen

Essen oder trinken?

Le Choka Bleu: Falls das Essen mal nicht schmeckt (es schmeckt aber meistens), entschädigt der tolle Meerblick. Man sitzt über dem Meer auf einer Terrasse und genießt gehobene franko-kreolische Küche. An Wochenenden verwandelt sich das Lokal abends in eine Bar mit Konzerten.
2, route de Saint-Pierre, am Südende von La Saline, vor dem Kreisverkehr rechts, T 0262 35 16 14, Mi–So 11–14, 19–24 Uhr, Menüs ab 45 €, Hauptgerichte ab ca. 30 €

Morgen gleich noch einmal!

Copacabana: Siamesischer Zwilling des Planch'Alizé (s. S. 277), auch mit Sonnenliegen und Strandsesseln, aber ruhiger. Es hat mehr Restaurant- als Barcharakter, die Speisen und Preise sind gehobener.
20, rue des Mouettes, T 0262 24 16 31, www.copacabana.re, Mo/Di, Do 8–20, Fr/Sa 8–23.30, So 8–20.30 Uhr, Do–Di Frühstück, Brunch, Lunch bis 15 Uhr, Fr–So auch Abendessen, Hauptgerichte ca. 30 €

DRAUSSEN BRECHER, DRINNEN BECHERN

Wenn schon snacken, dann in der **Camion-Bar von Trois-Bassin.** Im Everyone's favorite wird es schwer, zwischen 12 und 15 Uhr einen Platz zu ergattern. Die Beliebtheit der Lkw-Snackbar erklärt sich aus der Lage (erhöhte Lage an einer malerischen Steilküste mit Wahnsinnswellen) und der schnellen Küche mit Burger & Salaten. Rechts von der Camion-Bar findet der Strand von La Saline-les-Bains sein Ende. Trois-Bassins gilt als einer der besten Surfspots der Insel, nicht verwunderlich bei den Brechern. Abends reicht ein Bier oder ein Glas Wein, denn satt sieht man sich ohnehin am traumhaften Sonnenuntergang (Camion des Trois-Bassins, südlich von La Saline-les-Bains, ausgeschildert als »Pointe Trois-Bassins«, Mi–So 9–20 Uhr).

Es grünt so grün

Vert Tu Oses: Unverpackt-Laden, Bio-Lebensmittel und kleines Bio-Restaurant am Nordende des Ortes.

76, rue Antoine Bertin, T 0262 49 48 68, https://verttuoses.re, Laden Mo–Sa 9–19, Resto Mo–So 12–14.30, Di–Sa 19–23 Uhr, Hauptgerichte ca. 25–32 €

Gechillter Meerblick

L'Uni Vert: Alles an der hippen Strandbar mit Blick auf den Strand von Trou d'Eau macht gute Laune: die bunten Smoothies, der türkisblaue Ausblick, die beschwingte Musik, die entspannten Gäste, das Bali-Interieur. Lässige Vibes, gutes Essen (früh, mittags, abends), perfekter Tag am Strand.

70, route de Trou d'Eau, T 0262 61 54 36, www.l-univert.re, tgl. 8–22 Uhr (Snacks/Tapas durchgehend, warme Küche 8–10.30, 12–15, 19–22 Uhr), Frühstück ab 12 €, Hauptgerichte ca. 25 €

Den ganzen Tag plantschen

Planch'Alizé: Frühstücken mit den Zehen im Sand, eine Liege mit Sonnenschirm den ganzen Tag okkupieren, mittags ein *tartare du jour* und bei Sonnenuntergang Sex on the Beach, und schon wieder ist ein Tag rum. Den ganzen Tag herumlümmeln und faulenzen, man gönnt sich ja sonst nichts.

25, rue des Mouettes, T 0262 24 62 61, tgl. 8–22 Uhr, Do/Fr Konzerte

Bewegen

In der Lagune ist Wassersport erlaubt, nur in das Sanctuaire de Reserve Naturelle Marine (erkennbar an den gelben Stangen) darf man nicht versehentlich einfahren.

SUP, Kajak und Co

Bei der Strandbar **Planch'Alize** werden Wassersportgeräte vermietet und am **Plage du Trou d'Eau** haben diverse Anbieter von z. B. Transparent-Kajaks oder SUPs ihre mobilen Verkaufsstände.

Surfen lernen und gesund essen

Ridinbox School: Boardverleih und Kurse. Mit angeschlossenem Shop und dem Aloha Tropical Café (Di–Sa 9–18 Uhr), das Healthy Food bietet.

6, allée des Palmistes, T 0693 04 47 55, www.ridinboxsurfschool.com

Elektrisch cruisen

ADA Vélo: s. S. 58.

Infos

- **Busse:** Die Linien S4 und T von Car Jaune halten in Saline-les-Bains.
- **Auto:** Entweder Sie bleiben auf der Route de Trou d'Eau, sie bringt Sie von L'Hermitage direkt ins Zentrum. Oder Sie fahren von der Umfahrungsstraße N1A im Bruniquel-Kreisverkehr meerwärts und vorne am Supermarkt Leader Price links. L'Hermitage und La Saline-les-Bains teilen sich die *sortie* 14 der Route des Tamarins.

Saint-Leu B/C6/7

Der Himmel über Saint-Leu ist von bunten Farbklecksen übersät. Vom Norden kommend scheint es fast, als würden die Paragleiter auf der Motorhaube landen: Der Landeplatz liegt direkt neben der Hauptverkehrsroute N1A. Weiter drinnen im Zentrum wuselt es auf den Straßen genauso wie vorhin in der Luft. Das Städtchen ist längst nicht so herausgeputzt wie andere, der Charme besteht in seiner Authentizität. Im regen kreolischen Leben sind die Einheimischen unter sich geblieben, an Wochenenden platzen die Strände und die Picknickplätze aus allen Nähten.

Auf und nieder

Blühen und Verwelken prägen das Städtchen. Seinen Namen verdankt der

Ort dem ersten Seefahrer Laleu, der sich hier niederließ. Die erste offizielle Landnahme erfolgte im Jahre 166 durch die Ostindien-Kompanie. In den 1790er-Jahren lag Saint-Leu auf Platz 10 der französischen Rindfleisch- und Kaffeeproduktion. Verheerende Zyklone 1806 und 1807 setzten den Bewohnern von Saint-Leu zu. Die einzige Sklavenrevolte, die jemals auf der Île Bourbon stattfand, nahm hier 1811 während der englischen Besatzung (1810–15) ihren Lauf. Ab 1820 begannen die Kaffee-Katastrophenjahre, als schwere Zyklone und Parasiten die Ernten vernichteten. Daraufhin verlegte man sich auch hier auf Zuckerrohr, zwei der bedeutendsten Zuckerfabriken, nämlich Stella Matutina und Portail, befanden sich in dieser Gemeinde. Später, bis in die 1950er-Jahre, kam noch Geranium hinzu.

SCHLOT OHNE GEBÄUDE

Wie mahnende Zeigefinger ragen die Kalköfen vielerorts aus Wiesen und Siedlungen. Die schlichten quadratischen oder runden, sich nach oben verjüngenden Türme stammen aus der Ära der Zuckerindustrie, als Menschen und die Natur achtlos ausgenutzt wurden. Mittels Kalk und Asche wird noch heute der erste Zuckerrohrsaft im Produktionsprozess versetzt, um die Nichtzuckerstoffe zu binden und auszufällen. Was war einfacher, als den Kalk aus dem Meer, nämlich von den Ablagerungen der Steinkorallen, zu gewinnen? **Four-à-chaux** finden sich am Pointe au Sel, in L'Étang-Salé-les-Bains oder in Saint-Pierre zu Beginn der Rue Victor le Vigoureux. Keine rühmlichen, aber mahnende Überbleibsel aus der nicht so guten, alten Zeit.

Aus Dissonanzen Neues kreieren

Heute macht der Ort eher als kultureller Mikrokosmos von sich reden. Ein reges Kulturleben hat sich mit der Initiative Le Séchoir und dem Tempo-Festival entwickelt. Viele bekannte Musiker wie die Geschwister Lacaille und Jessica Persée, Pierrot, Lucie und Nirina Baillif, Na essayé oder Maroner stammen von hier. Nicht von ungefähr ist die Livekonzertszene in Saint-Leu besonders ausgeprägt.

Im Stadtzentrum

Steinerne Zeitzeugen

Nur wenig ist von der einst so dominanten Ostindien-Kompanie übrig geblieben, die hier im 18. Jh. Kaffee lagerte. In den **einstigen Lagerhallen** sind das Rathaus und das Tourismusbüro untergebracht. Aus der Epoche der Kompanie stammt auch die hinter dem Ort erhöht liegende, weiß getünchte **Chapelle Notre-Dame-de-La-Salette**, die 1859 Pfarrer Seyssac erbauen ließ, um sich für die wundersame Verschonung des Dorfes bei einer Choleraepidemie erkenntlich zu zeigen. Sie ist eines der wichtigsten Wallfahrtsziele der Insel (19. Sept.). Jenes Gebäude an der Strandpromenade, in dem heute die Post untergebracht ist, diente zunächst als Lagerhalle, später als Eisenbahnstation.

Bezaubernde Bauern

Wo soll man denn zuerst hinschauen? Auf die wackeligen Tische mit drallen Früchten aus einem anderen Universum oder auf das azurblaue Meer, das durch das Band von Filaosbäumen schimmert? Nicht so ausgedehnt wie Saint-Paul und nicht so bunt wie in Saint-Pierre, aber der **Bauernmarkt** hat sich in den letzten Jahren ein wenig gewandelt, von Obst, Gemüse und Fisch hin zu einem ausgewogenen Mix, der sowohl Touristen als auch Einheimische anspricht. Letztere machen nach wie vor das Gros der Besucher aus.

Zwischen Rathaus und Meer, Sa 6–13 Uhr

Stranden und versanden

Wen kümmern schon Verbote bei perfekten Konditionen? Hartgesottene blenden die Haidiskussion aus und wagen sich ins Wasser. Der schönste Platz, um sie zu beobachten, ist die **Strandpromenade**, die zwischen Meer und Rue Compagnie-des-Indes verläuft, und zwar vom Rondavel Tiroule/Le Surfeur bis zum Hafen. Südlich des Port de Plaisance, auf der anderen Seite des Kanals, beginnt der überwachte Hauptstrand. Es existieren mehrere Abzweigungen zum Wasser, im Ortsgebiet weisen Schilder den Weg. Weitere Strände befinden sich südlich, nämlich entlang der Rue de Lagon und am südlichen Ende bei Four-à-Chaux (ebenfalls überwacht). Der komplette Abschnitt wird durch ein Korallenriff geschützt, sodass der Wellengang nicht ganz so massiv ist. Achten Sie auf tückische Strömungen, speziell wo Felsen aus dem Wasser ragen!

In der Umgebung von Saint-Leu

Panzerschutz

Lange Zeit verbarg sich hier eine berühmt-berüchtigte Schildkrötenfarm, in der vom Aussterben bedrohte Schildkröten für den Verzehr gezüchtet wurden. Das Washingtoner Artenschutzabkommen hatte man hier am Rand von Europa jahrelang großzügig übersehen. Seit 2006 firmiert die Anlage unter **Kélonia l'Observatoire des Tortues Marines** und widmet sich dem Schutz und der Aufzucht von Schildkröten. Viele der verletzten, kranken Tiere werden aufgepäppelt. Der Lebensraum der Schildkröten ist auch auf der Insel

Nach der Grünen Meeresschildkröte (Chelonia mydas) benannt: die auf Meeresschildkröten spezialisierte Beobachtungsstation Kélonia.

massiv bedroht, durch Umweltverschmutzung und die Verbauung der Ufer. Im Panoramabecken kann man die Schildkröten gut beobachten, in den kleineren Becken lassen sie sich von oben sehen. Interessant ist der Besuch zu den Fütterungszeiten. Gepflegte Aquarien, lohnenswerter Stopp!

46, rue du Général de Gaulle, nördliche Ortseinfahrt, T 0262 34 81 10, http://museesreunion.re/kelonia, tgl. 9–18, geführte Touren 10, 11.30, 14, 15.15, 16.30 Uhr, ca. 1 Std., 8 €

Museum mit Zuckerguss

Eine stillgelegte Zuckerfabrik, die 1855 bis 1972 in Betrieb war, wurde in das aussagekräftige **Musée Stella Matutina** umgewandelt und 2015 generalsaniert wiedereröffnet. Erleben Sie eine sehr

Lieblingsort

Versalzener Sonnenuntergang

17 Uhr, die Landschaft leuchtet gelb, also ob Van Gogh einen dicken Pinselstrich mit Neapelgelb darübergemacht hätte. Das Salzmuseum können Sie getrost links liegen lassen, es lohnt sich nicht. Suchen Sie sich lieber ein Plätzchen an der Steilküste. Die Basaltsteine sind alles andere als bequem, aber für einen unvergesslichen Sonnenuntergang nimmt man sogar blaue Flecken in Kauf. Rundherum verdorrtes Gras, aber wegen des trockenen Mikroklimas war der **Pointe au Sel** (📍 B 7) primär für die Salzproduktion geeignet. Ein Blick nach hinten: Die Höhen von Saint-Leu erstrahlen, die weißen Häuserpunkte glitzern wie Katzengold, in der Ferne ist eine weiße Brücke der Autobahn zu erkennen. Durchatmen, den Tag reflektieren, die Wolken weiterschieben. Fast bricht es einem das Herz, wenn die Sonne ins Meer fällt und das Basaltgestein seine scharfen Konturen einbüßt. Wenigstens gibt es ein Morgen, aber morgen vergessen Sie die Flasche Wein nicht! (Anfahrt: auf der Hauptstraße N1A wenige Kilometer hinter der südlichen Stadtausfahrt von Saint-Leu).

ausführliche Geschichtsstunde, die weit mehr als nur die Zuckerproduktion thematisiert, sondern auch die Sklaverei, den Alltag der Menschen im 19. Jh., die Industrielle Revolution und noch einiges mehr. Das Museum präsentiert viele Schautafeln in Französisch und Englisch sowie unzählige Originalgerätschaften, verteilt auf mehrere Etagen. Videos und ein 4D-Kino lockern den geschichtsträchtigen Besuch auf.

Piton Saint-Leu, 6, allée des Flamboyants, an der südlichen Ortsausfahrt von Saint-Leu auf die D11 abbiegen, nach 2,7 km links, T 0262 34 59 60, http://museesreunion.re/stellamatutina, Di–So 9.30–17.30 Uhr, 9 €, 4D-Kino 2 €

Mehr als nur ein Haus mit Garten

Was für ein Heimweg nach einem Glas Wein mit seinen Kumpeln! Stellen Sie sich vor, dass die kurvige **Route des Colimaçons** (*colimaçons* = Schnecken) ursprünglich ein Privatweg war, der zum 515 m hoch gelegenen Anwesen der Familie Châteauvieux führte, heute Sitz des **Conservatoire Botanique National** (Nationales Botanisches Konservatorium), kurz: **Mascarin Jardin Botanique.** Auf der Flucht vor der Französischen Revolution ließ sich Armand de Châteauvieux auf Réunion nieder. Im Auftrag von Charles Desbassayns, Sohn der berüchtigten Sklavenherrin von Saint-Gilles (s. S. 52), erbaute er mehrere Zuckerfabriken, heiratete in die Familie de Villèle ein und erwarb das Grundstück Les Colimaçons, wo er ab 1857 als Botaniker, Architekt und Pflanzer (Zuckerrohr, Geranium, Tee, Baumwolle) lebte. Parken Sie wie Charles bei der Kirche **Église de Sacré Cœur,** die 1863 als Hauskirche aus lokalem Vulkangestein fertiggestellt wurde, und gehen Sie die Prachttreppe hoch bis zur Villa.

Die mit Akazienholzschindeln bedeckten, ursprünglich der Küstenwacht dienenden Ecktürme wurden 1857 durch eine zweistöckige Veranda verbunden, die zum Schutz vor Wind und Wetter später verglast wurde. Im Hof hinter dem Haus liegen ein empfehlenswertes Restaurant (Le Vieux Pressoir, s. S. 66) und ein großer Seerosenteich. Dahinter beginnt der äußerst interessante botanische Garten mit acht Sammlungen, die den unterschiedlichen Pflanzengattungen auf der Insel gewidmet sind. Ein zauberhafter Ausflug ins Grüne!

2, rue du Père Georges, 7,5 km nördlich von Saint Leu, Anfahrt über D12 Route des Colimaçons, T 0262 24 92 27, Di–So 9–17 Uhr, 7 €, mehr Infos auf Englisch in der App Mascarin Jardin Botanique

Schlafen

Saint-Leu ist ein guter Standort, um den Westen zu erkunden.

Romantik hoch 14

Blue Margouillot: Viele liebevolle Details machen das Haus mit zwölf Zimmern und zwei Suiten mit Spa (ab 458 €) nicht umsonst zu einem der gefragtesten Domizile der Gegend: romantisches Candle-Light-Dinner, exzellente Küche, schöner Pool mit Meerblick, elegantes Mobiliar, niveauvoller Service.

6, impasse Jean Albany, am südlichen Ortsende hinter der Gendarmerie bergwärts abbiegen, T 0262 34 64 00, www.blue-margouillat.com, DZ ab 210 €, Frühstück 29 €

Groß, aber sympathisch

Hôtel Iloha: Beliebtes, familienfreundliches Hotel mit 80 Wohneinheiten, davon Studios und Bungalows mit Selbstversorgermöglichkeit durch Kitchenette. Großer Pool mit tollem Meerblick, charmantes Spa (Anwendungen ab 55 €), es wird Englisch gesprochen.

44, rue Georges Pompidou, Pointe-des-Châteaux, liegt im unteren Bereich der D12, T 0262 34 89 89, www.iloha.fr, DZ ab 130 €, DZ mit Kitchenette ab 170 €, Frühstück 19 €

Gute Wahl für Selbstversorger

Cases Couleurs: Traumhafter Palmengarten samt Pool gepaart mit gemütlichen Ferienwohnungen und herrlichem Blick auf das Meer – die farbintensiven Sonnenuntergänge sind im Preis inbegriffen.

51, chemin de la Pépinière, an der D11, entweder am Südende von der N1A bergwärts abbiegen, nach 1 km rechts, oder von der Route des Tamarins (Abfahrt Stella, *sortie* 17), dann bergab, T 0692 66 82 96, www.casescouleurs.com, Studio ab 100 €, Familienwohnung ab 170 €

Nix zu meckern

Leu Bleu Austral: Frühstückspension in den Höhen von Saint-Leu mit hilfsbereiten Gastgebern, tollem Pool und schönem Küstenblick. Alle fünf Zimmer mit kleiner Terrasse und Kochnische. Ca. 20 Min. kurvige Fahrt ins Zentrum, aber sehr ruhig.

15, chemin des Perdrix, Étang Saint-Leu, von der N1A im Zentrum auf die D22 bergwärts abbiegen, T 0692 14 64 65, www.leubleuaustral.fr, DZ/ÜF ab 105 €, Familieneinheit ab 150 €

Essen

Sternenreif

Blue Margouillot: Feine Gaumenfreuden und die besten Weine aus aller Welt werden bei Kerzenlicht auch am Pool serviert. Fine Dining für gut bestückte Portemonnaies.

Adresse s. Übernachten, nur abends, mehrgängige Menüs ab 79 €, Fleisch/Fisch ab 50 €

Ein Esslöffel Bali

Il était une fois: Fast meint man, in einem indo-balinesischen Concept Store gelandet zu sein. Aber in dem Ashram-artigen Interieur verbirgt sich eines der besten Restaurants der Region mit kleiner, feiner Karte und niveauvoller französischer Küche.

1, ruelle Rivière, schräg gegenüber dem Marché artisinale, T 0692 68 96 19, Di–Sa 19.30–22.30 Uhr, Hauptgerichte ca. 35 €

Klein, aber exquisit

Leu Rikiki: Winzig sind nur der Name und die Lokalgröße mit neun Tischen. Hinter den Kulissen werkeln Geschwister, die das richtige Näschen und Händchen für die Gastro haben. Köstliche Geschmackskompositionen, liebenswürdiger Service und tolle Präsentation der Speisen. Essen Sie noch, oder schwelgen Sie schon?

31, rue Georges Pompidou, T 0693 63 81 30, Mo–Sa 12–14, 19–21 Uhr, Hauptgerichte ca. 30–35 €, Reservierung sinnvoll

In alten Gemäuern

Le Vieux Pressoir: Das Angenehme mit dem Stimmungsvollen verbinden Sie im Mascarin Jardin Botanique (s. S. 65): zuerst Schlemmen im historischen Ambiente, danach durch den Garten spazieren. Möchten Sie hier mittags essen, ist der Garteneintritt zu bezahlen, abends nicht.

2, rue du Père Georges, Les Colimaçons, T 0262 45 92 59, www.levieuxpressoir.re, Di–So 9–17, warme Küche 12–14.30 Uhr, Hauptgerichte 20–27 €

Beste Aussichten

Château de Sable: Franko-kreolische Küche mit viel Fisch. Den grandiosen Ausblick aufs Meer kann in Saint-Leu wohl kaum jemand so gut. Gegenüber im **La Cantine du Château de Sable** isst man, ohne Meerblick, preiswerter und zünftiger.

52, rue du Lagon, T 0262 34 79 26, Do–Mo 12–14.15, 19–21.30, Di 12–14.15 Uhr, Mittagsmenü ab 21,50 €, Hauptgerichte abends ab 25 €; **La Cantine:** 37, rue du Lagon, T 0262 55 98 72, Di 18.30–22, Mi–Sa 12–15, 18.30–22, So 12–15 Uhr, Hauptgerichte ca. 16 €

Institution im Sand

Le ZAT: Im gemütlichen (und einzigen echten) Strandrestaurant im Sand lässt sich gut ein Gläschen trinken oder das Mittagessen genießen. Kleine Speisekarte, aber Sie werden bestimmt fündig.

14, rue de la Compagnie des Indes, nahe dem überwachten Strand, T 0262 42 20 92, https://restaurant-le-zat.com, tgl. 8–22.30 Uhr, in den Wintermonaten (Juni–Aug.) eventuell abweichend, Hauptgerichte ab 18 €

Standhaftes Fast Food

Babtou: Auf der Karte finden sich solide Burger, auch ungewöhnliche, wie der indische. Außerdem Paninis oder Gratins. Macht preiswert und im Stehen satt.

91, rue du Général Lambert, T 0262 693878, Mo–Sa 11.30–14.30, 17.30–21, So 18–21 Uhr, ab 7 €

Für Schleckermäulchen

O'Macaron: Hausgemachte Patisserie und Pralinen, asiatische Tees und Kaffee in den Arkaden der Résidence Santa Apolonia im Stadtzentrum. Probieren Sie die Spezialität, die zuckersüßen Macarons!

2D, bd. Bonnier, nahe Hauptstrand, T 0262 336639, Di–Sa 8–18.30, So 8–12.30 Uhr

Einkaufen

Lokales Kunsthandwerk

Le Marché Artisanal: In der renovierten Markthalle verkaufen Künstler von Hand Gemachtes, u. a. Schmuck, traditionelle Musikinstrumente, Dekoartikel.

112, rue du Géneral Lambert, zentral in Saint-Leu an der N1A, Di–Sa 9–18 Uhr

Réunion, wie es leibt und lebt

L'Effet Péi: Mittlerweile ein großes Unternehmen mit inselweit 13 *boutiks*, die Inselmotive und die kreolischen Wortspiele, die hier zu entdecken sind, haben es den Insulanern angetan.

144, rue du Général Lambert, neben dem Leader Price im Ortszentrum, T 0262 383712, www.leffetpei.re, Mo–Sa 9–19, So 9.30–12.30 Uhr

Alles bio

Nature & Sens: Kleiner Bioladen mit Kosmetika und Lebensmittel.

133, rue du Général Lambert, T 0262 74 51 81, Di, Do, Sa 9–18.30, Mi, Fr 9–13, 14.30–18.30 Uhr

Bewegen

Erfahrener Luftikus

Parapente Réunion: Puh, da stellt es mehr als nur die Haare auf! Absprünge von 800 und 1500 m Seehöhe ab 90 €. Eines der ältesten Unternehmen in Saint-Leu. Englisch wird gesprochen.

1, rue Georges Pompidou, an der Kreuzung der N1A mit der D12, T 0692 82 92 92, www.parapente-reunion.fr, tgl. geöffnet

Exzellente Tauchbasis

Excelsus: Älteste und renommierteste Tauchschule von Saint-Leu, immer gut gebucht. Tauchschein PA60 mit fünf Tauchgängen 380 €, Padi Open Water 390 €, Tauchgang 60 €, Schnorcheln 55 €.

1, impasse des Plongeurs, Pointe-des-Châteaux, Anfahrt über die D12, Einfahrt 500 m hinter Hotel Iloha, T 0692 70 54 99, www.excelsus-plongee.com

Rumkugeln

La Maison du Coco: Sie glauben, man kann einer Kokosnuss nicht Spannendes abgewinnen? Dann hatten Sie es noch nicht mit Didier zu tun. Unter Anleitung legen Sie selbst Hand an, beim Aufknacken, Seile drehen oder der Kokoswasserverkostung. ›Kokoskurs‹ auch auf Englisch.

Domaine de la Pointe des Châteaux, 134, rue Georges Pompidou, T 0692 76 95 39, www.maisonducocoreunion.com, Laden/Snackbar tgl. 9.30–16.30 Uhr, ›Kokoskurs‹ (2 Std., nur mit Anmeldung) 10, 14 Uhr, 12 €

Gekommen, um zu bleiben

Run a van: Rein in den Van, raus in die Natur. Wer sich Campingromantik und Freiheit von Reservierungszwängen wünscht, kann sich in den voll ausgerüsteten Campingbussen (teils mit Dachzelt) austoben.

63, rue du Général Lambert, T 0693 99 05 20, www.runavan.re, ab 552 €/4 Nächte

E-Esel

E-Vélo Réunion: E-Fahrräder, ab 24 € / halber Tag, ab 34 €/Tag. Geführte Radtouren (ab 49 €) werden ebenfalls angeboten. 355, rue du Général Lambert, Nähe Four-à-chaux-Strand, im selben Laden wie Loisibike, T 0693 55 05 01, www.evelo.re, tgl. 8.30–17 Uhr

Ausgehen

In den meisten Restos und Kneipen werden um 21 Uhr die Schotten dicht gemacht, auch bei den Livekonzerten.

Livemusik am Sonntag

An der Strandpromenade (Rue Compagnie-des-Indes) finden jeden So 19–21 Uhr ausgehend vom Les Filaos Gratiskonzerte statt. Lassen Sie sich treiben, wenn die Musik im Les Filaos nicht zusagt, dann geht beim Rondavel Le Surfeur am anderen Ende der Promenade (Hausnr. 4) die Konzert-Post ab.

Open-Air-Kneipe und Konzerte

Les Filaos aka Chez Jean Paul: Legendäre Kneipe in Saint-Leu fast direkt am Wasser, die vor Jahren die Gratiskonzerte an Sonntagabenden (ab 18 oder 18.30 Uhr) initiiert hat. Mit Terrasse. Der Blick aufs Meer, das kalte Bier und die Konzerte am Sonntagnachmittag sind Kult. Strandpromenade, unweit des Le ZAT, tgl. 7.30–21 Uhr

Thai mit Herz für Absacker

Namasté: Eigentlich ein Thai-Restaurant mit durchwachsenen Kritiken, aber es gilt als einzige Kneipe in Saint-Leu, die bis 24 Uhr offenhält. Uriges Ambiente mit Thai-Deko. Sonntags häufig Konzerte. 2, rue Haute, T 0262 34 99 62, Di–So 19–24 Uhr, Do–Sa auch mittags

Mehr Konzerte

Le Bistrô: Jeweils freitags ab 20 Uhr begrüßt man im Le Bistrô Rock- oder Jazzmusiker. Dann serviert das Lokal nur Tapas. 87, rue du Général Lambert, T 0692 58 58 38, Do–So 12–14, Di–Sa auch 19–23 Uhr

Kunst & Co

Le Séchoir: Unterschiedlichste künstlerische Darbietungen werden in unregelmäßigen Abständen präsentiert, wie Theater, Konzerte (Maloya, Chanson, Hiphop), Tanztheater. Die Musikveranstaltungen sind in aller Regel hochkarätig. Piton Saint-Leu, 28, rue Adrien-Lagourgue (die D11 vorbei an Stella nehmen), T 0262 34 31 38, www.lesechoir.com, Tickets 11–19 €, Ticketverkauf 1 Std. vor Veranstaltungsbeginn oder online oder im Le K (auch dort Veranstaltungen), 209, rue du Général-Lambert, neben der Auberge du Relais, Di–Do 9–12.30, 13.30–16, Fr 9–12 Uhr

Feiern

- **Leu Tempo Festival:** Mai. Drei Tage Straßentheater mit Gauklern, Akrobaten und Musikanten auf öffentlichen Plätzen in Saint-Leu. Ein sehenswertes Spektakel, wie viele meinen, denn die Region platzt aus allen Nähten während des Festivals. Manche Programmpunkte sind gratis, für andere müssen Tickets gekauft werden. Programm und Tickets: www.lesechoir.com.

Infos

- **Office de Tourisme de l'Ouest, Bureau de Saint-Leu:** Bâtiment Espace Laleu, 1 rue Barrelier, an der Nordeinfahrt hinter dem Kreisverkehr, T 0262 42 31 31, www.ouest-lareunion.com, Mo–Fr 9–12, 13.30–17.30, Sa 9–12, 14–17 Uhr.
- **Auto:** Von Norden kommend, führt die *sortie* 16 (der Route des Tamarins) nach Les Colimaçons (D12) und das nördliche

Ende von Saint-Leu. Von Süden kommend, fahren Sie bei *sortie* 17 (Stella) ab, um das südliche Ende von Saint-Leu zu erreichen (Pointe au Sel, Stella Matutina, Plage Four-à-chaux). Achtung: *Sortie* 17 erlaubt nur die Auffahrt in südliche Richtung, wenn Sie nach Saint-Denis wollen, müssen Sie über die D12 zufahren.

- **Busse:** Die Linien S3, S4, O2, T von Car Jaune halten vor dem Bürgermeisteramt. Mit der Linie S4 gelangt man nach Stella. Die Busse des lokalen Netzes Kar'ouest fahren im Umland. Die Linien 30, 31 und 37 halten vor dem Mascarin Jardin Botanique.

Les Avirons und Le Tévelave C/D7/8

Bei der Fülle an sensationellen Naturspektakeln fällt es Tévelave schwer, sich zu behaupten. Nicht, weil die Wanderungen oder Aussichtspunkte weniger eindrücklich wären, sondern weil den meisten Besuchern schlichtweg keine Zeit dafür bleibt. Des einen Leid, des anderen Freud: Der Fôret Tévelave ist eine der wenigen Naturschönheiten, die man fast für sich allein hat. Binnen 30 Min. ist Le Tévelave von der Küste aus erreichbar. Zunächst müssen Sie nach Les Avirons, einem beliebten Wohnort, um von dort die Höhenstraße D16 nach Le Tévelave (7 km) in Angriff zu nehmen.

Alles voller Bäume hier

Aus dem Madagassischen *(tavy lava)* stammt der Name, der nichts anderes als ›großer Wald‹ bedeutet. Im **Forêt Tévelave** (zu erreichen über die Route forestière RF6) oberhalb des Dorfes existieren zahlreiche ausgeschilderte Wanderwege, die natürlich durch Wald führen, aber auch den einen oder anderen fantastischen Ausguck auf die Küste erlauben.

Der **Sentier du Gol** führt zu einem Aussichtspunkt auf Les Makes (ca. 1,5 km, ca. 30 Min.). Eine zweite kurze Wanderung, der **Sentier des Tamarins,** verläuft durch einen Wald der selten gewordenen Bergakazien *(tamarins des hauts)*. Die beiden können zu einem Rundweg kombiniert werden, wobei die Waldwege teilweise schmal sind. Gutes Schuhwerk ist ein Muss! Zahlreiche weitere Wanderungen, teils anstrengende auf steilem Terrain, sind möglich, fragen Sie am besten im Office de Tourisme L'Étang-Salé nach. Übrigens: Die Forststraße RF6 führt in unzähligen Kehren bis zum Maïdo (36 km). Prüfen Sie vor Ort, ob die RF6 befahrbar ist. Sie wird manchmal wegen Steinschlags gesperrt, vor allem nach Zyklonen.

Infos

- **Auto:** Mehrere Zubringerstraßen nach Les Avirons existieren zwischen Saint-Leu, L'Étang-Salé und Saint-Louis.

L' Étang-Salé-les Bains C8/9

Kinderlachen, feine Damen unter Sonnenschirmen und Männer, die unter den Filaos Pétanque spielen … So hatten sich die Stadtväter ihr ›perfektes‹ L'Étang-Salé wohl vorgestellt. 1882 hätte mit der Eisenbahn die Badenixen und Sonnenliebhaber kommen sollen, so wie es das Vorbild Saint-Gilles vormachte. Doch der Plan ging nicht auf. Der dörfliche Charakter hat sich erhalten, vom Halligalli wie in Saint-Gilles ist man Galaxien entfernt.

Salzige Sanddünen

Der Ortsname ist auf einen mittlerweile ausgetrockneten Salzwassersee (*étang* =

Teich, *salé* = salzig) zurückzuführen. Bis Anfang des 18. Jh. war der Landstrich unbewohnt geblieben, da sich jenseits der Ravine des Avirons niemand an der als gefährlich geltenden Küste anzusiedeln wagte. Die ersten Siedler, Bauern und Fischer, zogen deshalb in die Höhe. Ab 1874 pflanzte man 1 Mio. Filaosbäume entlang des Küstensaums, um die Sanddünen zu stabilisieren. Diese werden heute von den 14 000 Einwohnern als Naherholungsgebiet genutzt. Salzfelder, Kalköfen und Austernzucht dominierten lange die wirtschaftlichen Geschicke von L'Étang-Salé. Für die Produktion von Zucker und als einer der wichtigsten Baustoffe war der aus Korallen gewonnene Kalk unerlässlich, ein Kalkofen *(four à chaux)* ist noch erhalten (am südlichen Ende der Rue Octave Bénard auf Höhe der Tennisplätze).

Le Gouffre

Es spritzt, faucht und schäumt. In das schmale, von der Lava geformte Natursteinbecken an der Steilküste werden die Wassermassen gedrückt. Meterhohe Fontänen spritzen in die Höhe, ein vergnügliches Schauspiel für Touristen. Für die Einheimischen hat der Ort einen bitteren Beigeschmack. Wie die Hängebrücke der Rivière de l'Est handelt es sich um einen der Orte, an dem Réunionesen am liebsten in den Freitod gehen. Dutzende Kreuze bezeugen die Selbstmorde der oftmals jungen Leute, die sich hier aus Liebeskummer oder wegen sozialer Probleme ins Wasser stürzen.

Anfahrt: Am südlichen Ortsende, nur 500 m nach dem letzten Haus, auf dem Weg zum Golfplatz

Schlafen

Es riecht nach Wohlfühlen

Villa Romeo: Fünf modern-cleane Zimmer in erdigen Farben, die wie Düfte heißen und wo es dank der Aromadiffuser verführerisch riecht. Toller Panoramablick vom Restaurant und zwei Zimmern, Pool, Jacuzzi vorhanden. Herzliche Gastgeber, Florence spricht Englisch, Philippe schwingt die Kochlöffel, was Sie nicht versäumen sollten. Abendessen (37 €) auf Wunsch.

159, chemin de Ligne Ravine Sèche, in Étang-Salé-les-Hauts auf die D18 abbiegen, T 0692 25 14 07, www.villaromeo.fr, DZ/ÜF ab 150 €

Näher am Strand geht fast nicht

Kazova: Drei großzügige, moderne Ferienwohnungen mitten im Zentrum von L'Étang-Salé-les-Bains, nur wenige Schritte vom Strand. Große Terrassen, viel Platz.

Rue des Capucins, T 0693 20 67 53, www.kazova.re, ab 110 €

Essen

Es gibt es zwei große, kreolische Restaurants an der Hauptstraße, der Rue Octave Bénard, L'Été Indien und Le Bambou. Beide bieten Küche ohne Schnickschnack. Das L'Été Indien ist wegen der Pizzen und der großen Portionen häufig rappelvoll.

Massig terrassig

La Langue D'Oc: Die farbenfrohe Einrichtung macht richtig Appetit; man sitzt erhöht auf einer Terrasse und erfreut sich an den raffinierten Gerichten. Preis und Qualität stimmen hier.

137bis, av. Raymond Barre, L'Étang-Salé-les-Hauts, unweit vom Hauptplatz (leicht zu übersehen, gegenüber vom großen Parkplatz), T 0692 17 23 15, Mo–Mi 12–14, Do/Fr 12–14, 19–22, Sa 19–22 Uhr, Mittagsmenüs ab 16 €, Hauptgerichte abends ab 23 €

Nicht nur mittags

Délices et Douceurs: Eigentlich auf hausgemachtes Eis spezialisiert, ist das

Beim Freedom Metisse Festival in L'Étang-Salé-les Bains ist die ganze Stadt auf den Beinen und tanzt.

unscheinbare Lokal in einer Seitengasse an der Eistüte davor erkennbar. Doch täuschen Sie sich nicht! Die täglich wechselnden Tagesgerichte, z. B. Poke Bowls, Tatars *(tartares)*, *caris*, frische Salate oder Crêpes sind ideal für einen leichten Mittagssnack, ohne auf die Uhr achten zu müssen.

15, av. de Bretagne, beim größeren Kreisverkehr im Ort in Richtung ZAC Carangue abbiegen, T 0693 02 24 28, tgl. 9.30–18 Uhr, Gerichte ca. 15 €

Brot zum Reinbeißen

Côté Pain: Ausgezeichnetes dunkles und helles Brot.

Av. de Bretagne, neben Délices et Douleurs, T 0693 02 24 28, www.cotepain.re, Di–Sa 6–19, So 6–13 Uhr

Bewegen

Tauchen nach PADI

Plongée Salée: Tauchen an 16 Spots rund um L'Étang-Salé-les-Bains bis zur Pointe au Sel, Tauchgang 60 €, vier Tauchgänge 230 €, acht 440 €.

5, rue Motais de Narbonne, Einfahrt schräg gegenüber dem Resto L'Été Indien, T 0262 91 71 23, www.plongeesalee.com

Spazieren und Joggen

Im Wald zwischen L'Étang-Salé-les-Bains und L'Étang-Salé-les-Hauts verläuft ein dichtes Wegenetz, das die Einheimischen zur Naherholung nutzen. Eine Umrundung = 14 km! Einstiege bei Le Gouffre, in der Nähe der Tennisplätze oder beim Golfplatz.

Lieblingsort

Schwarzsehen im Bikini

Weißer Sandstrand, das kann doch jeder. Schwarz ist viel exzentrischer. Obwohl – richtig schwarz ist er ja auch nicht, mehr dunkelbraun-anthrazitfarben. Es reicht jedenfalls, um sich die Fußsohlen gehörig zu verbrennen. Der dunkle **Strand** aus einer Mischung aus Basalt-, Olivin- und Korallensand erstreckt sich bei **L'Étang-Salé-les Bains** (📍 C/D 8) über zwei breite Kilometer. Die Farbenspiele ändern sich stündlich: Manchmal donnern türkisblaue Wellen an den dunklen Strand und hinterlassen weiße Schaumkronen. Oft leuchtet das Wasser so dunkeltiefblau, dass es an ein blauschwarzes Eismeer erinnert. Nur eines ist fix: Gehen Sie beim nördlichen, unbewachten Teil nicht ins Wasser, Haie haben schon mehrmals zugeschlagen. Wer schwimmen möchte, tut dies ausnahmslos am südlichen, bewachten Ende der Badebucht.

Putten im Wald

Golf Club de Bourbon: Der älteste 18-Loch-Golfplatz der ganzen Insel im Grünen, Greenfee 62 € (am Wochenende 65 €).

Nach dem südlichen Ortsende 3 km auf der N1A bis zur Unterführung, danach links, T 0262 26 33 39 (tgl. 7.30–18 Uhr), www.golf-bourbon.com

Infos

- **Office de Tourisme:** 74, av. Octave Bénard, Nähe Kreisverkehr und Hotel Le Floralys, T 0262 25 02 36, www.sudreuniontourisme.fr, Di–Fr 9–17, Sa 9–12, 13–17, So 9–12 Uhr.
- **Auto:** Von Saint-Leu aus kommend nimmt man *sortie* 19 für das Zentrum (Strand, Office de Tourisme) und *sortie* 20 zu Le Gouffre und dem Golfplatz.
- **Bus:** Linien O2, S3 von Car Jaune, 2 €.

Saint-Louis D/E9

Ironischerweise steht das größte Highlight vor den Toren von Saint-Louis, nämlich ein grünes Ungetüm mit dampfenden Schloten. Um die Zuckerfabrik Le Gol, die größere der beiden auf der Insel verbliebenen, zu besuchen, braucht man sich nicht einmal durch den Verkehr zu quälen, wohl aber um Cilaos und Les Makes zu erreichen. Dramatisch schön ist die Kulisse hinter der Stadt, wo ungestüm der Dimitile, das südöstliche Ende des Cirque de Cilaos, in die Höhe ragt.

Usine sucrière du Gol

Eigentlich ist der trockene Inselwesten denkbar ungeeignet für den wasserintensiven Anbau von Zuckerrohr. Deshalb ließen die Zuckerbarone ab der Mitte des 19. Jh. das Wasser vom regenreicheren Osten in den Westen umleiten. Nicht nur zum Bewässern, sondern auch für die Dampfmaschinen im Werk benötigte man Wasser, das u. a. mit den historischen Aqueduc du Gol herbeigeschafft wurde. Wie archaisch die dampfenden Schlote heute anmuten!

Während der Erntezeit von Juli bis Dezember geht es in der 1817 erbauten Fabrik hoch her. Voll beladene Lastwagen bringen im Minutentakt das Zuckerrohr, das gleich nach der Ankunft in riesigen Maschinen entwirrt und sortiert wird – in einem durchschnittlichen Jahr werden an die 5000 t/Tag verarbeitet! Einst transportierten Sklaven die Hunderte Kilo schweren Rohrbündel auf Ochsenkarren in die Zuckerfabriken, von denen es 1833 über 230 auf der Insel gab. Noch heute sind 150 Personen fest angestellt, 170 Saisonarbeiter kommen während der Ernte hinzu. Geführte Rundgänge entlang der einzelnen Produktionsstationen samt einer Degustation von Zucker und einer Rumprobe in der Usine sucrière du Gol verdeutlichen, wie arbeits- und ressourcenintensiv die Zuckerproduktion ist.

2 km nordwestlich von Saint-Louis an der D11, T 0262 91 05 47, Di–Sa 10–19 Uhr, nur n. V. während der Ernte von Juli bis kurz vor Weihnachten, 10 €

Himmelwärts

Für Touristen bietet die Stadt nicht viel, außer man interessiert sich für historische Relikte aus der Zuckerrohrproduktion und für Gotteshäuser. Unübersehbar im Zentrum an der Hauptstraße strahlt das Türkisblau des 33 m hohen Minaretts der **Mosquée Mubarak** mit dem Himmel um die Wette. Naturgemäß ist die muslimische Community sehr ausgeprägt, man sieht mehr verschleierte Frauen auf der Straße, Männer mit *kofia* (Kopfbedeckung) und weißen *thawb* (Kleidern) plaudern unter Arkaden. Luftlinie nur 300 m von der Moschee entfernt demonstriert die katholische **Église de Saint-Louis** aus Basaltsteinen (Rue du Docteur Raymond Verges) eindrücklich den einstigen Reichtum des Städtchens.

Kalter Kaffee

In den Höhen von Saint-Louis, mit Blick aufs Meer, residierten einst die Kaffeepflanzer. Man sollte meinen, eine der ältesten Städte im Süden mit Kaffee- und Zuckerrohrvergangenheit würde aus ihrer Vergangenheit mehr Kapital schlagen. Dem ist (noch) nicht so. Die Gelder seien schon bereitgestellt, um das **Maison Rouge** wieder zum Leben zu erwecken, heißt es. 2025 wird vermutlich mit den Planungen begonnen, aber vor 2030 ist mit einer Fertigstellung wohl nicht zu rechnen. Derweil bleiben nur die ehemaligen Stallungen, in denen das **Musée des Arts Décoratifs de L'Océan Indien** (MADOI) jährlich wechselnde Ausstellungen mit Bezug zu Kunst und Kultur auf Réunion zeigt. Die Domäne *(le domaine)* kann auf einem kurzweiligen Rundgang mit elf Stationen von außen erkundet werden. Zu sehen sind etwa Überreste eines alten Aquädukts, Ruinen eines Ofens oder ein Kaffee-Trockenbecken.

Museum: 17A, chemin Maison Rouge, Di–So 9–17.30 Uhr, Rundgang Eintritt frei, Ausstellungen 5 €

Essen

Erste Sahne

La Case Pitey: Für Gourmets! Das Restaurant zählt beständig zu den besten der Insel. Exquisite französische Küche und vor allem ausgesuchte Weine in geschmackvollem Ambiente.

105, rue du Docteur Schweitzer, La Rivière, von der N5 Richtung Cilaos in Ouaki auf die D3 nach Süden abbiegen, T 0692 343195, www.lacasepitey.re, Fr–So 12–15, 19.30–21 Uhr, Fünf-Gänge-Menü ab 60 €

Geschmack im Grünen

Noméolvides: So gut speisen im Dschungel? Wer hätte das gedacht! Unter Palmen, Sträuchern und Bäumen, schmausen Sie versteckt in Separées und Nischen beste französische Küche. Köstliche *tartares,* viel Fisch, aber auch Burger und selbstverständlich Steaks kommen auf den Tisch. Aufmerksamer Service, der Boss steht hinter der Theke.

20, rue de la Poudrière, nahe Moschee, T 0692 93 02 45, Di–Sa 11.45–15, 19.15–23 Uhr, Hauptgerichte 21–38 €

Feiern

- **Cavadee:** Jan./Feb. Das zehntägige hinduistische Büßerfest mit Prozessionen vom Flussbett der Rivière Saint-Étienne (Brückenpfeiler mit Jace-Graffiti) über die Hauptstraße bis in die Innenstadt ist nichts für Zartbesaitete. Um Buße zu tun, werden Nadeln die Haut gesteckt und schwere, geschmückte Schreine zum Tempel getragen.

Infos

- **Auto:** Die Abfahrt von Gol (*sortie* 22) führt ins Zentrum, die nachfolgende Abfahrt auch nach Cilaos, Parkgebühren Mo–Fr 8–12, 14–18, Sa 8–12 Uhr, 1 Std. 1 €.
- **Busse:** Busbahnhof an der Rückseite der Kirche, 12, rue Saint-Philippe. Busse nach Saint-Denis (Linie O1, O2, T), Saint-Pierre (Linie O1, O2, S3, S4, T), L'Entre-Deux (S5) und Cilaos (Linie 60, Mo–Sa 12 x tgl.).

Les Makes

E7

Wenn doch schon das Beamen erfunden worden wäre! Dann könnten Sie sich die aufreibende Anfahrt bis nach La Fenêtre durch eine Trillion von Kehren ersparen.

Das unscheinbare Bergdorf Les Makes (850–1200 m Höhe) macht es Ihnen leicht, bis zum bitteren Ende der Straße durchzufahren.

In die Sterne geschossen

Ach, was könnte man daraus alles machen, hätte man Visionen und Freude an kreativen, touristischen Lösungen! Stattdessen macht man es für Interessierte einfach nur schwierig, den Sternenhimmel im größten Observatorium des Indischen Ozeans zu bestaunen. Die Schwierigkeiten beginnen bereits bei der Beschilderung in Saint-Louis und ziehen sich durch bis zu den Informationen an der Rezeption, die man sich widerwillig aus der Nase ziehen lässt. Daher: Eine Soirée im **L'Observatoire Astronomique** ist wirklich nur passionierten Himmelsguckern, die fließend Französisch sprechen, anzuraten.

18, rue Georges Bizet, hoch zur Kirche und rechts an ihr vorbei, T 0262 37 86 83, www.observatoiredesmakes.com, vereinzelt Abendveranstaltungen 20.30–22 Uhr (1–3 x/ Monat, 12 €, Besuch morgens 9 Uhr 5 €, jeweils nur n. V.

Fenster nach Cilaos

Was der Maïdo für den Cirque de Mafate ist **La Fenêtre** für den Cirque de Cilaos – ein Ausguck auf 1580 m, der seinesgleichen sucht. Tief unten liegen die Îlets und Dörfer des Cirque de Cilaos mit ihren schimmernden Dächern, darüber wacht der Piton des Neiges, der rechts im langen Bergrücken des Dimitile ausläuft. Was das Fenster so beliebt macht: Die Autostraße führt bis ans Ende. Solcherart babyleichter Zugang spricht sich natürlich rum, erwarten Sie also nicht, dass Sie die Aussichtsplattformen oder Wanderwege für sich allein haben. 11 km hinter Les Makes ist das Ende der Straße samt Parkplatz erreicht, die Balkone von La Fenêtre (erkennbar an den Funktürmen) liegen wenige Schritte entfernt.

Wanderung von La Fenêtre

Nicht nur einen, sondern gleich haufenweise Aussichtspunkte auf Cilaos aus den unterschiedlichsten Blickwinkeln bietet der 5,7 km lange **Rundwanderweg**. Folgen Sie den Schildern, die rechts von La Fenêtre vorbei an den Antennen zum Piton Cabris und Bras Patates weisen. Der Pfad verläuft entlang der Abbruchkante in Serpentinen bergab, nach etwa 45 Min. ist der Piton de Cabris (erkennbar am Pavillon) erreicht. Marschieren Sie entlang des Hauptpfades durch Sicheltannenwald bergab, aber passen Sie auf, dass Sie die Abzweigung nach rechts (an der Croisée Tapage, 2,6 km ab Start) nicht versäumen. Bis zur Wegkreuzung zur Plaine du Bois de Nèfles sind es weitere 400 m sanft bergab. Halten Sie sich hier wieder rechts, es geht hinab auf den Talboden des Bras Patates (1210 m). Nun folgen

Vom tiefsten bis zum höchsten Punkt der Insel, dem 3070 m aufragenden Piton des Neiges, reicht der 180°-Blick an der Oberkante des Dimitile.

TOUR
Den Sklaven auf der Spur

Zu Fuß oder per Geländewagen auf den Dimitile

Den Dimitile erklimmen bedeutet: 1. Im Prinzip geht es einfach bergauf, egal ob per pedes oder mit dem Auto. 2. Die Belohnung wird Ihnen erst ganz oben zuteil.

Die **Piste Jean Dubard** windet sich in scharfen Kehren nach oben, der **Sentier de la Chapelle** führt über Pfade und Treppen mehr oder minder parallel dazu ebenso zum selben Aussichtspunkt. Auf dem Weg nach oben geizt der Dimitile mit Aussichten, denn der schweißtreibende Aufstieg verläuft über weite Strecken durch dichten, geschützten und botanisch wichtigen Wald.

Immer wieder kreuzen sich die Wege. Sie passieren ab und an Häuser, die meisten davon sind Privathäuser, einige wenige werden als Gîtes betrieben. Spätestens bei der **Kapelle** wissen Sie, dass es nicht mehr weit ist: nur mehr knapp 1,7 km und 40 Höhenmeter bis zur Aussichtsplattform. Sofern geöffnet, bietet das **Camp Marron** Stärkung in Form von Getränken an. Das kleine **Museum** dokumentiert den Alltag der Sklaven in den Bergen (mittels Schautafeln auf Französisch; 2 €). Zahllose Entflohene verschanzten sich auf dem Dimitile. Nur noch wenige Schritte, und es ist geschafft. Die Panoramen auf dem 1837 m hohen Gipfel des **Dimitile** (mit Orientierungstableau) hauen Sie um: Der Cirque de Cilaos zu Ihren Füßen, der Piton des Neiges nicht ganz auf Augenhöhe und in Richtung Süden schweift der Blick über L'Entre-Deux, diverse Schluchten und Häuserteppiche bis zum Meer.

Infos

F 7
Parken: Ende der D26, ca. 11 km nördlich von der Kirche von L'Entre-Deux (Le Portail, 1100 m)
Start: für 4-x-4-Touren L'Entre-Deux
Länge: 14 km
Dauer: zu Fuß 5–6 Std., mit dem Auto ca. 2 Std., jeweils hin/retour
Hinweis: früh starten, nie allein und nicht bei Regen wandern

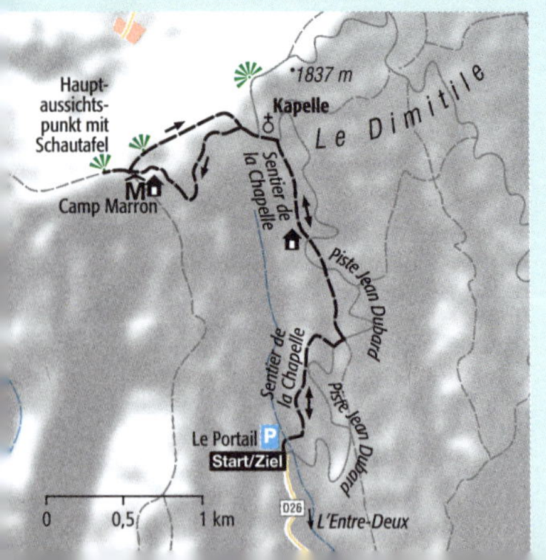

Sie dem Wanderweg entlang des Bras Patates, der sich weiter vorne in Serpentinen steil nach oben zum La Fenêtre schraubt. An der Abbruchkante zweigen Sie ein letztes Mal links ab, und *voilà,* wartet nach ca. 3–4 Std. Fußmarsch Ihr Auto auf die Weiterfahrt.

Schlafen

Öko-Sterngucker

Caz Insolite: In durchsichtigen Blasen schlafen, mit nichts als dem funkelnden Sternenhimmel über dem Kopf, das ist so außergewöhnlich, wie es klingt. Nur wenige Meter vom Nationalpark entfernt, auf 1500 m Seehöhe, stehen sechs Bubbles *(bulles)* mit komfortablen Betten, flauschigen Teppichen, Sitzecke, Trockentoiletten, Heißwasser und Strom im triefend grünen Wald. Natürlich mit Heizung, denn im tropischen Winter kühlt es auf 2–3 °C ab. Verleih von vierrädrigen E-Fatbikes, Sterngucker-Abende, etc. Warme Kleidung nicht vergessen!

Route Forestière 11 des Makes, www.kazinsolite.re, T 0692 61 66 17, DZ/ÜF ab 249 €, Abendessen ab 22 €

Bewegen

Für Kletteräffchen

Parc Aventure: Kletter- und Geschicklichkeitsparcours für Groß und Klein.

An der Hauptstraße nach Makes, T 0692 30 29 29, www.makesaventures.com, Mi–So 9–17 Uhr, in den Ferien Di–So, nur n. V. 23 €, bis 12 Jahre 16 €

Infos

- **Auto:** *Sortie* 22 (Le Gol), Anfahrt über die D20, schlecht ausgeschildert. Nach 21 km (1 Std.) ab Saint-Louis haben Sie La Fenêtre erreicht.

L' Entre-Deux 📍F8

Kreolische Dörfer, die einen gepflegter, die anderen weniger, gibt es ja viele auf der Insel. Wenn schmucke Vorgärten, adrette Fassaden in den Farben des Regenbogens und kunstvolle *lambrequins* für Sie verlockend klingen, dann dürfen Sie sich den (ohnehin wenig beschwerlichen) Weg nach L'Entre-Deux nicht verkneifen. In Pierrefonds (*sortie* 26), auf Höhe des Flughafens, geht die D26/D27 bergwärts ab, die zur mächtigen Brücke Pont sur le Bras de la Plaine führt. In Kehren windet sich die Straße weiter bergwärts bis ins 10 km von der Küste entfernte, 376 m hoch gelegene L'Entre-Deux.

Zwischen zwei Flüssen

Hinter dem Dimitile (1837 m), einem Ausläufer des Cirque de Cilaos, entspringen die beiden Flüsse Bras de Cilaos und Bras de la Plaine, die sich weiter unten zur Rivière Saint-Étienne vereinen. Auf dem fruchtbaren Plateau zwischen den beiden Schluchten – daher der Name L'Entre-Deux – erhielten Kaffeepflanzer 1724 erste Konzessionen. Trotzdem blieb das bis 1848 nur über einen schmalen Pfad erreichbare Plateau lange unbewohnt und war daher für geflüchtete Sklaven ein willkommener Rückzugsort. Die berühmt-berüchtigten Sklavenjäger notierten in einem Bericht 1743, dass sich die Sklaven unter der Führung des besonders gefährlichen *maron* Dimitile zusammengerottet hätten.

Krise mit Gewinnern

Im 19. Jh. erlebte die 1500-Seelen-Gemeinde gute Jahre, doch Ende des 19. Jh. zwangen die Wirtschaftskrise und diverse Pflanzenkrankheiten die Bewohner dazu, ihre Plantagen aufzugeben. Das stellte sich als Glück heraus, denn als nach einigen Jahren wieder Bauern zuzogen,

TOUR
Jedes Haus eine eigene Geschichte

Spaziergang durch L'Entre-Deux, das schönste kreolische Dorf der Insel

Viele Ideale der kreolischen Architektur vereint schon das erste Haus des vergnüglichen Rundgangs, die **Tourismusinformation** ❶. Ein Bild von einem Haus, sozusagen!

Die *petits-blancs*, die in die Berge zogen, folgten zwar stark europäischen Vorbildern, passten sie aber durch luftige Konstruktionen optimal an das tropische Klima an. Bei den ersten einfachen Hütten sprach man von *cabane*, also Hütten aus Holz, die mit Blech verkleidet wurden *(case en bois sous tôle)*, so wie in der Rue Fortuné Hoarau das **Haus Nr. 8** ❷. Die *cabanes* bestanden zunächst aus zwei Räumen und wurden bei Bedarf einfach nach hinten erweitert. Die Küche befand sich außerhalb des Hauses, da mit offenem Feuer gekocht wurde. Gleich nebenan fällt das momentan dem Verfall preisgegebene, weiß-grüne **Haus Nr. 6** ❸ wegen seiner Scheinfassade *(façade-écran)* auf. Das Ornament in der Raute an der oberen Fassade gibt eine stilisierte Taro-Pflanze wieder. Anders als bei den pompösen Stadtvillen in Saint-Denis verwendeten die Baumeister auf dem Land simple Symbole aus dem Alltag der Dörfler.

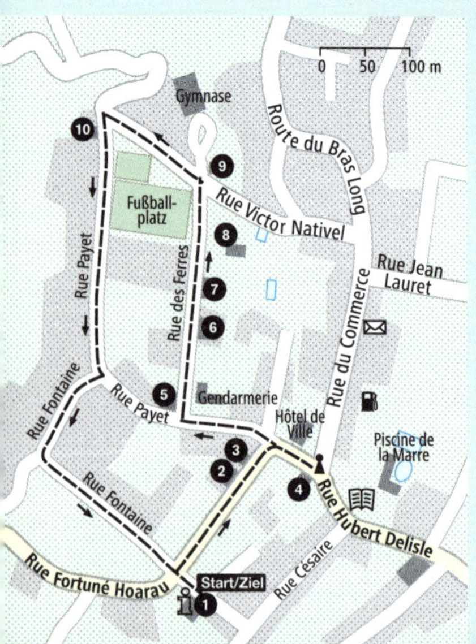

Gegenüber dem unscheinbaren Sklaverei-Denkmal befindet sich seit über 200 Jahren eine **Kneipe** ❹ (zzt. Le Gadjak, Hausnr. 1; s. S. 82) und im Haus nebenan ist ein Laden. Beide Gebäude gehörten dem ersten chinesischen Händler im Dorf und wurden sorgfältig und vor allem originalgetreu instand gesetzt.

Infos

F8

Start/Ziel: Office de Tourisme von L'Entre-Deux. Dort liegt ein Plan für einen längeren Rundgang aus.

Dauer: ca. 2 Std.

Führungen: tgl. eine Führung (9.30 Uhr, 2 Std.), Anmeldungen direkt bei Johnny Mignon, T 0693 81 20 65, oder im Tourismusbüro. Johnny spricht auch Englisch, 12 €.

Vorbei am Hôtel de Ville und an der Gendarmerie gilt das **Haus links an der Ecke Rue Payet/Rue des Frères** ❺ als das älteste von L'Entre-Deux. Auffällig sind die Holzschindeln, die *bardeaux,* sowie die kreolische Veranda, die *varangue.* Die Schindeln dämmten, schufen in den Höhen ein angenehmes Raumklima und dämpften den Schall. Die Veranda schützte vor der gleißenden Sonne und dem prasselnden Regen – mit Blick auf den Garten und einer Brise gesegnet, ließen sich hier angenehme Stunden am Abend verbringen.

Weiter geht es über die Rue des Frères. Das lachsrosa **Holzhaus Nr. 4** ❻ zeigt anschaulich die Vorliebe für neoklassizistische Scheinfassaden. An der Fassade angebrachte Stützpfeiler und Pilaster ohne tragende Funktion oder Sims- und Reliefarbeiten wie hier als Dach- und Fensterabschluss stellten – wie die *lambrequins* – immer ein Zeichen für Wohlstand dar. Am **Haus Nr. 12** ❼ (rechts) stechen die besonders kunstvollen *lambrequins* ins Auge. Das Muster der Schutzblenden ist Früchten nachempfunden. Neben dem ästhetischen erfüllen die Bordüren aus Blech oder Holz vor allem einen praktischen Zweck. An den Vordächern angebracht, schützen sie vor den wuchtigen Regenfällen. Über die spitz zulaufenden Formen tropft das Wasser sanft nach unten, wo es in Bambushecken aufgefangen wurde. Die Fassade blieb dadurch sauber.

Der weitläufige **Garten vor dem Haus Nr. 16** ❽ war früher bestimmt ausgesprochen beeindruckend. Wer es sich leisten konnte, legte kleine Fischteiche an oder stellte Springbrunnen nach neoklassizistischem Vorbild auf. Doch auch weniger begüterte Familien pflegten den *kour,* den Hof und kreolischen Garten. Ganz vorne, dicht an der Straße, pflanzte man dekorative Pflanzen wie Fuchsien, Hibiskus oder Bougainvilleen. Viele Gewächse hatten okkulten Charakter, wie dornenbesetzte Sträucher, die die Bewohner vor bösen Geistern schützen sollten. Frangipani sollte ihnen hingegen ein langes Leben schenken. An den Seiten gediehen Nutzpflanzen, wie Bananenstauden, Papayabäume oder Kartoffeln. Natürlich durften Heilkräuter gegen Magenverstimmungen, Durchfall oder Fieber nicht fehlen.

Hauptsache bunt, wie die Fassade mit ungewöhnlicher Farbkombination gegenüber dem **Fußballplatz ❾** beweist: Lachsrosa und Neapelgelb. Die ersten Siedler bemalten ihre Hütten weiß und rot, da rot in allen eingewanderten Kulturen positiv besetzt war. Erst später trieb man es bunter. Nach vorne rausgeputzt, nach hinten mau, denn die Rückseite des Hauses war oft nicht einmal weiß getüncht.

In kreolischen Häusern war es früher typisch, dass es keine Verbindungsgänge gab. Wegen der Luftzirkulation öffnet jede Tür direkt ins nächste Zimmer, d. h. von der Veranda gelangt man gleich in den vordersten Raum, zumeist den Salon für den Empfang der Besucher. Das **Haus Rue Payet 125 ❿** wurde nach diesem Ideal gebaut.

Woran denken Sie beim Anblick der kreolischen Häuser? Auch an Sonne, Lebenslust und süße Tropenfrüchte?

Es herrschte eine strikte Trennung zwischen öffentlicher und privater Sphäre. Zu kleineren Häusern hatten Besucher gar keinen Zutritt, sondern man traf sich im Garten. Wohlhabendere konnten sich den Luxus eines Salons leisten, doch weiter durften auch deren Gäste nicht mehr. Die innersten Räume waren nur der Familie vorbehalten.

erhielt jeder eine kleine Landparzelle. Da sich jede Familie ein kleines oder größeres kreolisches Haus erbauen konnte und die Menschen die Häuser heute noch bewohnen und instand halten, zählt L'Entre-Deux heute zu den schönsten Dörfern Réunions. Die über 7000 Einwohner leben vorwiegend vom Landbau, leiden aber wie alle anderen Bergsiedlungen unter hoher Arbeitslosigkeit.

Weitere Wanderungen

Les Gorges du Bras de la Plaine: Viele Namen, aber nur ein Weg: Die Wanderung ist auch unter L'Arche naturelle oder Fond de la Rivière bekannt, meint aber immer dasselbe. Es geht 30 Min. steil hinab bis zur Brücke über den Fluss und zum Flussbett. Hier hat man die Wahl: Entweder marschiert man am Ufer entlang flussaufwärts zu den Basaltorgeln und der Natursteinbrücke oder man macht es sich am Flussufer gemütlich und kühlt sich im Wasser ab. Derselbe Weg bergauf führt wieder zurück zum Startpunkt.

Anfahrt: über die Rue Hubert Delisle vorbei an der Kirche, auf der D3 bleiben, den Schildern »Fond de la Rivière« folgen; Mini-Parkbucht vorhanden. Wegen Platzmangels empfiehlt es sich, das Fahrzeug im Ort zu parken und zum Startpunkt zu laufen. Abstieg 30 Min., bis zur L'Arche naturelle ca. 2 Std. Achtung: bei Regen in den Bergen zu meiden!

Schlafen

Zum Zeitpunkt der Recherche wurde gerade das altehrwürdige und schön gelegene Hotel Dimitile renoviert.

Palmenflair inmitten der Berge

L'Échappée belle: Man glaubt es kaum: So zentral in L'Entre-Deux und doch ruhig wie auf einer einsamen Insel. Sehr gepflegte Frühstückspension mit fünf Zimmern und reizenden Gastgebern in einem weitläufigen, palmenbestandenen Garten mit großem Pool.

KUHHANDEL

Die Legende erzählt, dass geflohene Sklaven, die *marons,* natürlich auch ins Dorf kamen, um Lebensmittel und andere Dinge zu kaufen. Männer kamen üblicherweise mit zwei Kühen: Eine verkauften sie, um mit dem Erlös Besorgungen zu erledigen, auf der anderen ritten sie zurück in die sicheren Berge. Einer der Läden und Kneipen, seit jeher im Besitz einer chinesischen Händlerfamilie, existiert heute noch in L'Entre-Deux (s. Tour S. 78).

13, impasse du Palmier, Nähe Hôtel de Ville, T 0692 55 55 37, www.lechappee-belle.com, DZ/ÜF 125 € bis 2 Nächte, ab 3 Nächte 115 €

Umhegt und umsorgt

Villa Oté: Herzlich empfangen von Nathalie und Jean-Patrick, weiß man sofort: Man ist gekommen, um zu bleiben. Drei niveauvolle Zimmer im Obergeschoss mit allen erdenklichen Annehmlichkeiten, Pool, Jacuzzi, Massagen, idyllischer Tropengarten, jede Menge Tipps und Unterstützung. Tipp: Bleiben Sie länger als nur eine Nacht! Nathalie spricht ein wenig Englisch.

29, rue Maurice Berrichon, Ravine des Citrons, an der D26, T 692 41 60 38, www.villaote.com, DZ/ÜF 110 €, Abendessen auf Vorbestellung 30 €

Essen

Nicht für alle Tage

Le Saint-Hilaire: Wer fein und hochwertig speisen möchte, ist hier gut aufgehoben.

12B, rue Maurice Berrichon, T 0692 68 86 10, Do–Sa 19.30–21, So mittag, Menü ab 60 €

Solide französisch

L'Arbe à Palabres: Solide und leckere mediterrane und französische Küche im hübschen Ambiente eines grasgrünen Kreolenhäuschens.

29, rue Césaire, T 262 44 47 23, Mi–So mittags, Fr/Sa abends, mittags ab 23 €, abends teurer

Sympathisches Bistro

Le Gadjak: In einem der ältesten Häuser (❹, Tour S. 78) wird kreolisch gekocht. Einfach im Ambiente, aber der Preis stimmt.

1, rue Fortuné Hoarau, gegenüber dem Hôtel de Ville, T 0692 41 03 69, Mo–Do 11.30–13.30, 19–20.30, Fr 19–20.30 Uhr, Tagesgerichte ab 11 €

Einkaufen

Kunterbunte Kooperative

Vavang'Art: Ein bunter Haufen, könnte man sagen. Kunsthandwerkslädchen, ein kleiner Deli mit Inselspezialitäten, Kunstkurse, Konzerte, Ausstellungen. Und dazwischen ein appetitanregendes Café.

4c, rue Hubert Delisle, kurz vor der Kirche, T 0692 60 99 28, https://vavangart.com, Di–So 10–17 Uhr, aber außerhalb der Ferienzeiten unregelmäßig

Gepunktet und geblümt

Choubidoux Kreation: Hübsche Taschen für Kleinaufbewahrung in allen Farben des Regenbogens.

Ecke Rue Payet/Rue Fontaine, Nähe Polizei, T 0692 25 20 46, contact@choubidoux-kreation.re, unregelmäßige Öffnungszeiten

Bewegen

Wandern

Der Hauptgrund, um L'Entre-Deux zu besuchen, ist und bleibt der Gipfel des Dimitile. Der Klassiker: **Sentier de la Chapelle** (s. Tour S. 76). Weitere anstrengendere/längere Aufstiege: **Sentier de Zèbre** sowie **Sentier de la Grande Jument** (teilweise identisch, ideal als Kombi) oder **Sentier Bayonne** (sehr, sehr schwierig!). Über den **Sentier Jacky Inard** gibt es sogar eine Verbindung zum Piton des Neiges. Eine Besteigung des Dimitile ist anstrengend, da viele Höhenmeter überwunden werden müssen. Informationen im Tourismusbüro. Vor Wanderungen unbedingt den Office de Tourisme und/oder das Forstamt unter http://www1.onf.fr/la-reunion konsultieren!

Jeeptouren

Kreolie 4x4: Ab 125 €/Pers. ist man dabei, die Jeeptour an sich ist nicht sonderlich abenteuerlich, aber die Aussicht von oben ist jeden Cent wert. Teurer als andere Anbieter, obwohl er der Lokalmatador ist, hat aber bessere Autos und Mittagessen ist inbegriffen. Dauer bis 17.30 Uhr.

4, impasse des Avocats, T 0692 86 52 26, www.kreolie4x4.com

Z'ILE 4x4: Etwas preiswerter, aber dafür ist kein Mittagessen inbegriffen. Rückkehr gegen 17.30 Uhr.

Saint-Gilles-les-Bains, T 0693 64 59 00, www.zile4x4.com, ab 109 €/Pers.

Infos

- **Office de Tourisme:** 13 rue Fortuné Hoarau, T 0262 39 69 80, www.sudreuniontourisme.fr, Mo–Sa 9–12, 13–17 Uhr. Vor Wanderungen konsultieren, besonders wenn es regnerisch ist.
- **Fête du Choca:** Juli. Agavenfest mit Jahrmarktcharakter.
- **Busse:** Linie S5 von Car Jaune fährt zwischen Saint-Pierre, Saint-Louis und Église L'Entre-Deux 5 x tgl., 2 €. Die Wege im Zentrum sind recht kurz, d. h. für die Anfahrt mit öffentlichen Verkehrsmitteln geeignet.

Zugabe

Im Trüben fischen

Die große Hai-Krise

Die »crise requin« ist hausgemacht, man will es aber nicht zur Kenntnis nehmen, geschweige denn, etwas an dem Umständen ändern.

März 2007, Sonntag in Trois-Bassin. Wir wunderten uns über den proppenvollen Mega-Parkplatz, aber schnell wurde uns klar: Für die besten Surfbreaks der Insel ist kein Weg zu weit.

Surfer arrangierten sich immer schon mit dem Risiko von Haiangriffen. Aber besonders 2011 betrafen sie auch Schwimmer oder Fischer, die *crise requin* war ausgerufen. Besonders tückisch daran war, dass die Bullen- und vereinzelt Tigerhaie auch in flachen Gewässern, nur ein paar Schritte vom Strand entfernt, zuschlugen.

Schuldige waren schnell gefunden, aber vieles wurde wissenschaftlich widerlegt. Mittlerweile gilt als gesichert, dass das ökologische Gleichgewicht in den Küstengewässern aus den Fugen geraten ist.

Bullenhaie kommen wegen Überfischung der Hochsee und fehlender Fressfeinde, also kleinerer Riffhaien, nahe an die Küste. Sie bevorzugen trübes Wasser zum Jagen; mit der starken Verbauung, den Abwässern und nicht zuletzt den Häfen wurden perfekte trübe Bedingungen geschaffen. Ihre Jungen gebären sie hingegen in Frischwasser. Von März bis Juni, wenn massig Regenwasser ins Meer gespült wird, fungiert die gesamte Küste praktisch als Kreißsaal.

Dabei liegt die Lösung auf der Hand.

Nun doktert man herum, probierte Netze für 2 Mio. € aus (die löchrig wurden und eine Attacke auf französische Touristen nicht verhindern konnten). Mehr Geld aus der EU und vom französischen Staat fließen in Shark Spotting *(vigie)*, doch die Oberflächengewässer sind viel trüber als in Südafrika, wo diese Maßnahme bestens funktioniert. Einige Surfer montieren Sonare am Meeresgrund oder statten sich mit Frequenzsendern aus.

Dabei liegt die Lösung auf der Hand: konsequenter Umweltschutz, Reduktion der Abwässer, Aufbau der zerstörten Korallenriffe, um Riffhaie anzulocken, der Überfischung Einhalt gebieten. Doch an der heiligen Kuh Fischerei scheiden sich die Geister, die politischen Verflechtungen sind gravierend, eine Krähe hackt der anderen kein Auge aus. Viele Surfer sind zwar zurück im Wasser. Nur 100 % Sicherheit dürfen sie sich keine (mehr) erwarten. No risk, no fun. ■

Der Süden

Vornehme Zurückhaltung — Der Sud Sauvage drängt sich nicht vor, wartet geduldig, bis sich die Besucher durch andere Inselteile gestaunt haben. Er hält schöne Überraschungen bereit, ohne marktschreierisch zu sein. Schalten Sie zwei Gänge zurück, es gibt viel zu erleben, aber in einer anderen Frequenz.

Seite 87

Saint-Pierre

Das quirlige Städtchen ist der perfekte Gegenpol zum verschlafenen Hinter- und Bergland: historische Bauten, gute Restaurants, Bars und Sandbuchten. Dazu noch der Wochenmarkt und zahlreiche Festivals.

Seite 93

Le Domaine du Café Grillé

Sperrig ist nur der Name, die Führung durch den Schaugarten mit dem Charakter eines Freilichtmuseums bleibt in Erinnerung. Nach einer Tour durch die tropische Pflanzenwelt schmeckt der Kaffee im Shop.

Ins Gepäck gehören eine Moskitolotion und Sonnencreme!

Eintauchen

Seite 101

Strand von Grand' Anse

Am Wochenende gehen die Insulaner hier ihrem liebsten Hobby nach – Picknicken, bis sich die Tische biegen. Bringen Sie am besten auch ein paar Happen mit. Und feste Schuhe für eine kurze Wanderung.

Seite 112

Die Wasserfälle der Rivière Langevin

Die schönsten und größten Wasserfälle der Insel muss man sich erst erobern, denn der größte liegt am Ende einer haarsträubenden Steilpassage.

Seite 110

Le Serré

Links und rechts ein tiefer Canyon, dazwischen ein schmales Hochplateau – die Ausblicke machen einen fast schwindlig.

Seite 117

Cap Méchant

›Hinterhältig‹ zu den Seeleuten, aber vom Festland aus eine Augenweide. Tosende Gischt schwappt über die Lavaklippen, windschlüpfrige Vacoas harren unbeirrt aus. Wild!

Seite 124

Im Lavatunnel

Auf allen Vieren durch ein dunkles Loch krabbeln … Was sich schmerzlich anhört, ist eine Tour ins Innere der Lava, wie man sie zwischen Saint-Philippe und Sainte-Rose unternehmen kann und die so manchen Besucher an seine Grenzen bringt.

Seite 124

Le Grand Brûlé

Das Lavaland an der Ostflanke des Piton de la Fournaise zeugt von den unbändigen Energien des Vulkans.

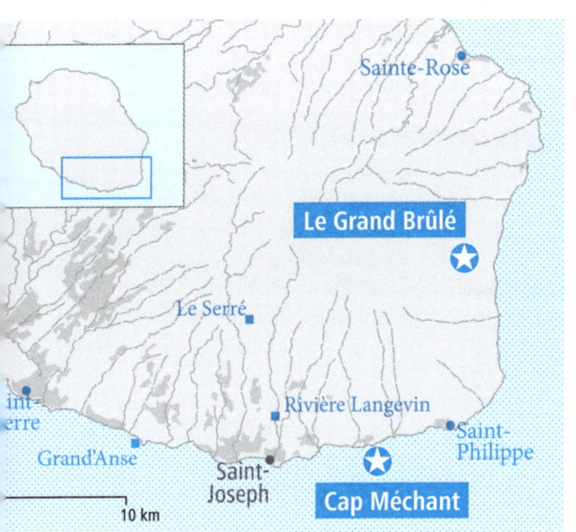

Früh aufstehen und spät schlafen gehen, die Tage im Süden können verdammt lang sein.

Ein Buch, Wasser, Knabberzeugs und eine Decke sollten immer mit dabei sein. Für den Fall, dass man sich Hals über Kopf in einen Ort verliebt und bleiben möchte.

Wildfang

W

Wenn La Réunion eine Mädchenclique wäre, dann wäre der Süden der Wildfang. Die Wellen peitschen an die Steilküste, der Wind zerzaust Palmen und Vacoabäume und das feuchtwarme Klima lässt Pflanzen sprießen. Dazwischen graben Flüsse auf ihrem Weg zum Meer monumentale Furchen in die Hänge. Geformt von den Kräften des Vulkans Piton de la Fournaise, haben sich die Menschen an das Leben mit Lava und Magma längst gewöhnt.

Kulissenschlacht

Im Sud Sauvage spielen unvergesslich schöne Naturlandschaften die erste Geige. Wer sich im ›Wilden Süden‹ vergnügen will, tut dies hauptsächlich in der Naturkulisse: wandern, Spaziergänge, Canyoning, Aussichtspunkte abklappern, Lavasteilküsten und geologische Raritäten bestaunen. Mittendrin pulsiert das dralle Leben in Saint-Pierre.

Herzen erobern

Viele Menschen leben isoliert in Tälern oder Bergweilern, mit weiten Wegen zur nächsten Stadt. Da bleibt einem nichts anderes übrig, als sein eigenes Süppchen zu kochen. Das tun sie mit Genuss, speziell weil Dinge wuchern, die man anderswo vergeblich sucht. Die kartoffelartigen Früchte des Vacoabaumes *(pinpin)* verarbeiten sie zu Gratins, *caris* und Konfitüren. Aus zarten Palmenherzen zaubern sie Vorspeisen und Salate.

Den Süden mit Muskelkraft, Herz und einer gehörigen Portion Hunger zu entdecken, hinterlässt bleibende Eindrücke – unverschnörkelt, liebenswürdig-schrullig und authentisch.

ORIENTIERUNG **O**

Internet: www.sudreuniontourisme.fr
Auto: Von Westen oder Le Tampon aus ist Saint-Pierre über die Autobahn gut erreichbar, doch Richtung Saint-Joseph ist die Straße nur einspurig ausgebaut. Die Folge: fast ganztägiger Stau an den Ein- und Ausfahrten.
Busse: Viele Linien starten oder enden in Saint-Pierre. So ist Saint-Pierre zwar bestens an die größeren Städte angebunden, doch um Sehenswürdigkeiten abzufahren, eignet sich der Bus nur bedingt.
Wanderkarten: IGN 4405 RT für Saint-Pierre, Petite-Île; IGN 4406 RT für Saint-Joseph bis Grand Brûlé.

Saint-Pierre

F10

Längst braucht sich Saint-Pierre nicht mehr hinter Saint-Denis oder dem vormals mondänen Saint-Gilles zu verstecken, es hat sich zu einer kraftvollen, trubeligen Stadt entwickelt. Mehr noch: Die Hauptstadt des Südens (knapp 84 000 Einw.) hat ihren Rivalinnen im Norden in puncto Lebensqualität, Infrastruktur und Flair den Rang abgelaufen, ohne an Beschaulichkeit eingebüßt zu haben. Kolonialer und kreolischer Charme paaren sich in den lebhaften Straßen des Städtchens mit gediegener Ausgeh- und Eventkultur. Zahlreiche Festivals und der samstägliche Wochenmarkt bilden Fixpunkte in der Kulturstadt Saint-Pierre.

Einreihen in die Zukunft

Vorausschauenden Gemeinderäten ist es gelungen, der Stadt regionales Gewicht zu verleihen. Sie richteten die Unterpräfektur Saint-Pierre ein. Dank eines der besten Krankenhäuser Frankreichs vor den Toren der Stadt in Terre-Rouge wird Réunion auch im Mutterland positiv wahrgenommen. Nicht zuletzt das Aérodrome von Pierrefonds festigt den Status der Stadt. Als einziger Nachteil muss das Verkehrsaufkommen genannt werden, denn weder die Verkehrsplanung noch der Straßenbau haben mit der Entwicklung von Saint-Pierre Schritt gehalten. An den Einfahrten und der Hauptdurchgangsstraße, dem Boulevard Bank (Ausfahrt von/nach Saint-Joseph), staut sich tagtäglich der Verkehr.

Am Meer entlang

Jedem sein Tempel

Gönnen Sie sich die schönste Zufahrt (*sortie* 29) nach Saint-Pierre via Ravine-Blanche so oft wie möglich! Rechter Hand passiert man den Konsumtempel

Parken Sie an der Pointe du Diable vor den Toren von Saint-Pierre, erkennbar an der Basaltlandzunge, und laufen Sie los.

Carrefour Grand Large, den größten Supermarkt im Süden. Links, gleich an der Ravine-Blanche, leuchten der tamilische **Temple Narassinga Peroumal** ❶ (Führungen beim Office de Tourisme anfragen) und der **Temple Badhra Karli** ❷ in den Farben des Regenbogens, und das in unmittelbarer Nähe zueinander. Sie fahren am Meer entlang, gegen einen kurzen Boxenstopp im Sand ist nichts

Saint-Pierre

Ansehen

1 Temple Narassinga Peroumal
2 Temple Badhra Karli
3 Bauernmarkt
4 Friedhof mit Tombe de Sitarane
5 Littoral
6 Plage de Saint-Pierre
7 Marché couvert
8 Médiathèque Raphaël-Barquissau
9 Atyaboul Massadjid
10 Temple Guan Di
11 Maison Adam de Villiers
12 Maison Choppy
13 Maison Motais de Narbonne
14 Maison Vasseur
15 Hôtel de Ville (Mairie)
16 La Rivière d'Abord
17 Entrepôt Kerveguen
18 L'usine à Gouzou
19 Le Domaine du Café Grillé
20 La Saga du Rhum
21 – 27 s. Tourkarte S. 94

Schlafen

1 Villa Delisle
2 Côté Lagon
3 Le Terre Sainte
4 Le Saint-Pierre
5 Le Battant des Lames
6 Tipalais
7 La Cour Mont Vert

Essen

1 Art i Show
2 Ô Baya
3 L'Épicurieux
4 Restaurant du Lavoir
5 Le Belem
6 Le Pittoresque
7 L'Atelier/Bar à Burger
8 Le Gadiamb
9 L'Indochine
10 Kaz Nature
11 La Ronde des Pains

Einkaufen

1 Pardon!
2 Nanas Vanille
3 Librairie Autrement
4 Edgar Photographie
5 La Vie Claire

Bewegen

1 Corail Hélicoptères
2 Planetair 974
3 Bato Péi
4 Alpanes

Ausgehen

1 Le Five
2 Le Toit
3 La Bodega
4 Monkey's
5 V and B
6 Long Board Café

---

einzuwenden. Das Einkaufszentrum Le Patio folgt – ein guter Anhaltspunkt, denn ab hier westwärts ist der Boulevard Hubert-Delisle samstags 5–12 Uhr für den **Bauernmarkt** 3 (s. Lieblingsort S. 90) gesperrt.

Zum Wind- und Kitesurfen trifft sich die eingeschworene Clique am Strand gegenüber dem **Friedhof** 4. Viele Insulaner pilgern hierher, um den 1911 gehängten Einbrecherkönig und Serienmörder Sitarane an seinem Grab, dem **Tombe de Sitarane,** um Unterstützung zu bitten. Sie bringen dem Banditen Rum, Zigaretten oder rote Stofffetzen in der Hoffnung, sie besänftigten die bösen Kräfte oder – raffinierter noch – lenkten sie auf böse Mitmenschen.

Den Teufel an die Küste malen

Den Tag am Meer ausklingen lassen, hat was. Viele Einheimische genießen in der Abendstimmung ausgedehnte Spaziergänge oder Laufsessions auf dem **Littoral** 5, einem Küstenweitwander(fahr)weg, der bis nach Étang-Salé-les-Bains reicht. So weit müssen Sie nicht laufen, aber bis zum Ende der Runway des Flughafens von Pierrefonds sind es immerhin knapp 3 km (einfach). Der gut ausgebaute Weg

Lieblingsort

Mitten ins Gewusel

Schon am Kreisverkehr, wo der lang gezogene Markt beginnt, raucht und brutzelt es. Sie duften verführerisch, die *poulet rôti.* Für die meisten Réunionesen bilden sie – wie der **Bauernmarkt** ❸ selbst – den Fixpunkt der Woche. Es biegen sich die Ladentische, frisches Gemüse, Marmeladen, Duftöle, Papaya, Ingwer, Kurkuma, Vanille, Schnittblumen aus dem Garten, Körbe aus Madagaskar. An einer Verkaufsbude mit Kräutertees aus Cilaos formiert sich eine Traube von Interessenten. Ganz am Ende gackern aufgeregte Kampfhähne. Indischer oder chinesischer Ramsch wandert natürlich auch über die Ladentische. Es herrscht Gedränge wie beim Oktoberfest, deutsche Wortfetzen diffundieren in die Geräuschkulisse. Mag sein, dass der Bauernmarkt zum Touristenmagnet geworden ist, doch die Einheimischen kümmert dies nicht. Sie kaufen unbeirrt Samstag für Samstag ein, ausstaffiert mit bunten Körben, in die sie das bunte Warenangebot verfrachten. Man trifft sich zum Plausch, auf ein paar Samoussas, ein Dodo, um frischen Fisch zu kaufen. »Que deux minutes«, ermahnt mich der nette Herr am Fischstand. Nachhilfestunde im Kochen inklusive.

birgt keine Herausforderungen außer für die Kamera. Der malerische **Teufelspunkt** (Pointe du Diable), eine schmale Landzunge, hat einen schalen Beigeschmack: Wegen seines hohen Wellenganges war der Spot bei erfahrenen Surfern beliebt, was zu mehreren Haiattacken führte.

Zufahrt über *sortie* 29 (Ravine-Blanche), Parken entweder beim Carrefour Grand Large oder der Pointe du Diable, wofür man sich beim ersten Kreisverkehr nach der Abfahrt in Richtung Pierrefonds (Westen) hält. Weitere Zufahrten: *sortie* 27, Z.I. 3 und 4

Gestrandet im Zentrum

Allein sind Sie an der **Plage de Saint-Pierre** ❻ zu keiner Tages- oder Nachtzeit. Die einen verbringen hier ihre Mittagspausen, andere picknicken am Wochenende mit der ganzen Familie. Der Abschnitt vom Park bis zur Kaimauer ist zum Schwimmen freigegeben, er wird von Rettungsschwimmern überwacht (Duschen, WC vorhanden). Sonnenhungrige dürfen nicht zimperlich sein, denn am Strand liegen je nach Wellengang und Saison grobe Korallenstücke. Vor dem Gang ins Wasser ist die Lage vor Ort in Bezug auf Haie zu prüfen (Rettungsschwimmer, Polizei, Gastgeber, Passanten), notfalls ist davon abzusehen.

Im dahinterliegenden Park ist fast immer was los.

Im Stadtzentrum

Mit Handel großgeworden

Die Rue Victor le Vigoureux führt bei der Villa Delisle hoch ins Zentrum. Der **Marché couvert** ❼ (Mo–Sa 6/7–17 Uhr) in der schmucken Markthalle hat seine besten Zeiten hinter sich und lohnt sich für Souvenirkäufe wirklich nur mehr, falls Sie den Bauernmarkt am Samstag versäumen. Architektonisch ist die Eisenkonstruktion von 1876 dem eklektischen Second Empire zuzuordnen. Den Nachbarblock dominiert eines der ältesten Gebäude der Stadt, in der heute die Stadtbücherei **Médiathèque Raphaël-Barquissau** ❽ untergebracht ist. 1773 fertiggestellt, war das Gebäude die zweite Lagerhalle der Ostindien-Kompanie auf Réunion. Immerhin liefen die Segelschiffe nur alle paar Monate aus, mehr als drei Monate waren sie von der Île Bourbon nach Frankreich unterwegs. Sie nahmen die Erzeugnisse der Kolonie in ihren Schiffsrümpfen mit und kamen mit lebensnotwendigen Waren für die Siedler zurück. Später nutzte die Kompanie das Steinhaus vorübergehend als Regierungssitz.

Mardi Gras in der Einkaufsstraße

Seit jeher stellte die Rue des Bons-Enfants die Trennlinie zwischen dem Handels- und dem Wohnviertel dar, südlich lagen die Warenlager, nördlich davon die Villenviertel. Heute reiht sich Laden an Laden in der Einkaufsstraße. Mit all den filigranen Balkonen und bonbonfarbenen Fassaden erwartet man fast, dass eine schillernde, schief tönende Musikkapelle und Faschingsnarren um die Ecke biegen. New Orleans lässt grüßen.

Das 42 m Minarett der **Atyaboul Massadjid** ❾ (Die Schönste Moschee, https://mosqueedesaintpierre.re, Führungen n.V. Mo 9–12, 14–16, Fr 14–16 Uhr, T 0692 94 68 50, mosquee.amssp@gmail.com) erhebt sich aus dem Häusermeer. Bemerkenswert an der 1975 errichteten Moschee ist die Skulpturendekoration der Innenräume, die von komorischen und afrikanischen Künstlern gestaltet wurde (Besuch möglich außerhalb der Gebetszeiten). Die chinesische Community huldigt hingegen im **Temple Guan Di** ❿ (Führungen im Office du Tourisme anfragen), dem im daoistischen Pantheon zum Kriegsgott Guan Di erhobenen General Guan Yu.

Lebensader von Reich und Arm

Pferdegetrampel hallte durch die gepflasterte Straße, in den Gastschenken ging es hoch her, verschüchterte Mädchen aus gutem Hause huschten verstohlen an diesen vorbei. Als einst wichtigste Durchgangsstraße pulsierte auf der **Rue Marius et Ary Leblond** das Leben. Unzählige stattliche Villen prägen heute die Straße, einige sind in beklagenswertem Zustand, andere prächtig renoviert.

Zu den ältesten steinernen Wohngebäuden der Insel zählt das **Maison Adam de Villiers** ⓫ (Nr. 21) an der Kreuzung. Gleich gegenüber liegt das neoklassizistische **Maison Choppy** ⓬ (Nr. 28), das Stadthaus der Eigentümerin der Zuckerfabrik von Grand-Bois. 1895 wurde es einem Orden für die Einrichtung einer Schule geschenkt. Im **Maison Motais de Narbonne** ⓭ (Nr. 18) hat die Unterpräfektur ihren Sitz. Erbaut um 1820 von einem Zuckerbaron, war die sonnengelbe, neoklassizistische Villa mit typischen Elementen wie der doppelstöckigen Veranda oder toskanischen Säulen wegweisend für die kreolische Architektur im Inselsüden. Der Unterpräfekt wohnt privat ein paar Häuser weiter hinter einem fast blickdichten grünen Eisenzaun. Für das **Maison Vasseur** ⓮ (Nr. 9) wurde um 1760 der Grundstein gelegt. Mit Sicherheit entdecken Sie weitere Prachtbauten in den Straßen von Saint-Pierre! Das Office de Tourisme organisiert geführte Rundgänge durch die Stadt.

An der Rampe von Terre-Sainte geht es fast rund um die Uhr hoch her, aber der Sonnenuntergang markiert den Höhepunkt des Tages: Fast die halbe Stadt trifft sich dann zum Angeln, Plantschen und Plaudern.

Guter Rat ist teuer

Politik und Wirtschaft waren schon im 17. Jh. eng miteinander verflochten. Weil die Kosten der Sicherung der Überseegebiete explodierten, versuchte der französische König diese mit Handelsüberschüssen zu kompensieren. Für den Handel mit Réunion hatte sich die französische Ostindien-Kompanie umfangreiche Rechte gesichert. Das Viertel in Richtung Meer war ihr Revier.

Ab 1717 begann die Kompanie, den Kaffeeanbau auf Réunion zu forcieren. Das Modegetränk in den Pariser Salons versprach der Handelsgesellschaft satte Gewinne, später, um 1785, löste ihn Zuckerrohr ab. Weil die von den Pflanzern erzeugten landwirtschaftlichen Produkte vor der Einschiffung gelagert werden mussten, wurden Lagerhäuser gebaut. 1736 als Holzbau errichtet, wurde es bis 1777 in ein Lagerhaus aus Stein umgewandelt. Nach weiteren Umbauten nutzte man das einst größte Haus des Südens ab 1825 als **Hôtel de Ville (Mairie)** ⓯ (Rathaus; 2, rue Meziaire Guignard). Der Park vor dem lang gezogenen, gelb-weißen Gebäude mit halbrunden Fenstern und aquablauen Fensterläden ist ein beliebter Schattenplatz der Städter.

Ausgebootet

Heute kaum vorstellbar, aber an der historischen Anlegestelle **La Rivière d'Abord** ⓰ ging es hoch her. In den 1710er-Jahren gingen an der nunmehr regulierten Flussmündung die ersten Siedler von Bord, später fuhren Schaluppen zwischen den großen Segelschiffen, die weiter draußen vor Anker lagen, und dem Pier hin und her. Schiff ahoi, Leinen los!

Das 1830 erbaute **Entrepôt Kerveguen** ⓱ hatte Türen auf Flussebene, was das Ausladen der Waren aus den Schaluppen enorm erleichterte. Mit ihm verbunden ist vor allem der Name der Großgrundbesitzerfamilie Kervéguen, die den Aufschwung im Süden prägte.

Kerlchen mit Message

Hals über Kopf in das drollige Kerlchen verliebt? Dann ist der Besuch in der **L'usine à Gouzou** ⓲ ein Muss, wenn Sie mehr als nur Fotos von Gouzou mit nach Hause nehmen wollen. Kleiner Laden mit hübschem Krimskrams, eine Art Kunstgalerie ist angeschlossen.

170, rue Marius et Ary Leblond, T 0262 34 78 80, Di/Mi, Do, Sa 10–13, 14–18, Fr 14–18 Uhr, das kleine, dunkelrote Häuschen bergseitig liegt zwischen einer Total-Tankstelle und dem Hyundai-Händler (leicht zu übersehen)

Vor den Toren von Saint-Pierre

Täuschen und tarnen

Je unverständlicher der Titel, desto neugieriger bin ich auf ein Buch. Sie auch? Dann wird Sie **Le Domaine du Café Grillé** ⓳ überraschen. Lassen Sie sich vom Namen keinesfalls täuschen, der Kaffee spielt nur eine untergeordnete Rolle. Es handelt sich vielmehr um eine Art botanischer Schaugarten, wo die Geschichte und botanische Vielfalt der Insel gewürdigt werden. Farbenprächtig blühen tropische Pflanzen, Besucher schnüffeln an alten Heilpflanzen und man erfährt, warum die Bewohner bis in die 1970er-Jahre noch am Boden auf Vacoamatten schliefen, während im oberen Geschoss einer Hütte Lebensmittel gelagert wurden. Die französischsprachigen Führungen sind gespickt mit teils humorvollen Anekdoten von früher. Zum Abschluss können Besucher den traditionellen, etwas gewöhnungsbedürftigen Kaffee *bourbon pointue* (4 €) und andere Inselspezialitäten verkosten. Antimückenlotion nicht vergessen!

10, allée des Cèdres, Pierrefonds, an der Ausfahrt der N1 L'Entre-Deux/Pierrefonds (*sortie* 26) meerwärts und rechts halten, T 0262 24 15 40, www.domaineducafegrille.

TOUR
Nach alten Zeiten fischen

Spaziergang durch Terre-Sainte

Infos

F 10

Start: Kreisverkehr südlich der **Rivière d'Abord** ⑯

Dauer: ca. 1 Std.

Südöstlich des Stadtzentrums von Saint-Pierre, jenseits der Flussmündung, also auf der anderen Seite der **Rivière d'Abord** ⑯ (s. S. 93), blieben einst die Fischer unter sich. Eine Schicksalsgemeinschaft, könnte man sagen. Melancholisch stimmen hier die Schilder »Poissonnerie« und »Vente de poissons« an den Läden meerseitig in den Chor der Meerjungfrauen ein. Denn die alten Fischer von Terre-Sainte sterben, geschäftstüchtige Immobilienentwickler und sich nach alten Zeiten sehnende Touristen kommen.

Die Straße verengt sich merklich, Fußgänger müssen zur Seite springen. Während rundum eine moderne Stadt heranwuchs, hat sich Terre-Sainte scheinbar wenig verändert: In den Gassen wohnt man Mauer an Mauer in ebenerdigen, kleinen Häusern, abends treffen sich die Männer zum Kartenspiel und vorn am Ufer liegen bunte Fischerboote unter ausladenden Banyanbäumen. Manche Gassen sind so eng, dass sie für Autos unpassierbar sind. Man grüßt sich oder tauscht wenigstens ein paar Höflichkeitsfloskeln aus.

Die Jungen haben keine Lust, im stark reglementierten Fischereigewerbe zu arbeiten, wollen stattdessen Freiheit, Weite und Geld. Man sieht vergammelnde Fischrestaurants und Häuschen, die *à vendre* sind. Wer weiß, wie lange die chinesische **Boutik** ㉑ gegenüber dem **Au Marin Bleu** ㉒ noch bestehen wird oder doch schließt, ob des Geldes oder Alters wegen. Längst überschlagen sich die Grundstückspreise in Terre-Sainte, es ist hip geworden, im alten Fischerviertel zu wohnen.

Warten auf Kundschaft oder auf Makler, die an dem wertvollen Grund interessiert sind? Das weiß alleine der Besitzer der chinesischen Boutik …

Ein Fischer steht auf der **Mole** ㉓ mit Leuchtturm und wirft die Angel aus. Bei Sonnenuntergang drängen sich hier die Einheimischen, aber tagsüber gibt es nicht viel zu sehen. Weiter draußen am offenen Meer rollen massive Brecher an. Gegenüber der gelben **Kioske** ㉔ verläuft die Rue Auguste Langlois bergan, die zu Stufen zur Kapelle **Croix des Pêcheurs** ㉕ führt. Die Aussicht von oben auf das Viertel und das Meer lohnt den Abstecher. Die hübsche kleine **Badebucht** ㉖ gleich hinter den Kiosken wird gerne von Einheimischen und Touristen zum Sonnenbaden und Schwimmen genutzt.

Lassen Sie sich treiben, zweigen Sie an einer x-beliebigen Gasse ab und dringen Sie tiefer ins Herz von Terre-Sainte ein. An einigen Hauswänden prangen Malereien, ob Sie irgendwo ein Graffito von Jace (s. S. 298) entdecken? Leider ist der Autoverkehr teils unangenehm, weil es wenige, und wenn nur schmale, Gehsteige gibt, aber auch das gehört zu einem natürlich gewachsenen, im Grundriss über Jahrhunderte unveränderten Stadtteil. Den Touristen gefällt es jedenfalls, die Ferienwohnungen und Frühstückspensionen *pieds dans l'eau* sind der Renner, speziell auch durch die Nähe zur quirligen Innenstadt von Saint-Pierre.

Vorne, an der Promenade des Alizés, verlassen Sie die Hauptstraße. Das **Cap Les Alizés** ㉗ geizt nicht mit wunderbaren Panoramen der schroffen Steilküste bis nach Grand'Anse, auch wenn der neu gestaltete Vorplatz mit Fußballfeld keinen Designpreis gewinnt. Wie Sie wieder zurückgehen, bleibt Ihnen überlassen. Viele Wege führen zu den Fischern von Terre-Sainte.

fr, Di–So 9.30–17 Uhr, 7,50 €, Führungen Di–So 10, 14 Uhr (nur mit Reservierung) 9,50 €; für eine Erkundung auf eigene Faust stehen Texte auf Deutsch zur Verfügung

Rumgemacht mit Zuckerrohr

Interesse für die Rumproduktion sollte man für die Fabrik **La Saga du Rhum** ⑳ mitbringen, am besten auch ein paar Vorkenntnisse. Die älteste Destillerie der Insel wurde von der Familie Isautier 1845 gegründet und ist bis heute in Betrieb. Im Museum werden die unterschiedlichsten Facetten der Rumherstellung beleuchtet, am Ende darf eine Verkostung nicht fehlen. Gut, dass deutsche Audioguides zur Verfügung stehen. Im Souvenirshop können Rum und andere Spezialitäten gekauft werden.

Chemin Frédeline, Anfahrt über Bois-d'Olives (D38) oder Carrefour Grand Large/Ravine-Blanche, T 0262 35 81 90, www.sagadurhum.fr, tgl. 10–18 (letzter Einlass 17) Uhr, 11 €, dt. Audioguide 2 €, Führungen (Reservierung via Website 24 Std. im Voraus, ggf. kurzfristig telefonisch möglich) 10, 11, 14, 15, 16, 16.30 Uhr, Dauer ca. 75 Min.

Ausfahrt in die Höhen

Ganz schöne Kurven

Wer Freude am Kurvenfahren und die öde Schnellstraße satthat, wobei vielfach eher gestaut als schnell gefahren wird, cruist in den Höhen in Richtung Südosten. Man nimmt die N3 in nordöstlicher Richtung und wechselt in Le Tampon auf die D3 (Route Hubert Delisle) in Richtung Mont-Vert. Typisch kreolische Häuser, markante Schluchten, Zuckerrohrfelder und andere bewirtschaftete Flächen, dichte Wälder und herrliche Panoramen aufs Meer wechseln sich im Minutentakt mit abenteuerlichen Kehren ab. Verpassen Sie die Abfahrten nicht, nämlich die D72 nach Grand-Bois und die D31 nach Petite-Île, ansonsten enden Sie in Saint-Joseph.

Schlafen

Toplage mit Abstrichen

1 **Villa Delisle:** Bestechende Lage zentral in der Stadt und fast direkt an der Front de Mer (man muss nur die Straße kreuzen), 41 geschmackvolle Zimmer in drei unterschiedlichen Kategorien, Spa, drei Restaurants, aber speziell am Wochenende können lärmende Strandgänger die Erfahrung trüben. Auch nachts mitunter erhöhter Lärmpegel vom Park und den *kiosques*. Für ein paar Tage bestens geeignet, aber nicht für Strandurlaub.

42, bd. Hubert Delisle, gegenüber vom Hauptstrand, T 0262 70 77 08, https://villadelisle.re, DZ ab 190 €, Frühstück 20 €

Meerrauschen bei den Fischern

2 **Côté Lagon:** Mit der schweren, indischen Holztüre öffnen Sie ein Schatzkistchen mit funkelnden Urlaubsdiamanten mitten in Terre-Sainte. Und noch viel wichtiger: Die malerische Strandbucht liegt exakt gegenüber, Meerblick beim köstlichen Frühstück inklusive und Meerrauschen den ganzen Tag lang. In der schnuckeligen Wohlfühlpension mit fünf geschmackvollen, klimatisierten Zimmern bleiben keine Wünsche offen, Christelle und Gilles kümmern sich rührend um ihre Gäste. Kleiner beheizter Pool, Jacuzzi, Schnorchelequipment kann ausgeliehen werden. Badelatschen an und Urlaubsmodus ein!

79, rue Amiral Lacaze, Terre-Sainte, T 0692 77 71 20, www.cote-lagon.re, DZ/ÜF 159 € (kleine Zimmer), 179 € (größere Zimmer)

Qietschbunt

3 **Le Terre Sainte:** Junges, hippes Stadthotel, das internationales, urbanes Flair nach Saint-Pierre bringt. 44 Zimmer, Toplage, zentral und doch ruhig, sogar mit Co-Working-Space.

13, rue de l'Amiral Lacaze, T 0262 81 74 45, www.leterresainte.re, DZ ab 129 €, Frühstück 15 €

Stadt(ge)lage

4 **Le Saint-Pierre:** Eine schicke, moderne Unterkunft mit typischem Hotelflair im Stadtzentrum. Sehr beengte Standardzimmer, aber die 38 Studios mit Kitchenette sind für ein paar Nächte nicht zu verachten (beide verfügen über eine Terrasse). Ein Minipool ist vorhanden, aber der Hauptstrand liegt nur zwei Häuserblöcke entfernt.

51, av. des Indes, T 0262 61 16 11, www.hotellesaintpierre.fr, DZ ab 119 €, Studio ab 139 €, Junior Suite ab 189 €, Frühstück 15 €

Wellen vor dem Fenster

5 **Le Battant des Lames:** Bei der Lage direkt am Meer und am samstäglichen Bauernmarkt kann man nicht meckern, auch die recht ansprechenden, schlichten Zimmer machen was her. Hotel mit 58 Zimmern in mehreren Kategorien, großer Pool mit Meerblick, Spa.

117, bd. Hubert Delisle, T 0262 61 61 61, www.lebattantdeslames.com, DZ 95 € (Standard, Straßenseite), DZ mit Meerblick ab 112 €, Frühstück 19 €

Nette Pension

6 **Tipalais:** Ferienwohnungen mit Kitchenette sowie drei Doppelzimmer (Gemeinschaftsküche), allesamt farbenfroh, schick und mit Liebe zum Detail eingerichtet, stehen zur Auswahl. Pool, gepflegter Garten, angenehmes Ambiente. Ins Zentrum sind es etwa 20 Min. Fahrt.

80, allée Nelson Mandela, Ligne Paradis, T 0692 92 94 95, www.tipalais.com, DZ/ÜF 120 €, Studio/oF 140 € (Frühstück 10 €)

Aussicht bis zum Meer

7 **La Cour Mont-Vert:** 350 m Seehöhe sei Dank: An klaren Tagen reicht der Ausblick vom Meer bis zum Piton des Neiges. Die vier hübschen, mintgrünen Holzbungalows mit knallgelben Fensterläden und gemütlichen Veranden will man gar nicht mehr verlassen, aber wer abends Bernadettes hausgemachte Spezialitäten (mit Fokus auf Bio) verschmäht, ist selbst schuld. Antoine hat die besten Tipps für Ausflüge auf Lager. Unschlagbares Preis-Leistungs-Verhältnis, idyllisch an einer Mangoplantage gelegen.

18, chemin Roland Garros, Abzweigung von der N2 nach Mont-Vert-les-Bas, direkt an der D29 etwa 800 m nach der Kreuzung mit der D72, T 0262 31 21 10, www.courmontvert.com, DZ 95 €, Abendessen 30 €, Mindestaufenthalt 4 Nächte

Essen

Gourmets kommen wieder

1 **Art i Show:** In einem überdachten Innengarten wird raffinierte franko-internationale Küche serviert. Monatlich wechselnde Speisekarte.

107, rue Suffren, T 0693 50 45 30, Di–Do 19.30–21.30, Fr/Sa 19–23 Uhr, Fünf-Gänge-Menü 79 €, Hauptgerichte ab 30 €

Bei Pink bleibt das Auge hängen

2 **Ô Baya:** Kaum hat man die Pforte durchschritten, ist man in einer anderen Welt: in einer Oase des guten Geschmacks. Exquisite Küche mit viel Fleisch (selbst Känguruh!), Fisch und Meeresfrüchten. Stylishes, urbanes Ambiente.

7, rue Auguste Babet, T 0262 59 66 94, Di/Mi, Sa 19–22, Do/Fr 12–14, 19–22 Uhr, Mittagsmenü 15 €, Hauptgerichte 21–28 €

Ein Esslöffel Lebensfreude

3 **L'Épicurieux:** Ein Strauß Tropenblumen erwartet Sie bereits an der Eingangstür. Drinnen kredenzt man *cuisine métropolitain* und Burger rund um einen türkisblauen Swimmingpool. Im üppigen Tropengarten können auch ein paar Cocktails nicht schaden …

9, rue Suffren, T 0262 83 84 66, www.lepicurieux.re, tgl. 10–14, 18–22 Uhr, Hauptgerichte ca. 25 €

Kreolisch und mehr

4 **Restaurant du Lavoir:** Sehr nettes Restaurant in der Nähe des Busbahn-

hofs. Im Lavoir werden modern interpretierte kreolische Speisen sowie raffinierte französische Gerichte aufgetischt. Man genießt sie auf einer überdachten Terrasse.

46, rue du Lavoir, Einfahrt nahe Busbahnhof, T 0693 65 07 16, Mo–Fr 12–14, 19–21.30 Uhr, Mittagsmenü ab 21 €, Hauptgerichte ca. 25 €

Fischige Institution

5 Le Belem: Ein alter Haudegen im Fischgeschäft, nur mit neuem Namen. Der Fokus liegt auf Fisch, manchmal hakt es am Service. Unübersehbar an der Front Mer durch die blaue Fassade. Empfehlenswert: Mit dem »Menu Gourmand« (70 € für 2 Pers.) schwimmen Sie einmal quer durchs Angebot.

38bis, bd. Hubert Delisle, T 0693 60 01 98, www.lebelem974.com, tgl. 12–14, 19–22 Uhr, Tagesmenü 15 €, Hauptgerichte ab 22 €

Für sehr Hungrige

6 Le Pittoresque: Gemütliches kleines, rustikales Resto in zentraler Lage. Die Tische im Innenhof sind beliebter als jene vorne raus zum Gehsteig. *Rougail saucisses* und *cari* (ab 15 €) stehen ebenso auf der Speisekarte wie Thunfischsteak (18 €) oder *magret de canard* mit Vanille (24 €). Wenngleich manchmal die Bestellungen durcheinandergewirbelt werden, der humorige Besitzer macht es mit guter Laune und maximal großen Portionen wieder wett.

5, rue Max Vauquelin, Petit Boulevard, T 0692 67 89 23, Do–Mo 11.30–14.30, 18.30–22.30 Uhr, Mittagsmenü ab 16,50 €, Hauptgerichte abends 15–30 €

Ein wenig Glamour aus New York

7 L'Atelier/Bar à Burger: Modern interpretierte Burger mit hausgemachten Pommes und Saucen, auch Salate. Wem der Sinn nach Deftigem steht, der wird hier nicht enttäuscht. Ausgezeichnete Cocktails!

79bis, rue du Four à Chaux, T 0262 45 61 65, Di/Mi 11.45–13.30, Do 11.45–13.30, 19–21.30, Fr/Sa 11.45–13.30, 19–22.30 Uhr, ab 15 €

33 oder 40 cm?

8 Le Gadiamb: Fantasievoll bemalt die Wand an der Straße, fantasievoll so manche Zutat, die hier ihren Weg auf die Pizza findet. Große, gut belegte Pizzen für ganz Hungrige. Einfaches, aber nettes Resto, das ohne Italienklischees auskommt.

18, rue Caumont, T 0692 57 67 64, Di–Sa 18–21.30 Uhr, Pizzen 10–20 €

Quer durch Asien

9 L'Indochine: Schmucklos von außen, auch drinnen gewinnt es keinen Interieur-Award. Aber die Einheimischen schwärmen von den vietnamesischen und Thai-Spezialitäten, die hier serviert werden. Chinesisch gibt es auch, und alles zu moderaten Preisen.

1, rue Suffren, T 0262 35 69 71, Di–Sa 12–14, 19–21.30 Uhr, Hauptgerichte ca. 18 €

Leicht schnell

10 Kaz Nature: Sich mittags schnell einen Salatteller oder einen Wrap einwerfen? Lust auf einen frisch gepressten Saft? Fokus auf vegan-vegetarische Küche, aber nicht nur. Vieles ist bio, alles leicht, #byebyeplastic.

6, rue François de Mahy, T 0262 25 30 86, www.kaznature.com, Mo, Do–Sa 11.30–14, 18.30–21, Di/Mi 11.30–14 Uhr, Hauptgerichte ca. 18 €

Beste Bäckerei

11 La Ronde des Pains: Das Baguette ist wohlschmeckend, die *moelleux chocolat* zergeht auf der Zunge und die gut portionierte Quiche von La Ronde des Pains will man am nächsten Tag unbedingt sofort wieder essen!

23, bd. Hubert Delisle, an der Ecke zum Petit Boulevard de la Plage, neben Liberty Plage, tgl. 6–19 Uhr

Einkaufen

T-Shirts & mehr

1 Pardon!: Einheimische Markenware mit Kultcharakter.

40, rue des Bons-Enfants, T 0262 25 36 72, www.pardon.re, Mo–Sa 9–18.15, im Winter bis 18.30 Uhr

100 % Made à la Réunion

2 Nanas Vanille: Wenn Sie nur einmal während Ihres Urlaubs Zeit für die Souvenirsuche hätten, dann sollten Sie unbedingt hier stoppen. Quasi eine Kollektion des geschmack- und niveauvollsten Kunsthandwerks der Insel, z. B. Postkarten, Plakate, Produkte aus Keramik und vieles mehr.

13, rue Victor le Vigoureux, T 0262 87 01 19, https://nanasvanille.re, Mo–Sa 9.30–18.30 Uhr

Regionales & Souvenirs

3 Bauernmarkt: s. Lieblingsort S. 90.

Seitenweise Freude

3 Librairie Autrement: Sehr gut sortierter Buchladen mit Bildbänden, Reiseführern und Zeitschriften.

39, rue Désiré Barquisseau, www.sa-autrement.com, Mo–Sa 9–12.30, 14–18 Uhr

Schwarz-Weiß-Blick

4 Edgar Photographie: Die Bildsprache der Schwarz-Weiß-Porträts und Landschaftsfotos von Edgar Marsy ist unverwechselbar. Hier zeigt er seine Arbeiten. Im Verkauf: Postkarten, Poster und mehr.

6bis, rue de l'Église, Terre-Sainte, T 0692 60 30 38, https://edgar.re, Mi–Sa 10–12, 14–18 Uhr

Alles bio

5 La Vie Claire: Großer, gut sortierter Bioladen vor den Toren der Stadt.

9, rue des Olivines, im Einkaufszentrum ZAC Canabady, neben Habitat Réunion, www.lavieclaire.com, Mo–Sa 9–18.45, So 8.30–12.30 Uhr

Bewegen

Das **Office de Tourisme** (s. S. 100) bietet zahlreiche geführte Touren, u. a. zu hinduistischen Tempeln oder durch die unterschiedlichen Gotteshäuser, Stadtführungen, Besuche in historischen Villen etc., an.

In die Luft gehen 1

1 Corail Hélicoptères: Erst in der Luft wird das Ausmaß der landschaftlichen Vielfalt Réunions sichtbar. Es werden diverse Helikopter-Rundflüge geboten. Unvergesslich schön!

Aérodrome de Pierrefonds, T 0262 22 22 66, www.corail-helicopteres.com, 240–350 €/Pers.

In die Luft gehen 2

2 Planetair 974: Über die Insel schweben wie ein Vogel (inklusive Wind und Wetter), nur mit mehr Geknatter im Ohr, das macht Planetair 974 möglich.

Aéroport de Pierrefonds, T 0692 61 92 04, www.planetair974.fr, 130–210 €/Pers.

Meer sehen

3 Bato Péi: Kurzweilige Sonnenuntergangsfahrten und Küstenfahrten nach Grand'Anse, Manapany-les-Bains oder Vincendo vom Hafen Saint-Pierre aus.

T 0692 64 81 97, www.batopei.com, 23–45 €

UNTERWASSERKINO

Kleine Bucht, ganz groß!
Von der kleinen **Badebucht in Terre-Sainte** aus lässt es sich über den Korallen vortrefflich schnorcheln. Voraussetzung: Badeschuhe wegen der Seeigel. Tipp: Lieber die Wochenenden meiden, da wird es voll.

Fad wird's nicht

4 Alpanes: Wem die Ideen für die aktive Gestaltung des Tages ausgehen, fragt am besten Guillaume. Canyoning, Wandern, Kajakfahren und sogar Slacklining, den Naturburschen von Alpanes gehen die Ideen nicht aus.

153, av. Daniel Ramin, Grand-Bois, T 0692 77 75 30, www.alpanes.com

Radfahren

Straßenrennräder vermietet **Enjoy Bikes** (https://enjoybikes.re, ab 40 €/Tag), E-Mountaingbikes **eBike** in Le Tampon (https:// ebike.re, ab 55 €/Tag).

Ausgehen

Das manchmal laute Nachtleben spielt sich bis ca. 2 Uhr morgens am Boulevard Hubert Delisle ab, z. B. im **Le Five** 1 (8, rue François de Mahy). In der Rue Auguste Babet befinden sich beliebte Pubs und Bars Tür an Tür **(Le Toit** 2, Nr. 16, **La Bodega** 3, Nr. 2, **Monkey's** 4, Nr. 11**)**, in fast allen kann man auch recht passabel speisen.

50 % Bar, 50 % Shop, 100 % Fun

5 V and B: Was jetzt, Laden oder Bar? Ist ja auch egal, Hauptsache, es schmeckt. Richtig gutes, gezapftes (internationales) Bier in den unterschiedlichsten Sorten und Farben, Weine, Whiskey, Hauptsache flüssig. Beliebt und immer gut besucht.

169, rue Albert Luthuli, im Le Patio, Mo 14–20, Di/Mi 10–20, Do–Fr 10–21, Sa 10–24 Uhr

Chillen bei Meeresrauschen

6 Long Board Café: Gemütliche Bar mit einigen Tischen direkt am Wasser. Toll für Sonnenuntergänge. Regelmäßig Karaoke, Konzerte und Themenabende.

18, Petit-Boulevard de la Plage, T 0692 82 09 95, Di–Sa 17–2 Uhr

Feiern

- **Sakifo:** Juni, www.sakifo.com, Ticketvorverkauf www.tikepei.com und in Ravine-Blanche, Tageseintritt ab 45 €, Drei-Tage-Pass 120 €. Das größte Musikfestival der Insel verwandelt Ravine-Blanche (im Park neben dem Wochenmarkt) in einen musikalischen Hexenkessel der Extraklasse. Künstler aus praktisch allen Kontinenten treten auf, von Reggae und Maloya über Hip-Hop und Jazz bis hin zu Electro und Chanson. À faire absolutement.
- **Dipavali:** Okt./Nov., rund um die hinduistischen Tempel. Tamilisches Neujahr, das größte religiöse Fest im Süden. Infos werden beim Tourismusamt kurzfristig bekannt gegeben.
- **Grand Raid:** Okt., Ravine-Blanche (dort, wo der Bauernmarkt 3 stattfindet). Volksfest anlässlich des Starts des Grand Raid mit Musik und guter Laune.

Infos

- **Office de Tourisme:** im Hafengelände, www.sudreuniontourisme.fr, T 0262 35 34 33, Mo–Sa 9–17, So 9–12 Uhr.
- **Flughafen:** Aérodrome de Pierrefonds, 6 km nordwestlich von Saint-Pierre, www.pierrefonds.aeroport.fr. Der Flughafen Pierrefonds wickelt hauptsächlich Flüge nach Mauritius, Madagaskar und via Saint-Denis auch einige Flüge ins Mutterland ab.
- **Auto:** Ein kleiner Teil der Stadt (zwischen Rue Suffren / Rue du Presbytère und Rathaus) ist in eine rote (1,20 €/Std.) und eine grüne Parkzone (0,60 €/Std.) aufgeteilt, der Rest ist gratis. Gratis-Parkplätze im Zentrum: Ecke Rue François-Isautier / Boulevard Hubert Delisle oder an der Rivière d'Abord.
- **Mietwagen:** Avis, Budget oder Europcar haben in Saint-Pierre ebenso Niederlassungen wie lokale Anbieter, u. a. ADA

Reunion (www.ada-reunion.com), Wein Location (www.weinlocation.com) oder ITCTropicar (www.itctropicar.fr).

• **Busse:** Der Busbahnhof für Car Jaune liegt an der Rue Luc Lorion im Westen, unweit des McDonald's-M. O1, O2: nach Saint-Denis, S1, S2 nach Saint-Benoît, S3 nach Saint-Joseph, S4 nach Saint-Paul, S5 nach L'Entre-Deux, Z0 über die Autobahn und T über die Strandorte zum Aéroport Roland Garros, 2 €. Die (meist) pinken Busse der Linie Alternéo starten in der Nähe des Marché Couvert (rue François Isautier).

Grand' Anse

G 10

Großer Fehler! Die erste Lektion des La-Réunion-Survival-Handbuches zu übersehen, verdirbt alles. Besuchen Sie niemals ein Highlight mit Grillstellen am Sonntag (oder in der Ferienzeit), wenn Sie einen ruhigen Tag am Strand verbringen wollen. Da ist man dann fast genauso enttäuscht von Grand'Anse wie an einem Regentag. Ganz abgesehen davon, dass die Parkplatzsuche zur Nervenprobe wird. Was also tun, wenn das beliebteste Postkartenmotiv des Südens enttäuscht? An einem Wochentag mit Schulbetrieb, am besten mit strahlendem Sonnenschein, wiederkommen. Oder sich selbst Decke, Bier, Baguette & Co. einpacken und sich unter die picknickende, kochende und schlemmende Schar mischen. Wobei die Gerätschaften, die die Réunionesen an den Strand schleppen, viel eher einer Grillweltmeisterschaft zur Ehre gereichen würden.

Geschützt durch zwei Kaps, das Cap du Piton Grand'Anse an der linken Sei-

Die ganze Familie trifft sich am Sonntag zum Picknicken in Grand'Anse. Man traut seinen Augen nicht, mit welchen Gerätschaften sie antanzen!

TOUR
Hinter dem Postkartenmotiv verborgen

Zu Fuß auf den Piton de Grand'Anse

Infos

G 10

Dauer: max. 30 Min.

Start/Ziel: erster Parkplatz links (auf dem Weg nach unten) hinter dem Wassertank in einer Rechtskurve (kann leicht übersehen werden, weil die Einfahrt nicht beschildert ist)

Was? Schon oben? Nicht oft können so malerische Aussichtspunkte ohne Schweiß erklommen werden wie im Falle des Piton de Grand'Anse. Gleich beim **Parkplatz** beginnt der Pfad nach oben, erkennbar an den mit Holz verstärkten Stufen. Nach wenigen Minuten bergauf ist eine erste **Aussichtsplattform** erreicht, der Blick schweift auf die wilde Basaltsteilküste in Richtung Petite-Île.

Hoppla, Bein heben! Lavagestein und Wurzeln machen den ansonsten breiten und gut gepflegten Weg stellenweise uneben. Ein paar Schritte geradeaus geschlendert, erreichen Sie den Aussichtspunkt auf dem **Piton de Grand'Anse** (10–15 Min. vom Parkplatz). Die Bucht von Grand'Anse und die Küstenlinie nordwärts zeigen sich hier in ihrer vollen Pracht. Ein Rundweg führt hinunter auf die kleine Landzunge **Cap Auguste** mit pittoreskem Blick auf die gesamte Küstenlinie von Petite-Île.

Den Piton de Grand'Anse können Sie auch vom Strand aus in Angriff nehmen. Vom südlichen Ende der Parkanlage auf Höhe des Naturbeckens führt ein Pfad zum zweiten Aussichtspunkt, aber man muss etwas länger bergauf schnaufen. Vom Parkplatz unterhalb des Wassertanks ist man schneller und mit weniger Anstrengung am ›Gipfel‹.

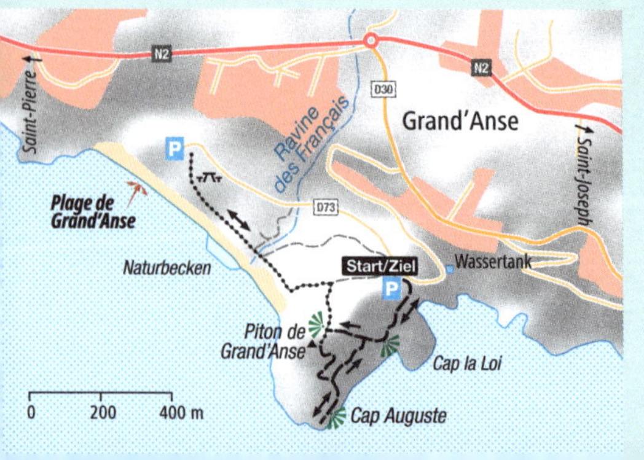

Tipp: Der Spaziergang lohnt sich besonders vor Sonnenuntergang, wenn alles in sanftes Licht getaucht wird. Bei nur 30 Min. Zeitaufwand spricht nichts für einen kurzen Abstecher vor dem Heimweg.

te und das Cap de l'Abri an der rechten Seite, konnte sich im Laufe der letzten 100 000 Jahre weißer Korallensand anlagern. Dahinter, auf einer parkähnlichen Fläche, spenden pittoreske Kokospalmen und Vacoabäume Schatten. Der Vorteil beim Sonnenbaden besteht in der natürlichen Beschattung, die in Grand'Anse besser funktioniert als an den meisten anderen Stränden, was auch den Einheimischen nicht verborgen blieb. Ausschließlich im Felsenbecken darf gebadet werden, das tosende offene Meer mit den vielen Strömungen und den spitzen Korallen eignet sich nicht zum Schwimmen. Wer zu Weihnachten oder Neujahr auf Réunion weilt, sollte sich das Spektakel in der Bucht von Grand'Anse nicht entgehen lassen.

Die **Zufahrt** zum beliebtesten Strand des Südens ist denkbar einfach: 1,5 km hinter Grand-Bois zweigt man von der Hauptverbindungsroute N2 auf die D30 und gleich danach auf die D73 nach rechts ab, fährt in Serpentinen durch Zuckerrohrfelder ans Meer und hofft auf einen Parkplatz.

Schlafen

Eines der besten Hotels der Insel

Palm Hotel & Spa: Das hochwertigste Luxushotel des Südens thront malerisch über der Bucht von Grand'Anse. Zwei Pools, Spa, Fitnesscenter, Minigolf, Pétanque, drei Restaurants (eines davon gehoben), Bar und Lounge. Es gibt sogar deutsch- und englischsprachiges Personal. Für internationales Fünfsterneniveau reicht es (momentan) aber nicht.

43, rue des Mascarins, T 0262 56 30 30, www.palm.re, DZ/ÜF ab 380 €

Essen

Kleines Restaurant ganz groß

Le Surya: Bodenständige, herzhafte Küche wird im Resto oberhalb von Grand'Anse auf zwei Ebenen mit Terrasse samt Meerblick serviert. Pizzen (Mi–So abends), *rougail saucisses,* Gnocchi oder Meeresfrüchterisotto – da ist für jeden Gusto etwas dabei. Sehr vernünftiger Preis bei so viel Klasse.

15a, chemin Neuf, T 0693 65 97 66, Di–Sa 11.45–13.30, 18.45–21 Uhr, Hauptgerichte ca. 18 €, Pizzen ca. 14 €

Infos

- **Anfahrt:** Einfahrt in die D73 direkt beim Palm Hotel & Spa, gut ausgeschildert.
- **Busse:** An der N2 (Linie S1) ist auszusteigen, Gehzeit ca. 15–20 Min.

Petite-Île

G 10

Wären da nicht ein paar Gästehäuser und Restaurants, würde man glatt an Petite-Île vorbeifahren, denn es kann Besuchern nicht viel Sehenswertes bieten. Die Einheimischen sehen dies anders, denn die Gemeinde zählt zu einem begehrten Wohngebiet, das sich oben und unten von der N2 erstreckt. Ihren Namen erhielt die Gegend von der vorgelagerten kleinen unbewohnten Felseninsel, die zahlreichen Vögeln als Heimstätte dient. Heute finden sich an den steilen Hängen der Ortschaft viele Plantagen und Felder. Die Menschen in Petite-Île leben hauptsächlich vom Anbau von Obst und Gemüse, wie z. B. von Papaya, Zitrusfrüchten, Paprika, Tomaten, Kräutern oder Zucchini.

Schlafen

Charmanter Meerblick

Villa des Mascareignes: »Fast in der ersten Reihe«, lacht Audrey und meint damit, dass sie fast ungestörten Blick auf den Ozean haben. Vier hübsche, ruhige Zimmer in unterschiedlichen Größen, der Gemeinschaftsbereich und der Esstisch liegen auf einer Etage. Pool vorhanden. Am Abend wird auf Vorbestellung für die Gäste gekocht. Audrey und Olivier sprechen sehr gut Englisch.

26, rue du Panorama, erreichbar über die D30, T 0262 47 19 56, www.villadesmascareignes.com, DZ/ÜF 125–145 €, Abendessen 15–32 €

Comme à la maison

Vèrémer: Nur einen Katzensprung von Grand'Anse entfernt bietet Aurélie drei hübsche Ferienwohnungen und einen Pool mit Blick aufs Meer. Liebevoll dekoriert und mit allem Erdenklichen bestens ausgestattet. »Genauso wie zu Hause soll es sein«, sagt sie. Eingebettet in einen wunderbaren Garten will man den idyllischen Ort mit 250 Pflanzen-, Blumen- und Baumarten gar nicht mehr verlassen. Die Betreiber sind flexibel und entgegenkommend, nicht selbstverständlich auf der Insel.

40, chemin Sylvain Vitry, T +33 (0) 262 93 61 07, https://gitesveremer.com, 99 € (2 Pers.), 150 € (4 Pers.), Mindestaufenthalt 2 Nächte

Essen

Nicht für Wählerische

Chez Tifred: Im simplen Ambiente müssen Sie nehmen, was kommt. Große Auswahl gibt es nicht, vielmehr wird täglich ein kreolisches Büfett mit drei Hauptspeisen kredenzt. Lassen Sie sich von der engen Anfahrt (teils über eine Betonrampe) nicht abschrecken, am Ende wartet eine schmucke Palmenallee auf Sie.

15bis, chemin Terrain Paulette, an der D31 bergauf, links in die Allée des Cytises, T 0693 97 00 30, Mo, Fr/Sa 11–14, 19–22, Di, So 11–14 Uhr, Büfett 22 €

Wie Gott in Frankreich

L'instant présent: Exquisite, teilweise ungewöhnliche *cuisine française,* die man in solch einem bescheidenen Ambiente wohl nicht erwartet. Weiße Stoffservietten auf dem hübsch gedeckten Tisch, man sitzt auf einer überdachten Terrasse an einem palmenbestandenen Mini-Vorgarten. Leider lässt sich der Autolärm nicht schöntrinken, aber wenigstens schmeckt das Essen vorzüglich. Eine Reservierung ist meist notwendig, speziell Fr und Sa abends.

129, rue Mahé de Labourdonnais, an der D31 bergauf links, T 0262 09 33 64, Di–Sa 12–13.30, 19–21.30 Uhr, Mittagsmenü 17–20 €, Hauptgerichte abends ab ca. 25 €

Infos

- **Anfahrt:** Über die N2. Der Ortskern liegt in den Höhen an der D31 (Einfahrt im Ortsteil La Croisée), einige Unterkünfte liegen südlich der N2 entlang der D30 (mehrere Zufahrten).

Manapany-les-Bains

H 10

Türkisblaue Wellenberge rollen tosend heran und duellieren sich mit der schwarzen Basaltsteinküste. Es faucht, es schäumt, es spritzt. Ich sitze unter Filaosbäume und lausche ihren Geschichten. Und das Beste daran: Ich teile mir mein kleines Paradies an der ungebändigten Küste nur mit ein paar Einheimischen. Manapany-les-Bains bleibt wohltuend unterhalb des Radars der Touristen, wohl auch, weil die geografische Lage dazu animiert, einfach daran vorbeizufahren. An richtigen Sehenswürdigkeiten mangelt es, allein die Küste rechtfertigt ein An- und Innehalten.

Zucker statt Fledermäuse

Von den ›Fledermäusen‹ (madag. *manafany*), die hier in großen Kolonien genistet haben sollen, als die ersten Siedler mit der Bewirtschaftung begannen, ist nichts mehr zu sehen. Während sich der Westen und der Osten immer mehr entwickelt, blieb der Landstrich südlich von Saint-Pierre vom Rest der Insel isoliert. Tiefe Schluchten, die heute scheinbar einfach überbrückt werden, stellten damals unüberwindbare Hindernisse dar. Als das Zuckerrohr in den 1830er-Jahren langsam den Kaffee als *cash crop* ersetzte, suchte man nach geeigneten Flächen für Plantagen und wurde jenseits von Petite-Île fündig. Schließlich wurde 1850 die erste Zuckerfabrik gebaut, weitere folgten. Der Abtransport des Zuckers erfolgte über den Hafen von Manapany, der als sehr gefährlich galt, wovon Sie sich mit eigenen Augen überzeugen können. Von der alten Hafenanlage sind nur mehr Befestigungsringe zu sehen, aber der **Four à Chaux** (Kalkofen) blieb erhalten. Mit dem Kalk und der Asche reinigt man in der Produktion den Rohzuckersaft. Bequemerweise konnte der Rohstoff, die Korallen, gleich direkt aus dem Meer geholt und verarbeitet werden.

Augenweiden

Ein toller Blick von oben auf Manapany-les-Bains mit seiner Basaltbucht und dem Meer bietet sich direkt von der N2 aus (Aussichtspunkt und Parkplatz gleich nach der Überquerung der Ravine in einer Linkskurve). Bei einem Spaziergang im kompakt verbauten Viertel finden Sie das eine oder andere kreolische ›Kleinod‹, wie die typischen Wellblechhäuser mit bunten Gärten. Direkt unterhalb des Restaurants Chez Jo liegt das Natursteinbecken von Manapany-les-Bains. Es ist die einzige Möglichkeit, sich hier im Wasser auszutoben, denn die starken Strömungen und der hohe Wellengang der Basaltsteinküste wären zum Baden zu gefährlich.

Schlafen

Für Selbstversorger

Gîte des Cormorans: Drei gut ausgestattete Ferienwohnungen, jeweils mit Kitchenette und Swimmingpool. Mme Duflot ist eine liebenswürdige Gastgeberin, die gute Tipps zur Erkundung des Südens gibt.

12b, allée des Cormorans, Zufahrt über die erste Einfahrt von Petite-Île kommend, T 0692 448215, DZ ab 65–120 €, je nach Wohnung und Aufenthaltsdauer

Essen

Satt werden fast rund um die Uhr

La Case à Nona: Fast erwartet man, dass ein paar Surfertypen um die Ecke kommen. Das Freiluftrestaurant auf einer überdachten Veranda hat Beach Vibes. Man speist unter Palmen, sieht das Meer. Das junge Team pfeift und lacht (und spricht Englisch). Das Speisenangebot ist bunt gemischt/international, Tapas, Burger, italienische Pasta, Pizzetta, *tartare* und Ossobuco … Touristenfreundliche Küchenzeiten.

127, bd. de l'Océan, T 0693 85 16 93, Di–Sa 8.30–22 Uhr, Hauptgerichte ca. 20 €

Nicht nur der Meerblick

Chez Jo: Das Ambiente ist rustikal, doch immer wieder bestätigen uns viele Einheimische, dass die kreolische Küche top und die Portionen großzügig sind. Bekannt für gegrillten Fisch.

143, bd. de l'Océan, T 0262 31 48 83, Do–Mo 12–15 Uhr, Fr/Sa auch abends, Hauptgerichte ab 15 €

Infos

- **Maison du Tourisme du Sud Sauvage:** 15, allée du Four-à-Chaux, T 0262 37 37 11, www.sudreuniontourisme.fr, Mo–Sa 9–12, 13–17 Uhr.

Lieblingsort

Ein Platz zum Wiederkommen

Spektakulär? Das sind andere Orte auf der Insel auch. Idyllisch? Auch davon gibt es zuhauf. Was ist dann so besonders am **Four à Chaux in Manapany-les-Bains** (📍 H 10; s. S. 105), gleich unterhalb des Tourismusamtes? Der nicht mehr intakte alte Kalkofen selbst? Eher nicht. Doch der Platz zieht mich einfach magisch an. Ein Buch in die Tasche, Wasser, ein Handtuch, so lässt es sich problemlos ein paar Stunden unter Vacoa- und Filaosbäumen kontemplieren. Die beiden älteren Damen grüßen mich freundlich, auch der entspannte Fischer in kurzen Hosen und löchrigen Crocs nickt mir zu. Glücklicherweise ist eine Bank frei. Die Brandung lullt mich ein, ich hänge meinen Gedanken nach, kokettiere mit dem Hier und Jetzt. Ich bleibe, bis die Gischt langsam grau wird, packe meine Sachen so wie der Fischer. Noch einmal nicken wir uns zu und schlüpfen wieder in unsere Leben, jeder für sich. Auf dem Weg zum Auto versichere ich mir, dass ich dem schmalen Balkon aus Vulkangestein beim nächsten Mal wieder nicht widerstehen werde.

• **Anfahrt:** Auf der N2 100 m nach dem Kreisverkehr (zur Umfahrung von Saint-Joseph) rechts. Der Boulevard de l'Océan führt bis zum Restaurant Chez Jo.
• **Busse:** An der N2 (Linie S1) aussteigen, Fußmarsch nach Manapany-les-Bains ca. 15 Min. Der Lokalbus 84 von CarSud fährt 5 x tgl. von Saint-Joseph aus.

Saint-Joseph

H/J 11

Durchgefahren und gut ist's. Das Städtchen bleibt bis auf den Stau nicht großartig in Erinnerung. Vor einigen Jahren wurde nördlich von Saint-Joseph eine Entlastungsstraße gebaut, die immerhin die Verkehrslawine, speziell für die Bewohner in den Höhenlagen, etwas entschärfen konnte. Nadelöhr bleibt das Stadtzentrum, denn hier müssen alle auf dem Weg nach Saint-Philippe und Grand Brûlé durch. Vor und nach den Bürozeiten und wenn alle zum oder vom Mittagstisch pilgern, sollten Sie das Zentrum von Saint-Joseph tunlichst meiden.

Patina und Plastikramsch

Abblätternde Farbe allerorten, chinesischer Ramsch in armseligen Läden, rostige Fassaden stechen ins Auge. Es bleibt auch Touristen nicht verborgen, dass Saint-Joseph in puncto Einkommen und Wirtschaftsleistung im unteren Drittel der Insel angesiedelt ist. Historisch gesehen war Saint-Joseph immer ein Nachzügler, denn selbst die Kultivierung von Zuckerrohr begann hier vergleichsweise spät – 1850 –, als die erste Zuckerfabrik von Piton erbaut wurde, weitere Fabriken folgten. Lange blieb Saint-Joseph vom Rest der Insel abgeschnitten, erst Mitte des 20. Jh. wurde die Teerstraße in Angriff genommen. Viel von der Atmosphäre früherer Zeiten hat sich deshalb bewahrt, die Uhren gehen bedeutend langsamer als in Saint-Gilles oder im Norden. Außer mit der neoklassizistischen Kirche kann Saint-Joseph mit keinen kulturellen Sehenswürdigkeiten aufwarten, die wahren Sensationen liegen im Hinterland und wurden von Mutter Natur erschaffen.

Essen

Nicht abschrecken lassen

La Caz à Eva: Unerwartete gastronomische Höhenflüge im tiefen Süden, mit elegant gedeckten Tischen und elsässischer Küche. Das Restaurant macht von außen nicht viel her, selbst das rostige Schild an der Hauptstraße ist nicht mehr lesbar.

225bis, rue Raphaël Babet, Zugang auf Höhe Hausnr. 221, T 0262 47 58 95, Di–Sa 11.30–14, 18.30–21.30 Uhr, Hauptgerichte ab ca. 28 €

Pizza, Pizza

Mamzelle Pizza: Hochgelobte Pizzen, weitere Niederlassungen im Süden, Westen und am Vulkan.

169, rue Raphaël Babet, gegenüber dem S'Center, T 0262 78 41 98, www.mamzellepizza.fr, Di–Do 11.30–13.30, 18–21.30, Fr bis 22.30, Sa 18–22.30, So (nur Mitnahme!) 18–21 Uhr, ab 12 €

Infos

• **Busse:** Zentral in der Stadt liegt der Busbahnhof *(gare routière).* Mit der Linie S1 erreicht man Saint-Benoît und Saint-Pierre, die S3 fährt von Saint-Joseph nach Saint-Paul. Für das Sightseeing ist der Bus nur bedingt geeignet. Von Saint-Joseph bis Pointe du Tremblet fahren Mo–Sa 11 x tgl. Busse der CarSud-Linie STD, 1,80 € im Bus.

Plaine-des-Grègues

H10

Gelb wie Eidotter, Safran für Arme. Die Insulaner verbinden mit dem Bergdorf hauptsächlich ihren *safran péi,* das traditionellste aller réunionesischen Gewürze. Kurkuma werden übrigens vielfältige medizinische Wirkungen zugeschrieben, es wirkt gegen Entzündungen, Magengeschwüre und Verdauungsbeschwerden, hat antibakterielle Eigenschaften.

Warum Kurkuma ausschließlich hier kultiviert wird, hat seine Gründe: Erstens lässt das Mikroklima die empfindliche Pflanze am besten gedeihen. Zweitens erlaubt der wasserdurchlässige Boden gute Wachstumsvoraussetzungen für Kurkuma. Und drittens blieb nach der Weltwirtschaftskrise nur mehr Kurkuma übrig, denn die Destillation von Geranium und Vetyer brachte keine kostendeckenden Gewinne mehr. Die frische Höhenluft (600–650 m) und die mikroklimatischen Bedingungen lassen auch andere Erzeugnisse wie Taro, Christophinen oder Pfeilwurz üppig wachsen. Die Bodenbeschaffenheit gab dem Bergdorf im Übrigen auch seinen Namen: Grègue bedeutet Kaffeefilter auf Kreolisch, da das Wasser wie durch einen Kaffeefilter versickert.

Wer noch nicht ausreichend Höhenmeter in den Beinen hat, kann sich auf den Gipfeln rund um das 660 m hoch gelegene Bergdorf Plaine-des-Grègues austoben. Die Bergkulisse rundum erinnert an einen der drei Cirques, was dem Dörfchen das Prädikat Mini-Cirque eingebracht hat.

Schwindlig vor Plaisir

Beglückende Panoramen auf die wilde Südküste eröffnen sich im Hinterland von Saint-Joseph, auf dem Weg nach Plaine-des-Grègues. Etwa 15 Min. (oder 6 km) auf der D3 ab der Umfahrung in Saint-Joseph folgt eine scharfe Rechtskurve, wo jäh am linken Straßenrand ein unauffälliges blaues Schild steht, das zum **Piton de L'Entonnoir** (485 m) weist. Zwei betonierte Fahrspuren führen nach oben. Von Saint-Joseph aus gibt es keinerlei Beschilderung. Für Parkplätze folgen Sie der Betonrampe oder nutzen ca. 200 m weiter vorne links den Park.

Eigentlich handelt es sich um eine Fallschirmabsprungrampe, aber auch ohne Fallschirm dürfen Sie vor Wonne in die Luft springen! Vom Aussichtspunkt (ca. 500 m oder 15–20 Min. ab der D3) schweift der Blick rundherum: zum charakteristischen Plateau des Morne Langevin, zum Piton de la Fournaise im Hintergrund, in die dicht bewachsene Schlucht Rivière des Remparts im Vordergrund. Ganz vorne reicht der weiße Häuserteppich von Saint-Joseph bis zum Meer. Je nach Wolkenlage und Wetter ist ein Besuch am frühen Vormittag, aber auch ab 17 Uhr für den Sonnenuntergang zu empfehlen.

Orange ist das neue Gelb

Bei **La Maison du Curcuma** (Kurkuma-Museum bzw. -Shop) scheiden sich die Geister. Die einen, die als passionierte Köche hausgemachte Erzeugnisse mit Herkunftsgarantie präferieren, finden es toll. Die anderen finden es einfach nur langweilig, speziell wenn man der französischen Sprache nicht mächtig ist. Denn um das Video und die Erklärungen der Shopmitarbeiter zu verstehen, ist dies notwendig.

Die Gelbwurz-Rhizome verzweigen sich wie Ingwerwurzeln, man spricht auch von den Fingern des Kurkuma *(les doigts de curcuma).* Die Mutterknolle *(la mère)* enthält den Kurkumawirk- und geschmacksstoff in einer hochdosierten Form, weshalb es auch zwei Intensitätsgrade gibt, *curcuma de luxe* aus

Kurkuma gibt vielen Gerichten eine unverwechselbare Note – und eine kräftige gelbe Farbe.

der Mutterknolle und gewöhnliches *curcuma,* das aus den anderen Teilen gewonnen wird. Die Kurkumaernte findet von September bis Dezember statt. Nach der Ernte ruhen die Wurzeln ein paar Wochen, werden dann gewaschen und meist auf den Dächern getrocknet, bevor elektrische Mühlen sie zu orangegoldenem Pulver mahlen. Es gibt eine Verkostung und einen Verkauf nicht nur von Kurkuma, sondern verschiedenster Sirupe, Konfitüren, Gewürzessig und Gewürze. Ideal für zu 100 % lokal produzierte Souvenirs! Wer interessiert ist, kann eine Tour (39 €) durch die Produktion buchen, die mit einem Mittagessen bei Le Tangor endet.

14, chemin du Rond, an der Kirche links und gleich wieder rechts halten, T 0262 37 54 66, www.la-maison-du-curcuma.fr, tgl. 9–12, 13.30–17 Uhr, Tourbuchung: T 0692 65 04 68, memeriviere@orange.fr

Beinarbeit für Tüchtige

Von Plaine-des-Grègues führt ein Höhenwanderweg rund um den Ort mit herrlicher Aussicht auf die Rivière des Remparts und die südliche Küste. Die **Boucle des Margosiers** dauert etwa 5–6 Std. und ist nur für geübte Marschierer gedacht (Aufstieg bis auf 1378 m, Distanz ca. 11 km, nur für gut Trainierte). Nur 1,5–2 Std. (5,3 km) hingegen dauert die **Boucle du Curcuma.** Für beide Touren halten Sie sich bei der Kirche rechts. (200 m weiter zweigt ein Pfad links zum Pétanque-Platz oder Boulodrom und Parkplatz ab.) Es geht gleich steil bergauf, zu Anfang sind beide Routen identisch. Weiter oben, nach vielen schweißtreibenden Höhenmetern, gabelt sich der Weg; die Boucle du Curcuma führt nach links zurück ins Dorf, während sich die Boucle des Margosiers rechts immer weiter in die Höhe schraubt.

Schlafen

Kühle Kurven

Les Coeurs d'Amants: In den Höhen von Saint-Joseph, am Weg nach Plaine-des-Grègues, stehen zwei Bungalows aus Holz mit moderner Ausstattung zur Auswahl. Tolle Lage auf 360 m mit Blick aufs Meer, Pool, alles tipptopp. Ideal für jene, die die Hitze nicht aushalten, involviert aber etwas mehr Kurverei in den Bergen.

168, rue Jean de Cambiaire, an der D32 in Richtung Les Lianes, T 0262 230151, www.lescoeursdamants.re, DZ/ÜF 95 €

Essen

Unerwartet gut

Le Tangor: In der gepflegten, mintgrün-weißen kreolischen Villa werden ausgezeichnete Gerichte (kreolisch, Fleischgerichte, *cuisine française*), serviert – etwas unerwartet im ländlichen Umfeld hier oben.

234, rue Jules Hoareau, an der Hauptstraße, T 0262 56 26 46, Mo, Do, So 11.30–14, Fr/Sa 11.30–14, 18.30–21 Uhr, kreolische Küche ab ca. 16 €, Fleischgerichte ab 20 €, Gerichte zum Mitnehmen 8 €

Feiern

- **Le Safran en fête:** Nov. Farbenfrohe Jahrmarktatmosphäre mit Marktständen, Imbissen, Musikdarbietungen und geführten Wanderungen.

Infos

- **Anfahrt:** Per Auto erfolgt die Zufahrt über die D32 (von Petit-Île) oder über die D3 (von Saint-Joseph bzw. Le Tampon). Die D3 bei Saint-Joseph erreichen Sie via den Kreisverkehr von Manapany-les-Bains und die Umfahrung oder biegen vor der Brücke über die Rivière des Remparts (Stadtgebiet von Saint-Joseph) bergwärts ab.
- **Busse:** CarSud 72 fährt 11 x tgl. ab Busbahnhof *(gare routière)* Saint-Joseph.

Jean-Petit, Le Serré, Grand-Coude

H9/10

Stellen Sie sich vor, Sie hätten zehn herzzerreißend schöne Bilder zur Auswahl, aber nur eine Wand dafür Platz. Genau so ergeht es den meisten Kurzzeitbesuchern auf La Réunion. Sie müssen selektieren und so manche Naturschönheit zugunsten anderer sausen lassen. Einen dieser undankbaren Plätze auf den Been-there-done-that-Listen nimmt die schmale Landzunge hinter Saint-Joseph ein, die die beiden Flüsse Rivière des Remparts und Rivière Langevin nach Jahrtausend langer Erosionsarbeit übrig ließen.

Was vom Vulkan übrig blieb

Von der Umfahrung in Saint-Joseph schraubt sich die D33 in die Höhe. Hinter dem Dörfchen **Jean-Petit** verengt sich das Hochplateau abenteuerlich (ca. 11 km ab der Umfahrung). Der schmalste Teil (920 m) ist nur ca. 100 m breit und eröffnet großartige Ausblicke auf beide Seiten.

Der erste (nicht beschilderte) **Aussichtspunkt auf die Schlucht der Rivière des Remparts** befindet sich auf der linken Seite hinter Jean-Petit (erkennbar am rostigen, gelben Rahmen). Eine kurze Betonrampe führt zum Ausguck. Was für ein Blick! Der Fluss schnitt die ursprünglich eingesunkenen Hohlräume des ersten Piton de la Fournaise noch tiefer ein. Spätere Erdbewegungen wie die Eruption, die vor 2000 Jahren den Cratère Commerson entstehen ließ, oder der Erdrutsch von

Mahavel im Jahr 1965 füllten die Schlucht wieder mit Geröll und Lava.

Etwa 200 m weiter oben (erkennbar am verwitterten Kiosk und dem Funkturm) stehen Sie rechts vor der **Schlucht der Rivière Langevin.** Vorne an der Plattform reicht der Blick nach oben bis zur pustelförmigen Erhöhung im Schild des Fournaise, dem Morne Langevin. Den Höhenweiler Grand-Galet im Flussbett zu betrachten und den einen oder anderen Wasserfall aufblitzen zu sehen, ist erhebend. Rechter Hand leuchten das Meer und Saint-Joseph in der Sonne.

Die beiden Aussichtspunkte sind mit überwucherten Treppen und Pfaden verbunden, parken Sie besser unten, der Rest ist Beinarbeit. Tipp: Wenn Sie den roten Saint-Expédit auf der linken Straßenseite passieren, haben Sie den ersten Aussichtspunkt knapp verfehlt und der zweite auf die Rivière Langevin steht kurz bevor

Hauptstadt des Tees

2 km hinter der Verengung ist auf 1200 m Höhe das verschlafene Nest **Grand-Coude** erreicht. Hier endet die D33 direkt vor der dramatischen Kulisse des Morne Langevin (2404 m). Es duftet nach Kräutern, die Wiesen stehen im Saft, Landschaft und Klima erinnern eher an die Alpen als an eine tropische Insel. Im Winter kann es hier schon mal auf 0 °C abkühlen.

Wie andere Dörfer in den Höhen auch lebten die Bewohner vor der Wirtschaftskrise der 1930er-Jahre von Geranium und Parfümessenzen. In den 1960er-Jahren versuchte man sich an Tee, der mangels durchschlagenden Erfolgs bald wieder aufgegeben wurde. Wie ein mahnender Zeigefinger hat es sich Monsieur Guichard zur Aufgabe gemacht, das Tee-Erbe hochzuhalten.

Tee belebt den Geist

An glorreichere Zeiten des Dörfchens erinnert die einzige noch bewirtschaftete Teeplantage auf Réunion, **Le Labyrinthe En-Champ-Thé.** Neben Teeverkostung und dem Verkauf von weißem und grünem Tee, essenziellen Ölen, Sirupen und Gelees wird besonders auf die Produktion von weißem Tee eingegangen.

18, rue Émile Mussard, am kleinen Supermarkt *(supérette)* rechts, T 0693 02 19 95, www.enchampthe.com, tgl. 9.30–17 (letzter Einlass 15.30) Uhr, geführte Touren (Reservierung erforderlich, auch engl. Führung möglich, Dauer 1 Std.) 10, 11, 14, 15 Uhr 8,50 €, ohne Führung 5,50 €

Schlafen

Auf höchstem Niveau

La Plantation: Da braucht es nicht viele Worte, denn das charmante Refugium von Aurélie und Éric spricht für sich selbst. In den Höhen von Saint-Joseph, etwa fünf Minuten vom Zentrum, vergisst man schnell, dass die Kurverei bergauf nervig ist. Fünf geschmackvolle Zimmer mit AC, die je zu einem bestimmten Thema dekoriert und unterschiedlich gestaltet sind. Vom Panoramapool, dem Jacuzzi sowie der Frühstücksterrasse eröffnen sich fantastische 180°-Panoramen auf die Küste, Saint-Joseph und das Meer. Auf Wunsch gibt es Abendessen (31 €). Die Betreiber sprechen Englisch.

124, route de Jean Petit, an der Straße nach Grand-Coude, D33, T 0692 33 54 92, www.la-plantation.re, DZ/ÜF 130–150 €

Infos

- **Auto:** Über die Umfahrung bzw. hinter Saint-Joseph sind Jean-Petit und Grand-Coude gut ausgeschildert. Es gibt zwei Zufahrten, die zweite via Rue Jean Albany ist etwas schneller. Fahrzeit nach Le Serré (nicht ausgeschildert): ca. 30 Min.
- **Tageszeit:** Ein Besuch lohnt sich nur früh am Morgen, da ab 10 Uhr der Himmel wolkenverhangen ist. Die Wolken verdunkeln den Himmel gleich aus zwei Schluchten.

TOUR
Tour des Cascades

Die schönsten Wasserfälle der Insel im Tal der Rivière Langevin

Infos

J9/10

Start/Ziel: Le Grand Défriché

Dauer/Länge: einfache Strecke zu Fuß 2–3 Std., ca. 6,5 km, ca. 540 Höhenmeter bis zum Cap Blanc, per Auto ca. 15 Min. bis Cascades de Grand-Galet

Dschungelmäßig trifft es wohl am akkuratesten. Der Fluss Langevin bahnt sich seinen Weg von seiner Quelle auf 2200 m bis zum Meer und verwandelt ein enges, grün überwuchertes Flusstal in eine Sinfonie aus Stromschnellen und Wasserfällen, die in schwarze, türkisblaue und graugrüne Becken münden.

Am Ortsende von **Le Grand Défriché,** kurz vor der dritten Eisenbrücke (ca. 10 km ab der Abzweigung bei Langevin), sucht man sich einen Parkplatz, was mangels Platz nicht einfach sein wird. Festes (!) Schuhwerk an, ausreichend Trinkwasser eingepackt und los geht's. Links vom Fluss (gegen die Fließrichtung gesehen) verläuft ein Pfad zu den **Cascades Trou Noir,** die sich in ein Becken mit glasklarem Wasser ergießen. Eine höhere und mehrere kleinere Kaskaden speisen das Becken, in dem sich möglicherweise Leute tummeln, was aber wegen des Kraftwerks weiter unten, das ohne Vorwarnung die Wasserpegel verändern kann, nicht ganz ungefährlich ist. Die Kommune hat jedenfalls das Baden im gesamten oberen Flusslauf untersagt.

Wer nicht laufen will, fährt die nächsten 2,5 km nach oben, allerdings machen

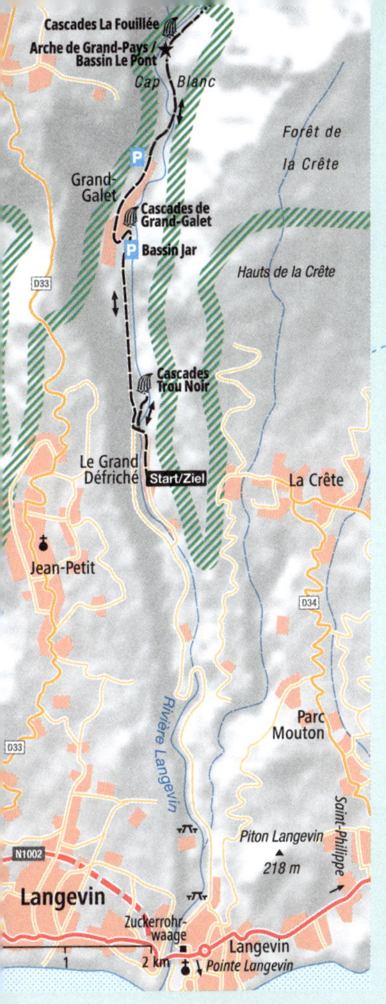

die Haarnadelkurven zu Fuß viel mehr Spaß, als einen neuen Parkplatz zu finden. Der große Wasserfall **Cascades de Grand-Galet** (auch Cascades de la Grande-Ravine) ergießt sich je nach Saison und Regenfällen in mehreren Kaskaden in das türkis-schwarz schimmernde Bassin. Eine formvollendete Wassersinfonie! Etwas unterhalb existiert am **Bassin Jar** ein lang gezogener **Parkplatz** (oben ist nur wenig Platz). Von hier aus kann man über Stock und Stein zum Flussbett runterkraxeln und in Richtung Cascades de Grand-Galet hochklettern oder einfach entlang der Teerstraße hochlaufen.

Die Rampe bäumt sich mit ein paar engen Kehren kurz auf und spuckt Sie in **Grand-Galet** aus, durch das Sie bis zum Ende laufen. Von den Cascades de Grand-Galet sind es ca. 2 km bis hierher. Es existiert zwar auch ein kleiner Parkplatz, aber gegen Ende wird die Straße so holprig, dass das Parken weiter vorne Sinn macht. Die Stele »Citerne« markiert den Startpunkt der weiteren Strecke zum Cap Blanc. Der Pfad verläuft stetig bergauf, anfangs kurz im Flussbett der Rivière Langevin, dann quert man es und weiter geht es bergauf durch recht dichten Wald. Sonnenbrand ausgeschlossen!

Eigentlich verläuft die Wanderung bis auf die Plaine-des-Sables und zum Gîte du Volcan, aber nach ca. 1 Std. Wanderung, wenn die **Wasserfälle La Fouillée** erreicht sind, drehen Sie um. Kurz zuvor passiert man den Natursteinbogen **Arche de Grand-Pays** mit dem kleinen **Bassin le Pont** (etwas unterhalb), beide ein paar Schritte abseits vom Weg. Übrigens: Die drei Wasserfälle sind mit Sicherheit nicht die einzigen Kaskaden entlang der Rivière Langevin. Geben Sie acht, ein Wasserfall kann sich hinter jeder Kehre verstecken! Tipp: Kalkulieren Sie Minimum einen halben Tag ein, damit fürs Picknicken oder Pause machen genügend Zeit bleibt.

Rivière Langevin

J9–11

Schon hinter der Einfahrt (unübersehbar durch die Zuckerrohrverladestation, beschildert mit »Grand-Galet«) möchte man sich am liebsten zu den picknickenden und campierenden Müßiggängern am Ufer des Langevin-Flusses gesellen. Bedächtig plätschert das Wasser im Unterlauf, zwängt sich mal ungeduldig zwischen graue Basaltsteine und umspült sie mal elegant. Ach, wie angenehm es ist, die müden Beine im kühlen Nass baumeln zu lassen. Der Abschnitt am Beginn der Straße ist ein beliebtes Naherholungsgebiet, das bereits am Freitagnachmittag von den Einheimischen in Beschlag genommen wird. Die geteerte Straße schlängelt sich den Fluss entlang, mal rechts, mal links vom Flusslauf. Weiter oben, näher an den beeindruckenden **Cascades de Grand-Galet** (s. Tour S. 112), warten ein paar enge Korkenzieherkurven auf Sie!

Essen

Fürs Picknick

Entlang der Strecke existieren einige kreolische Gasthäuser, wo man mittags eine *barquette* (Schale) *à emporter* zum Picknicken mitnehmen kann.

Bewegen

Für Grenzgänger

Canyon Aventure: Wer nicht wie Oma und Opa von der Straße aus den Stromschnellen und Wasserfälle zuwinken will, muss rein ins Wasser. Augen zu und durch!

194, route de la Passerelle, Langevin, T 0693 40 24 08, www.canyonaventure.re, ab 60 €/Pers.

Infos

- **Busse:** Die CarSud-Linie 76 fährt wochentags 8 x tgl. (So 3 x tgl.) vom Busbahnhof Saint-Joseph nach Grand-Galet, 1,80 € im Bus. Für jene, die es nicht eilig haben und zu Fuß gehen wollen.
- **Anfahrt:** 3 km östlich vom Busbahnhof Saint-Joseph liegt Langevin an der N2. An der Brücke über den Fluss Langevin weist ein Schilderwald zur Plaine des Sables, nach Grand-Galet und zum Cap Blanc.

Pointe Langevin

J11

Kurzweilig – umschreibt diesen Stopp am besten: Beine vertreten, hübsche Panoramen und ganz nebenbei an der **Pointe Langevin** auf dem südlichsten Punkt der Europäischen Union stehen. Unweit vom Parkplatz an der kleinen Marina startet der beschauliche Rundweg in östliche Richtung auf einer Landzunge, die von einem Netz aus breiten, gut präparierten Wegen zum Naherholungsgebiet aufgewertet wurde. Einmal rund um das bewaldete Gebiet sind etwa 1,5 km auf flachem Terrain zu absolvieren. Der südlichste Punkt der EU liegt etwa 10 Min. vom Parkplatz entfernt.

Den westlich vom Parkplatz aus erreichbaren Mini-Wasserfall **Cascade Jacqueline** im Mündungsgebiet der Rivière de Langevin kann man anpeilen (ca. 5 Min.), muss aber nicht. Spektakulärer jedenfalls sind die Wasserfälle weiter oben.

Infos

- **Anfahrt:** Kreisverkehr Langevin meerwärts halten, über Rue Gabriel Mace und Impasse de la Digue erreicht man die Marine de Langevin. Parkplätze gibt es auch beim Sportplatz.

Vincendo

9 J10

Irgendwie klingt der Name verheißungsvoll. Seien Sie nicht enttäuscht, wenn sich dahinter nur ein beschauliches Straßendorf verbirgt, das nach einem der ersten Siedler, François Vincendo, benannt wurde. Die beiden Hauptattraktion von Vincendo befinden sich vorne an der Küste. Vom ersten Kreisverkehr in Vincendo gelangt man über den Abzweig »Lycée de Vincendo / La Marine« auf die Rue de la Marine, die direkt zum Wasser führt. Es gibt Picknickplätze, Feuerstellen und einen an den Wochenenden viel zu kleinen Parkplatz.

Heute machen wir gelb

Von der **Marine de Vincendo** (s. Lieblingsort S. 116) führt ein ausgetretenes und teilweise markiertes Weglein westwärts zu einer geologischen Besonderheit. Bewegen Sie sich am besten entlang der schroffen Abbruchkante, vorbei an Filaoswäldern, Vacoagruppen und bauchhohem Stechgras. Der Pfad, teils über Basalt und teils durch die Vegetation, verläuft unmerklich und ohne große körperliche Anstrengung zu erfordern bergauf zum Cap Jaune. Nach etwa 20–30 Min. (1,3 km einfach) ab der Marine de Vincendo ist der Aussichtspunkt mit Sicht auf das 50 m hohe **Cap Jaune** erreicht. Seine Farbe verdankt es einer geologischen Besonderheit: In der Lava, die sich meerwärts wälzte, war ein hoher Anteil von basaltischem Glas, das durch den Kontakt mit Wasser erstarrte. Durch geologische Vorgänge entstand die charakteristische gelbe Schicht, die fast wie von innen je nach Sonneneinstrahlung leuchtet. Der Zugang zum Meeresniveau war zur Zeit der Recherche gesperrt, aber von oben sieht der gelbe Fels ohnehin deutlich beeindruckender aus. Zurück geht es denselben Weg. Sonnencreme, Kopfbedeckung und Moskitolotion nicht vergessen.

Schlafen

Im Dschungel

Terre-Rouge: Zum Greifen nah ist der Dschungel in den drei simplen, aber charmanten und originellen Zimmern. Offenes Raumkonzept wie in Thailand oder auf Bali, mit Betten samt Moskitonetzen und freistehender Badewanne draußen. Sie sollten Naturgeräusche mögen, denn die sind omnipräsent. Hausgemachtes Frühstück, Massagen und viel Ruhe.

28, chemin Terre-Rouge, T 0692 22 46 20, www.terre-rouge.re, DZ/ÜF ab 160 €

Wenn Mauern sprechen könnten

Les Grands Monts: Wer richtig alte Gemäuer schätzt, ist in dem wunderschönen Gästehaus in historischen Pferdestallungen aus dem Jahr 1825 gut aufgehoben. Mehr noch: Es handelte sich nicht nur um Stallungen, sondern hier waren auch Sklaven und eine Rumbrennerei untergebracht. Vier weitläufige, romantische Zimmer mit freistehenden Badewannen, dunklem Holzboden und unverputzten Lavasteinwänden, ausgestattet mit sorgsam ausgewählten Antiquitäten und stimmungsvollen Stücken. Pool und Jacuzzi vorhanden. Bleiben Sie am besten gleich zum Abendessen, Sie werden im Süden kaum etwas Köstlicheres finden.

2a, impasse Sabine, von der N2 in den Chemin Orré Fanfan abbiegen, T 0692 39 85 54, lesgrandsmonts974@gmail.com, DZ/ÜF 150 €, Abendessen auf Vorbestellung (35 €)

Essen

Wirtin mit Witz

Chez Lydie: Die Dodos an der Außenwand schreien förmlich: »Bleib stehen!« In der schrill bemalten, grün-gelb-roten Holz-

Lieblingsort

Vom Wind geküsst

Zersaust wie die Haare eines Lausbubs, die Vacoas taumeln im Wind. Welle für Welle rollt unablässig heran, die Gischt spritzt in hohen Fontänen. Als ob es nicht genügend wilde Orte an der wilden Küste gäbe, aber die **Marine de Vincendo** (📍 J 10) gehört nicht zum Touristenkanon, muss nicht abgehakt werden. Manch ein wackerer Zeitgenosse sonnt sich am schwarzen Strand, der nur zwischen Oktober und März in der Bucht funkelt. In den restlichen Monaten waschen starker Wellengang und die Strömung den schwarzen Sand aus. Ab und an vergnügen sich ein paar Lebensmüde mit Surfboards an der Beachbreak, wenn sich die Welle das letzte Mal aufbäumt, bevor sie im schwarzen Sand erstirbt. Die Picknickplätze unter den dicht gewachsenen Vacoabäumen bleiben das ganze Jahr über erhalten, wo sollten denn sonst die Einheimischen ihre Wochenenden verbringen? Wochentags ist aber außer in den Mittagspausen kaum etwas los, da halte ich die Wange für Windküsse fast ganz alleine hin.

hütte werden im bescheidenen Ambiente köstliche kreolische Speisen aufgetischt. 60, rue Marcel Pagnol, T 0262 37 28 80, Mo/Di mittags, Mi–Sa mittags und ab 19 Uhr, Hauptgerichte ca. 15 €, zum Mitnehmen 8 €

Infos

- **Anfahrt:** Vincendo liegt direkt an der N2.
- **Busse:** Sind nur bedingt zu empfehlen, die Linie S1 von Car Jaune verkehrt 6 x tgl. nach Saint-Pierre/Saint-Benoit, 2 €. Mo–Sa verkehren zwischen Saint-Joseph und Le Tremblet 11 x tgl. Busse der Car-Sud-Linie STD, 1,80 € im Bus.

Cap Méchant

Wenn das tosende Meer gegen die Klippen schlägt und sich Wellen wie wild gewordene Pferde aufbäumen, kann man sich gut vorstellen, dass die Küste des Südens bei Seeleuten, Fischern und Piraten alles andere als beliebt war. In den unberechenbaren Winden und Strömungen vor den scharfkantigen Lavaklippen und durch unsichtbare Riffe verloren sie oft ganze Schiffe oder gar das eigene Leben. Wegen der Unbezwingbarkeit und Abgelegenheit des ›hinterhältigen‹ Kaps, so die Übersetzung, versteckten sich hier bevorzugt Piraten. Erzählungen von sagenhaften Schätzen kursieren noch heute.

Gemeine Franzosen

Nachdem Sie die lang gezogene Abfahrt nach Basse-Vallée absolviert haben, zweigen Sie nach der Brücke am Ortsanfang von Basse-Vallée rechts ab. Am Ende der Route Labourdonnais hält man sich links, passiert den Parkplatz des Restaurants Étoile de Mer und biegt kurz danach in die Zufahrt zum Cap Méchant (Ausschilderung: »Puits des Français«) ab. Von einem kleinen Parkplatz aus geht es über Stufen auf ein zurückversetztes Plateau mit Picknickkiosken und Feuerstellen. Dort, rechts vor einer Felswand, verwildert die namensgebende, wenig spektakuläre Zisterne vor sich hin. Man weiß wenig über sie, außer dass sie wahrscheinlich aus dem 18. oder 19. Jh. stammt und zu einer Serie von mehreren Süßwasserbecken gehört. Trotz der hohen Niederschlagsmengen mussten die Bewohner des Südens früher immer wieder tagelang ohne Wasser auskommen, da der Regen im porösen Gestein sofort versickert. Die Zisternen schufen Abhilfe.

Die wahre Sensation des Ortes aber liegt vorne an den Klippen. Links und rechts führen Treppen hinauf auf die etwa 15 m hohen **Lavaklippen,** die wie eine Art Balkon hoch über dem Meer thronen. Über die schroffe Steilküste mit Meerespanorama fegt der Wind; das Meer wirft sich mit großer Wucht gegen die Küste und katapultiert Wasserfontänen in die Höhe. Ausgedehnte Vacoawälder wurden gepflanzt, um die dahinterliegenden Gewürzkulturen und Plantagen vor der salzigen Gischt zu schützen. Seitdem hat sich die Vacoapflanze vor allem entlang der Wasserlinie und der Flussufer ausgebreitet. Links und rechts gehen kurzweilige, teils mit weißen Punkten markierte Spazierwege über Stock und Stein ab.

Schlafen

Gar nicht gemein

Méchant: Was ist farbintensiver – der Garten oder das Haus? Hübsches und niveauvoll ausgestattetes Holzhäuschen, das über 100 Jahre alt ist. Duschen unter Sternen, knarrender Holzboden, Masseurin kommt ins Haus. Ein kleines kreolisches Juwel, das ganze Selbstversorger-Haus für sich, nur fünf Minuten von Cap Méchant entfernt. Einziger Minuspunkt: Es gibt nur eines davon.

43, route Labourdonnais, T 0692 22 46 20, www.mechant.re, Haus 200 €

Im Knusperholzhäuschen

Le Puits des Français: Einfache, schmucke Holzbungalows in ruhiger Lage mit Pool, in unmittelbarer Nähe des Cap Méchant.

31, route Labourdonnais, T 0692 36 26 16, huet.jacky@hotmail.fr, Bungalow ab 75 €

Es riecht so gut

Coco Vanille: Jenny, die gute Seele des Hauses, bietet vier gemütliche Zimmer und köstliches Abendessen. Der kleine, nierenförmige Pool hilft bei schweren Beinen, zum Schwimmen taugt er aber nicht. Großes Plus: Der üppige, idyllische Garten tut den Augen und der Nase gut.

68, route Labourdonnais, T 0692 94 51 12, www.coco-vanille.com, DZ/ÜF 68–75 €

Willkommen auf dem Bauernhof

Ferme-Auberge Desprairies: In den kühleren, ruhigen Höhenlagen bietet die liebenswürdige Familie Desprairies gepflegte Zimmer und vor allem köstliche Hausmannskost. Runter zur Küste fährt man 15 Minuten.

44, route de Matouta, Anfahrt über die D37, T 0692 64 61 70, https://willydesprairies.wixsite.com/matouta, DZ/ÜF 57 €, Abendessen 30 €

Essen

Dauerbrenner

L'Étoile de Mer: Lassen Sie sich vom wenig ansprechenden Bahnhofshallenflair nicht täuschen! Die Einheimischen sind sich einig, dass es hier das beste kreolische (und chinesische) Essen weit und breit gibt. Nicht zu diskutieren ist jedenfalls die tolle Lage am Kap.

13, rue de l'École, neben dem Restaurant Le Cap Méchant, T 0262 37 04 60, Di–So 11.30–14 Uhr, Hauptgerichte 13–25 €

Infos

- **Busse:** Sind nur bedingt zu empfehlen, die S1 von Car Jaune verkehrt 6 x tgl. nach Saint-Pierre/Saint-Benoit, 2 €. Von Saint-Joseph bis Pointe du Tremblet fahren Mo–Sa 11 x tgl. Busse der CarSud-Linie STD, 1,80 € im Bus. Fußweg von ca. 15 Min. zum Kap.

Le Baril

K 10

Keine Engländer ohne Wasser

In Baril passiert man bergseitig die Zuckerrohrverladestation und die unscheinbaren Überreste einer alten Zuckerfabrik (erbaut 1863, stillgelegt 1919). Ein paar Hundert Meter weiter meerseitig befindet sich eine weitere Zisterne, der **Puits des Anglais.** Ihr Name gibt, wie bei den anderen Zisternen an der Südküste, Rätsel auf, denn Aufzeichnungen zufolge wurde sie 1822 ausgehoben, als die englische Besatzung (1810–15) schon längst Geschichte war. Solche Wasserreservoire waren überlebensnotwendig, denn im regenreichen Süden versickerte das Wasser im porösen Basalt und war für die Bewohner verloren. Rund um die historische (aber wenig spektakuläre) Attraktion legten die Stadtväter ein Naherholungsgebiet an. Beschildert als Baril-les-Bains existiert auch ein kleines Natursteinbecken im Meer. Wer früh genug unterwegs ist, wird mit einem tollen Blick auf den Vulkan und die davor liegenden Zuckerrohrfelder belohnt.

Viel Wirbel um alte Farbbäume

Man muss schon ein Experte oder Liebhaber sein, um den Wert des **Forêt de**

Seine zeitlupenartigen Bewegungen brachten dem Chamäleon den Kosenamen ›Endormi‹ (Eingeschlafener) ein. Die ursprünglich aus Madagaskar stammenden Tiere sind auf Treibgut übers Meer gereist.

Mare-Longue realistisch einschätzen zu können. Alle anderen freuen sich über einen anregenden Spaziergang durch wie wild wuchernde Wälder. Auf einem 400–500 Jahre alten Lavafeld hat sich wie durch ein Wunder, während rundum alles für großflächige Plantagen gerodet wurde, ein letzter Rest von tropischem Primärwald erhalten, der sich besonders durch verloren geglaubte Artenvielfalt auszeichnet. Im Feuchtwald zwischen 100 und 700 m Seehöhe gedeihen zahllose endemische Pflanzenarten, von denen ein Drittel ausschließlich auf Réunion und zwei Drittel nur auf den Maskarenen beheimatet sind. Es soll sich um einen der letzten Farbholzwälder *(forêt de bois de couleurs des bas)* der Maskarenen und um das botanisch wertvollste Gebiet der Insel handeln. Auf drei unterschiedlichen Routen (farblich markiert) wird der Wald über botanische Lehrpfade mit Schautafeln besser erlebbar gemacht, Dauer ca. je 1 Std., festes Schuhwerk erforderlich. Wenn Sie mehr schwitzen möchten, machen Sie doch die ganze Runde (4,3 km, 1,5–2 Std., Beschreibung: https://randopitons.re/randonnee/1328-sentier-botanique-mare-longue-saint-philippe). Die Zufahrt erfolgt über den Chemin de Ceinture (Abzweigung bergwärts 150 m östlich des Puits des Anglais) oder über die Route Forestière de Mare-Longue noch ein Stück weiter vorne.

In die Düfte gehen

Der Hobby-Botaniker Patrick Fontaine hat mitten im geschützten Wald von Mare-Longue den bedeutendsten botanischen Garten der Insel mit über 1500 Arten angelegt – ein Dufterlebnis und Augenschmaus der besonderen Art, sofern das Timing stimmt. Der **Jardin des Parfums et des Épices** kommt ohne

Schautafeln aus, da sich die Standorte der Gewächse laufend saisonal verändern. Wie für einen Garten üblich, ist das Blühen und Gedeihen der Pflanzen von der Saison und dem Wetter abhängig. Es handelt sich zwar um einen Schaugarten, aber zum größeren Teil kultiviert man Nutzpflanzen für den Verkauf. Ohne Führer und ohne Französischkenntnisse ist der Besuch ernüchternd, wenn Sie nicht ein leidenschaftlicher Blumen- und Pflanzenliebhaber sind. Moskitolotion nicht vergessen!

7, chemin Forestier, zwei Zugänge, entweder bergwärts über den Chemin de Ceinture oder über die Route Forestière de Mare-Longue 900 m weiter vorne, T 0262 37 06 36, tgl. 9–17 Uhr, 10 € inkl. Führung (10.30, 14.30 Uhr, Dauer ca. 1,5 Std.) auf Französisch, Führung nur n. V.

Schlafen

Lage vor Flair

Les Embruns du Baril: So viel Potenzial hätte die geniale Lage direkt am wütenden Ozean. Man bemüht sich redlich, aber es handelt sich einfach um ein altes Hotel, das zwar modernisiert wurde, aber eigentlich einen größeren Umbau benötigte. Kleine, recht gepflegte Zimmer. Für ein oder zwei Nächte auf der Durchreise okay.

62, N2 (Route Nationale 2 Baril), T 0262 20 07 17, https://les-embruns-du-baril.amenitiz.io, DZ ab 140 €

Ruhig an der Straße

Le Four à Pain: Lassen Sie sich durch die Lage an der Hauptstraße nicht abschrecken, denn ab 19 Uhr ist selige Ruhe eingekehrt. Schmucke Holzbungalows mit gepflegten Zimmern und einem guten Frühstück werden geboten. Bei stickigen Temperaturen ist der Pool ein Segen. Toller Garten mit Palmen und viel Grün.

63, N2, gegenüber dem Les Embruns de Baril, T 0692 36 61 55, huet-jean-marc@hotmail.fr, DZ/ÜF 100 €

Essen

Küche des Südens

Ferme Auberge Guimard: Traditionelle Küche aus Vacoa, Palmenherzen und Papaya, weithin bekannt und beliebt bei den Einheimischen. Madame kocht aber nur, wenn eine Reservierung vorliegt.

4, route Forestière, an der Straße zum Jardin des Parfums et des Épices, T 0262 37 09 63, tgl. 12–15 Uhr, Menü 30 €

Einkaufen

Pulverfass guten Geschmacks

Le Baril de Poudre: So schmeckt La Réunion! Vanille, Gewürze, Tee, Kaffee, auch Kosmetika und noch vieles mehr gibt es in der kleinen Boutique zu entdecken und mitzunehmen.

59a, N2, T 0692 26 09 91, www.lebarildepoudre.com, So–Fr 14–17.30 Uhr

Infos

- **Office de Tourisme:** Piscine du Baril, bei der Zisterne Puits des Anglais, T 0262 97 75 84, www.sudreuniontourisme.fr, Mo–Sa 9–16 Uhr.
- **Busse:** Sind nur bedingt geeignet, um den Süden zu erkunden. Car Jaune, Linie S1, 2 €, oder CarSud, Linie STD, Mo–Sa 11 x tgl., 1,80 € im Bus. Über die RF4 ca. 500 m bis zum Duftgarten.

Saint-Philippe L 10

Stellen Sie sich vor, Sie kommen in den Osten der Insel, und niemand merkt es. Dort, wo der Passat die windzugewandte Küste in ein veritables Treibhaus verwandelt, spürt man spätestens das Mikroklima des

Ostens. Nirgends ist die Vegetation so üppig und vielfältig wie in diesem entlegenen Winkel, wo gleichzeitig der Vulkan alles Leben erstickt und verbrennt. Man stelle sich vor: Das gesamte Gemeindegebiet ist mehr oder minder auf Lava errichtet.

Neben einigen farbenfrohen traditionellen Kreolenhäusern mit den typischen Veranden und den *lambrequins*, den Schutzblenden an den Vordächern, sind auch viele ärmliche Behausungen zu sehen. Tief im Inselsüden gibt es wenig Arbeit, nur wenige Touristen verweilen hier. Einzig der Anbau verschiedener Arten von Nutzpalmen sowie von Gewürzvanille spielt eine Rolle. Beim Fischen sind aber alle voller Eifer dabei, es gehört zu Saint-Philippe wie die Vanille.

Seilschaft der Fischer

Die Wellen peitschen an die schwarze Lavaküste, die windschlüpfrigen Vacoabäume in der zweiten Reihe halten dem Wind entgegen. Kaum vorstellbar, dass unter solchen Bedingungen überhaupt ein Boot den Hafen verlassen kann, geschweige denn wieder an Land kommt. Aber es funktioniert, mit viel Gespür für die Wellen und vereinten Kräften ziehen die Männer das Boot mithilfe eines Seils an Land. Wer der Rue de la Marine gegenüber dem Tourismusbüro folgt, gelangt an den alten Hafen *(le port)*, der seit 1880 als bedeutender Fischerhafen des Südens in Betrieb ist. 1897 lief die Warren Hastings, ein britisches Boot, auf Grund, als die Navigationsgeräte wegen eines Vulkanausbruchs verrücktspielten. Von der 1262 Mann starken Besatzung konnten bis auf zwei Seeleute glücklicherweise alle gerettet werden.

Essen

Vanille, Vacoa und Palmenherzen

La Bicyclette Gourmande: Falls Sie in Saint-Philippe der Hunger packt, kommt auf der überdachten Terrasse die Küche des Südens auf den Teller. Die Spezialität des Hauses, das »Trio Sud Savage«, zergeht auf der Zunge.
43, rue Leconte de Lisle, T 0693 93 71 93, Mi–So 12–14 Uhr, Hauptgerichte ca. 20–25 €

Feiern, Infos

- **Fête du Vacoa:** Aug. Mehrtägiges Volksfest mit Misswahl, Musik, Essensständen und Kunsthandwerk.
- **Busse:** Von Saint-Joseph bis Pointe du Tremblet fahren Mo–Sa 11 x tgl. Busse der CarSud-Linie STD, 1,80 € im Bus. Die Linie S1 (Car Jaune) hält ebenfalls in Saint-Philippe, sie verbindet Saint-Pierre und Saint-Benoît und stoppt nur an wenigen Haltestellen, 2 €.

Puits Arabe und Pointe de la Table

M 10

Noch mehr Lava

Wer es bis zur Pointe de la Table (keine Hinweisschilder) schafft, hat vermutlich schon eine Ladung Lavasafaris intus. Warum also noch ein Lavafeld abhaken? Weil es sich hier um die Überreste eine der markantesten Eruptionen der letzten Dekaden handelte, wobei sich binnen einer Woche die Insel um knapp 25 ha vergrößerte. 1986 öffnete sich in 1000 m Höhe eine lange Spalte, die zwei Lavaströme freisetzte, die auf die Siedlungen Takamaka und Le Tremblet zusteuerten.

Das Besondere an der neu geschaffenen Landmasse ist, dass sie nur bei einem Spaziergang erkundet werden kann, denn der Parkplatz im Ortsteil **Takamaka** liegt etwa 1,2 km südlich vom eigentlichen Kap, dem Pointe de la Table (2,5 km hin und retour, ca. 1,5 Std.). Man marschiert entlang der Lavaküste, passiert Basaltorgeln, kleinere Tunnel, Stricklava, einen Felsbogen und weitere Phänomene des Vulkanismus. Der Boden ist mit Markierungen versehen, die aber nicht immer gut sichtbar sind.

Die Wanderung ist nur morgens, abends oder bei Bewölkung zu empfehlen, denn das schwarze Gestein reflektiert die Sonne; Wasser, Sonnenbrillen, Sonnencreme und Kopfbedeckung nicht vergessen!

Kein Sindbad der Seefahrer

Obwohl sich die Legende, es handle sich um ein von arabischen Seefahrern gebautes Becken, hartnäckig hält, wurde der **Puits Arabe** 1813 vom Botaniker Joseph Hubert nach arabischen Vorbildern angelegt. Er verantwortete die Einführung und Optimierung der Gewürznelke und verbrachte sein ganzes Leben im Süden. Die 42 in den Basalt gehauenen Stufen führen bis zum Grundwasser in etwa 10 m Tiefe. Nach der Eruption 1986 wurde die unscheinbare Zisterne (links vor dem Parkplatz) trockengelegt, die bis dahin die Trinkwasserversorgung der Anrainerdörfer sicherstellte.

EIN TEURES HERZ

Das zarte Innere der im Süden endemischen Palmenart *palmiste rouge* kommt als teure Delikatesse auf den Teller. Teuer sind sie deshalb, weil aus einem Stamm nur maximal zwei bis drei Portionen geerntet werden können. Bis der Stamm reif ist, dauert es gut und gerne zehn Jahre.

Infos

- **Busse:** Die CarSud-Linie STD hält am Puits Arabe (Gehweg ca. 500 m), Mo–Sa 11 x tgl., So 4 x tgl., 1,80 €. Alternative: S1 (Car Jaune), 2 €.
- **Anfahrt:** Es gibt eine offizielle Zufahrt im Ortsteil Takamaka, die vorbei an der Zisterne Le Puits Arabe erreicht wird. Die Pointe de la Table selbst ist nicht beschildert, nur der Puits Arabe.

Le Tremblet L/M9

Letzte Bastion vor dem Feuer

Man kann sich den Vulkan wie einen Kochtopf vorstellen, der von Zeit zu Zeit überläuft. Die überkochende Pampe bahnt sich einen Weg des geringsten Widerstandes und verwendet immer wieder dieselben Bahnen. Am Rande der breitesten Bahn, dem Grand Brûlé, liegt Le Tremblet. Früher ein Fischerdorf, heute ein spärlich besiedelter Landstrich, der ein wenig vom Tourismus profitiert, aber zum überwiegenden Teil von Vanille und landwirtschaftlichen Erzeugnissen lebt.

Mehrmals war das Dörfchen vom Piton de la Fournaise bedroht, aber die Narben der gigantischen Ausbrüche in den Jahren 1986 und 2007 sind die augenfälligsten. Vielerorts hat sich die Natur ihren Raum zurückerobert, die Lavaströme von 1986 kann man beispielsweise nur noch im dichten Unterholz erahnen. Einzig der Lavastrom von 2007 hat einen nachhaltigen Effekt auf dem Gemeindegebiet von Le Tremblet hinterlassen.

Alt und doch erst seit 2007

Über den **Vieux Port du Tremblet** verlieren die Geschichtsbücher nicht viele Worte. Man kann nur erahnen, mit wie viel Herz seinerzeit die Fischer von Le Tremblet ihren Beruf ausübten. Viel spektakulärer hingegen ist die olivingrün schimmernde **Plage du Tremblet,** die in ihrer heutigen Form erst seit dem 27. April 2007 existiert. Während der enormen Eruption von 2007 füllte die mit Olivin (Ozeanit) angereicherte Lava die Bucht und vergrößerte die Landmasse um 70 Fußballfelder. Als die heiße Lava auf das Meer traf, kühlte die Lava – ähnlich wie bei der Glaserzeugung – explosionsartig ab, wobei kleinste Olivin- und Basalt-Bruchstücke entstanden. Fassen Sie eine Handvoll ›Sand‹ und Sie werden sehen, dass er eine glasähnliche Beschaffenheit aufweist.

Das Farbenspiel an einem wolkenlosen Sonnentag ist gigantisch, wenn sich das türkisgrüne Meer mit weißen Schaumkrönchen gegen die schwarze Steilküste und den grün schimmernden Strand wirft. Bei Ebbe kann man bis zu einem Lavastrom (ebenfalls vom April 2007) laufen. Der Zutritt ist aufgrund der fragilen Beschaffenheit des Lavabodens verboten. Baden ist strengstens untersagt. Seit dem 3. Februar 2022 ist der erstarrte Lavastrom aus dem Jahr 2007 um eine Sensation reicher: Der Frachter Tresta Star aus Mauritius krachte bei stürmischen Bedingungen gegen die Küste und wird hier wohl noch länger parken – eine Bergung wäre viel zu gefährlich.

Anfahrt: Gleich hinter dem Schild »Ravine Citron Galets«, führt meerseitig eine ca. 1,4 km lange Stichstraße nach unten. Ein kurzer, steiler, teils unwegsamer Pfad bringt Sie zur wilden Bucht des Vieux Port. Zur Zeit der Recherche war der Zugang allerdings offiziell gesperrt, um Schaulustige vom Besuch der Tresta Star abzuhalten, aber die Franzosen scheint dies wenig zu kümmern.

Schlafen

Mit Familienanschluss

Le Crabe Sous la Varangue: Die einzige Unterkunft in unmittelbarer Nähe zum Grand Brûlé macht mit ihren drei farbenfrohen Zimmern und dem üppigen Garten gute Laune. Sehr herzlicher Empfang durch das Besitzerpaar Catherine und Juanito. Vier-Gänge-Abendessen 35 € pro Person.

1, N2 (Route National 2 Le Tremblet), bergseitig, T 0692 92 13 56, lacazboyer@laposte.net, DZ/ÜF 85 €, Triple/ÜF 110 €

Essen

Einzigartig

La Case Volcan: Im ersten Augenblick glaubt man an einen Trödelladen, aber in diesem Knusperhäuschen regiert der gute Geschmack. Das Konzept ist einzigartig: Zunächst wird Ihnen eine Vielzahl von Probeportionen (von *caris* und frischen Fruchtsäften) serviert, so können Sie sich vor der Bestellung durch die Speisekarte kosten. Erst danach entscheiden Sie sich, welches der typisch kreolischen Gerichte Sie bestellen und dann genießen möchten. Das Restaurant liegt kurz vor der Rampe auf den Grand Brûlé.

123a, N2 (Route Nationale 2 Tremblet), bergseitig, T 0692 18 37 53, tgl. 11.30–17 Uhr, Hauptgerichte ca. 20–25 €

Liebe geht durch den Magen

L'Atelier Palmiste Rouge: Ausgefallene Rezepte mit Palmenherzen zaubert Ulrich Payet auf die Teller seiner Gäste. Als Jugendlicher, als *maman* erkrankte, entdeckte er seine Liebe zum Kochen. Seit 2022 werkelt er nun hier in seiner eigenen Küche.

57, N2, bergseitig, T 0693 88 09 59, Mi–Mo 11.30–15 Uhr, Hauptgerichte 20–23 €

Einkaufen

Die Kaiserin unter den Königen

Escale Bleue Vanille: Dass Vanille nicht gleich Vanille ist, beweist Familie Leichnig. Sie hat eine unverkennbare Vanillegattung gezüchtet, die Vanille Bleue. Sie ist feiner im Geschmack, dickbauchiger und voluminöser, ihre Schale fühlt sich samtig weich an, sie ist länger haltbar, hat mehr Aromastoffe und kann inklusive der Schale verzehrt werden. Preislich liegt sie am oberen Ende der Skala. Verkauf von Vanille und Vanilleprodukten, z. B. Vanilleextrakt, Vanillesalz, etc. sowie von weiteren Gewürzen. Auch Führungen, s. Bewegen.

7, N2, bergseitig, T 0262 37 03 99, http://escale-bleue.fr, Mo–Fr 9.30–17.30 Uhr

Bewegen

Die Entfaltung der Kaiserin

Escale Bleue Vanille: Zur Zeit der Bestäubung, im Oktober, November, Dezember, führt M. Leichnig Interessierte durch seine Vanillegärten: Wie werden die Blüten bestäubt, wie wird Vanille geerntet und weiterverarbeitet. Flexibel bei den Touren und äußerst gastfreundlich!

s. Einkaufen, Führungen Mo–Fr vormittags n. V., 13.30, 14.30, 15.30, 16.30 Uhr, 5 €/Pers., n. V. auch auf Engl. möglich

Auf die Knie

Rando-Volcan: Auf allen Vieren krabbeln, sich durch schmale Öffnungen zwängen: Wer nicht klaustrophobisch ist, kann sich in die vom Vulkan geschaffenen Höhlen wagen. Zwischen Saint-Philippe und Saint-Rose existieren solche Lavatunnel, die im Zuge einer kurzen oder längeren geführten Wanderung erkundet werden.

T 0693 49 99 77, https://coeurdelave.fr, Touren ab 50 €

Infos

- **Busse:** Die Linie S1 von Car Jaune hält in Le Tremblet und direkt vor dem Grand Brûlé, 6 x tgl., 2 €.

Le Grand Brûlé

Ständig unter Strom

Es brodelt eigentlich fast immer irgendwo am Vulkan. Die Chancen stehen gut, dass während Ihres Aufenthalts auf der Insel glühend rote Lava den Nachthimmel erhellt – und Sie Augenzeuge werden. Einheimische gleichermaßen wie Besucher strömen in Scharen zu den Ausbrüchen, die Polizei hat alle Hände voll zu tun, um Übermütige vor sich selbst zu schützen. In den Zeitungen wird der Vulkan, der ›furzt‹, wie eine gewonnene Fußballweltmeisterschaft gefeiert. Sollten Sie in den Pausen der vulkanischen Aktivitäten auf die Insel reisen, bleibt Ihnen immer noch der Grand Brûlé. 1,5 km breit, ist er so etwas wie ein überdimensionales Fotoalbum, das das Älterwerden des Piton de la Fournaise dokumentiert.

Sehr laut ›gefurzt‹«

Weil der massive Krater des Piton del Fournaise meerseitig, wie ein Hufeisen, offen ist, rinnen die Lavamassen ungehindert dem Meer entgegen. Durchschnittlich ein bis vier Mal pro Jahr bricht er aus. Der letzte Jahrhundertausbruch datiert aus dem Jahr 2007, als 140 Mio. m^3 Lava von einer Ruptur an der Ostflanke auf nur 650 m Höhe in bemerkenswerter Geschwindigkeit Richtung Meer floss. Wie schon bei dem Ausbruch 1986 war Le Tremblet be-

Der Einstieg in die Unterwelt ist nichts für schwache Nerven: Wer die Lavatunnels am Grand Brûlé aus nächster Nähe sehen will, muss bereit sein, auch auf allen Vieren zu krabbeln.

droht, doch diesmal nicht so sehr durch die Lava als vielmehr durch die giftigen Dämpfe, die Feuerwalze sowie den nachfolgenden sauren Regen. Erst nach mehr als einem Jahr Wartezeit konnte die Lücke der N2 über das neu entstandene Lavafeld geschlossen werden.

Man schätzt, dass während des vierwöchigen Ausbruchs vom 2. April bis 1. Mai 2007 thermische Energie im Ausmaß von 80 Hiroshima-Bomben freigesetzt wurde. Um ganze 0,45 km² vergrößerte sich die Insel. Die Forscher schätzen, dass die Lavadecke des neuen Lavastroms bis zu 65 m tief ist. Unter der erstarrten Oberfläche ist der Lavafluss aber alles andere als unbeweglich. Ab etwa 12 m Tiefe ist die Lava noch immer flüssig und bewegt sich ohne Unterlass nach dem Prinzip eines Gletschers etwa 2 cm pro Jahr in Richtung Meer. Wer genau hinsieht, wird verschobene Straßenkanten und Brüche in der Fahrbahn erkennen. Noch 200 Jahre werden vergehen, bis die Lava bis in tiefe Schichten völlig erkaltet ist. Und obwohl der Ausbruch erst wenige Jahre her ist, drängen erste Pflanzen ungeduldig durch den Basalt (s. auch S. 51).

Zur eigenen Sicherheit darf man die Schilder am Straßenrand nicht ignorieren. Auf dem neuen Lavafeld zu spazieren kann lebensgefährlich sein. Der langsam erstarrende und doch ständig sich bewegende Strom verändert sich laufend. Lavablasen brechen ohne Vorwarnung ein, Gleiches gilt für Lavatunnels. Nicht umsonst mahnen die Schilder, sich nur entlang der Straße zu bewegen. Auf der Weiterfahrt folgen zahlreiche Lavaströme von Eruptionen aus den Jahren 1998 bis 2005.

Zugabe

Vertrieben aus dem Paradies

Wie die Vierge au Parasol leidet – ein Interview der ganz besonderen Art

Können Sie sich noch an Ihre Geburtsstunde erinnern?

Selbstverständlich, so als ob es gestern gewesen wäre. Zwei gottesfürchtige Frauen stellten mich in Bois-Blanc, ganz in der Nähe des Grand Brûlé, auf, um ihre Felder und Häuser vor der Lava zu schützen. Sie statteten mich mit einem großen blauen Schirm aus, der symbolisch die Bewohner vor dem Zorn des Vulkans schützen sollte.

Ist es Ihnen dies gelungen?

Teilweise. Als 1897 ein Lavastrom in Richtung Meer marschierte, konnte ich zwar die Ernte nicht schützen, wohl aber mich. Ich teilte die Lava vor mir, so wie Jesus seinerzeit das Meer teilte. Danach ging es viele Jahre gut, bis mich 1961 brutal die Feuerwalze niedermetzelte. Etwa zwei Jahre später stand ich wie Phönix aus der Asche auf (glucksendes Gelächter). Nein, im Ernst, geschickte Hände eines Bildhauers formten mich erneut.

Seitdem führen Sie ja ein unstetes Leben, was ist passiert?

Ursprünglich wurde ich wieder am Grand Brûlé aufgestellt, an einem geschützten Ort, sodass ich länger unbeschadet bleiben könnte. Doch der Fournaise ist unberechenbar, besonders im neuen Jahrtausend pendelte ich unfreiwillig mehrmals zwischen Grand Brûlé und der Kirche Notre-Dame-des-Laves hin und her. Viel schmerzlicher, als von der Lava begraben zu werden, ist die Dummheit der Menschen.

Warum?

Ach, die Menschen … (Sie schnieft.) Man hat mich besprayt und ich wurde sogar enthauptet. Der 7. Januar 2014 war definitiv der Tiefpunkt meiner Existenz, nachdem ein paar Kopflose mir dasselbe Schicksal zuteilwerden ließen.

Nach den Attacken sind Sie untergetaucht. Wo verstecken Sie sich jetzt?

In der Kirche Notre-Dame-des-Laves fühle ich mich momentan sicher. Es gibt aber Stimmen, die mich wieder am Grand Brûlé sehen wollen. Nur keiner will dafür bezahlen. Kameras, Beleuchtung, Sicherheit, das kostet alles.

Fühlen Sie sich auf der Insel nicht willkommen?

Nein, keinesfalls! Die meisten Insulaner verehren mich, bringen mir Blumen, zünden Kerzen an. Abertausende Gläubige pilgern mit bunten Regenschirmen in der Hand jeden 15. August zu mir und bezeugen ihre Solidarität. Sogar eine Bushaltestelle ist nach mir benannt. Die Réunionesen sind im Grunde ihres

»Viel schmerzlicher, als von der Lava begraben zu werden, ist die Dummheit der Menschen.«

Herzens wunderbare Menschen. Überall anders hieße ich die ›Jungfrau mit dem Regenschirm‹, nein, aber hier schützt der Sonnenschirm vor Verderbnis. Die Song-Textzeile »Always look on the bright side of life« hätte eigentlich einem Réunionesen einfallen müssen. Außerdem habe ich nirgendwo auf der Welt so viele heilige und weniger heilige Verbündete, die alle nur ein Ziel verfolgen: Den Menschen in schweren Stunden beizustehen, beispielsweise wenn eine Prüfung bevorsteht, der Ehemann mit der besten Freundin flirtet oder das Auto seinen Geist aufgibt. ■

Die Vierge au Parasol zählt zu den beliebtesten Heiligen. Am 15. August strömen jährlich an die 10 000 Pilger zur Messe. Leider wurde sie mehrfach Opfer von Vandalismus und fand inzwischen in der Kirche Notre-Dame-des-Laves von Piton Sainte-Rose Unterschlupf.

Geliebt, geschändet, vertrieben: die heilige Jungfrau, im leuchtend himmelblauen Kleid samt Sonnenschirm fand inzwischen ›Kirchenasyl‹.

Der Osten

Regen bringt Segen — Auf der kreolischen Seite der Insel bringen die Niederschläge nicht nur das Zuckerrohr und die Landwirtschaft, sondern auch die tamilischen Traditionen zum Erblühen.

Seite 134

Sentier Littoral Nord

Radfahren, joggen, spazieren gehen entlang der Küste. Aufwärmen für die großen Gipfel oder ausklingen lassen. Oder einfach genießen.

Seite 143

Temple Maryen Péroumal

Barrierefrei, sprich ohne Schuhe und ohne Mütze, sich auf hinduistische Götter einzulassen, lernen Sie in diesem Tempel in Saint-André. Farbintensiv und reich an Mythologie, einen Schritt näher der Erleuchtung sein. Wenigstens für eine Stunde.

Ungewöhnlich für eine Insel: Es gibt nur einen Leuchtturm.

Eintauchen

Seite 144

Sucrerie Bois-Rouge

Nüchtern zur Führung durch die einzige der beiden noch intakten Zuckerfabriken anzutreten, lautet hier die wichtigste Regel. Aber danach dürfen Sie sich nach Herzenslust durch den Rum der Distillerie Savanna kosten und natürlich auch welchen kaufen.

Seite 146

Forêt de Dioré

Will auftrumpfen wie die Großen, obwohl es sich eigentlich nur um eine bescheidene Erhebung handelt. Aber ins Schwitzen kommt man beim Wandern allemal.

Seite 155

Takamaka

Folgen Sie den Hochspannungsleitungen: Wie ein Berge-Schluchten-Ensemble plumpen Strommasten ein Wow entlockt. Die nicht immer zugänglichen Gewässer und Schluchten gelten als die schwierigsten der Insel, Canyoning ist eine Herausforderung.

Seite 156

Bethleém

Statt einer Krippe stechen Bambus und Moos ins Auge. Barmherzig und selbstlos retteten Nonnen ehemals verlorene Seelen.

Seite 162

Sentier des Pêcheurs

Auf dem Fischerwanderweg geht es über Wurzeln und Basalt. Beeindruckend: die Lavalandschaft rund um die unversehrte Kirche Notre-Dame-des-Laves.

Seite 164

Fischers Fritze Deluxe

Beliebt in der kreolischen Küche, aber Mangelware sind die Grundeln *(bichiques)*, der réunionesische ›Kaviar‹.

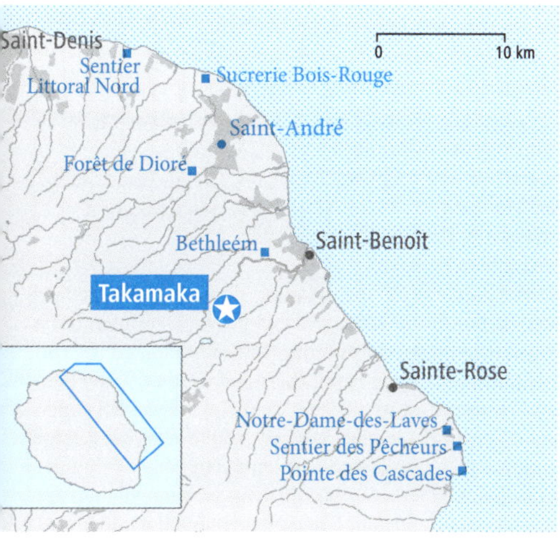

Die Kriegsbraut aus dem Aztekenreich zierte sich lange Zeit, bis ein Sklavenjunge hinter ihr dunkles Geheimnis kam. Heute gehört sie zum Betörendsten, was der Osten zu bieten hat.

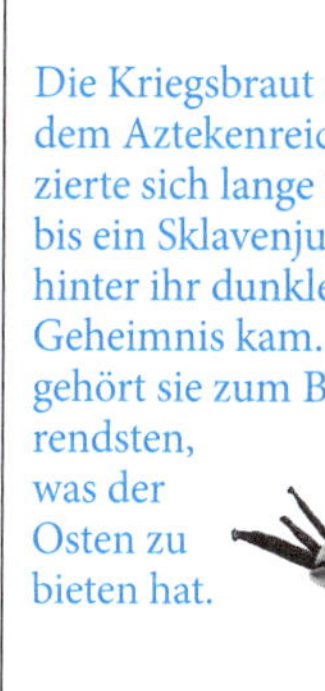

Der östlichste Punkt der Insel ist die Pointe des Cascades. Nur Fischer und Wanderer erreichen sie, und zwar über den Sentier des Pêcheurs.

Im Zeichen des Windes

Der Wind scheint das Schicksal dieser Region zu bestimmen. Er bringt regelmäßig massenweise Regen mit sich. Die Berge stauen die Passatwolken auf und bescheren der Region eine jährliche Niederschlagsmenge von 3000 bis 5000 l/m^2. Zum Vergleich: In Deutschland liegt die durchschnittliche Niederschlagsmenge je nach Region bei 200–700 l/m^2! Im feucht-warmen Tropenklima gedeiht praktisch alles, was in die Erde gesteckt wird. Die Ostseite der Insel hat Wasser im Überfluss, so viel, dass fast die gesamte Wasserversorgung des Westens auch damit gesichert wird. Deshalb erschloss man schon früh den Osten, um Zuckerrohr, Kaffee, Vanille und alles, was sich sonst noch gut auf den Weltmärkten verkaufen lässt, anzubauen. Die Réunionesen haben dafür auch einen Namen: *la côte au vente,* ›die Küste im Wind‹. Und meinen damit zwischen den Zeilen hohe Luftfeuchtigkeit, dschungelartige Bedingungen und wenigstens eine Klimaanlage im Schlafzimmer.

Touristen meiden den Wind, außer wenn sie in Windeseile am Osten vorbeibrausen. Die Urlaubsfantasien, weswegen es Gäste nach La Reunion treibt, finden im Osten keine Entsprechung.

O

ORIENTIERUNG

Verkehr: Über die N2 (von Saint-Denis nach Saint-Philippe) und die N3 (über Plaine-des-Cafres nach Saint-Pierre) gut an das Straßennetz angeschlossen. Verzichten Sie morgens zwischen 6 und 8 Uhr auf eine Fahrt nach Saint-Denis!
Internet: www.lebeaupays.com (für Sainte-Marie und Sainte-Suzanne), **www.reunionest.fr (für den Rest).**
Wanderkarten: IGN 4402 RT für den Großraum Sainte-Marie; IGN 4403 RT für Saint-André, Saint-Benoît, Takamaka, Sainte-Rose; IGN 4406 RT für Anse des Cascades.

Für spektakuläre Gipfel müssen Sie auf die andere Seite der Insel. Die Unterkünfte und Restaurants mit Qualität können an einer Hand abgezählt werden. Außerdem sind die Strände nicht zum Schwimmen geeignet. Wozu also kostbare Urlaubstage im Osten verplempern?

Genau deswegen. Weil alle auf die andere Seite pilgern. Weil es das ›echte‹, kreolische Réunion ist. Erwarten Sie keinen Highlights-Marathon, sondern ein paar beschauliche Tage, um Kraft zu tanken und den Blick über die Zuckerrohrfelder bis zum Meer schweifen zu lassen.

Sainte-Marie

📍G1

Wäre da nicht die Tafel an der N2, die nach Sainte-Marie (*sortie* 11) weist, würden Sie glatt völlig ohne viel Aufhebens daran vorbeifahren. Was in den letzten 20, 30 Jahren als Wohngegend wegen seiner Nähe zu Saint-Denis boomte, kann auch für Besucher nicht so verkehrt sein. Touristen wie Einheimische schätzen dieselben Annehmlichkeiten: eine gute Infrastruktur, gut sortierte Supermärkte, die Nähe zum Flughafen und zur Hauptstadt, falls einem am Abend der Sinn nach Haubenküche steht. Gleichzeitig blickt man vom Wohnzimmer aufs Meer und binnen einer Stunde ist Salazie erreicht. Außerdem ist man schnell an der Autobahn und somit an die Lebensader angeschlossen. Große Arbeitgeber machen die Kommune als Wohngebiet attraktiv, u. a. der Flughafen, die Air Austral und die Gruppe Bourbon, ein Global Player im Bereich Dienstleistungen für die Offshore-Öl- und Gasexploration.

Touristische Highlights fehlen, das schmucke Bürgermeisteramt und die bescheidene Hauptstraße sind nur bei viel Zeit einen kurzen Abstecher wert. Für Flugzeugliebhaber interessant ist die Lage des Hafens *(le port de plaisance et de pêche)*. Parken Sie Ihr Auto entweder am Hafen oder am großen Parkplatz in der Nähe der Gendarmerie. Prüfen Sie unter http://www.reunion.aeroport.fr die Abflüge und verbinden Sie das Angenehme mit dem Faszinierenden: Sie spazieren auf dem Sentier Littoral Nord direkt am Meer entlang und erfreuen sich an einem der täglich 14–16 Abflüge. Durch die Lage von Sainte-Marie am Ende der Start- und Landebahn des Flughafens können Sie die Flugzeuge fast mit dem Finger berühren.

Da geht's lang: In Sainte-Marie kurz hinter Saint-Denis führt die Autobahn nach Osten, in den ursprünglichen Teil der Insel.

Schlafen

Guter Geschmack garantiert

La Villa des Cannes: Allein schon der Name zergeht zuckersüß auf der Zunge (*canne* = Zuckerrohr), und dann erst das Interieur! Das intime Haus mit insgesamt drei Zimmern und einer Suite geizt nicht mit gutem Geschmack: edles Interieur, großzügige Zimmer, dezente Farbgebung von Beige, Creme, Grau bis hin zu zarten Grüntönen und trendige Details, z. B. offene Wellness-Badezimmer. Der Salzwasserpool kommt ohne Chlor aus, der weitläufige Garten voller tropischer Bäume und Pflanzen wird liebevoll gepflegt. Reichhaltiges Frühstück mit veganen bzw. glutenfreien Alternativen (selten auf der Insel!). Die aufmerksamen Gastgeber Christophe und Sandrine geben ihr Letztes, um die Gäste zu verwöhnen.

17, route du Paradis, hinter *sortie* 11 bergwärts fahren und der D62 folgen, Details zur Anfahrt anfragen, T 0692 05 91 71, www.lavilladescannes.com, DZ/ÜF 155 €, Suite/ÜF 185 €

Nicht weit zum Flughafen

Galabé et Tafia: Vor den Toren von Saint-Denis nächtigt es sich einfach besser. Drei elegante Zimmer, ein langer Pool, ein üppiges Frühstück und viel Ruhe. Ihr Urlaub auf der Insel beginnt hier.

86, route de Montée Sano, T 0693 91 07 17, www.villagalabeettafia.com, DZ/ÜF ab 95 €

Flugzeuge im Bauch

Les Pailles en Queue: Nicht zimperlich darf man sein, aber da der Flugverkehr überschaubar ist, überwiegen die Vorteile dieser beiden Ferienwohnungen in unmittelbarer Nähe zum Hafen: toller Blick aufs Meer, direkte Lage am Sentier Littoral Nord, moderne Ausstattung mit Qualität und ein herzlicher Gastgeber, der mit Rat und Tat zur Seite steht.

40, rue de Guigné, T 0692 62 49 81, www.lespaillesenqueue.re, Ferienwohnung 165 €

Bewegen

Unter den Wolken

Papangue ULM: In Ultraleichtflugzeugen über den Cirques, dem Vulkan und den Hochplateaus zu kreisen, macht nur denjenigen Spaß, die sich mit den Kräften der Natur messen wollen. Der Wind pfeift übers Gesicht, im Ohr rattert der Motor, aber die Aussicht von oben ist eine Wucht. Äußerst kompetenter Anbieter, freundlicher Empfang. Je nach Flugstrecke und Dauer kosten die Überflüge 80–190 €.

Route de Maperine, erste Abfahrt nach dem Flughafen (*sortie* 10), danach den Schildern »Port de Plaisance« und »Aéroclubs«/»Météo France« folgen, T 0692 08 85 86, www.papangue-ulm.com

Sainte-Suzanne

H2

Mit Sibirien hat das Städtchen wohl nicht viel gemein. Von Strafverbannung der zwölf madagassischen Meuterer im Jahr 1646 kann also gar keine Rede sein. Vielleicht doch, denn dass sie in der menschenleeren, schwülen Wildnis überleben würden, schloss der Gouverneur von Madagaskar, Jacques de Pronis, kategorisch aus. Umso überraschter waren alle, als man nach drei Jahren Nachschau hielt und sie quietschfidel vorfand. Die zwölf Mannen schwärmten »von den kühlen Flüssen, an denen sie gebadet hatten, von den weitläufigen Stränden, über die sie gelaufen waren, von den wunderbaren Wäldern, die sie durchstreift hatten, und den köstlichen Früchten, die sie gepflückt hatten«.

So viele gefährliche Küstenabschnitte und nur ein Leuchtturm auf der gesamten Insel? Und selbst der ist seit 1984 arbeitslos und wird heute zweckentfremdet.

Heute gehört das Quartier-Français als Wiege von La Réunion, als erste Siedlung der Insel, zu Sainte-Suzanne, obwohl es geografisch näher an Saint-André liegt. Anfangs bauten die Siedler Weizen, Reis, Wein und Tabak an, erst später kamen Kaffee und Zuckerrohr hinzu. 1820 führten die Betriebe der Region die Zuckerproduktion der Insel an. Jahrzehnte später kam der Vanilleanbau hinzu. Ein nicht enden wollender, tiefgrüner Teppich aus Zuckerrohrfeldern umgibt heute noch das Städtchen. Viele der knapp 24 000 Einwohner leben von der Landwirtschaft, doch die Mehrheit pendelt nach Saint-Denis oder Le Port zur Arbeit. Mit Touristen haben sie kaum zu tun, lassen doch die meisten Sainte-Suzanne auf dem Weg nach Salazie einfach links liegen.

Wirtschaftlich profitiert Sainte-Suzanne von der Nähe zu Saint-Denis, für Besucher wird nicht viel geboten außer der üblichen heiligen Dreifaltigkeit der Insel: Bürgermeisteramt, Kirche und Lottoannahmestelle. Mit dem renovierten Bahnhof (erkennbar am alten Schriftzug), schön an der Waterfront gelegen, weiß man leider nichts anzufangen, deswegen hat man aus Verlegenheit ein Kulturzentrum eingerichtet (Zufahrt: hinter der Kirche in Richtung Meer (Schild Parking Front Mer), danach links, an der nächsten Kreuzung). Und so bleibt Sainte-Suzanne wohl auch in Zukunft nicht mehr als ein Ort zum Durchfahren.

In Zentrumsnähe

73 Stufen zur Arbeit

Ein, zwei, drei, vier Sekunden – so lange haben Sie Zeit, um sich zu entscheiden.

TOUR
Zwischen Wellen und Zuckerrohr

Radtour auf dem Sentier Littoral Nord

Steine – machen sich super in Ohrringen oder im Naturhistorischen Museum, aber nicht unter schmalen Fahrradreifen. Wegen des groben Rollsplits erfordern einige Abschnitte zwischen Sainte-Marie und Sainte-Suzanne meine ganze Aufmerksamkeit. Nach einigen Minuten habe ich mich an den Belag gewöhnt und bewundere Mountainbiker, die im TGV-Tempo an mir vorbeiziehen. Für Geschwindigkeitsbolzen sind nämlich die vielfach schnurgeraden Strecken eine Einladung. Überhaupt hat der Sentier Littoral Nord kaum richtige Schwierigkeitsgrade. Es geht gemächlich flach oder nur mit kleinen Steigungen auf meist langen Geraden vorwärts, und außer im Großraum Saint-Denis fährt man auf Teer.

Der Radweg startet in **Saint-Denis** auf Höhe des Busbahnhofs am **Barachois.** Links das Meer, rechts der Verkehr, man weiß nicht so recht, was lauter tost. Vorbei am **Cimetière Marin de l'Est** verläuft der Radweg überwiegend neben der stark befahrenen Straße, es geht durch kurze Tunnels, ein kurzes Stück verläuft direkt unter der Trasse oder durch einen Park. Immer wieder müssen Straßen gekreuzt werden. Der **Flughafen** wird entlang der N2 im U umfahren. Dahinter – aufatmen! Der lauteste, von Betonwüste geprägte Teil liegt hinter uns. Wenn linker Hand, auf Höhe des

Infos

F–H 1/2

Start: Saint-Denis

Ziel: Sainte-Suzanne

Dauer/Länge: 2 Std. einfach bei moderatem Tempo; 21 km vom Barachois bis zum Park Le Bocage

Radverleih in Saint-Denis:
s. S. 29

Hafens von Sainte-Marie, noch ein letztes Aufheulen von Flugzeugturbinen zu hören ist, liegt es daran, dass der Radweg direkt am Aéroport Roland Garros de la Réunion vorbeiführt. Hier wurde die alte Route Nationale für den Littoral genutzt, erkennbar daran, dass er herrlich breit ist.

Dahinter beginnt der schönere, verkehrsberuhigte Teil des Radweges im Grünen. Am Ortsende von Sainte-Marie, hinter der **Chapelle Notre-Dame-de-la-Salette** und der Zufahrtsrampe, zweigt der Rad- und Gehweg in die Zuckerrohrfelder und den Wald ab. Und auf die Rollsplittpiste, die nur bei Ravine des Chèvres kurz von Teer unterbrochen wird. Erst im Stadtgebiet von Sainte-Suzanne wechselt der Belag wieder zu Teer. Tipp: Gleich neben der Gendarmerie in Sainte-Marie existiert ein großer Parkplatz, ideal um hier zu starten.

Mehrere Zugänge mit kleinen Parkbuchten und Zufahrten existieren zwischen Sainte-Marie und Sainte-Suzanne, aber größtenteils liegt der Weg im Grünen, links das Meer, rechts aufragende, überwucherte Felswände oder Zuckerrohrfelder.

An der durch gelbe Stelen mit Löwenfiguren erkennbaren Einfahrt zur **Chapelle du Front Mer,** etwa 5 km hinter Sainte-Marie, kann man sich für eine erquickende Bergwertung zum **Domaine du Grand Hazier** mit der Vanilleraie entscheiden (50 Höhenmeter Anstieg). 1,7 km hinter der Abzweigung zur Chapelle du Front Mer ist der alte **Tunnel der Eisenbahn** erreicht, auf deren Trasse der Weg nun verläuft. Eine Gruppe betagter Damen mit Sonnenhüten spaziert flott und heftig diskutierend im Schatten der Sträucher. Ein Läufer trabt in seinem eigenen Tempo und überholt die freundlich grüßenden Damen. Es finden alle Platz, die sich langsam oder schnell zu Fuß oder per Fahrrad bewegen möchten. Riskieren Sie ein Blick nach hinten oben hinter dem Tunnel zum Leuchtturm von Sainte-Suzanne! Vorne dampfen die Schlote der Zuckerfabrik Bois-Rouge. Nur noch 1,5 km und der Park von **Le Bocage,** der Endpunkt des Weges, lockt. Übrigens: Der Littoral Nord funktioniert in beide Richtungen. Einige Einstiege mit Parkplatz existieren entlang der Route.

Nur kurz flackert der rot-weiße Leuchtturm, der **Phare de Bel-Air,** linker Hand auf, bevor bereits das Schild für die *sortie* 15 zur Abfahrt drängt. Nach wenigen Minuten weiter ist die Pharmacie du Phare erreicht, hinter der Sie links in die Rue du Phare abbiegen. Bequemerweise beherbergt das Nebengebäude das Tourismusamt, Sie schlagen also gleich zwei Fliegen mit einer Klappe.

Er sollte die Seefahrer vor zwei gefährlichen Steinformationen im Meer warnen, vor dem Cousin und der Marianne. Im Jahr 1846 als erster Turm auf La Réunion in Betrieb genommen, verrichtete er bis 1984 seine Arbeit. Als einziger Leuchtturm der Insel hielt er bisher sämtlichen Zyklonen stand. Trotz des Prädikats *Monument historique* ist es um seine Bausubstanz nicht sonderlich gut bestellt. Wie lange die 2023/24 laufenden Bauarbeiten andauern werden, ist ungewiss. Tipp: Ein schmaler Pfad führt vom Leuchtturm direkt ans Meer.

Duftet besser als Pferdeäpfel

Die beiden akkuraten Palmenalleen links und rechts vom geschotterten Zufahrtsweg stehen stramm; die endlos scheinenden Zuckerrohrfelder wiegen sich sanft im Wind. Es fühlt sich ein bisschen an wie Scarlett O'Hara für Arme, wenn Sie die sanfte Steigung zum **Herrenhaus von Le Domaine du Grand Hazier** und den daneben liegenden Stallungen (La Vanilleraie) im Schritttempo zurücklegen. Fehlt nur noch das Pferdegetrampel.

Um zu dem Anwesen zu gelangen, fährt man auf der D51 Richtung Bagatelle und Bassin Bœuf, zweigt hinter dem Ortsschild von Bel Air rechts auf die Rue Transversale du Bel-Air nach Westen ab und hält sich vorne an der Gabelung rechts. Zuckerrohr, wohin das Auge reicht, nur durchschnitten von der Autobahn. Bis hinunter zum Meer und weit hinauf in die Höhen reichten einst die Ländereien der Domäne Grand Hazier, vermutlich einer der ersten landwirtschaftlichen Gutshöfe überhaupt auf der Insel. Bis Ende des 17. Jh. lassen sich die Aufzeichnungen verfolgen. Die Schotterpiste führt direkt auf das Gutshaus zu, das bis vor wenigen Jahren noch von der Eigentümerfamilie Chassagne bewohnt war. Sie lebten in-

ZUFALLSBEKANNTSCHAFT **Z**

Er hat keine ruhmreiche Nation vergrößert und sein Name ist außer in La Réunion kaum bekannt. Barfuß steht er da, ohne Sockel, ein unscheinbares Denkmal am östlichen Ortsausgang Richtung Saint-André (kurz vor dem Sportkomplex Le Bocage). Und doch hat er die Geschicke der Vanille-Insel maßgeblich mitbestimmt: **Edmond Albius.** Bereits in den 1820er-Jahren soll die Gewürzvanille aus Mexico erstmals eingeführt worden sein und wucherte im tropischen Klima prächtig. Bloß: Sie wollte keine Schoten wachsen lassen. Es fehlte an geeigneten Bienen oder Kolibris, die in Mittelamerika die Bestäubung übernahmen. Der Sklavenjunge Edmond, der seit dem Tod der Mutter vom Patron aufgezogen wurde, war durch ihn früh dem wissenschaftlichen Zugang zu Pflanzen und Botanik ausgesetzt. 1842 schließlich entdeckte er zufällig, dass die Befruchtung per Hand ganz einfach ist: Mit einem Kaktusstachel zerreißt man das Jungfernhäutchen, das die Selbstbefruchtung verhindert, und drückt mit den Fingern Narbe und Pollen aufeinander.

mitten von Originalmobiliar aus der Zeit der Ostindien-Kompanie und genossen denselben, schönen Panoramablick wie vor 200 Jahren. Zum Gut gehörten nebst den Ländereien die Stallungen der Pferde (wo heute die Vanilleraie untergebracht ist), die Baracken für die Vertragsarbeiter *(kalbanons)* und ab den 1870er-Jahren eine tamilische Chapelle du Front Mer (s. Tour S. 134). Grand Hazier war nicht der einzige *domaine*, in unmittelbarer Nachbarschaft gab es weitere, wie beispielsweise Le Domaine de Bel Air oder die Domäne von Bagatelle.

In den 1897 erbauten Stallungen logiert heute der Vanilleproduzent La Vanilleraie, der als verarbeitender Betrieb die Vanilleernten der Bauern zukauft und zu preisgekrönter Vanille und Vanilleprodukten verarbeitet. Im Laden steht Vanille auch zum Verkauf, daneben befindet sich ein Schaugarten (zu besuchen im Rahmen einer Führung).

2ter, Domaine du Grand Hazier, Allée Chassagne, T 0262 23 07 26, www.lavanilleraie.com, Laden: Mo–Sa 8.30–12, 13.30–17, Führungen: 9, 10, 11, 14, 15, 16 Uhr, 6 €

Niagara im Hosentaschenformat

Einen Einheimischen danach zu fragen, was sehenswert ist, ist müßig, denn die ganze Insel ist *magnifique*, selbst ein schlammig brauner See im Hinterland. Zur gleichen Kategorie zählen je nach Jahreszeit und Regenmengen die **Cascades du Niagara.** Nach langen Trockenperioden rinnt nur ein kleines Rinnsal die 50 m hohe Kaskade hinunter und der See darunter ist auf die Größe eines Biotops ausgehungert. Dennoch liegen die Menschen das ganze Jahr am Ufer, sonnen sich, picknicken, treffen sich mit Freunden. Kurz nach den Regenperioden jedoch zeigt er seine Größe: Mehrere Kaskaden ergießen sich, die Gischt sprüht wie Funken und das Getöse ist ohrenbetäubend. Am Nachmittag liegt der Wasserfall im Schatten.

An der Hauptstraße weist nur 150 m hinter der Kirche vor der Brücke über die Rivière Sainte-Suzanne ein Schild nach rechts zu den Cascades du Niagara. Durch ein Wohngebiet und unter der Autobahn-Unterführung hindurch verläuft der Chemin Marencourt für 1,2 km bis zur nächsten Abzweigung nach rechts. Jetzt noch 800 m und die Wasserfälle sind erreicht. Achtung: Schauen Sie nach oben, denn das Schild zu den Wasserfällen hängt hoch über dem Zuckerrohr. Bei Schwerverkehr zwischen den Zuckerrohrfelder sind Sie als Autofahrer verpflichtet, auszuweichen.

Schlafen

Ganz nah am Wasser gebaut

Les Terrasses de Niagara: Drei hübsche, gut ausgestattete Ferienwohnungen, teils mit Blick auf den Wasserfall, eingebettet in Zuckerrohrfelder und einen üppigen Tropengarten, sind bei weitem die beste Option in Sainte-Suzanne. Wer Zuckerbaron-Luft schnuppern will, hat es nicht weit, denn die Chalets befinden sich im Domaine de Marencourt, einem alten Gutshof.

12, chemin Marencourt, T 0692 22 37 40, www.terrasses-niagara.com, Ferienwohnung 95–140 €, Frühstück 10 €

Bewegen

Canyoning

Mit **Évasion Kréol** stürzt man sich die Wasserfälle hinunter, springt in tiefergelegene Wasserbecken, seilt sich ab und lässt sich von Stromschnellen mitwirbeln. Canyoning für Anfänger oberhalb von Sainte-Suzanne ab Bagatelle oder bei den Cascades du Niagara.

T 0692 61 34 55, http://canyoning-ilereunion.com; Austral Aventure, 42, rue Amiral

Naja, so groß wie die in Amerika sind sie nicht, aber trotzdem ein beliebtes Ausflugsziel von den Einheimischen: die Cascades du Niagara.

Lacaze, Hell-Bourg, T 0692 87 55 50, www.australaventure.fr; beide ab 60 €/Pers.

Feiern

- **Tamilisches Neujahrsfest:** April/Mai, im Park Bocage am Südende von Sainte-Suzanne. Mehrtägiges, öffentliches hinduistisches Fest mit Umzug, Tanz, Musik, etc.
- **Fête de la Vanille:** Aug., im Park Bocage. Mit Marktständen, Musik und freiem Eintritt.

Infos

- **Office de Tourisme:** neben dem Leuchtturm Phare de Bel-Air, 18, rue du Phare, T 0262 52 13 54, www.lebeaupays.com, Mo–Sa 8.30–12.30, 13.30–16.30 Uhr.
- **Auto:** Sainte-Suzanne liegt direkt an der N2, *sortie* 15.

Saint-André

J3

»Diese Ländereien waren einst die Kornkammer der Kolonie. Im Mutterland bewunderte man die riesigen Weizenfelder, die an Frankreich erinnerten, und die Obstplantagen, die die Monotonie der Landschaft brachen, wurden gefeiert für ihre Fülle und die vortreffliche geschmackliche Qualität der Früchte. Heute ist der Weizen nicht mehr als ein Hauch von Erinnerung; die Haine sind unter das Joch der Zuckerdose gefallen.« So sinnierte 1751 ein Expeditionsreisender, ein gewisser Fréri, der die Vulkane auf der Insel studieren wollte. Wie sehr der Landstrich dem Zuckerrohranbau verhaftet ist, beweist die Zuckerfabrik Bois-Rouge, eine der beiden letzten Fabriken der Insel und die einzige im Osten.

Auf der Autobahn nur gute 20 Minuten (ohne Stau) von Saint-Denis entfernt, ist Saint-André für viele attraktiv, die in der Stadt arbeiten und im Grünen wohnen wollen. Denn obwohl die Stadt zu den am dichtest bewohnten Gebiete der Insel zählt, wähnt man sich in der weitläufigen Stadtarchitektur mit Feldern und Wiesen mitten im Stadtgebiet fast wie auf dem Land. Zuzügler schätzen neben den moderaten Grundstückspreisen die Weitläufigkeit, die erst die flache Schwemmebene im Mündungsgebiet zwischen Rivière du Mât und Rivière Saint-Jean möglich macht. Der Bauboom hat dazu geführt, dass der Verkehr am Morgen in Fahrtrichtung Saint-Denis aber unerträglich wurde, mit kilometerlangen Autoschlangen bereits um 6 Uhr. Entlang der Abfahrten von der N2 staut es zudem besonders zu den Stoßzeiten morgens bis 9 Uhr, von 12 bis 14 Uhr und von 17 bis 19 Uhr.

Vom täglichen Verkehrskollaps ahnten die ersten Siedler herzlich wenig. Als sich 1704 vier weiße Familien mit ihren Sklaven niederließen und mit der Bewirtschaftung von Grund und Boden begannen, gehörten das Quartier-Français sowie Saint-André noch zur Kommune Sainte-Suzanne. Deshalb sehen sich beide Städte heutzutage als Wiege von La Réunion an. Unbestritten ist, dass es der Fruchtbarkeit des Landstrichs geschuldet ist, dass sich im Osten die ersten dauerhaften Siedlungen entwickelten. Ab 1718 wurde die Landwirtschaft intensiviert und Tabak, Maniok, Tee, Kaffee, Mais, Nelken, Reis, Vanille und Weizen angebaut. Erst danach folgten der Zuckerrohranbau und Vanille. 1828 ging offiziell der erste tamilische Vertragsarbeiter *(engagé)* aus Südindien an Land, es folgten Abertausend weitere, die im Osten eingesetzt wurden, nachdem das Ende der Sklaverei in der Kolonie absehbar war. Ihre Nachfahren prägen das Gesicht von Saint-André, der plakative Vergleich mit Little India ist schnell zur Hand. Mehrere große und kleine Tempel sowie unzählige Haustempel existieren, und die hinduistischen Tamilen bestimmen das kulturelle Leben der Stadt mit, insbesondere durch ihre großartigen Festivitäten (Infos zu genauen Terminen im Fremdenverkehrsamt).

Die Altstadt

Beam me back, Scotty!

Möglicherweise ist der Begriff **Altstadt** ❶ zu hochgestochen, denn so richtig viel hat das Zentrum nicht zu bieten. Aber ein kurzer Spaziergang durch das historische Zentrum zwischen Bürgermeisteramt, der katholischen Kirche aus den 1820er-Jahren und dem Fischmarkt wirft Sie für einen kurzen Moment in eine längst vergangen geglaubte Zeit.

FAKTENCHECK

Einwohner: 57 500 Einwohner.
Bedeutung: ein Hospital und das größte Zuckerrohranbaugebiet der Insel.
Stimmung auf den ersten Blick: zurückhaltend-freundlich.
Stimmung auf den zweiten Blick: Die Stadtteile Centreville, Cambuston und Ravine Creuse zählen zu den ärmsten Regionen der Insel.
Besonderheiten: tamilische Tempel, Tor nach Salazie, Stadt der Vanille.

Man stößt vereinzelt auf historische Bauten, z. B. auf die halb verfallene ehemalige **Chapelle Sainte-Jeanne-d'Arc** (gegenüber dem Friedhof, Ecke Rue du Père Répond / Rue du Père Buschère), deren Dach 1948 bei einem Zyklon abgedeckt wurde, aber viel ist von von der alten Substanz nicht mehr zu erkennen. Das **ehemalige Pfarrhaus** in der Rue du Père Buschère fungiert heute als Schule. Rund um die **Kirche von Saint-André** wurden die alte **Markthalle** sowie die ehemalige Sklavenschule L'**École des Frères,** das älteste Gebäude der Stadt aus dem Jahr 1844, revitalisiert. Gegenüber, auf der anderen Seite der Avenue du Bourbon, befindet sich (gut versteckt hinter der Häuserfront) der **Domaine Appavoupoullé** ❷. In der ersten Hälfte des 20. Jh. sorgte der Gutshof maßgeblich für die Versorgung der Stadt, mit einer Mühle, Pferdeställen, einem Bewässerungssystem für die Felder und sogar einer kleinen Stromerzeugung.

Avenue Île de France

Schmerzliche Vergebung

Büßerfest klingt zu harmlos. ›Körperteile mit Nadeln durchstechen‹ kommt

Saint-André

Ansehen
1 Altstadt
2 Domaine Appavoupoullé
3 Temple Petit Bazar
4 Plantation Vanille Roulof
5 Musée Dan'Tan Lontan
6 Maison Martin Valliamée
7 Temple Maryen Péroumal
8 Église de Champ-Borne
9 Temple du Colosse
10 Zuckerfabrik Sucrerie Bois-Rouge, Distillerie Savanna, Tafia & Galabé
11 Jardin des mille et une saveurs

Schlafen
1 Poivre et Citronelle

Essen
1 Bal la Poussière
2 Resto Velli
3 Le Franciscéa
4 Kom' la case

---

der Wahrheit schon näher. Nach neun Tagen ›Büßen‹ in Form von Gebeten, Ritualen und Fasten gipfelt die Ehrung der Gottheit Murugan, in einer Prozession zum **Temple Petit Bazar 3**. Dabei tragen die Gläubigen den *cavadee*, einen mit Blumen und Devotionalien geschmückten Schrein, zum Tempel – *cavadee* bezeichnet auf La Réunion nicht nur den Schrein, sondern auch das Fest selbst. Gebüßt werden natürlich die eigenen Verfehlungen. In der Mythologie wird Murugan deshalb oft mit einer Lanze dargestellt, der über die Dämonen siegt. Durch die beeindruckende Prozession hoffen die Gläubigen auf Erleuchtung und Wohlstand. Die Zeremonie endet mit einem gemeinsamen Mahl und der *cavadee* wird zerstört. Die Prozession am zehnten Tag ist öffentlich zugänglich, wobei dies der einzige Tag des Jahres ist, an dem Besucher den Temple Petit Bazar aufsuchen dürfen. Es wird zu Vollmond des tamilischen Monats Thai gefeiert, dem letzten Vollmond des Januars.

Unter den Gläubigen gilt der 1900 erbaute hinduistische Temple du Petit Bazar als der prächtigste weit und breit. Direkt an der Avenue Île de France, der nördlichen Einfahrtsstraße ins Altstadtzentrum und Verlängerung der Avenue des Mascareignes, gelegen, können Sie ihn gar nicht übersehen.

1360, av. Île de France, Bushaltestelle Chapelle, unweit der Abzweigung in den Chemin du Chapelle, derzeit keine Besichtigung möglich

Schönheit aus der Unterwelt

Wie ein Schmetterling, der im Kokon zu delikater Schönheit heranreift, verhält es sich mit der Vanille. Auf der **Plantation Vanille Roulof 4**, die Familie Roulof betreibt in vierter Generation Landwirtschaft, können Sie die Verwandlung von Vanille hautnah miterleben. Zunächst hängt die Vanilleorchidee völlig unscheinbar, noch dazu geschützt vor direktem Sonnenlicht im Schatten oder im Unterholz, an Wirtspflanzen und rankt sich schüchtern empor. Wenn sich nach drei Jahren Wachstum an den fleischigen Blättern die ersten Blüten zeigen, müssen geschickte Menschenhände die Bestäubung manuell durchführen, da dazu geeignete Vögel oder Insekten auf der Insel fehlen. Drei Sekunden benötigen erfahrene Frauenhände dafür. Nach etwa neun Monaten Wachstum, wenn sich die grünen Kapselfrüchte an den Enden gelb verfärben, ist es an der Zeit, die noch immer ziemlich geschmacklosen Schoten zu ernten. Erst durch einen aufwendigen Veredelungsprozess, der fast zwei Jahre dauert und unzählige Handgriffe erfordert, ist die Fermentie-

Mitten in Saint-André könnte man ihn hinter den hohen Wänden doch glatt übersehen, den Temple Petit Bazar. Beim Büßerfest Cavadee tritt er einmal pro Jahr sozusagen vor den Vorhang, wenn neben den Gläubigen auch der Öffentlichkeit Zugang gewährt wird. Nutzen Sie die Chance!

rung zur Bourbonvanille abgeschlossen. Erst jetzt duftet sie so verführerisch, wie nur eine Königin der Gewürze duften kann. Der größte unabhängige Produzent der Insel, die Familie Roulof in Saint-André, bearbeitet 2 ha Land mit ca. 6000–8000 Wirtspflanzen und produziert damit jährlich 160 000 Vanilleschoten. Die Vanilleplantage der Roulofs kann ganzjährig besucht werden, empfehlenswert aber sind die Monate September bis Dezember (Blütezeit, Bestäubung) und Juni bis Dezember (Ernte). Regenkleidung, Sonnenschutz und Insektenschutz nicht vergessen!

470, chemin Deschanets, Einfahrt Nähe Temple Petit Bazar, T 0692 10 87 15, Führungen Mo–Sa 11, 14 Uhr, 4 €, ca. 1 Std., ausschließlich auf Französisch

Chemin du Centre

Lost in Zeugs

Mehr ein Sammelsurium als ein richtiges Museum, ist das **Musée Dan'Tan Lontan** ❺ interessant für Leute, die tiefer in den Alltag der Réunionesen vor 50 oder 100 Jahren eintauchen möchten. Sie sollten keine Stauballergie und auch keine Platzangst haben.

2208, chemin du Centre, T 0692 82 87 79, Di–So 9–17 Uhr, 4 €

Versteckte Schönheit

Nur ein paar Meter westlich der Kreuzung des Chemin du Centre mit dem Chemin Lagourgue taucht unvermittelt im Grünen ein schmuckloser Parkplatz auf. Es bedarf eines zweiten, durchdringenderen Blickes, um das nach hinten versetzte, hübsche **Maison Martin Valliamée** ❻ im kreolischen Stil hinter dem Gebüsch und den Bäumen auszumachen. Der Arzt und Bürgermeister Léopold Martin ließ das prachtvolle Gebäude 1925 nach seinen Vorstellungen am Rand der Stadt erbauen. Es besteht aus 24 Zimmern verteilt auf drei Etagen, obwohl der Junggeselle gar keine Familie hatte. Léopold Martin wollte die Welt der Architektur in einem Haus vereinen und ließ italienische Balken, eine Fassade im mauretanisch-viktorianischen Stil, spanische Fliesen, die typischen Fenster aus Frankreich sowie indische Elemente zu einer Einheit zusammenfügen. Der Grundriss ist streng symmetrisch, drei Veranden sorgen für eine ausreichende Luftzirkulation im schwül-heißen Osten. Die Veranda, die nach vorne gerichtet ist, war der Bewirtung von hochrangigen Besuchern vorbehalten, während auf den beiden seitlichen Veranden der Hausherr seine Mahlzeiten einnahm. Bis 1955 bewohnte der Hausherr die Villa. Danach zog die indischstämmige Familie Valliamée ein und adaptierte sie geringfügig. Momentan ist das Gebäude unbenutzt, bis vor wenigen Jahren residierte hier das Fremdenverkehrsbüro.

1590, chemin du Centre, *sortie* 20, der Rue Lefaguyes folgen und links in den Chemin de Centre abbiegen

Farbenfrohe Verlockung

»Ziehen Sie bitte die Schuhe aus und nehmen Sie Ihre Kappe ab,« bittet der Hausherr des **Temple Maryen Péroumal** ❼, M. Ranganayaguy. Der Mensch sollte sich ohne Barrieren mit dem Boden, also der Erde, und dem Himmel verbinden, wenn er einen hinduistischen Tempel betritt. Unweit vom Maison Martin Valliamée befindet sich einer von zwei hinduistischen Tempeln im Inselosten, die Besuchern nach Voranmeldung offenstehen. Rechnen Sie mit ca. 1,5 Std., verzichten Sie auf Dekolletés und bedecken Sie Schultern und Knie. Lassen Sie an dem Tag auch Ihre Lederschuhe oder -gürtel zu Hause. Führungen sind über das Fremdenverkehrsamt oder direkt beim Tempel zu buchen.

307bis, chemin Maunier, Führungen Di–Sa 10, 14 Uhr, Reservierung via www.reunionest.fr, 10 €

Von der Altstadt zur Küste

Im Kampf um Seelen und Winde

Über den 3,2 km langen, fast schnurgeraden Chemin Lefaguyes gelangt man von der Altstadt am schnellsten ans Meer. Die verfallene Kirche **Église de Champ-Borne** ❽ direkt an der Küste sticht ins Auge. Als sich auch auf den französischen Inseln das Ende der Sklaverei ankündigte, baute man flugs noch Kirchen, um die zu erwartenden, verirrten Seelen der Befreiten vor dem Fegefeuer zu bewahren. Die in der ersten Hälfte des 19. Jh. erbaute Kirche von Champ-Borne war eine davon. Scheinbar waren die guten Mächte vom Sendungsbewusstsein nicht erbaut, knickte sie doch beim Zyklon Jenny am 28. Februar 1962 ein. Das idyllische Plätzchen hinter der Kirche, mit Blick aufs Meer und die dunkelgraue Basaltküste, lädt zum Pause machen ein.

Kolossal groß

Die D47 – rechter Hand tost der milchigblaue Ozean hinter einem Grünstreifen mit Vacoabäumen – führt in nordwestlicher Richtung zum **Temple du Colosse** ❾, der nach 1,3 km erreicht ist. Der bedeutende und größte hinduistische Tempel der Insel strahlt unübersehbar in prächtigen Farben. Haben Sie sich schon einmal gewundert, wer die Tempel bemalt? Es handelt sich um Männer aus untadeligen Familien, die das Kunsthandwerk von Generation zu

Generation weitergeben. Ihre Arbeit ist in der tamilischen Community mit höchsten Ehren verbunden. Finanziert werden die Tempelrenovierungen durch Spenden der Gläubigen, die verpflichtet sind, eine Renovierung alle zwölf Jahre zu veranlassen. Bis auf wenige Ausnahmen haben die intensiven Farben, in denen das gesamte Bauwerk gehalten ist, keine Bedeutung, außer dass sie für Wohlbefinden sorgen sollen. Besetzt sind allerdings die Farben Rot als Farbe für Pandialée, Weiß als Farbe für die Gläubigen und Schwarz als Farbe für Kali.

Der größte Tempel der Insel ist der wichtigsten Gottheit der tamilischen Réunionesen geweiht, nämlich der Feuergöttin Pandialée (Draupadi) gemeinsam mit den weiblichen Gottheiten Kali und Maryamèn. Die mythische Frauenfigur Pandialée steht für Stärke, Lebensmut, Selbstbewusstsein, Gerechtigkeit und moralische Überlegenheit. Kali, die Göttin des Todes, der Erneuerung und der Transformation, gilt als Gottesmutter, die Leben gibt und es auch wieder nimmt. Maryamèn, die Göttin des Wassers, beschützt vor Krankheiten, sichert gute Ernten und sorgt sich allgemein um Wasser. Durch Opfergaben, Rituale und Gebete bitten die Gläubigen um das Wohlwollen der Göttinnen.

Der Name des Ortsteils, Colosse, stammt nicht, wie man vermuten könnte, aus der hinduistischen Mythologie, sondern ganz trivial aus der Zeit, als die Inder in kolossalen Passagierschiffen in eine ungewisse Zukunft fuhren.

Route de Champ-Borne, n. V. Mo, Do–Sa 10, 14 Uhr, Reservierung via www.reunionest.fr, 12 €

In der Nähe von Saint-André

Ent-zucke(r)n-nd

Die dampfenden Schlote der **Sucrerie Bois-Rouge** und der angrenzenden **Distillerie Savanna** ⑩ in Cambuston an der Küste zwischen Saint-André und Sainte-Suzanne sind weithin sichtbar. Von einst 189 Zuckerfabriken *(sucreries)* sind nur noch zwei in Betrieb. Was Le Gol bei Saint-Louis für den Westen ist, ist Bois-Rouge für den Osten. Während der Zuckerrohrernte (Juli–Nov.) spielt sich ein interessantes Schauspiel ab: Überdimensionierte Lastwagen und Traktoren liefern im Minutentakt Zuckerrohr in die Fabrik. Für Ausflügler ist diese Zeit besonders eindrücklich, da es überall

R

RUMZUCKE(R)N

Im Gegensatz zum preiswerteren weißen *rhum agricole* namens Charette, der nur für die typischen *rhum arrangés* verwendet wird, benötigen die preisgekrönten Rumbrände der **Distillerie Savanna** keine Früchte oder Zucker, um den scharfen, fuselartigen Rumgeschmack zu kaschieren. In einem stimmungsvollen kreolischen Haus gegenüber der Sucrerie Bois-Rouge und der Distillerie Savanna (s. o.) können Sie sich im Shop **Tafia & Galabé** der Destillerie nach Herzenslust durch die unterschiedlichen Rumsorten kosten. Das Unternehmen ist für seine preisgekrönten Rumbrände über die Grenzen von Réunion hinaus bekannt. In dem Laden werden außer Rumspezialitäten auch Zuckerköstlichkeiten, Konfitüren und Gelees verkauft. Verkostungen und Direktverkauf finden ganzjährig statt.

von Menschen und Maschinen wimmelt, aber gleichzeitig auch ein Spießrutenlauf, wenn Sehenswürdigkeiten und Unterkünfte vorübergehend nicht erreichbar sind, weil gigantische Trucks die Straßen blockieren. In der Brennerei wird der Herstellungsprozess von Rum vorgeführt und man kann sich die unterschiedlichen Geschmacksrichtungen der Rumsorten auf der Zunge zergehen lassen. Es werden auch Nachtführungen angeboten, die besonders beliebt sind. Es ist weniger heiß, das Publikum ist gemischt und mit den Lichtern wirken die Gerätschaften und das Getöse noch imposanter. Der **Shop Tafia & Galabé** ist sehenswert.

2, chemin de Bois-Rouge, Cambuston, T 0262 58 59 74, www.distilleriesavanna.com, Mo–Sa 9–17, Juli–Dez. bis 20 Uhr, geführte Touren mehrmals pro Tag Mo–Fr Juli–Dez., 12 €, Nachtführungen ab 19 Uhr, 12 €. Reservierung einer Tour 2 Tage im Voraus empfohlen, englische Führungen werden nur bei ausreichender Nachfrage angeboten. Jede französischsprachige Führung beinhaltet kurze englische Zusammenfassungen. Start im Shop Tafia & Galabé (s. Kasten S. 144). Voraussetzungen: festes Schuhwerk (keine Flip-Flops), keine Kleider/Röcke, keine Tücher. Die Zufahrt erfolgt entweder übers Stadtgebiet (Cambuston), über die N2002 aus Sainte-Suzanne oder die Autobahn (*sortie* 17).

Tropenschönheiten

Lohnend ist ein Spaziergang in dem botanischen Garten **Jardin des mille et une saveurs** ⓫, der schon in der dritten Generation geführt wird. Beim Familiengarten in Privatbesitz geht es nicht primär darum, die prächtigsten Blumen vorzuführen, sondern um die Artenvielfalt auf der Insel zu erhalten. In gewissen Monaten blüht und duftet es, in anderen gibt es kaum spektakuläre Gewächse zu bestaunen. Tipp: Packen Sie eine Jause ein und picknicken Sie im Garten!

1321, chemin Grand Canal, Zufahrt über Champ-Borne, T 0692 76 49 85, www.jardindesmillesetunesaveurs.com, tgl. 9–17 Uhr, 10 € (mit Erklärungen in einer Broschüre auf Englisch und Französisch), geführte Touren ab 10 Pers.

Schlafen

Grünes Herz auf 200 m Seehöhe

1 **Poivre et Citronelle:** Nicht nur nach außen hin strotzt der weitläufige Garten vor grüner (und farbenprächtiger) Lebenslust, sondern Jean-Marc hat sich ein durch und durch grünes – im Sinne von nachhaltig – Refugium geschaffen. Die Früchte auf dem Frühstücksteller kommen ohne Pestizide aus und stammen aus dem eigenen Garten, 80 % der Elektrizität stammt aus Sonnenergie. Er tüftelt an begrünten Wänden (als natürliche Klimaanlage), die Toiletten werden mit Regenwasser gespült. Vom Salzwasserpool ganz zu schweigen. Der Hausherr ist ein Pflanzenkenner und seine Begeisterung steckt so sehr an, dass man am liebsten gleich nach der Rückkehr einen Garten zu Hause anlegen möchte. Fünf schmucke, moderne, großzügige, gut ausgestattete Zimmer mit Fernsehen, WLAN und Klimaanlage stehen zur Auswahl, vier im Erdgeschoss, eines im Obergeschoss. Wer Ruhe im Grünen sucht, ist goldrichtig. Jacuzzi, Sauna, Seerosenteich und Biogarten inklusive. Massagen auf Wunsch.

204, chemin Couturier, Anfahrt über D46, Einfahrt neben Bushaltestelle Mon Repos, T 0692 09 90 00, www.poivre-et-citronnelle.com, DZ/ÜF ab 165 €

Essen

Gehoben, aber nicht abgehoben

1 **Bal la Poussière:** Gourmets haben im Osten wenig zu lachen – außer hier. Raffiniert, professionell und *simplement délicieux*. Das Paar Pauline (Service) und Grégory (Küche) sind kein unbeschriebe-

TOUR
Von Mini-Serpentinen nach Salazie blicken

Wanderung durch den Forêt de Dioré

Nur Mut, der Aussichtspunkt ist nicht mehr weit – zumindest wenn man auf dem Weg bleibt, sonst verschlingt einen der Dschungel.

Hand aufs Herz. Ein zweiter Piton des Neiges ist er nicht, der Forêt de Dioré. Aber das heißt noch lange nicht, dass Sie sich im Osten auf die faule Haut legen sollen. Denn Aussichtspunkte gibt es auf La Réunion fast so viele wie graue Basaltsteine an der Ostküste. Obwohl nicht der große Wurf, werden Sie die beschwingte Wanderung auf den Dioré genauso ins Herz schließen wie die unscheinbaren Vorspeisenbällchen *Bonbon Piment*.

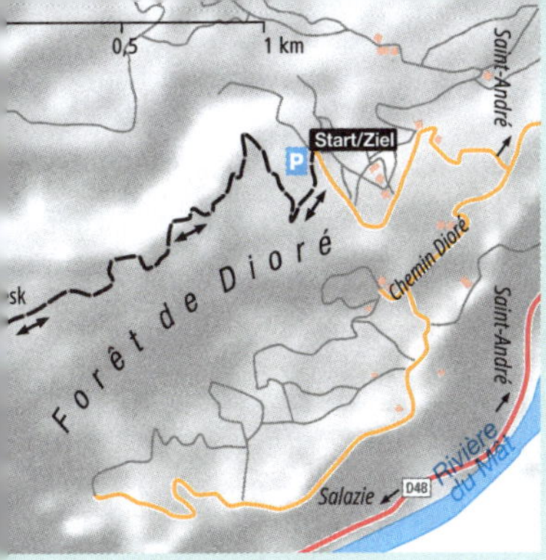

Start ist am Ende des **Chemin Dioré** südwestlich von Saint-André. Anfangs folgen Sie der breiten Graspiste, immer wieder blitzen die Miniaturhäuser von Saint-André in der Ferne durch. Dahinter funkelt das Meer. Es geht stetig bergan, man wird vielleicht von Bergläufern überholt, die für den Grand Raid trainieren. Nach etwa 15 Min. verengt sich der Pfad merklich, der Bewuchs wird dichter und verhindert, dass sich der Blick am Horizont festsaugt. Folgen Sie den Schildern zum **Aussichtspunkt** *(point de vue)* und weichen Sie am besten nicht vom Weg ab, denn nur die Einheimischen wissen, wo die Abkürzungen tatsächlich enden. Mittlerweile spaziert man durch einen Blätterwaldtunnel, die Vögel zwitschern. Immer wieder dringt das Knattern eines Helikopters durch die Dschungelkulisse.

Infos

H3

Start/Ziel: Ende des Chemin Dioré südwestlich von Saint-André

Dauer/Länge: ca. 1 Std. bzw. 3 km einfach

Anfahrt: *Sortie* 21 in Richtung Salazie, hinter der Vito-Tankstelle rechts in den Chemin Dioré einbiegen, nach 5,2 km ist der Parkplatz erreicht.

Auf dem kehrenreichen Weg nach oben verengt sich der Pfad, Wurzeln und Steine erfordern Ihre ganze Aufmerksamkeit, einige Bachläufe sind zu überqueren. Die von Menschenhand gemachten Stufen erleichtern den Aufstieg im steilen Gelände.

Augen auf! Vielleicht sind Sie so wie wir derart mit dem Aufstieg beschäftigt, dass Sie glatt an dem kleinen **Kiosk** vorbeimarschieren. Nach ca. 3 km und 50 bis 60 Min. sollte nämlich genau der auf 758 m Seehöhe erreicht sein.

Wie Motten das Licht zieht es einen nach vorne zur Falaise, wo der Cirque de Salazie mit dem Piton des Neiges im Hintergrund und dem markanten, spitz zulaufenden Cimendef im Vordergrund um die Wette strahlt. Frühaufsteher-Tipp: Ab 9 Uhr liegt der Cirque häufig unter Wolken. Wem der Sinn nach weiteren Höhenmetern steht, kann beim Picknickkiosk weitermarschieren. Es geht hoch bis auf den **Piton Bé Massoune** (1614 m Seehöhe). Panoramen auf den Cirque de Salazie aus unterschiedlichen Blickwinkeln locken.

Der Rückweg, selbst wenn Sie die Verlängerung absolviert haben, erfolgt über denselben Pfad hinunter zum Parkplatz.

So also wird aus Zucker köstlicher Rum: In der Sucrerie Bois-Rouge und in der angrenzenden Rumbrennerei Savanna stellt man die guten Tropfen her, die es gleich nebenan auch zu kaufen gibt.

nes Blatt, sondern haben schon andere Lokale auf der Insel zu Gourmettempeln gemacht. Offiziell befindet sich das Lokal in einem Ortsteil von Bras-Panon, liegt aber nur einen Katzensprung von Saint-André entfernt.

32, chemin de l'Usine, Bras-Panon, T 0262 47 31 88, Mi–Sa 19–21.30, So 12–14.30 Uhr, Drei-Gänge-Menü 50 €

Gepflegt kreolisch

2 Resto Velli: Das erwartet man gar nicht von außen! Sehr gepflegtes, modernes Restaurant mit blitzweißen Stoffservietten, hübsch angerichteten Speisen und einer begrünten, überdachten Terrasse. Das Lokal ist nicht umsonst an den Wochenenden für Hochzeiten und Taufen gut gebucht, denn es zählt zu den besten der Ostküste. À la carte werden hier kreolische Spezialitäten geboten, französische bzw. internationale Küche kommt in Form der Tagesgerichte auf den Tisch.

336, route de Champ-Borne, T 0262 46 03 38, unmittelbar neben dem Temple du Colosse, So–Fr 12–14 Uhr, Mittagsmenü ab 20 €, Hauptgerichte 20–30 €

Weiß-blaue G'schichten

3 Le Franciscéa: Das weiße Kreolenhäuschen mit blauen *lambrequins* und Verzierungen, dem knarrenden Holzfussboden und typisch dunklen Mobiliar drinnen hält genau das, was es verspricht: solide kreolische Küche, dazu chinesische und französische Gerichte. Die luftige Terrasse ist beliebt und häufig besetzt, aber wenn es nicht ganz so stickig ist, kann man es drinnen gut aushalten.

51, rue Payet, hinter der Kirche, T 0262 46 26 55, Di/Mi ab 19, Do–Sa 12–14, ab 19,

So 12–14 Uhr, Tagesmenü ab 12 €, Hauptgerichte à la carte ab 14 €

Erdiges Eck

4 Kom' la case: Hinter einem provisorisch gezimmerten Holzzaun an einer Straßengabelung verbirgt sich ein gut besuchtes, erdiges Restaurant mit Freiluftcharakter. Man kocht kreolisch und chinesisch, mittags oft gut besucht, preislich im unteren Segment. Die reichhaltigen Portionen erfordern großen Hunger.

189, rue Payet, D46, T 0692 46 90 10, Mo–Sa mittags, abends, Hauptgerichte ab 9 €, zum Mitnehmen 8 €

Einkaufen

Rum

Boutique Tafia & Galabé: s. Kasten S. 144.

Feiern

- **Fête de Pandialée:** Um den Jahreswechsel findet im Temple du Colosse der Gang über die glühenden Kohlen zu Ehren der Hauptgöttin statt *(marche sur le feu).*
- **Cavadee:** Jan./Feb. Fest zu Ehren von Murugan, bei der Prozession zum Temple Petit Bazar sind Touristen auch gern gesehene Gäste.
- **Tamilisches Neujahrsfest:** April/Mai. Die Tempel sind für die Öffentlichkeit geöffnet, es gibt Tanz, Musik und diverse Veranstaltungen.
- **Dipavali:** Okt./Nov. Mehrtägiges, öffentliches hinduistisches Fest des Lichts, das im Parc de Colosse stattfindet und fast schon Volksfestcharakter hat. Essensstände, Tanzvorführungen und ein großer Umzug begeistern die ›einfachen‹ Besucher und die Gläubigen. Jeder einzelne Tag hat in der hinduistischen Mythologie eine eigene Bedeutung. Saint-André gilt mit dem größten Fest der Insel als Hauptstadt des Dipavali. Sie sind ebenfalls herzlich eingeladen teilzunehmen!

Infos

- **Auto:** Mehrere Abfahrten von der N2 führen nach Saint-André. Über *sortie* 17 kommen Sie zur Zuckerfabrik Bois-Rouge, *sortie* 19 bringt Sie nach Colosse und über die Avenue Île de France gelangen Sie in die Altstadt, am schnellsten zu erreichen ist diese jedoch über *sortie* 20 (erkennbar an der großen Zuckerwaage).

Bras-Panon

J/K3

Ach, sind wir schon durch? Wenn in Bras-Panon nicht die kleine, duftende Schote so eine große Rolle spielen würden, wäre der Ort keine Erwähnung wert. An die 140 Vanillebauern haben sich in einer Kooperative zusammengeschlossen, die zugleich Führungen, einen Schaugarten und einen Shop betreibt. Der Zusammenschluss von Vanillebauern aus der Region von Sainte-Suzanne bis Saint-Philippe ermöglicht es auch kleinen Plantagenbetreibern, ihre Vanille professionell zu verarbeiten und zu vermarkten.

Das von Landwirtschaft, Vanille- und Zuckerrohranbau geprägte Gebiet verdankt seinen Namen einem Unfall: Als der Besitzer Sieur Panon 1736 beim Abschreiten und Ausmessen seines Anwesens ausrutschte und sich den Arm *(bras)* brach, war der Name vorprogrammiert. Älteren Réunionesen läuft bei der Erwähnung von Bras-Panon das Wasser im Mund zusammen, denn am Unterlauf der Rivière des Roches wird nach Grundeln *(bichique)* gefischt.

Coopérative Pro Vanille J3

Eine hübsche Kriegsbraut

Ein schwerer, samtiger Duft liegt in der Luft. Kaum ist die Autotür offen, kitzeln die Vanillearomen in der Nase. Mmmhh, so warm und weich. Die Tour beginnt im Schaugarten der **Coopérative des producteurs de vanille de la Réunion.** Orchideen aus den unterschiedlichsten Ländern werden vorgestellt. Man erfährt, dass sich die Vanille aus Madagaskar an die trockenen Bedingungen angepasst hat und lange, dünne Schoten produziert, dafür aber keine Blätter. Die Vanille der Antillen hingegen hat massige, kurze und die brasilianische Vanille eher dickliche, mittellange Schoten.

Ursprünglich stammt die Vanille aus Mittelamerika. Bereits die Azteken erfreuten sich an ihrem exotischen Geschmack, insbesondere weil ihnen die aphrodisierende Wirkung der Vanille nicht verborgen blieb. Durch die Eroberungsfeldzüge gelangte die Orchideenart mit den kostbaren Schotenfrüchten nach Spanien. Weil die Spanier die Form des unbekannten Gewürzes an ihre Schwertscheiden (span. *vaina*) erinnerte, nannten sie es *vainilla*. Im Jahr 1819 trafen dann die ersten Orchideenexemplare in der französischen Kolonie Réunion ein. Doch erst nachdem der Sklave Edmond Albius (s. S. 136) aus Sainte-Suzanne 1842 zufällig die händische Bestäubung der Vanille entdeckt hatte, konnte Vanille im großen Stil kultiviert werden.

Im Schatten flink vermehrt

Entscheidend für das ideale Wachstum auf La Réunion ist das heiße, feuchte Tropenklima im Halbschatten gepaart mit ausreichend vielen Nährstoffen aus der Vulkanerde. Zwischen Saint-Philippe und Sainte-Rose gedeiht die kletternde Vanilleorchidee im Unterholz der Wälder. In der Region Saint-André und Sainte-Suzanne hingegen ranken sich die Lianen an Wirtspflanzen mit kleinerem Blätterdach wie Vacoabäumen oder Drachenbäumen hoch oder wachsen unauffällig zwischen Zuckerrohrfeldern. Wenn keine Blätterdächer das Sonnenlicht abdämpfen, spannen Vanillepflanzer Gazedächer über ihre Felder.

Bei der händischen Bestäubung müssen die Arbeiterinnen flink und geschickt sein, denn nur einmal, nämlich in der Morgensonne, sind die Blüten geöffnet. Zwischen Mitte September und Ende Dezember ist der tägliche frühmorgendliche Gang durch die Plantagen für den Bauern und seine Helferinnen also unabdingbar.

Hitzige Prozesse

Was folgt, ist ein aufwendiger Veredelungsprozess, der mit einem Hitzebad *(èchaudage)* beginnt, um den Reifungsprozess der Schote zu stoppen. Danach wickelt man sie in Wolltücher und legt sie in große Holzkisten, wo sie 12–15 Stunden schwitzen *(étuvage)*. Erst jetzt nehmen sie die typische schokoladenbraune Farbe an, die durch Enzyme hervorgerufen wird. Anschließend werden die Schoten zwei bis vier Monate lang getrocknet – zuerst in einem Ofen, später in der Sonne. Der Trick dabei besteht darin, dass die Schoten geschlossen bleiben, die wertvollen Inhaltsstoffe nicht austrocknen können und sie dennoch reifen. Am Ende des langwierigen Trocknungsprozesses *(séchage)* wird den Vanilleschoten zur Verfeinerung des Geschmacks der letzte Rest an Feuchtigkeit behutsam im Schatten auf Gitterrosten entzogen.

Gebündelte Erfahrung

Nach einer finalen Sterilisation über Wasserdampf werden die Vanillebündel in Wachspapier gewickelt, in Holzkisten gepackt und über 8–12 Monate unter Verschluss gehalten *(mise en malles)*, damit die Fermentierung abge-

Waschen, trocknen, legen: Was sich wie ein Frisörbesuch anhört, ist der langwierige Verarbeitungsprozess der Vanilleschoten.

schlossen wird. In dieser Zeit entfaltet sich das endgültige Aroma der Vanille. Mindestens einmal pro Woche prüft der Bauer die Vanille, öffnet die Kisten, dreht und wendet die einzelnen Bündel. Eine einzige verdorbene Schote kann die Ernte einer ganzen Kiste gefährden. Der Bauer erkennt bereits am Geruch, ob mit einer Kiste etwas nicht stimmt. Wann die Vanillekapseln ihre Reife abgeschlossen haben, weiß der Pflanzer aus Erfahrung. Neben der Größe der Vanille ist auch die Konsistenz ein Qualitätsmerkmal: Gute Vanille ist saftig weich und lässt sich ganz leicht um den Finger wickeln, ohne dass sie bricht. Die Vanilleschoten werden abschließend gewogen, gemessen, in Qualitätsstufen sortiert und in Bündel für den Verkauf verpackt *(calibrage)*.

21, N2 (Route Nationale 2 Bras-Panon), Einfahrt beim Sportplatz oder bei der Bushaltestelle Coopérative de Vanille, T 0262 51 71 02, www.provanille.fr, Führungen tgl. 9, 9.45, 10.30, 11.15, 14, 14.45, 15.30, 16.15 Uhr, 6 €; Laden tgl. 8.30–12, 13.30–17 Uhr. Ganzjährig zu besuchen, aber empfehlenswert sind Sept.–Dez. (Blütezeit, Bestäubung) und Juni–Dez. (Ernte). Führungen n. V. auf Englisch möglich, Video auf Deutsch. Bei den französischen Führungen gibt es auch englische Zusammenfassungen

Schlafen

Schön grün und ruhig

Lambablanc: Diese Farben machen Laune! Vier hübsche, farbenfrohe Zimmer in immergrüner Dschungelkulisse stehen zur Auswahl. Lust auf eine Tasse Kaffee? Kein Problem, die kleine Küchenzeile mit Kühlschrank und Nespressomaschine komplettiert die Ausstattung. Das üppige Frühstück wird von der Hausherrin direkt auf die Terrasse mit Blick in den Dschungel geliefert. Für Abkühlung sorgt ein Minipool.

4, impasse Les Bambous, La Caroline, T 0692 45 94 11, www.lelambablanc.com, DZ/ÜF 135 €

H

MEHR HANDGRIFFE FÜR EIN HALLELUJAH

Beim Preis der auf La Réunion erzeugten Bourbonvanille von 4–10 € pro Schote (Stand 2024) bekommt man Schnappatmung. Auf den diversen Bauernmärkten wird aber auch Vanille aus Madagaskar für viel weniger Geld angeboten. Teils trägt natürlich das unterschiedliche Lohnniveau zum Unterschied bei, teils wird der Preis von den Produzenten künstlich hochgetrieben. Doch der große Unterschied liegt im Verarbeitungsprozess. In der Billigproduktion erfolgt die Ernte in Bausch und Bogen, ohne Rücksicht auf das individuelle Wachstum der Schoten, wie auf Réunion üblich. Der Trocknungsprozess wird weit weniger akribisch durchgeführt. Auf Réunion benötigt eine Vanilleschote gute zwei Jahre, bis sie verkaufsfertig ist, während jene aus Madagaskar schon nach einem Jahr in den Verkauf kommt.

Essen

Gehoben, aber nicht abgehoben

Bal la Poussière: Das Restaurant liegt zwar offiziell in Bras-Panon, aber in einem Ortsteil, der fast nahtlos in Saint-André übergeht, s. dort S. 145.

Direkt vor Ort alternativlos

Le Ti Piment: Wer mittags nicht bei einem *table d'hôte* vorbestellen möchte, aber auch Imbissbuden gegenüber abgeneigt ist, dem hat Bras-Panon wenig zu bieten. Kurz: Man muss nehmen, was kommt. Die Küche ist solide mit vereinzelten Schwächen, man sitzt schön auf der luftigen Terrasse, leider direkt an der Straße.

1bis, rue Roberto, Rivière des Roches, T 0262 23 46 79, Di–Sa 12–14, 19–21.30 Uhr, Hauptgerichte 15–20 €

Sich durch die Insel schlemmen

Ferme Auberge Eva Annibal: Schon lange kein Geheimtipp mehr, aber die einzige Adresse weit und breit, wo Vanilleente *(canard à la vanille)* zubereitet wird. Alle Gäste sitzen gemeinsam an einem Tisch, die Speisenfolge ist seit Jahren unverändert (*rhum arrangé* oder Punsch als Aperitif, ein Gemüsegratin vorweg, ein Fischgericht, danach die berühmte Vanilleente mit Reis, Dessert und Wein). Prima, um typische Köstlichkeiten der Insel zu probieren.

6, chemin Rivière du Mât, am Kreisverkehr nahe dem Hôtel de Ville in Richtung Meer fahren, vorne rechts, dann geradeaus, T 0262 51 53 76, nur n. V., Mo–Sa mittags, abends, So mittags, Menü 25 €

Infos

- **Auto:** Bras-Panon liegt an der N2, *sortie* 22.

Saint-Benoît ⚲K4

Vernagelte Türen und Fenster, triste, von Wetter und Schicksal verwitterte Fassaden, nicht einmal der Springbrunnen vor der Kirche und dem Bürgermeisteramt ist in Betrieb. Tamilische Gesichter und muslimische Männer in weißen Kleidern und *kofia* (Kappe) prägen das Stadtbild. Viele der kreolischen Lädchen, die hier *bazar* hießen, machten Billigkaufhausketten Platz, vom einstigen kreolischen Charme ist wenig geblieben. Beaufond, Bras-Fusil sowie Centreville zählen zu den ärmsten Bezirken der Insel.

Von einer florierenden Stadt kann kaum mehr die Rede sein. Dabei galt Saint-Benoît früher als der Nabel der Insel, damals, als die Insel besiedelt wurde. Seine Existenz verdankt der Ort der Erschließung neuer Kaffeeplantagen, später kamen Vanille- und Zuckerrohranbau dazu. 1785 wurden im Ortsteil Beaulieu die ersten Versuche mit Zuckerrohr gestartet. Heute rühmt sich die Hauptstadt des Ostens, der Obst- und Blumengarten Réunions zu sein: Victoria-Ananas, Mango und Litschis, Palmen sowie Gewürzpflanzen und Orchideen dominieren neben Zuckerrohr und Reis die landwirtschaftliche Produktion. Es fällt leicht, einen weiten Bogen um Saint-Benoît zu machen. Nur für Einheimische hat der Landstrich ab Ende Oktober Bedeutung, wenn die Fangzeit der Grundeln beginnt.

Eine Fahne davontragen

In der zweiten Destillerie im Osten, der **Distillerie Rivière du Mât,** erfahren Sie alles, was es über die Kunst der Rumerzeugung zu wissen gibt. Seit 1886 brennt man hier Rum, der markante, eckige Schlot steht mittlerweile sogar unter Denkmalschutz. Die Legende erzählt, dass der Name von einem Schiff herrührt, das im nahen Fluss auf Grund lief und dessen Mast *(mât)* jahrelang zu sehen war. Sehr ausführliche und kompetente Führungen, die mit einer Rumverkostung enden. Außergewöhnlich: Die Fabrik agiert energieautark, also tatsächlich nachhaltig. Es wird auch Englisch gesprochen.

Chemin de Beaufonds, Abzweig Beaufonds von der N2, am Kreisverkehr mit dem Tempel links halten, T 0262 52 15 11, www.rivieredumat.com, Führungen: Di–Sa 10.30, 14.30, 16.30 Uhr, 8 €; Laden Cave à Rhums: Di–So 10–12.30, 14–18.30 Uhr

Le Grand-Étang J5

Vogelparadies ohne Höhenangst

Auf den ersten Blick verfällt man beim Grand-Étang nicht gerade in Verzückung. Ihm fehlen die spektakulären Panoramen gänzlich, die anderswo auf der Insel scheinbar in Überfluss existieren.

Im niederschlagsreichen Hinterland von Saint-Benoît liegt der schlammig-grüne Bergsee eingekesselt von Steilwänden auf 525 m Höhe. Er entstand durch einen Lavastrom des Piton de la Fournaise, der den Zufluss Bras d'Annette verlegte, wodurch sich die Wassermassen stauten. Durch seine Unzugänglichkeit blieb der kleine Talkessel (Betonung auf Tal!) isoliert – sehr zur Freude der Botaniker und Ornithologen. Endemische Vögel der Hochlagen wie der *tec-tec,* das Réunionschwarzkehlchen *(Saxicola tectes),* oder der habichtartige *papangue* (Réunionweihe) werden hier beobachtet. Es gedeihen üppig wachsende Baumfarne oder Rosenapfelbäume, deren gelbliche Früchte an Pflaumen erinnern, weswegen der Baum Malbarpflaume genannt wird. Von Mai bis Juni säumen blutrote Goyavier den Wanderweg um den See und zu den schlanken **Cascades de Bras d'Annette** (ca. 1,5 Std., mit Abstecher zum Wasserfall 2,5 Std.). Der Rundweg ist ohne nennenswerte Steigungen, dafür aber oft schlammig und bei Überflutungen gesperrt.

Von Saint-Benoît fährt man die Transversale N3 in Richtung Plaine-des-Palmistes, um nach etwa 8 km rechts zum größten See der Insel abzubiegen

Schlafen

Niveauvolles Glashaus

Longanis Lodge: Mit erlesenen Möbeln und Dekorationen aus Indien, Afrika und

Lieblingsort

Kurzvisite in Afrika

Der Bauernmarkt macht sich nicht die Mühe, schick auszusehen. Wozu auch? Für die Touristen braucht er sich nicht in Schale zu werfen, und die Einheimischen kommen ohnehin. »Bonjour Madame«, flötet ein ausgemergeltes Männlein mit Hut und Zahnlücke, und erkennt gleich, dass bei mir nicht viel zu holen ist. Nebenan fitzelt ein bärtiger Bauer in Gummistiefeln mit einem Messer eine Jackfruit klitzeklein. Wer sich schon einmal daran versucht hat, das wie Kleister klebrige Fruchtfleisch zu bearbeiten, ist hocherfreut, dass ein anderer sich die Hände für das traditionelle Gericht *Ti'Jacque Boucané* schmutzig macht. Hier wird nur verkauft, was tatsächlich im Kochtopf landen kann, essbar ist oder traditionell kreolisch ist. Schmuck, Hippiekleider, Fehlanzeige. Eine Frau aus Madagaskar, eingewickelt in farbenfrohen Kitengetüchern, schiebt ihren Kinderwagen vor sich her und prüft den frischen Fisch kritisch. Ihr Weg kreuzt den einer älteren Frau im geblümten, blauen Kleid, die einen Sack Gemüse auf dem Kopf trägt. Erinnert mich an Afrika. Oder Indien. Das passt. Machen Sie Urlaub von Frankreich am **Marché Forain de Saint-Benoît** (📍 K4, Rue de Stade de l'Îlet, gleich neben der Brücke über die Rivière des Marsouins, Sa 5–12 Uhr).

Japan haucht die weit gereiste Besitzerin dem luftigen Haus ein ganz besonderes Flair ein. Wegen der vielen großflächigen Fenster fühlt man sich wie in einem Baumhaus.

Abondance, 95, chemin Harmonie, auf der D53 nach Takamaka 4 km bis zur Schule fahren, rechts abbiegen, T 0692 76 84 52, www.longanilodge.com, Ferienwohnung für 2 Pers. 120 €/Tag, Frühstück 12,50 €, Halbpension 30 €

Gastgeber zum Knuddeln

Le Saint Alexandre: Litschilikör und *bouchons* (chinesische Schweinefleischbällchen) zur Begrüßung, das gibt es sonst nirgendwo. Die Unterbringung erfolgt in farbenprächtigen und komfortabel ausgestatteten Selbstversorgerbungalows, die in einer duftenden Orangenplantage liegen. Unkompliziertes und äußerst gastfreundliches Haus. Günstig zum Grand-Étang gelegen.

14, Pont Payet, von der N3 in Pont Payet rechts abbiegen (auf dem Weg aufs Plateau, noch vor dem Grand-Étang), T 0692 64 17 92, www.saintalexandre974.com, 2-Pers.-Bungalow 72 €, 4-Pers.-Bungalow 135 € (3. bzw. 5. Pers. plus 25 €), Mindestaufenthalt 4 Nächte

Essen

Überraschung im Grünen

La Cabane aux Épices: So etwas erwartet man außerhalb der Stadt im dichten Tropendschungel zwischen Litschis und Meerblick nicht. Innen schick modern in Orange und Schwarz gehalten, die luftige Terrasse ist in Weiß gekleidet. Hier kommen kreolische und französische Gerichte hübsch angerichtet und zeitgemäß inszeniert auf den Tisch. Geschmackvoll bis ins letzte Detail.

22, chemin Maingard, Bourbier-les-Bas, Abzweigung bergwärts südlich der D53, T 0692 43 39 34, Mo–Sa mittags, Hauptgerichte ca. 25 €

Indischer Einkehrschwung

Le Malayalam: Mitten nach Indien werden Sie hier katapultiert, wo sonst harmonieren ein quietschgrüner Ladentisch mit leuchtend rosa Wänden und blauen Hockern besser miteinander? Indisch-kreolisches Büfett zu moderaten Preisen oder frisch zubereitete kreolische Gerichte mit Naan-Brot. Man verlässt das Le Malayalam sicher nicht hungrig. Gut und günstig, in zentraler Lage.

10, rue de l'Église, gleich neben der katholischen Kirche, T 0692 59 20 76, Mo–Fr 11.30–21.30 Uhr, Hauptgerichte 12–20 €

Infos

- **Auto:** *Sortie* 25 führt ins Zentrum von Saint-Benoît und nach Takamaka (Zufahrt nach Bethléem möglich). Die nächste Abfahrt beim Centre commercial (McDonald's) führt inseleinwärts nach Bethléem oder unter der Autobahnbrücke durch in das Stadtzentrum. Am Kreisverkehr Le Butor geht die Transversale N3 nach Plaine-des-Cafres ab.

Takamaka

In den Eierkarton der Pandora

Wie erklärt man einer Person, die noch nie da war, wie es in Takamaka aussieht? Ein bisschen wie von einem anderen Stern, ähnlich dem gelobten Land Pandora aus dem Blockbuster »Avatar« oder wenigstens ansatzweise wie die zerklüfteten Reliefs aus Jurassic Park, nur ohne Dinos. Zerklüftet wie ein leerer Eierkarton mit seinen charakteristischen Erhebungen und Vertiefungen, nur viel faltiger, wie das ledergegerbte Gesicht eines Bauers und überzogen von einem tiefgrünen Teppich aus Wald und Tropenbewuchs. Leider ist es nicht

Lieblingsort

Herbergssuche mit Happy End

Schließen Sie Ihre Augen! Vielleicht vermögen Sie zwischen dem Rauschen der Rivière des Marsouins und dem im Takt des Windes knackenden Bambus das Gelächter der Mädchen und die schallenden Ordnungsrufe der Ordensschwestern auszumachen. So harmlos die überwucherten Ruinen und bemoosten Wegbegrenzungen scheinen, so tragisch sind die Schicksale, die sich dahinter verbergen. Küstenbewohner flüchteten aus Angst vor Übergriffen der brutalen Seeräuber im 18. Jh. ins Hinterland. 500 bis 600 Menschen versteckten sich hier. Schockiert vom Elend der kleinen Kolonie, gründete die Ehefrau des Gouverneurs Hubert Delisle 1855 eine Kapelle und begann mit Armenspeisungen. Die Töchter der Flüchtigen wurden von Ordensschwestern in Kochen, Nähen und Gartenarbeit unterrichtet. Ihre Präsenz bewegt den Bischof dazu, 1860 daraus eine ordentliche Pfarre zu machen. Erst im Jahr 1935 gaben die Nonnen Bethléem auf, aber Réunionesen vergessen nie: Sie betrachten die **Chapelle de Bethléem** (📍 J/K4) heute als Wallfahrtsort. Am Wochenende ist das Bethléem wegen des Besucherandrangs zu meiden.
Es gibt zwei Zufahrten: Die kürzeste führt über das Centre commercial (McDonald's) in Saint-Benoît (knapp 3 km), die längere über die D53 (nach Takamaka), wo man im Dorf Le Boubier-les-Hauts an der Antenne und dem Resto Chez Marie T links abbiegt, dem Chemin Bellier folgt, sich an dessen Ende rechts und hinter dem Solarpark links hält. Ab dem Parkplatz folgt man der Betonrampe durch dichten Bambus hinunter zum Fluss (10 Min. Gehzeit). Moskitolotion nicht vergessen!

jedem Besucher vergönnt, die faszinierende Landschaft zu sehen, denn nicht nur das Wetter, die Wolken und der Regen sind einem Besuch abträglich, sondern auch häufige Sperrungen der abgehenden Wanderwege oder sogar der zuführenden Straße D53 (unbedingt vor Fahrtantritt unter www1.onf.fr/la-reunion, Info Sentiers prüfen).

Am Ende der D53 beginnt das spektakuläre Tal von Takamaka, das die Rivière des Marsouins in den Basalt geschliffen hat. Das Panorama von der 820 m hoch gelegenen Aussichtsplattform auf das zerklüftete Landschaftsrelief beeindruckt. Wasserfälle tosen die steilen, dicht bewaldeten Steilhänge hinab. Der hier weit verbreitete Indische Mahagoni, ein Hartholzbaum, den die Azteken Takamaka nannten, gab dem Tal seinen Namen.

Wuchtige Hochspannungsleitungen auf dem Weg nach oben verraten, dass die beiden Wasserkraftwerke Takamaka I und II für den größten Teil des Stroms auf der Insel verantwortlich sind. Der Staudamm *(barrage)* Takamaka I, auch Barrage Gingembre genannt, mit einem 315 m hohen Wasserauffangbecken wurde 1968 fertiggestellt. Nach jahrzehntelanger Planung hatte man schließlich einen Weg gefunden, einen der regen- und wasserreichsten Punkte der Insel für die Stromerzeugung zu nutzen. Wegen des Landschaftsreliefs konnte nirgendwo anders ein Staudamm errichtet werden. Die Turbinen und das Kraftwerk befinden sich tief im Felsen und sind nur über einen Liftschacht zu erreichen. Aufgrund des steigenden Strombedarfs musste Takamaka II (auch: Barrage des Hirondelles), das zweite unterirdische Kraftwerk samt Staubecken, in Betrieb genommen werden. Oben, am Ende der Stichstraße, befinden sich die Gebäude der französischen Elektrizitätswerke (EdF) und der Lift.

Bewegen

Wandern durch Pandora

Für die Mitarbeiter der Elektrizitätswerke wurden Wege angelegt, die auch von Wanderern genutzt werden können – so sie geöffnet sind. Sie führen zu den Staubecken und den Wasserfällen, ins tiefer gelegene Tal und schließlich sogar bis zum Forêt de Bébour. Das steile, glitschige Terrain ist nur für geübte, trittsichere Wanderer zu empfehlen. Zahlreiche Steigleitern und Stahlkonstruktionen gilt es zu überwinden. Deutschsprachige Wanderführer: s. S. 249.

Höchste Konzentration

Canyoning sollte in Takamaka nur von erfahrenen Sportlern als gebuchte Tour mit einem erfahrenen Veranstalter in Angriff genommen werden, die Gewässer und Schluchten zählen zu den schwierigsten. Der Einstieg erfolgt über Plaine-des-Palmistes. Zuverlässige Anbieter sind Évasion Kréol (www.canyoning-ilereunion.com) mit Sitz in Saint-Joseph (T 0692 61 34 55, http://canyoning-ilereunion.com) oder Austral Aventure in Salazie (42, rue Amiral Lacaze, Hell-Bourg, T 0692 87 55 50, www.australaventure.fr), jeweils ab 160 €/Pers.

Sainte-Anne L5

Kirchenkitsch in bunt

Bescheidenheit ist keine Zier, zumindest nicht, wenn es nach Père Dobemberger und seiner Begeisterung für den lieben Gott ging. Als der gebürtige Elsässer zum Pfarrer von Sainte-Anne berufen wurde, fand er eine schlichte Kirche vor. Das sollte sich unter seiner Amtszeit ändern: Von 1922 bis 1940 steckte er alle Energie in die Dekoration der **Kathedrale von Sainte-Anne,** die er gemeinsam mit Gemeindemitgliedern und Schulkindern gestaltete. Inspiriert von den großen französischen Kathedralen, den tamilischen Tempeln und durch seinen Vater, der Architekt war, wurden Ornamente aus Früchten, Blumen, Weintrauben und Figuren aus gegossenem Zement gefertigt und an den Wänden angebracht – noch heute ein sehenswertes Kuriosum und das einzige Highlight des schmucklosen Straßendorfes Sainte-Anne, das 5 km südöstlich von Saint-Benoît an der N2 liegt.

Zum Sterben hoch

Obwohl mit 152 m Spannweite als weltweit längste Brücke ein Wunderding ihrer Zeit, hatte die 1894 fertiggestellte **Pont suspendu de la Rivière de l'Est** lange Zeit einen fahlen Beigeschmack: Die Hängebrücke war beliebt bei Lebensmüden und tragisch Verliebten, die ihr Leben über die Kante warfen. Bis 1979 war sie in Gebrauch, trotzte Zyklonen und 1927 sogar einem Hangrutsch. Zuvor hatten die Menschen den Fluss zu Fuß oder mit Pendelbooten überquert, aber wegen der unberechenbaren Wassermassen blieb die wirtschaftliche Nutzung des Landes jenseits des Flusses eingeschränkt. Längst führt eine moderne Brücke über die Rivière de l'Est, die natürliche Grenze der Gemeinden Sainte-Rose und Saint-Benoît. Nach mehreren Jahren Renovierung wurde die unter Denkmalschutz stehende Brücke, die 5 km südlich von Sainte-Anne an der N2 liegt, Ende 2023 endlich wiedereröffnet. Wagen Sie unbedingt einen Blick hinab auf den Fluss und in die eindrucksvolle Schlucht!

An der Wildheit der Rivière de l'Est hat sich wenig geändert. Die meiste Zeit des Jahres murmelt der Wasserlauf schlaftrunken vor sich hin oder versiegt komplett, aber wenn die aufgezeichneten Regenrekorde wieder einmal gebrochen werden, tost er wild aufbrausend in Richtung Meer. Die Rivière de l'Est entspringt auf 2350 m Seehöhe ganz in der Nähe des Piton de la Fournaise.

Oben rum richtige Kurven

Nicht unbedingt eine Abkürzung, sondern mehr eine reizvolle, kurvige Alter-

WANNE MIT AUSSICHT

W

9 km können ganz schön lang sein! Nach zermürbender Kurverei auf engen Straßen durch Zuckerrohrfolder, da wo der Wald immer dichter wird, steht plötzlich ein Tor. Fast geschafft! Auf 650 m Seehöhe, mitten in einem eingezäunten Jagdgebiet liegt die elegante **Diana Deá Lodge** (5 Sterne). Javahirsche und Rehböcke marschieren durch das weitläufige Gelände und kommen bis vor die eigene Terrasse. Die Aussicht über die ganze Küste bis ans Meer ist betörend, speziell von der eigenen Badewanne aus. Die 30 Zimmer in drei Kategorien sind hochwertig ausgestattet. Im Salon knistert der Kamin, dezente Musikuntermalung begleitet das exquisite Abendessen. Umfangreiches Frühstücksbüfett. Beheizter Pool, Spa mit Hamam und Massagen. Kulinarisch, preislich und geografisch auf hohem Niveau. Nach einem Brand 2022 wurde das Hotel umfassend renoviert. Ideal zum Relaxen und Spazierengehen (Zufahrt über die D56 oder die D3, den Schildern folgen, 94, chemin Helvétia, T 0262 20 02 02, www.diana-dea-lodge.re, DZ/ÜF ab 280 €).

native zur öden Schnellstraße bietet die **Höhenstraße D3.** In Sainte-Anne oder Les Orangers nahe der alten Hängebrücke folgen Sie den Schildern zur Diana Dea Lodge bzw. nach Chemin Ceinture. Bis auf knapp 300 Höhenmeter schraubt sich die Straße nach oben, an der größere Dörfer wie Cambourg, Saint-Marguerite (mit großem Naherholungsgebiet) und Chemin-Ceinture sowie endlos landwirtschaftlich genutzte Flächen liegen, insbesondere Zuckerrohr wird hier angebaut. Der Blick reicht vom funkelnden Meer bis in die wunderschöne Berglandschaft.

Essen

Bei Oma essen mit Meerblick

Il Était une Fois Dans L'Est: Der Name verrät es, im typischen Kreolenhäuschen unweit der Kirche wird gute, alte Hausmannskost wie bei Oma serviert. Alles, was in der Inselküche Rang und Namen hat, wie *rougail saucisses* oder *cari* in vielen Variationen, wird bei Meerblick in recht ansehnlichen Portionen geboten.

133, N2 (Route Nationale 2 Sainte-Anne/Saint-Benoît), T 0692 64 60 11, Mo–Fr mittags bis 15 Uhr, Tagesgerichte 13 €

Bewegen

Tropenköstlichenkeiten

Le Domaine de Coco: Auf ihrer alten Zuckerplantage zeigt die Familie Bébeau, was auf der Insel gedeihen kann: von Zuckerrohr über Obst und Gemüse bis hin zu Maniok und Taro. Es handelt sich um eine von mehreren Farmen, die interessierten Besuchern offensteht.

Ligne 440, 214i, chemin du Cap, 3,5 km hinter dem großen Kreisverkehr in Saint-Benoît im Ortsteil Saint-François bergwärts abbiegen, T 0692 27 75 19, Führungen tgl. 10.30, 14 Uhr, 8 €

Infos

- **Office de Tourisme:** Pl. de l'Église, T 0262 46 16 16, www.reunionest.fr, Di–Sa 9–12, 13–17 Uhr. Sehr zuvorkommendes Personal, dem Büro ist ein gut sortierter Souvenirladen angeschlossen.

Sainte-Rose

L/M 6

Im historischen Rampenlicht

Immer naturbelassener und weniger dicht bewohnt wird das Land, je weiter man in den Süden kommt. Das fauchende Meer gewinnt an Kraft, die Vegetation wird grüner und unbändiger. Immer bescheidener und bemooster werden die Häuser. Nach 13 km ab Sainte-Anne ist Sainte-Rose erreicht. 1809 schlug die Sternstunde des Ortes, als die Nationalgarde das Eindringen britischer Besatzer verhinderte, aber seitdem ist im Fischerdorf Ruhe eingekehrt. Eher historisch als wirklich sehenswert gibt sich die Marina von Sainte-Rose (*port de pêche et de plaisance,* Abzweig bei der Kirche meerwärts). Bemerkenswert sind das **Monument Corbett** und die **Kanonen,** die an die glorreiche Verteidigung der Stadt 1809 gegen die Engländer erinnern. Im konischen Denkmal aus Basaltstein, eigentlich ein Mausoleum, lagen lange die menschlichen Überreste des englischen Offiziers Robert Corbett, der in einer Seeschlacht 1810 gegen den französischen Kapitän Bouvet fiel. Später forderte die britische Krone die Gebeine zurück.

Schlafen

Nettes Landgasthaus

Hôtel Restaurant La Fournaise: Bodenständiges No-Frills-Hotel direkt an der Hauptstraße, aber von den simplen, sauberen 22 Zimmern blicken 16 Zimmer schön aufs Meer. Pool vorhanden. Mangels Alternativen die beste Wahl.

154, N2 (Route Nationale 2 Sainte-Rose), T 0262 47 03 40, www.hotellafournaise.fr, DZ 101 €, Frühstück 13 €

Holzchalets unter Palmen

Cana Suc: Im gepflegten Tropengarten werden zwei geschmackvolle Selbstversorgerwohnungen sowie ein *chambre d'hôte* namens Violet Champac – mit üppigem Frühstück – geboten. Hier fehlt es an nichts: hübsch eingerichtete Zimmer, gut ausgestattete Küche in den Ferienwohnungen, Liegen und Sitzmöglichkeiten im Garten, Terrasse.

219, N2, meerseitig (leicht zu übersehen, da es kein ins Auge stechendes Schild gibt), T 0692 77 81 96, www.canasuc.re, DZ/ÜF 95–160 €, Ferienwohnung (Mindestaufenthalt 2–3 Tage) 95–160 €

Essen

Zum Niederknien

La Rivière des Saveurs: Im freundlichen Landgasthaus speist man köstlich kreolisch bei moderaten Preisen auf einer luftigen Terrasse. Schleckermäulchen aufgepasst: Die Desserts sind erste Sahne!

31, rivière de l'Est, T 0692 77 58 21, www.larivieredessaveurs.com, Di–Do, So 11.30–14.30, Fr/Sa 11.30–14.30, 18–21.30 Uhr, Hauptgerichte 16–22 €

Einfach gut

La Roz-i-Dor: Simple inseltypische Küche, aber sehr schmackhaft. Liegt zurückversetzt von der Straße in einem unscheinbaren, kreolischen Haus, parken an der Straße ist besser.

227, N2, gleich hinter Cana Suc, T 0692 380338, So–Do 12–14, 18–21 Uhr, Hauptgerichte 12 €, zum Mitnehmen 8 €

Piton Sainte-Rose

M6

Vom Vulkan geküsst

»Ich leide noch immer. Wenn ich höre, dass der Vulkan ausbricht, beginne ich zu zittern«, liest man in der Festschrift »Mémoires des Jours de Feu« von 2017, als sich der Vulkanausbrauch vom April 1977 zum 40. Mal jährte. Mme Augustine Nativoha und allen anderen der 2200 Bewohner des Landstrichs brannten sich die Tage rund um den 13. April 1977 unauslöschlich ins Gedächtnis. Apokalyptische Szenen müssen sich abgespielt haben, als sich der Himmel verdunkelte. Armeelastwagen kamen, man lud das wichtigste Hab und Gut der Bewohner darauf, die allesamt evakuiert werden mussten. Sie wussten nicht, ob sie ihre Häuser wieder betreten würden, ließen kostbare Erinnerungen zurück, wussten nicht, wie es weitergeht. Zu allem Überdruss regnete es in Strömen, eine Folge der Rauchentwicklung durch den Vulkan. Es war das erste Mal, seitdem es Aufzeichnungen gab, dass sich ein Lavastrom des Piton de la Fournaise außerhalb der Grand-Brûlé-Zone seinen Weg in Richtung Meer bahnte. Die starke Eruption, die schon am 8. April begonnen hatte, machte in wenigen Tagen fast das ganze Dorf dem Erdboden gleich.

Wie durch ein Wunder verschonte der durchmarschierende Lavastrom die Kirche. Vor dem Gotteshaus teilten sich die Lavamassen, um dahinter wieder zusammenzufließen. Gottesfürchtig erkannte man darin ein Wunder, zudem überlebten alle Dorfbewohner. Danach wurde die Kirche in **Église Notre-Dame-des-Laves** umgetauft. Sie genießt seither einen Sonderstatus unter den Wallfahrtskirchen auf Réunion. Offenbar hatten Gott und die Heiligen nicht nur mit geistlichen Einrichtungen Erbarmen, sondern auch mit denen der irdischen Ordnungsmacht: Das Haus der Gendarmerie schräg gegenüber der Kirche wurde seinerzeit von der Lava ebenfalls ausgespart.

Essen

Köstlich vielfältig

Le Bol Renversé: Ein bisschen asiatisch, ein bisschen kreolisch, ein bisschen europäisch, der Chefkoch kann sich nicht entscheiden. Er ist übrigens ein alter Haudegen in der kulinarischen Szene des Ostens und schon mehrfach ausgezeichnet. Geschmacklich top!
398, N2 (Route Nationale 2 Sainte-Rose), Mi–Mo 7.30–14, 17–21.30 Uhr, Hauptgerichte ca. 12 €

Anse des Cascades

M7

Säuselnde Sinfonien

In Reih und Glied wie die Terrakotta-Armee begrüßen Abertausende Palmen und einige monumentale Seemandelbäume (frz. *badamier*), also ausladende Laubbäume mit nussartigen Samen, die Besucher 1,6 km unterhalb der Abzweigung von der N2. Eine Sinfonie an Wasserfällen fließt die tiefgrünen Steilhänge der Bucht hinunter, was während und nach den Regenmonaten naturgemäß eindrücklicher ist. Weiter vorne am Wasser säumen Vacoabäume und rund geschliffene Basaltbrocken den dunkelgrauen Stein- und Kieselstrand.

Als grüne Augenweide und Beweis für die Naturgewalten ist die kleine, pittoreske Bucht mit Basaltkieselsteinen einen Abstecher wert, doch das Prädikat eines Highlights, wie man vielerorts lesen kann, verdient sie nicht. Réunionesen bevölkern die Bucht bevorzugt an Sonn- und Feiertagen für ein ausgedehntes Picknick mit Freunden und Familie. Für sie hatten die Bucht und der Fischerhafen historische Bedeutung. Bereits im 19. Jh. nahm man den Hafen in Betrieb, hauptsächlich um die Zuckerfabriken und die Arbeiter mit Lebensmitteln zu versorgen. Die bunt bemalten Fischerboote, die in Reih und Glied an der Marina parken, galten lange als begehrtes Postkartenmotiv, aber mit der Erweiterung der Parkplätze und der zusätzlichen Verbauung der Bucht durch eine Snackbar hat das Idyll an Strahlkraft eingebüßt.

Die allseits verehrte Vierge au Parasol (s. S. 126) fand in der Kirche in Piton Sainte-Rose Unterschlupf.

TOUR
Den Fischern zur Lava folgen

Auf dem Sentier des Pêcheurs zur Anse des Cascades

Infos

M 6/7

Start/Ziel: Notre-Dame-des-Laves in Piton Sainte-Rose

Dauer/Länge: Notre-Dame-des-Laves bis Anse des Cascades ca. 2–2,5 Std. / 5,5 km einfach

Ausrüstung: festes Schuhwerk, Insektenschutz, Wasser, Sonnenschutz

Tipp: besser am Wochenende meiden

Im Kampf der Titanen hat die zartrosa bemalte Kirche **Notre-Dame-des-Laves** die Oberhand behalten, aber wie ein erhobener Zeigefinger mahnt der schroffe, anthrazitgraue Basalt rundherum, dass es auch anders hätte kommen können. Dieser Punkt, an dem Untergang und Hoffnung so eng nebeneinander lagen, eignet sich gut für den Beginn der Wanderung, es gibt ausreichend Parkplätze. Ein Blick in die Kirche lohnt allemal, denn ihre 15 farbstarken Glasfenster erzählen die Geschichte des von der Lava bedrohten – oder eigentlich verschonten – Gotteshauses.

Direkt an der Kirche hält man sich meerwärts und biegt bei der nächsten Kreuzung rechts ab, bis linker Hand ein markanter Stein auftaucht, der auf die **Lava von 1977** weist. Gegenüber befindet sich eine Parkbucht.

Über den Lavastrom von 1977 verläuft der erste Teil der Wanderung. Die scharfkantigen Basaltsteinchen knirschen unter Ihren Schuhen. Heben Sie ein Steinchen auf, es ist fast federleicht! Eindrücklich die Szenerie, die das Kräftespiel der Natur demonstrieren: Einerseits tötet die Urgewalt des Vulkans alles, was sich ihm in den Weg stellt, andererseits erobert sich die Natur unbeirrbar ihren Lebensraum zurück. Durch Feuchtigkeit und milde Temperaturen wachsen bereits nach einer Dekade Gräser und binnen 30, 40 Jahren Sträucher und Bäume.

Bevor Sie ganz unten am Meer ankommen, verpassen Sie nicht den **Markierungsstein,** der zur Anse des Cascades weist. Bleiben Sie auf Höhe der gedachten

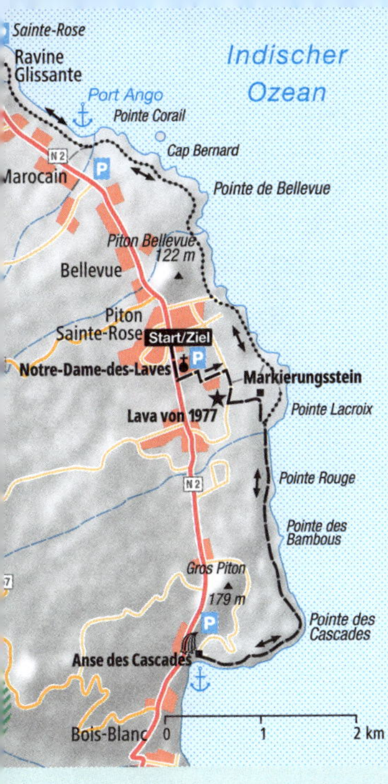

Linie des Steins, der Zugang zum Wanderweg liegt versteckt im Wald und war zum Zeitpunkt der Recherche nicht markiert. Am besten, Sie halten Ausschau nach niedergetretenen Fußwegen oder folgen ortskundigen Wanderern. Von der Basaltlandzunge auf Meeresniveau ist der Zugang zum Pfad nicht möglich.

Der naturbelassene Weg führt über Stock und Stein, vielerorts über große Wurzeln. An einigen Stellen im Märchenwald aus Farnen, Palmen und Vacoabäumen muss man mit Händen und Füßen über die Basaltsteine klettern. Der Pfad verläuft auf einer hoch über dem Meer gelegenen Basalt-Abbruchkante eines viel älteren Ausbruches; trotz dichter Vegetation hat man beständig Blick auf die schäumende Gischt des Meeres. Es ist schwül und feucht, was besonders von Insekten geschätzt wird. Spätestens, wenn Sie auf Fischer treffen, die ihren Fang stolz präsentieren, fällt es Ihnen wie Schuppen von den Augen: Der Pfad erhielt seinen Namen tatsächlich von den Fischern! Wenn Sie das Brücklein und die dahinterliegende Betonrampe erreicht haben, ist die traumhafte **Anse des Cascades** (s. S. 161) nicht mehr weit.

Entweder Sie laufen nun denselben Weg zurück oder hoffen auf eine Mitfahrgelegenheit. Keine so tolle Option ist der Bus S1, der von der knapp 2 km entfernten N2 in Richtung Piton Sainte-Rose fährt. Er verkehrt nur 6 x am Tag (6.45, 9.43, 12.34, 14.33, 17.35 Uhr, 2 €).

Die Wanderung lässt sich in Richtung Sainte-Rose verlängern, mit mehreren Einstiegsmöglichkeiten: z. B. in **Pointe Corail** oder **Ravine Glissante.** Für die komplette, 13 km lange Küstenwanderung, also von **La Cayenne** (kurz hinter Sainte-Rose) bis nach **Bois-Blanc** (südlich von Anse des Cascades), müssen an die 4 Std. Zeitaufwand pro Richtung gerechnet werden. Der beschriebene Streckenabschnitt zählt aber zum schönsten Teil des Sentier des Pêcheurs.

Zugabe

Fischers Fritze Deluxe

Der réunionesische ›Kaviar‹

Die etwa 3 cm kleinen Grundeln haben die Angewohnheit, von Oktober bis Dezember vom Meer aus flussaufwärts zu den Laichplätzen zu wandern. Die Fischer errichten in den Flüssen, z. B. Rivière des Roches oder Rivière des Marsouins, Barrieren, hinter denen sie gekonnt mit konischen Reusen die Jungfische einsammeln. Sie wandern für *cari bichique* in den Kochtopf. Ein Kreole, der etwas auf sich hält, muss mindestens einmal pro Saison den réunionesischen ›Kaviar‹ gegessen haben. Doch dies wird immer schwieriger, nicht nur wegen der Verkaufspreise. 2023 wurden sie ab 110 €/kg auf dem Markt gehandelt, aber die erfischten Mengen sind rückläufig. Der Klimawandel, zu wenig Regen, ausgetrocknete Flüsse zur Laichzeit. Auch die Wale, die in immer größerer Zahl zwischen Juli und Oktober kommen, werden als Grund angeführt. Man glaubt, dass sie kulinarisch den Grundeln gegenüber nicht abgeneigt sind. Um die Grundeln zu schützen, erhält nur ein einziger Verein in Saint-Benoît offiziell die Lizenz fürs *bichique*-Fischen. Und die anderen? Müssen illegal fischen, was Unmut hervorruft. Wer will sich schon seine Tradition verbieten lassen? ■

Die drei Cirques: Salazie, Mafate und Cilaos

Stramme Wadl'n — sind Voraussetzung für das wilde Innere der Insel, es geht aber auch per Auto.

Eintauchen

Die Insulaner wandern für ihr Leben gern – und flott.

Seite 169

Cirque de Salazie ✪

Grün, grüner, Salazie. Alles wuchert, alles wächst. Wenn Salazie eines gewiss nicht hat, dann Mangel an Niederschlägen. Aber keinen Mangel an Flair, Aussichten, Wanderkilometern.

Seite 171

Hell-Bourg

Der Ort Hell-Bourg gilt als eines der schönsten Dörfer Frankreichs, aber wie es sich für eine Diva gehört, ziert sie sich auch oft. Bei Wolken und Nieselregen hilft die stärkste Vorstellungskraft nichts.

Seite 177

Bord-Martin

Zwei Cirques im Blick: Sie fahren mit dem Auto zum Berggrat, parken, schauen nach Salazie, gehen über die Straße und blicken nach Mafate. Welcher ist der schönere Cirque?

Seite 178

Col des Bœufs

Nur ein kurzer, einfacher Spaziergang vom Parkplatz Petit Col – und Sie fühlen sich schon wie fast mitten im Cirque de Mafate. An den Panoramen werden Sie sich kaum sattsehen können. Die Tour bis La Nouvelle, dem Hauptort des Cirque, aber erfordert Ausdauer.

Seite 184, 185

Sentier Scout

Der Wanderweg schafft es regelmäßig unter die Top 10 der schönsten Wanderwege Frankreichs. Er geizt nicht mit Panoramen und verläuft weniger abrupt bergab.

Seite 193

Cirque de Cilaos ✪

Wenn Sie sich einen Cirque aussuchen müssten, wäre es Cilaos. Die Anfahrt, der Hausberg Piton des Neiges, die Wanderungen. Wow!

Seite 200

Piton des Neiges

Krasser Aufstieg, aber wie soll man sonst den höchsten Punkt des Indischen Ozeans erklimmen? Der Sonnenaufgang über den Wolken ist alle Strapazen wert. Natürlich wissen das viele andere Wanderbegeisterte auch. Trotzdem top.

Seite 205

Col de Taïbit

Steil bergauf verläuft der schmale Pfad zu einem der spektakulärsten Fenster auf Mafate. Wanderschuhe an, Wasser eingepackt und los!

»Léve-toi de bonne heure«, ist das Gebot der Stunde; … quasi mit den Hühnern aufstehen.

Wer nicht mindestens einen der drei Cirques besucht hat, kennt das echte Réunion nicht. Armselige Hütten und ein karges Leben, die Geschichten beliebig zusammengewürfelter Schicksalsgemeinschaften erzählen.

erleben

Flüchtige Bergpanoramen

E

Ein vierblättriges Kleeblatt bringt Glück, sagt man. Den Sklaven, die die unmenschliche Unterjochung nicht mehr länger ertragen wollten, reichte ein dreiblättriges Kleeblatt. Sie flohen in die drei gewaltigen Talkessel – Cirques de Salazie, Cilaos und Mafate –, die sich wie ein Kleeblatt um den 3071 m hohen Piton des Neiges schmiegen. Auf der Flucht vor ihren unbarmherzigen Herren besiedelten sie die unwegsamen, dschungelartigen Talkessel als Erste. An die 2000 *marons* sollen sich bereits 1721 verschanzt haben. Ihnen gegenüber stand ein Heer von skrupellosen Glücksrittern, die sich die Jagd nach den Entlaufenen zum täglich Brot machten. Immerhin belohnten die Gutsherren diese fürstlich dafür.

Ab 1848 gesellten sich verarmte, weiße Kleingrundbesitzer zu den *marons*. Als die Sklaverei offiziell verboten wurde, fielen ihnen über Nacht die Arbeitskräfte weg und sie konnten ihre Ländereien nicht mehr bewirtschaften. Die Nachbarn wider Willen organisierten sich neu, gründeten Dörfer sowie eigene politische Systeme und entwickelten eine neue, eigene Kultur, die *culture créole*.

Heute erinnert nicht mehr viel an die dramatischen Gründe für die einstige Erschließung, außer viele Ortsnamen. Für die meisten Besucher der Insel handelt es sich bei den Talkesseln um den Stoff, aus dem ihre Wanderträume sind: Hunderte Wanderkilometer, atemberaubende Panoramen, urige Berghütten *(gîtes)*, eins sein mit der Natur und ihren Kräften und sich dem Rhythmus der eigenen Muskelkraft unterordnen.

Alle drei Kessel im inneren Réunions waren ursprünglich Teil eines Vulkanmassivs, das nach Ende seiner Aktivität langsam zusammensackte. Die Kräfte der Erosion formten das bizarre System von Schluchten, Plateaus, Steilwänden und Berggipfeln – eben jenes erwähnte Paradies für Wanderer und Abenteurer.

Der Einzigartigkeit der Landschaften, der Artenvielfalt und der Kultur trug man 2010 mit der Ernennung zum UNESCO-Weltnaturerbe Rechnung. 42 % der Landfläche sind geschützt, darunter auch das dreiblättrige Kleeblatt der Cirques.

O

ORIENTIERUNG

Cirque de Salazie:
s. Kasten S. 169
Cirque de Mafate:
s. Kasten S. 181
Cirque de Cilaos:
s. Kasten S. 193

Cirque de Salazie

Die armen Dinos! Schon wieder eine Landschaft, wo man jeden Moment damit rechnet, dass ein Saurier um die nächste Ecke trampelt. Wenn sie gewusst hätten, wie oft sie zu plakativen Vergleichen genötigt würden, hätten sie Steven Spielberg darum gebeten, »Jurassic Park« in der Wüste zu drehen.

Der erste, bescheidene Wasserfall, der nicht weit hinter Saint-André auf der D48 ungeniert auf die Fahrbahn plätschert, stellt darauf ein, was bevorsteht: Der Cirque de Salazie zählt zu den niederschlagreichsten Talkesseln mit den meisten Wasserfällen – natürlich nur, wenn es zuvor ordentlich geregnet hat.

Wasser ist wohl auch das Zauberwort, dass die Besiedelung vorantrieb. Offiziell begann man mit der weißen Besiedelung des Talkessels 1830, weil neues, fruchtbares Terrain für den Obst- und Gemüseanbau erschlossen werden musste. Als 1831 die Thermalquellen entdeckt wurden, nahm die Bevölkerungsdichte sprunghaft zu. Die reichen Plantagenbesitzer und Händler suchten in der kühlen Bergluft und an den Thermalquellen Erholung, bauten Ferienhäuser und bald wuchs sich Hell-Bourg zu einem beliebten Luftkurort aus. Zur Jahrhundertwende entdeckte man die klimatisch erträglicheren Höhenlagen, Les Hauts, für die Soldaten. Überall auf den Maskarenen, wo französische Soldaten stationiert waren, grassierte die Malaria und die Bergdörfer auf Réunion stellten das einzige Rückzugsgebiet für Tropengeplagte und Kranke dar. In Hell-Bourg gab es mit drei Hotels und zahlreichen Pensionen und Privatvillen die beste Infrastruktur; außerdem war es am leichtesten zu erreichen.

Je atemberaubender das Panorama, desto mehr Abstriche müssen verwöhnte Touristen machen, beim Service sowie bei der Unterbringung. Weder früher den Plantagenbesitzern noch heute den Fremden will man sich unterordnen. Zum Glück denken nicht alle der 7200 Bewohner so, aber ein Komfortverzicht ist bis auf ganz wenige Ausnahmen nicht zu vermeiden. Auf den ersten Blick erscheinen viele Bauten nicht einladend, moosbewachsen, wo sich Farbe und Materialien in der Luftfeuchtigkeit wie Chamäleons häuten, aber in diesem Fall ist Nachsicht angebracht: Die klimatischen Bedingungen im Talkessel sind sehr herausfordernd.

An der Straße nach Hell-Bourg

J3–G5

Überbrückung mit Ausblick

Von den Zuckerrohrplantagen auf der sanft hügeligen Küstenebene führt die Asphaltstraße zunächst Seite an Seite mit dem Flussbett vorbei an steil aufragenden Felswänden tiefer in eine enge Schlucht. Von Saint-André geht es entlang der Rivière du Mât, bis die Straße zum ersten Mal den längsten Wasserlauf der Insel (35 km) überquert. An guten Tagen lässt sich von der Brücke ein Blick auf den Piton des Neiges erheischen. Im

ORIENTIERUNG

Internet: www.reunionest.fr
Auto: Über die N2 erreicht man bei Saint-André die D48 (*sortie* 21), die einzige Zufahrtstraße in den Cirque de Salazie. Bis Hell-Bourg (24 km) muss man ab Saint-André ca. 50 Min. einplanen.
Wanderkarte: IGN 4402 RT.

Dörfchen **L'Escalier,** gut erkennbar an der Brücke (angelegt 1836) und der Basaltsteinkirche mit roten Balken, kann nach ca. 8 km ein Zwischenstopp eingelegt werden. Im Restaurant La Cascade Blanche neben der Brücke kann man mittags vorzüglich kreolisch speisen. Für den namensgebenden Wasserfall **Cascade Blanche** lohnt sich ein Zwischenstopp. Folgen Sie beim Restaurant der Beschilderung und planen Sie ca. 1–1,5 Std. Gehzeit (hin und retour) ein, wobei Sie den Fluss queren müssen (nicht zu empfehlen bei zu hohen Niederschlagsmengen). Der 640 m hohe und dritthöchste Wasserfall Frankreichs verschlägt Ihnen schier den Atem!

Immer für Überraschungen gut

In das für den Cirque namengebende Dorf **Village Salazie** gelangt man automatisch, wenn man 6 km weiter auf der D48 fährt. Markant an dem moosigfeuchten Dorf ist die erst 1941 erbaute, wuchtige Kirche mit ihren beiden viergeschossigen Türmen und der Muttergottes am Giebel. Der Pfad zwischen Ernüchterung und Euphorie ist mitunter verdammt schmal in La Réunion. Gleich hinter dem moosüberwucherten Dorf linker Hand eine Überraschung. Mehrere schmale Wasserfälle stürzen die steile Wand hinunter, so als ob jemand silberne Applikationen mit glitzernden Perlchen auf einen kuscheligen, grünen Wollpulli gestickt hätte. Je nach Jahreszeit und Regenmenge sind die ›Brautschleierfälle‹, die **Cascades du Voile de la Mariée,** mehr oder weniger imposant. Einen offiziellen Parkplatz gibt es nicht, aber es existieren Mini-Parkbuchten an der Straße. In den ersten Kehren auf der D52 nach Grand-Îlet können die Kaskaden ebenfalls bewundert werden.

Ehemalige Fluchtburgen entlaufener Sklaven: Die Dörfer im Cirque de Salazie begeistern die Besucher durch ihre atemberaubende Lage.

Essen

Kein Platz für Chorknaben

Le P'tit Bambou: Wer die Restaurants in Hell-Bourg zu ›touristisch‹ findet, hat hiermit eine gute Alternative. Altmodische, rustikale Lokalität, die typische Spezialitäten aus Salazie auftischt, z. B. *poulet aux chouchous* (Hühnchen mit Christophinen) oder *rougail de morue aux chouchous* (Eintopf aus Kabeljau und Christophinen), aber auch *caris* und chinesisch-kreolische Gerichte. Luftige Open-Air-Terrasse, man darf sich nur nicht am Autolärm stören.
166, rue Georges Pompidou, T 0262 47 51 51, Do–Di 11.30–14 Uhr, Hauptgerichte ab 17 €

Infos

- **Auto:** letzte Tankstelle des Cirque an der Ortseinfahrt von Salazie.

Hell-Bourg

G5

Wetterfühlige Bergdiva

»Unser kleines Dorf wächst täglich. An die 15 Häuser sind gerade in Bau«, erzählte ein hochrangiger Politiker 1834 voller Stolz. Drei Jahre zuvor hatten Jäger zufällig Thermalquellen entdeckt. Binnen kürzester Zeit ließen sich »306 Personen, davon 100 freie Sklaven« in Hell-Bourg nieder. Der Rest ist Geschichte auf La Réunion. Vom einstigen Nobelkurort sind heute noch zahllose schmucke Villen und prachtvolle Häuser übrig und brachten Hell-Bourg das Prädikat als eines der schönsten Dörfer Frankreichs ein. Man muss die Kirche aber im Dorf lassen: Wie Hell-Bourg in Erinnerung bleibt, hängt vom Wetter ab. Wenn Nebelschleier durch die Vorgärten kriechen, hilft selbst die farbenprächtigste Beschreibung nicht, um sich das Bergdorf schönzudenken.

Hinter Village de Salazie verläuft die D48, an vielen Stellen breit ausgebaut in Kehren stetig bergauf. Kürbisartige *chouchous* – erkennbar am Blätterdickicht und kleinen Einstiegen für die Ernte –, wilder Wein und unzählige kleinere und größere Wasserfälle flankieren die Fahrt, bis man das malerische Hell-Bourg erreicht.

Sonnenpilger

Kurz vor den letzten scharfen Kehren an der Ortseinfahrt befindet sich rechter Hand der **Aussichtspunkt Point du Jour** (892 m). Früher trafen sich hier Kurgäste, um die Bergkulisse in der aufgehenden Morgensonne zu bewundern: vom charakteristischen Kegel des Cimendef (2228 m) ganz links über den Piton d'Anchaing (1356 m) rechts davon und weiter vorne bis zum plateauartigen Bergrücken des Piton Plaine des Fougères (1800 m).

S

MINI-SAFARI FÜR DIE SEELE

Noch mehr Naturidyll? Etwa auf halbem Weg zwischen Village de Salazie und Hell-Bourg liegt der olivgrüne Tümpel **Mare à poule d'eau,** ein Ort, dem die grüne Pracht förmlich bei den Ohren herauswuchert. Aus den Poren der aufragenden, überwucherten Wand des Cirque im Hintergrund stürzen Wasserfälle. Am Teichufer, überwuchert von Christophinen, Engelstrompeten oder Taro haben sich delikate Libellen, jede Menge Vögel, darunter endemische Reiherarten und die namensgebenden Teichhühner (Teichralle) eingemietet. Auch für Menschen wurde Platz geschaffen mit Picknickplätzen und Gehwegen. Ein verwunschener Ort zum Innehalten und Staunen.

L

LANDKARTE DER FREIHEIT

Viele der heute gebräuchlichen Ortsnamen stammen aus der Zeit, als sich die entflohenen Sklaven in den Bergen versteckten. So auch Salazie, das vom madagassischen *soalazy*, ›ein guter Platz zum Leben‹, herrührt. Mafate, Cimendef oder Anchaing waren mutige Anführer, die sich in den Talkesseln verschanzten.

Augenweiden mit Patina

Unvermutet tun sich die ersten gefälligen Häuser auf, denn die D48 geht in Hell-Bourg (950 m) in dessen Hauptstraße Rue du Général de Gaulle über. Hübsche Bauten, einige aufwendig renoviert, andere mit einer gewissen Patina versehen, erinnern an glückselige Tage. An einigen Häusern sind die für die Kolonialzeit typischen Ausguckpavillons, die *guétali*, noch gut erhalten, z. B. an der Villa Barau (27, rue du Général de Gaulle) oder der Villa Lucilly, in der heute das Restaurant Villa Marthe (Hausnr. 71; s. S. 176) untergebracht ist. Sie gestatteten den artigen Frauen neugierige Blicke auf das Treiben in der Straße. Die Damen wären wohl wenig erbaut über die arbeitslosen jungen und alten Männer, die heutzutage an der Hauptstraße herumlungern. Die Arbeitslosigkeit, insbesondere der Jugend, gilt als eine der größten Herausforderungen für den sozialen Frieden auf Réunion – nicht nur in Hell-Bourg. Im Stadtzentrum stehen verwitterte, mit Nummern versehene Stelen, die zu den einzelnen Häusern des **Circuit des Cases Créoles** weisen. Am besten sind diese natürlich bei einer geführten Tour zu erkunden.

Feuchte, kreolische Träume

Das dunkelgrüne, verschnörkelte schwere Eingangstor öffnet sich und gibt eine Welt aus längst vergangenen Tagen preis. Im grün-weißen Pavillon des **Maison Folio** stickten einst die artigen Töchter des Hausherrn und ihre Freundinnen, während sie dem beruhigenden Rauschen des Springbrunnens lauschten. Als einziges altes Haus in Hell-Bourg ist das Maison Folio gegenüber der Kirche für Besucher offen. 1870 von einem wohlhabenden Militärarzt als Ferienhaus erbaut, wird das Anwesen heute von Madame Folio und ihrer Familie bewohnt. Antikes Originalmobiliar ist noch erhalten, genauso wie die althergebrachte, außen liegende Küche. Im terrassenförmig angelegten Garten gedeihen in typisch kreolischer Manier dekorative Blumen wie Orchideen, Kamelien und Flamingoblumen Seite an Seite mit Kaffeepflanzen, Zitrusbäumen und Geranien. Während der Öffnungszeiten finden laufend rotierend Führungen statt, Besucher klinken sich dort ein, wo sich die Tour gerade befindet.

Ein Informationsblatt auf Deutsch hilft auch nicht frankophonen Gästen aus der Bredouille. Vergessen Sie nicht die Moskitolotion!

20, rue Amiral Lacaze, T 0262 47 80 98, foliomaison@gmail.com, tgl. 9–11, 14–17 Uhr, 5 €, geführte Tour auf Französisch 7 €

Morgenstund', Fernblick im Mund

Oberhalb von Hell-Bourg liegt der **Aussichtspunkt Bé-Mahot** (1045 m). Wer an der Ortsausfahrt von Hell-Bourg das Hotel Les Jardins d'Héva passiert, die Eisenbrücke quert und dahinter rechts die Route de Bé-Mahot nimmt, erreicht auf einer engen Forststraße einige Kehren weiter oben gegenüber dem Wasserreservoir zwei unscheinbare Kioske. Hier kann die Bergkulisse vom Piton des Neiges über La Roche Écrite bis hin zum Cap Picard in einem sagenhaften Rundpanorama bestaunt werden – am allerbesten früh morgens, solange der Nebel, der größte Feind der Fernsicht, eingefallen ist. Zwar besteht die Wegstre-

Lieblingsort

Wider die Vergänglichkeit

Beim Schlendern in **Hell-Bourg,** ganz in der Nähe des Maison Folio, zieht mich ein Tor magisch an. Macht nicht viel her von draußen, selbst das Holzschild, auf dem in verschnörkelten Lettern **Cimetière Paysager** prangt, verrät noch nicht viel. Drinnen geht die Blumenpracht, die so manchen botanischen Garten vor Scham erblassen ließe, ans Herz. Vergänglichkeit erscheint wie ein widersprüchliches Konzept, an einem Ort, an dem die Erde zu jeder Jahreszeit in den leuchtendsten Farben protzt und prunkt. Fast so, als ob man dem Lauf der Dinge mit blühenden Kaskaden die Zähne zeigt. Und doch hängt die Vergänglichkeit in der Luft, wenn modrige Armeen aus Sporen und Tentakeln Kreuze, Wände und ganze Häuser unter sich ersticken. Ganz zu schweigen davon, wenn die Strohfeuer der Lebenskraft traurig verblassen und die Köpfe hängen lassen. Der Friedhof ist ein Ort seltsamer Schönheit: mit dem Piton d'Anchaing im Hintergrund, zu dessen Füßen sich ein vor Leben strotzendes Blütenmeer erstreckt, das von den Tränen der Menschen bewässert wird. Und manchmal, je nach Witterung oder Jahreszeit, entdeckt man keinen Funken Schönheit an dem Ort. Eben die perfekte Metapher von Vergänglichkeit. Mal blühendes Leben, mal leblose Ödnis.

Hat die Kleine eine Zukunft im Landesinneren? Die meisten Einwohner Hell-Bourgs leben vom Wandertourismus.

cke überwiegend aus Teer, aber sie kann auch für eine Rundwanderung genutzt werden, die über den Bergweiler Bé-Mahot führt und in Hell-Bourg endet (3,5 km, ca. 1,5–2 Std.).

Wanderungen rund um Hell-Bourg

Detaillierte Wanderbeschreibungen liegen im Tourismusbüro aus.

Stippvisite in der Vergangenheit

Sie hören das Rauschen des Flusses tief unten? Genau dorthin führt Sie der knackige Abstecher zu den **Anciens Thermes,** den Ruinen der alten Therme. Der Verlängerung der Hauptstraße folgend, geht man zwischen der Stadtbücherei *(Bibliothèque municipale)* und der Villa Marthe durch, vorbei am alten Hôtel des Salazes. Vor der Polizei nimmt man den Weg, der rechts abzweigt.

Die anschaulichen Überreste zeugen von der Blüte des Kurbads zwischen 1904 und 1920, als die Mineralquellen von Leber- und Magenkranken frequentiert wurden, die sich von den Trinkkuren die Linderung ihrer Leiden erhofften. Sogar ein Militärspital wurde 1842 eingerichtet. Es war im Hôtel des Salazes und in der Bibliothek zu Anfang des Weges untergebracht.

Start beim Tourismusamt, Strecke hin und retour ca. 1 km, 30 Min.

Am Puls der Wasserfälle

Das Einzige, was Sie bedauern, nachdem Sie von der Straße nach Îlet-à-Vidot (D48) links in den Dschungel abgebogen sind und relativ steil bergauf an dicht gewebten *chouchou*-Feldern vorbei stapfen, ist die große Portion *gratin de chouchou* zu Mittag. Der steile Aufstieg zu den **Trois Cascades** ist auch wirklich die einzige Herausforderung der Wanderung, aber immerhin eine bemerkenswerte. Über Wurzelwerk, Stock und Stein passiert der Pfad Bambus- und Kasuarinenhaine, bis nach etwa 1 km bei der Andachtstätte die ersten zwei Fälle zu sehen sind. Den größten Wasserfall zu finden, erfordert etwas Detektivarbeit, man muss einen kleinen Damm überqueren. Achtung: Hier existieren glitschige Passagen. Diese schweißtreibende Wanderung empfiehlt sich vor allem nach Regenfällen, wenn die Wasserfälle ordentlich Wasser führen.

Start an der D48 kurz hinter der Ortsausfahrt, Strecke hin und retour ca. 2,5 km, 1,5 Std.

Drei Fliegen mit einer Klappe

Am rostroten Tor, 150 m hinter dem Bürgermeisteramt (Mairie annexe de Hell-Bourg), beginnt der **Chemin de Bélouve** zum Gîte de Bélouve. Der Abbruch des Cirque muss überwunden werden, erwarten Sie eine anstrengende Wanderung, teilweise über Treppen, nach oben. Teils führt der Weg durch Wald, teils aber auch durch exponierte Areale. Wunderbare Ausblicke tun sich entlang des Aufstiegs auf. Unbedingt Sonnenschutz und ausreichend Wasser mitnehmen! Knapp 500 schweißtreibende Höhenmeter weiter oben wartet beim **Gîte de Bélouve** ein herrlicher Panoramablick auf den Cirque de Salazie (wenn Sie früh genug unterwegs sind). Wer noch Reserven hat, hängt die flache Wanderung bis zum **Trou-de-Fer** (s. S. 235, ca. 5 km hin und retour) an. Über dieselbe Routenführung, zuerst über den Gîte de Bélouve und später weiter über das Cap Anglais, kann der Piton des Neiges (als Teilstück des GR R1) erreicht werden. (Aufstieg ca. 5 Std. bis zum Gîte, danach noch 1,5 Std. bis zum Gipfel). Diese Route erfordert eine Übernachtung im Gîte de la Caverne Dufour und ist geübten Wanderern vorbehalten, denn der Aufstieg über das Cap Anglais ist noch steiler als bisher.

Start nahe der Mairie annexe an der Einfahrt ins Ortszentrum, 10 km hin und retour ohne Trou-de-Fer, ca. 5–6 Std., Start früh morgens

Schlafen

Ein Schmuckkästchen

La Villa Blanche: Haben Sie schon mal davon geträumt, in einer stilechten kreolischen Villa zu nächtigen? Dann wird Sie dieses 1932 erbaute Haus verzücken. Die einstige Ferienvilla einer reichen Familie aus Saint-Denis wurde liebevoll und hochwertig renoviert, teils finden sich antike Möbel im Haus. Ein echtes Schätzchen! Fünf-Sterne-Ferienwohnung mit vier Schlafzimmern (3 DZ, 1 EZ), kann aber auch von nur zwei Personen gebucht werden.

14, rue Olivier-Manes, T 0693 91 00 32, www.lavillablanche.re, 270 € (2 Pers.), 400 € (6–7 Pers.)

Moderne Ferienwohnungen

Le Be-Mahot: Bungalowanlage mit elf freistehenden Einheiten für zwei bis sieben Personen, noch neu und recht modern. Frühstück wird gegen Aufpreis für Sie zubereitet, Sie können sich aber auch selbst versorgen. Angenehm: ein großer Jacuzzi für die müden Beine!

20, route Auguste Lacaussade, T 0693 39 73 63, www.lebe-mahot.com, Bungalow für 2 Pers. ab 110 €

Vintage, aber in echt

Le Relais des Cimes: Wenn dieses einfache Berghotel ein Tonträger wäre, dann eine Schallplatte aus Vinyl. Alt, kratzt ein bisschen, aber noch ganz passabel. 29 altmodische Standardzimmer (teils mit Blick auf die Berge) im Haupthaus, aber empfehlenswert sind die *chambres créoles* im Nebenhaus (ohne Panorama) – geräumig mit kreolischem Mobiliar eingerichtet und erstaunlicherweise zum gleichen Preis wie die Standardzimmer. Liegt zentral an der Hauptstraße, was manchmal Lärm und herumlungernde Männer mit sich bringt. Beliebtes Restaurant angeschlossen.

67, rue du Général de Gaulle, T 0262 47 81 58, www.relaisdescimes.com, DZ/ÜF ab 84 €

Bergpension mit Charme

Le Relais des Gouverneurs: Im netten, zweckmäßigen Gästehaus mit wunderschönem Garten bucht man Familienanschluss mit, sofern man sich einigermaßen verständigen kann. Die freundlichen Gastgeber bemühen sich um eine familiäre Atmosphäre. Einige Zimmer liegen entlang eines Laubengangs mit Blick auf den Garten. Die *chambres supérieures* sind gegenüber den *chambres conforts* zu bevorzugen. Häufig Abendessen am großen Tisch (Drei-Gänge-Menü 30 €). Und sonst sind die Restaurants nicht weit weg.

2bis, rue Amiral Lacaze, an der Ausfahrtsstraße dem Einbahnsystem folgen, T 0262 47 76 21, www.relaisdesgouverneurs.fr, DZ 75–95 €, Frühstück 8 €

Außerhalb: im Blumengarten

Chambres d'Hôtes des Agrumen: »Wenn die Familie etwas macht, dann richtig«, versichert Madame Begue. Das kann man sehen! Hinter Hell-Bourg, auf dem Weg nach Îlet-à-Vidot, zweigt man bei den Schildern zur Source Manouilh / Terre Plate links ab und landet im Paradies. In einem gepflegten, großzügig angelegten Blumengarten stehen hier vier geräumige Holzbungalows mit Salon, Schlafzimmer und Bad/WC. Qualität wird tatsächlich großgeschrieben, davon zeugen die vom Tischler gefertigten Möbel, die hochwertige Ausstattung in Bad und WC, die teuren Matratzen und die Verwendung von Bioprodukten aus der eigenen Landwirtschaft. Toller Ausblick vom Garten. Plätschernder Springbrunnen, BBQ-Möglichkeit für Selbstversorger – Es fehlt an nichts

7, chemin Manouilh, Îlet-à-Vidot, T 0692 65 51 82, https://chambredhotesdesagrumes.fr, DZ/ÜF 130 €, Mindestaufenthalt 2 Nächte

Essen

Mittags ist es nicht schwer, ein Lokal zu finden, abends ist nur das Restaurant des Le Relais des Cimes verlässlich geöffnet.

Lecker lokal

Ti'Chouchou: Deftige Hausmannskost wie *chouchou, caris* und kreolisches ›Steak‹, ein zartes, lange mariniertes Rinderschnitzel (Saftfleisch) mit kreolischen Beilagen, wird schnell und zuvorkommend serviert. Reservierung empfohlen.

42, rue du Général de Gaulle, T 0262 47 80 93, tgl. 11.30–14, 18.30–21 Uhr, Tagesgerichte ca. 18 €, Hauptgerichte ab 20 €

Kreolisch frisch

Le Relais des Cimes: Neben bekannten gibt es auch kreativere Speisen, wie *poulet au coco* (Kokoshuhn), das madagasssische *romazava,* ein Rindfleischeintopf mit Ingwer und frischem Blattgemüse. Zu den Spezialitäten gehören auch *truite grillée* (gegrillte Regenbogenforelle) oder *pintade rotie aux pêches* (gebratenes Perlhuhn mit Pfirsichen). Reservierung sinnvoll.

Adresse s. Übernachten, tgl. 18.30–22, Sa auch 12–14 Uhr, Hauptgerichte 14–22 €

Urige Institution

Chez Alice: Solide Qualität. Kein Chichi, aber immer gut besucht. Bekannt für *rougail saucisses,* die Forelle sowie die *chouchou*-Gerichte. Reservierung empfohlen.

1, rue des Sangliers, T 0262 47 86 44, Di–Sa 11.45–13.30, 18.30–20, So 11.45–13.30 Uhr, Tagesgerichte 17 €, Hauptgerichte ab 16 €, zum Mitnehmen 7 €

Historisch köstlich

Villa Marthe: Ein bisschen anders als die anderen. In der alten Villa Lucilly wird wohlschmeckende kreolisch-französische Küche serviert, von *bol renversé* bis Thunfisch-Tatar. Das Auge isst mit, der üppige Blumengarten und das hübsche, historische Ambiente machen Appetit.

71, rue du Général de Gaulle, T 0692 10 00 01, Mo–Fr 11–15, Sa/So bis 22 Uhr, Hauptgerichte ab 14 €

Bewegen

Cases-Créoles-Rundgang

Tourismusamt: s. Infos. Schwelgen Sie mit Ihrem Guide in alten Zeiten und lassen Sie sich die Charakteristika und Entwicklung der kreolischen Häuser erklären.

Mo–Sa 10, 14 Uhr, Treffpunkt und Reservierung Office de Tourisme, 10 €/Pers.

Deutscher Stadtrundgang

Michel: Führt Sie unterhaltsam durch Hell-Bourg und spricht über Geschichte, Architektur, Pflanzen, die Menschen und einiges mehr. Nicht nur für Leute interessant, die wenig Französisch sprechen.

Treffpunkt vor dem Office de Tourisme, T +49 171 364 36 00 (WhatsApp) oder T 0693 32

48 30 (Anrufe), mbalvay55@gmail.com, 10 €/Pers., Dauer ca. 1,5 Std.

Spritzige Sprünge

Austral Aventure: Eine Portion Mut erfordern die spritzigen Touren durch die Canyons schon. Wem schon beim Zusehen schlecht wird, der sollte definitiv den Wanderungen den Vorrang geben. Raftingtouren z. B. im Canyon Trou Blanc, Cirque de Salazie (85 €), oder in der Ravine Fleurs-Jaunes, Cirque de Cilaos (70 €).

42, rue Amiral Lacaze, Nähe Maison Folio, T 0692 87 55 50, www.australaventure.fr

Infos

- **Office de Tourisme:** 47, rue du Général de Gaulle, am Platz mit dem Springbrunnen, T 0262 46 16 16, www.reunionest.fr, Mo–Sa 9–12, 13–17 Uhr.
- **Deutschsprachige Wanderführer:** s. S. 249.

An der Straße zum Col des Bœufs G4–E5

Auf dem Weg zur Himmelspforte

Nur ein Vorspiel sollen sie sein, aber am Ende weiß man nicht mehr, welche Panoramen die schönsten waren. Auf halber Strecke nach Grand-Îlet, ca. 7 km ab der Abzweigung von der D48, führt die D52 ins Bergdorf **Mare-à-Vieille-Place** auf ca. 880 m Höhe. Kurz, bevor die Straße sich in den Canyon de la Rivière des Fleurs-Jaunes, hinunterschraubt, gibt der **Aussichtspunkt Col Carozin** (erkennbar an 2 Parkbuchten) die bizarre Erosionslandschaft und den Canyon frei. Das Bergmassiv ist beeindruckend: von rechts nach links der Piton Bé-Massoune (1618 m), Piton Plaine des Fougères (1800 m), La Roche Écrite und Le Cimendef.

Insel mit Höhenrelief

Immer wieder lugen der Piton des Neiges und der Gros Morne linker Hand auf der Tal- und Bergfahrt nach **Grand-Îlet** hervor. Die geflohenen Sklaven ließen sich auf den gut bewirtschaftbaren Plateaus nieder. Eines davon, das ›Große Inselchen‹, liegt auf 1100–1200 m Seehöhe, flankiert von den beiden Bergmassiven La Roche Écrite (2276 m) und Cimendef (2228 m).

An der Kreuzung bei der schindelverkleideten Kirche gabelt sich die Straße. Geradeaus und dann rechts steuert man direkt auf La Roche Écrite zu. Mit der beeindruckenden Bergkulisse im Hintergrund ist die pittoreske, 1936 erbaute Kirche ein lohnenswertes Fotomotiv. Sie hat mit den Kräften der Zyklone zu kämpfen, wegen der gewaltigen Regenmassen drohte in der Vergangenheit der Untergrund wegzurutschen.

Hauptsächlich wegen seiner Lage als Tor zum Cirque de Mafate pilgern passionierte Wanderer nach Grand-Îlet, obwohl auch viele Wanderungen auf andere Gipfel (beispielsweise nach La Fenêtre oder zur Roche-Écrite, beide für Sportliche) locken. Eine Übernachtung hier macht dann besonders Sinn, wenn Sie frühmorgens Zeit sparen wollen. Von Hell-Bourg aus dauert die Fahrt nach Col des Bœufs bis zu 1,5 Std., von Grand-Îlet aus hingegen knapp 20 Min.

Gratwanderung

3 km ab der Kirche (Achtung: links abbiegen bei der Kirche) beginnt bei Le Bélier die Forststraße zum Einstieg in den Cirque de Mafate (s. S. 180). Das Auto schnauft nach oben, auf kurzer Wegstrecke sind immerhin 300 Höhenmeter zu absolvieren. Etwa 3 km später tauchen Parkbuchten auf, sie flöten sehnsüchtig das Lied von Märschen voller Muskelkraft und Meditation. Vom schmalen, nicht ausgeschilderten **Berggrat Bord-Martin** (1552 m), der sensationelle Blicke auf beide benachbarte Cirques freigibt, gehen

TOUR
Neuigkeiten von ganz unten

Zu Fuß über den Col des Bœufs nach La Nouvelle (Cirque de Mafate)

6.30 Uhr, 1850 m Seehöhe, **Parkplatz**. Irgendwo im Internet hatte ich gelesen, dass der Weg nach La Nouvelle der meist gegangene Weg der Insel sei. Die zahllosen parkenden Fahrzeuge bestätigten dies, aber wohltuend wenige Menschen sind zu sehen. Über eine breite Piste, die die Mafatais mit ihren Geländewagen zum Warentransport nutzen, geht es über 1,5 km sanft bergauf. Die Kamera ist schon aufgewärmter als ich, wir müssen uns sputen, damit wir uns nicht in Fotografierorgien bei den sensationellen Fernsichten verlieren. Wow.

7 Uhr, 2011 m Seehöhe, **Col des Bœufs.** Es gibt kein Halten mehr, der Cirque de Mafate liegt vor uns, es

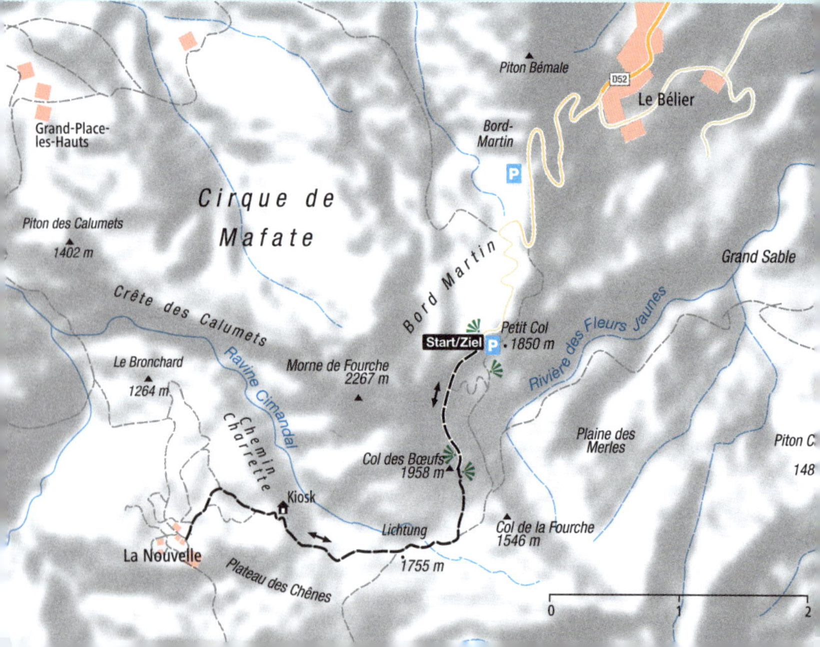

Infos

E5

Start/Ziel: Parkplatz Petit Col (bewacht, kostenpflchtig) am Ende der Straße von Le Bélier

Dauer/Länge: ca. 5–7 Std., 12 km hin und zurück

Parken: bewachter Parkplatz, 5 €/Tag, 14 €/Nacht

Schwierigkeitsgrad: nicht schwierig, erfordert aber gute Ausdauer

Hinweise: ausreichend Wasser und Sonnenschutz einpacken, festes Schuhwerk erforderlich

fällt schwer, sich am Panorama sattzusehen. Ein knatternder, Staub aufwirbelnder Helikopter, der vom Versorgungsplatz Ware aufnimmt, stört die Idylle jäh. Rette sich, wer kann. Danach verläuft der steile Abstieg teilweise über Stufen und massive Steine. Anfangs blitzt La Nouvelle wiederholt in der Ferne auf, steil aufragende Wände und Berggipfel allerorten. Je tiefer auf den Kesselboden man gelangt, desto dichter wird der Wald. Ich rümpfe die Nase wegen der menschlichen Hinterlassenschaften am Wegesrand. Es scheint sich zu bewahrheiten, wir sind nicht die Einzigen auf diesem Weg. Viele unserer ›Mitläufer‹ sind erfahrene Wanderer, aber andere sind offensichtlich so unsportlich, dass man geneigt ist, vorsorglich die Bergrettung zu alarmieren. Dass der Glaube (an sich) Berge versetzt, haben sie vermutlich zu wortwörtlich genommen.

8.30 Uhr, 1754 m Seehöhe. An einer märchenhaften **Lichtung** mit samtweichem Moosboden und schiefgewachsenen, bärtigen Bergakazien kreuzt der Weg jenen nach Marla. Zwei Läufer haben uns kurz vor der Lichtung überholt, die geschickt von Stein zu Stein balancieren und sichtlich Erfahrung darin haben, sich auf dem ungewöhnlichen Terrain zügig vorwärtszubewegen.

8.55 Uhr, 1673 m Seehöhe. Am strahlend blauen Häuschen des **Kiosks,** das von Jace verschönert wurde, legen wir eine Rast ein. Gleich darunter befindet sich die Weggabelung zum **Chemin Charrette.** Der etwas breitere Weg ist länger, aber auch einfacher, da er für Schubkarren ausgebaut ist (einfacherer Weg nach oben). Laut Beschilderungen ist La Nouvelle noch 45 Min. entfernt. Gemächlich marschieren wir weiter, Stufe für Stufe, Stein für Stein.

9.45 Uhr, 1400 m Seehöhe. Himmlische Ruhe macht sich breit. Kein Moped- oder Autogeknatter ist zu hören. Sogar die Helikopter schweigen. Sie fliegen nur früh morgens, solange keine Wolken aufgezogen sind. Als der erste Zaun auftaucht, hinter dem eine Kuh friedlich grast, kann es nicht mehr weit sein. Die Ortstafel von **La Nouvelle** ist nur mehr ein Formalakt. Schweiß lass nach!

Wanderungen nach Mafate ab, aber allein das Panorama rechtfertigt einen kurzen Stopp: rechts offenbart sich der Cirque de Mafate, links der Cirque de Salazie.

Die Forststraße endet 3 km weiter am Fuße des Col des Bœufs mit einem großen, bewachten Parkplatz. Wanderer, die in Mafate übernachten, sollten ihr Fahrzeug hier abstellen, da es in der Gegend nachts hin und wieder zu Autodiebstählen kommt. Die zahlreichen unbewachten Parkplätze zwischen Bord-Martin und Col des Bœufs sind tagsüber aber okay.

Schlafen

Bestes Hotel im Cirque

Sarana Hôtel & Spa: Viersternekomfort, mehr ist eigentlich nicht zu sagen. Ruhe, Entspannung und eine grandiose Naturkulisse, 21 moderne, schicke Zimmer, breite Betten (selten auf der Insel), Heizung (die Nächte in den Bergen können ganz schön kalt sein), beheizter Pool, Spa. Wie auf La Réunion üblich, sind die zusätzlichen Serviceleistungen recht teuer.
63, chemin du Butor, Mare-à-Vieille-Place, T 0262 37 24 17, https://sarana-hotel.com, DZ/ÜF ab 222 €

Abends selbst kochen

Le Croisée des Sentiers: Vier schmucke Zimmer mit Heizung oberhalb von Grand-Îlet, Panoramapool und ein wunderschöner Garten. Frühstück wird auf der zimmereigenen Terrasse serviert (außer So). Nur beim Abendessen müssen Sie Abstriche machen: entweder selbst einen Happen mitbringen oder mit einer der Snackbars vorliebnehmen.
21, chemin du Stade, Grand-Îlet, T 0692 31 51 97, www.lacroiseedessentiers974.com, Mindestaufenthalt 2 Nächte, DZ/ÜF 135 €

Piton des Neiges im Blick

Le Cimendef: Einfache Bergpension mit fünf Zimmern und einer größeren Suite, die mit starken Farben und Panoramen punkten kann. Die Unterkunft liegt nahe an Le Bélier und ist optimal als Basis für Wanderungen nach Mafate.
735, Casabois, RD 52, Grand-Îlet, T 0692 69 71 60, DZ/ÜF 70–90 €, Abendessen auf Vorbestellung 28 €

Infos

- **Anfahrt:** Das einzig sinnvolle Verkehrsmittel zum Wandern bleibt das Auto. Die D52 führt nach Grand-Îlet, die Route Forestière 13 du Haut Mafate zum Col des Bœufs. Wer sich in Grand-Îlet einquartiert, kann mit dem Bus 82 Mo–Sa 6 x tgl. zum Col des Bœufs fahren.

Cirque de Mafate

E4

Nur mit Muskelkraft und viel gutem Willen ist Mafate erreichbar. Selbst Einheimische gelangen nur zu Fuß in den Cirque, denn an das Straßennetz ist Mafate nicht angeschlossen (aber ihre Autos parken am Col des Bœufs, denn ganz ohne funktioniert es im Alltag selbst für eingefleischte Einsiedler nicht). Geheimnisvoll, wie ein versunkener Schatz in den stürmischen Meeren der Gegenwart, zieht der Talkessel Besucher in seinen Bann. Wo sonst findet man mitten auf einer nach westlichen Maßstaben zivilisierten Insel Dörfer, in denen die Zeit stehengeblieben ist? Diesem Umstand hat auch die UNESCO Rechnung getragen, als sie La Réunion – mit Mafate als Herz des Naturparks – die Auszeichnung zum Weltnaturerbe verlieh. Nach wie vor ist der größere Teil des zerklüfteten Talkessels unzugänglich. In den im ganzen Cirque verstreuten Bergdörfern leben an die 800 Menschen in einfachen

O

ORIENTIERUNG

Internet: www.reunion-mafate.com, www.ouest-lareunion.com/mafate (Fremdenverkehrsamt)
Auto: Hinter Village Salazie beginnt die D52 nach Grand-Îlet und zum Einstieg in den Cirque de Mafate. In den Cirque selbst gelangt man nur zu Fuß, kein Straßennetz.
Zu Fuß: Die beliebtesten Zugänge erfolgen aus dem Cirque de Salazie, einerseits über den Col des Bœufs (nach La Nouvelle und Marla), andererseits über den Sentier Scout (u. a. nach Îlet-à-Malheur und Aurère).
Von Saint-Paul aus existieren drei Zugänge, wobei die ab Piton Maïdo via Roche-Plate und ab Sans-Souci via Canalisation des Orangers (relativ einfach, da lange flach) am reizvollsten sind.
Im wahrsten Sinne des Wortes raubt der Einstieg über den Cirque de Cilaos (Col du Taïbit) einem den Atem (nach Marla).
Wanderkarte: IGN 4402 RT, für den Zugang über den Maïdo IGN 4401 RT, für den Zugang über Cilaos IGN 4405 RT.

Verhältnissen. Die erste Fernsehantenne 1987 revolutionierte das Leben vieler Mafatais. Das moderne Leben hat vor wenigen Jahren mit Mobiltelefonen und Solarstrom Einzug gehalten.

Outlaw Territory

Wie schon in den anderen Cirques, mischten sich zu den Sklaven auf der Flucht ab 1785 verarmte Kleinbauern *(petits-blancs des hauts)*. Gegen Ende des 19. Jh. lebten an die 200 Familien im Talkessel, doch von den Behörden wurde ihnen Grundbesitz und Nutzungsrechte verweigert. Da 1848 Mafate in ein Forstgut umgewandelt wurde, sah sich das Forstamt in der Pflicht, die Wälder zu schützen und mit harter Hand gegen die Siedler vorzugehen. Die Besiedelung hatte eine dramatische Abholzung und Erosion zur Folge, die sogar Le Port durch Überschwemmungen bei massiven Regenfällen bedrohte. Die Stimmung war aufgeheizt, das Forstamt schickte Ranger und Forstwarte, Häuser gingen in Flammen auf, drakonische Gesetze begleiteten die Maßnahmen. Dieses Katz-und-Maus-Spiel ohne Gewinner ging bis in die 1960er-Jahre, als die Behörden sich dazu durchrangen, für symbolische Beträge Grund und Boden an die Bewohner zu vermieten. Kooperativen sorgten für einen bescheidenen Aufschwung, Geranium und Linsen wurden primär kultiviert. Indes forsteten die Behörden Bäume auf und setzten den Überschwemmungen in Le Port damit ein Ende. Um die Böden zu stabilisieren, forstete man hier erstmals in Réunion mit japanischen Sicheltannen auf. In den 1980er-Jahren kamen von der Regierung finanzierte Sanitär- und Wasseraufbereitungsanlagen hinzu, später der soziale Dienst, mobile Krankenpflege und natürlich Schulen.

Mit Geknatter gegen die Armut

Obwohl man es bei den Massen an Wanderern gar nicht glauben möchte, kämpft der Cirque mit Abwanderung. Ein Allheilrezept scheint mit dem Tourismus nicht gefunden zu sein, besonders da sich der vermeintlich sanfte Tourismus mittlerweile in der Softshelljacke von Overtourism versteckt. Speziell am Vormittag hallt wenig romantisch das harte Geknatter von Helikoptern durch Mafate, ich konnte beobachten, dass an einem x-beliebigen Vormittag mehrfach hin und retour geflogen wurde. Mit den Helikopterflügen versorgen sich die Bewohner mit dem Nötigsten, allerdings ist ein Großteil der Ware für die Touristen bestimmt. Wie paradox: Man läuft zwar zu Fuß in den Talkessel, nur damit dann die Verpflegung oder frisches Obst und Gemüse eingeflogen werden muss? Dennoch scheint heutzutage kaum jemand mehr die einst geplante Straße ernsthaft in Erwägung zu ziehen.

Die Bewohner verdienen neben der Landwirtschaft ihren Lebensunterhalt in erster Linie durch die Vermietung von Unterkünften. Die zerfurchte Erosionslandschaft besteht aus unzähligen Plateaus, die Luftlinie nicht weit entfernt scheinen und doch nur in stundenlangen Märschen zu erreichen sind. Der Geröllfluss Rivière des Galets hat mit seinen wilden Nebenflüssen tiefe Schluchten ins weiche Basaltgestein geschliffen, die ein ›Inselchen‹ *(îlet)* vom anderen trennen. Die klimatischen Bedingungen spielen Wanderern in die Hände, denn bis auf den feuchten Ostrand gehört Mafate zu den trockensten Winkeln der Insel.

Check eins, zwei, drei

Vielleicht, weil man sich vorstellt, dass immer die Sonne scheint, oder eine tropische Insel keine Gefahren bergen könne. Es ist ein Fakt, dass Wanderungen nach Mafate häufig unterschätzt werden, ein trügerischer Fehler. Was vor einer Wanderung unbedingt zu prüfen ist:

1. Welche Wege sind geöffnet, welche unerwarteterweise durch Regenfälle vermurt oder wegen Steinschlags gesperrt?
Die Wege werden zwar laufend instand gehalten, aber unverhofft kommt oft in den Bergen. Infos dazu finden Sie beim Forstamt ONF (T 0262 37 38 39, www1.onf.fr/la-reunion, Menüpunkt Info Sentiers) oder bei den Tourismusbüros.

2. Wie wird das Wetter?
Bei Regen ist der Cirque de Mafate zu meiden, bei hartnäckigem Nebel ist es witzlos, auf den Talboden zu wandern, da die Quintessenz – die tollen Panoramen – verloren geht. Außerdem macht Nebel die Wanderwege glitschig. Infos bietet die Wettervorhersage (T 0892 68 08 08, Mehrwertnummer), das Fernsehen oder Sie erhalten sie online unter www.meteofrance.re.

3. Haben Sie die wichtigsten Notrufnummern zu Hand?
Notruf der Bergrettung T 0262 93 09 30, Rettung (Samu) 15, Polizei 17, Telefonnummer Ihres Zimmervermieters oder einer Kontaktperson.

4. Sind die Wanderregeln bekannt?
Infos s. S. 221.

5. Sind die Unterkünfte und Abendessen reserviert?
Reservierungen sind möglich über die Tourismusämter und online https://www.ouest-lareunion.com/mafate (leider sehr chaotisch, besser Sie kommunizieren direkt mit den Hütten). Private Gîtes, die mit dem IRT keine Vereinbarung haben, müssen direkt reserviert werden. An den Wochenenden und während der Schulferien sind die Hüttenplätze in La Nouvelle und Marla frühzeitig zu reservieren. Die Gîtes erwarten, dass das Abendessen ebenso

F

FAKTENCHECK

Ausdehnung: 91 km²
Wegenetz: 140 km
Meist besuchte Dörfer: La Nouvelle, Marla
Beliebtester Zugang: Col de Bœufs (weil es der kürzeste ist).
Eine der schönsten Wanderungen der Insel: Sentier Scout ab Bord-Martin nach Îlet-à-Malheur und Aurère

Wer in den Cirque de Mafate will, muss den Weg dorthin wohl oder übel auf Schusters Rappen bewältigen. Bis zur Jahrtausendwende wurde so auch die Post zu den Anwohnern geliefert.

rechtzeitig gebucht wird, sonst steht man ohne Abendbrot da.

6. Bin ich gut ausgerüstet?
Unbedingt erforderlich sind gute eingelaufene Wanderschuhe (mit tiefem Profil), viel Wasser, Taschen-/Stirnlampe, Wanderstöcke, Trockenfrüchte, zweites Paar Schuhe (für die Hüttenabende und falls Wasserläufe gequert werden müssen), Powerbank für Handy/Kamera (Aufladen kann problematisch sein), Regenbekleidung, Sonnenschutz (Kappe, Sonnencreme), Erste-Hilfe-Box, Wanderkarte/GPS (am besten von IGN), Wanderbekleidung für kalte und heiße Temperaturen, Wechselbekleidung, warme Kleidung für kühle Abende, eventuell Überlebensdecke im tropischen Winter, Handtuch, Bargeld.

7. Wünsche ich mir einen deutschsprachigen Wanderführer?
Infos: s. S. 249.

Beherzt beherzigen

Im Cirque de Mafate ticken die Uhren ein wenig anders. Über die Eigenheiten Bescheid zu wissen, verringert die Enttäuschung.

1. So früh wie möglich loswandern! Ab der Mittagszeit blockieren häufig dichte Wolken jegliche Sicht.

2. Die Gîtes sind erst ab 15 Uhr geöffnet, um den Mafatais ein wenig Privatleben zu gönnen. Entweder man zügelt gegen Schluss hin das Tempo, legt lange Pausen ein oder wartet einfach geduldig, bis der Hausherr seine Pforten öffnet.

3. Der Großteil der Gîtes bietet Halbpension (Abendessen, Frühstück) und viele verkaufen Snacks, z. B. Sandwiches. Wer die kleinen, überteuerten Lebensmittelläden mit Konserven und abgepacktem Essen meiden will, muss

Lieblingsort

Balanceakt mit Blick

Wozu mich schinden? Ich gebe es zu, beim Wandern gehe ich gerne den Weg des geringsten Aufwandes, speziell, wenn ich schon nach 1,9 km einen der schönsten Aussichtspunkte der Wanderung erreiche. Auf und ab, der erste Teil des **Sentier Scout** (📍 E4) schaukelt wie auf einem Kamelbuckel. Runter in eine Senke, hoch, wieder runter in eine tiefere Schlucht, wieder hoch. Das Terrain steigt sanft an, bis ich nach 30 Min. an eine Engstelle komme. Rechts und links Leere, die glücklicherweise von dichtem Gestrüpp überwuchert ist. Da sehe ich es, das Meer und die Hafenstadt Le Port am Horizont, rechts davon den Toblerone-förmigen Piton Cabris mit Aurère an seiner Seite. Der Cirque Mafate liegt mir am Bergkamm Les Deux Fesses zu Füßen. Ich verweile, bleibe, mache anderen Wanderern Platz, kann mich nicht sattsehen. Welch ein Anblick, kostbare Minuten mit mir und den Elementen.

Proviant (Obst, Snacks und Energieriegel) mitnehmen. Frisches Brot ist im gesamten Cirque Mangelware, es gibt nur wenige Bäckereien. Oft besteht das süße Frühstück hauptsächlich aus Zwieback *(biscottes)* und Marmelade. Ausreichend Wasser muss immer im Rucksack vorhanden sein.
4. Es existieren ausgewiesene Campingplätze (meist 5 €, *bivouac*) auf einigen Plateaus, doch auf nette Nachfrage kann auch auf Privatgrundstücken kampiert werden. Notbiwakieren ist in jedem Fall immer und überall erlaubt, wenn man der französischen Sprache mächtig ist und Diskussionen nicht scheut.
5. Nicht vergessen: Handtücher werden in den meisten Gîtes nicht zur Verfügung gestellt.

B

BERGE VON BRIEFEN

Bevor die Post per Helikopter in den Cirque flog (ab 2003), schleppten Briefträger die viele Kilogramm schweren Sendungen zu Fuß von La Possession herbei, dazu dringend benötigte Medikamente oder Lotterielose. Die Legenden erzählen von drei Männern, wovon Ivrin Pausé von 1951 bis 1991 stramme 253 000 km (6 x die Erdumrundung) abgelaufen haben soll. Ihm zu Ehren steht in Grand-Place eine Statue. Angelo Thiburce absolvierte 1965 bis 2003 180 000 km (4 x die Erdumrundung). Er wurde in zwei Filmen und vielen Reportagen verewigt.

Cirque de Mafate ab Cirque de Salazie E4

Am meisten frequentiert ist der vergleichsweise einfache Zugang vom **Cirque de Salazie** aus; gleich zwei der beliebtesten Routen starten hier: der **Sentier Scout** (s. u.) und der Zugang über den **Col des Bœufs** (s. Tour S. 178).

Via Sentier Scout

Ab Bord-Martin (an der Straße nach Col des Bœufs) auf 1550 m verläuft der **Sentier Scout** (GR R3) nach Îlet-à-Malheur und Aurère, ein besonders malerischer und nicht allzu abrupter Abstieg. Wegen der fantastischen Aussichten zählt der Sentier Scout zu den schönsten Wanderungen in den Talkessel Mafate.

Nach Îlet-à-Malheur: Distanz 7 km, Gehzeit 3–4 Std.
Nach Aurère: Distanz 8,1 km, Gehzeit 4–5 Std.
Nach Îlet-à-Bourse: Distanz 7,4 km, Gehzeit 3–4 Std.

Sentier Scout: Îlet-à-Malheur E4

Die Blutige

Blutig war das Massaker, brutal, gnadenlos. 40 abtrünnige Sklaven, die in völliger Autarkie am Plateau lebten, wurden von Sklavenjägern 1829 barbarisch massakriert. Da die Leichname unmöglich durch das unwegsame Gelände getragen werden konnten, schnitten ihnen die Jäger beide Ohren ab, als Beweis für die Ausführung des Jobs. Der unglückliche Name erinnert noch heute daran. Nur einen Steinwurf von Aurère entfernt, ist der kurze Marsch von 1,1 km (45 Min.) keineswegs ein Kindergeburtstag, da die steile Ravine Bémale durchquert wird. Etwa zwölf Familien bewohnen das Plateau auf 870 m, es gibt einen Lebensmittelladen mit Bar, eine Kirche und gar eine kleine Schule.

Wie geht es weiter?

Nach Aurère: Distanz 1,1 km, Gehzeit 45 Min.

Nach Îlet-à-Bourse: Distanz 2,9 km, Gehzeit 2–3 Std., nur für Trittsichere durch die Grande-Ravine.
Nach Cayenne/Grand-Place entlang des GR R2: s. Aurère.
Über Sentier Augustave zurück nach Salazie: s. Aurère.
Abstieg über die Rivière des Galets nach La Porte/Deux-Bras: s. Aurère.

Schlafen, Essen

Schlemmen bei Mme Libelle

Gîte d'Îlet-à-Malheur: 20 Betten im Gemeinschaftslager, köstliche Küche. Îlet-à-Malheur, M. Guy Libelle, T 0262 43 56 96, Schlafsaal 20 €, Frühstück 8 €, Abendessen 25 €

Sentier Scout: Aurère E4

Die gute Erde

»Wie heißt denn der Ort hier?«, rief der bretonische Auswanderer und späterer Bürgermeister von Saint-Paul Nicolas Lemarchand, als er bei der Jagd nach Wildziegen 1780 auf einen entlaufenen Sklaven traf. »Orera«, antwortete der Madagasse, ›Gute Erde‹. Daraufhin erwirkte Lemarchand als erster Weißer im Cirque eine Konzession beim Gouverneur, baute ein Holzhaus, begann Kirschen, Birnen, Mandeln, Kaffee, Mais und Vieh zu züchten. Von den Eichen, die Lemarchand sich eigens aus Frankreich kommen ließ, sollen noch einige vorhanden sein. Später wurden Geraniumplantagen errichtet und Kornfelder angebaut, doch der Zyklon von 1948 zerstörte alles. Erst seit 1977 wird die Wiederbesiedelung aktiv unterstützt, indem man die Wasserleitung (Canalisation Augustave) baute. Heute existieren im Dorf auf 930 m am Fuß des Piton Cabris (Ziegenberg) mehrere Gîtes, ein Laden, eine Bar, eine Schule und das Forsthaus. Durch die gute Erreichbarkeit können die Bewohner recht gut vom Tourismus leben.

Alternativ gegangen

Von Dos d'Âne (La Possession) ausgehend führt ein Pfad hinunter in das Tal der Rivière des Galets. Von hier aus muss man in einem langwierigen Aufstieg gut 2 Std. den Geröllfluss hochsteigen, bis man die Pforte des Talkessels, La Porte, erreicht, über die man zu Aurère und Grand-Place Zugang hat. Als nicht annähernd so attraktive Alternative im Vergleich zum Sentier Scout bleibt natürlich die Zufahrt mit dem Geländewagen bis La Porte oder Deux-Bras von La Possession aus (4x4-Taxis).

Wie geht's weiter?

Nach Îlet-à-Malheur (GR R2): Distanz 1,1 km, Gehzeit 45 Min.
Nach Cayenne/Grand-Place entlang des GR R3: Distanz 8 km, Gehzeit 4 Std.
Via Rivière-des-Galets über La Porte und Deux-Bras (GR R2): Distanz 10 km, Gehzeit 4 Std. (Abstieg).
Über Sentier Augustave zurück nach Salazie: Distanz 6 km, Gehzeit 4–5 Std.

Schlafen, Essen

Herzliche Gastgeberin

Gîte Le Poinsétia: Im modern renovierten Gîte mit zwei Doppelzimmern (mit eigenem Bad/WC), Vier-, Fünf- und Sechsbettzimmern regiert die herzliche Marie-Annick. Angeschlossen ist ein kleiner Krämerladen. Aurère, M. Georget Boyer, T 0692 08 92 20, https://gite-le-poinsettia.jimdosite.com, DZ/HP 160 €, Bett im Mehrbettzimmer/HP 60 €

Das Ritz Carlton von Aurère

Les Agapanthes: Hübsche, recht moderne Berghütte mit Doppelzimmern, einem Drei-, einem Vier- sowie einem Sechsbettzimmer, alle mit Privatbad/WC. Gemütliche Terrasse, für anspruchsvolle Wanderer.

Aurère, Mme Marie Alina Timon, T 0693 94 51 02, www.les-agapanthes-mafate.com, DZ/HP ab 115 €, Bett: Dreibettzimmer/ HP ab 185 €, Vierbettzimmer/HP ab 195 €, Sechsbettzimmer/HP ab 60 €

Recht modern

Gîte Le Mafatais: Zwei Doppel- und ein Sechsbettzimmer bietet der Musiker Ludovic mit seiner Familie an. Herzerwärmender Empfang, ausgezeichnete kreolische Küche, Bar, Bier und viele Infos über Mafate.

Aurère, Ludovic und Gladys, T 0692 07 84 71, Ludodrums974@gmail.com, DZ 42 €, Bett 18 €, Frühstück 7 €, Abendessen 22 €

Sentier Scout: Îlet-à-Bourse E4

Die Anspruchsvolle

Sie will erobert werden, mit Schweiß und Ausdauer und belohnt mit Panoramen, sogar bis zum Meer. Weil es das am schwierigsten erreichbare Plateau (950–1000 m Seehöhe) ist, verirren sich nur erfahrene, ambitionierte Wanderer nach Îlet-à-Bourse, ergo existieren nur zwei Gîtes. Man erzählt sich, dass der Name an unrühmliche Geschäfte erinnert. Die Sklavenjäger übergaben die entflohenen Sklaven an die Plantagenbesitzer und erhielten an dieser Stelle ihren Sold dafür. Beschützt von fünf Gipfeln und einer Schlucht sendet vom 60-Seelen-Weiler heute das einzige Mafate-Radio traditionelle Musik. Zwischen Îlet-à-Malheur und Îlet-à-Bourse verläuft die tiefe und äußerst steile Grande-Ravine, Hängebrücke inklusive. Zwei Badegumpen links und rechts des Weilers, eine in der Grande-Ravine, eine in der Ravine Bras d'Oucy, laden geschaffte Marschierer zu einem Wellnessbad ein. Bis nach Grand-Place (GR R2) ist es nicht mehr weit, die meisten Wanderer gehen schnurstracks dorthin weiter.

Wie geht es weiter?

Nach Grand-Place: zwei mögliche Routen, Gehzeit jeweils 2–3 Std.
Nach Bord-Martin (Cirque de Salazie): Distanz 7,5 km, Gehzeit 5–6 Std., über den Sentier Scout, nur für Trittsichere empfehlenswert durch die Grande-Ravine,
Nach Aurère: s. Îlet-à-Malheur.
Nach Îlet-à-Malheur: Distanz 2,9 km, Gehzeit 2,5 Std., nur für Trittsichere empfehlenswert durch die Grande-Ravine.

Schlafen, Essen

Panoramalage

Gîte de l'Îlet-à-Bourse: Mit zwei einfachen Doppelzimmern sowie Vierbettzimmern. Nicht nur die gute Küche wärmt hungrige Wanderer, sondern auch die heißen Duschen tun es (sofern es genug Sonne für die Solaranlage gibt).

Îlet-à-Bourse, M. und Mme Thomas, T 0692 19 76 05, DZ 55 €, Bett im Vierbettzimmer 20 €, HP 32 €

Über den Col des Bœufs nach La Nouvelle E5

Am Petit Col (1850 m) zeugt der große, bewachte Parkplatz davon, dass der zweite Zugang, der über den Col des Bœufs (2011 m) nach La Nouvelle, ein All-Time-Favorite der Wander-Community ist. Der Abstieg nach La Nouvelle dezimiert sich auf 2–3 Std. Fußmarsch – ideal für Tagesausflügler; s. Tour S. 178.
Nach La Nouvelle: Distanz 6 km, Gehzeit 2–3 Std. einfach, 3–4 Std. retour.
Nach Marla: Distanz 7 km, Gehzeit 2–3 Std. einfach, 3–4 Std. retour.

›Die Hauptstadt‹ La Nouvelle

Sie wollen dem Massentourismus entgehen? Dann machen Sie lieber einen Bogen um **La Nouvelle**, wohin die meisten Besucher, darunter viele Tagestouristen, gehen. Dass es mehr Gästebetten als Einwohner haben soll, ist also kein Scherz. Die rund 150 Einwohner leben gut mit und vom Tourismus, nebenbei wird Landwirtschaft im größeren Stil betrieben. Das weitläufige Plateau auf 1400 m bietet viel Platz für Gîtes, diverse Läden *(boutiques)*, Bars, eine *boulangerie*, ein Resto/Bistro, eine Fischzucht, Nutztierzucht, Obst- und Gemüsefelder, eine Kapelle und gar eine Schule. Bereits im 19. Jh. nutzte man das Plateau für Rinderzucht, doch ein Erdrutsch setzte dem ein jähes Ende. Erst ab den 1960er-Jahren baute man das Dorf aufs Neue auf, *la nouvelle* eben.

Wie geht es weiter?

La Nouvelle ist zwar vergleichsweise leicht erreichbar, aber die Anbindung an den restlichen Cirque ist teils mit langen Märschen verbunden. Am nächsten liegen Marla und Roche-Plate.
Nach Marla (GR R1): Distanz 5,4 km, Gehzeit 2–3 Std.
Nach Col de Taibit (Cirque de Cilaos): s. Marla.
Nach Roche-Plate via Trois-Roches: Distanz 8,4 km, Gehzeit ca. 5 Std., herausfordernd (mehr als 1000 Höhenmeter)
Nach Roche-Plate via Le Bronchard (GR R2): 6,5 km, 4–5 Std. Gehzeit, steiler Abstieg ins Flussbett der Rivière des Galets, danach Aufstieg (mehr als 1000 Höhenmeter).
Hinweis: Die beiden in der Luftlinie kurz erscheinenden Wege nach Roche-Plate sollten nur von trittsicheren Marschierern mit exzellenter Ausdauer in Angriff genommen werden. Beide sind durch lange, steile Auf- und Abstiege geprägt. Unbedingt in La Nouvelle Erkundigungen einholen, ob die Wege begehbar sind!
Aufstieg über Îlet-des-Orangers und Canalisation: s. Roche-Plate.

Schlafen, Essen

Überraschend gut

Le Tamaréo: Als einer der ältesten Gîtes von Mafate an den Sohn überging, der sich im Mutterland zum Koch hatte ausbilden lassen, blieb kein Stein auf dem anderen. In dem quietschgrünen Gîte ist alles einen Tick professioneller und schicker als in den typischen Berghütten. Jacuzzi für müde Beine, E-Bikes für jene, die noch nicht genug Bewegung hatten. Reservierung empfohlen.

La Nouvelle, T 0692 32 08 28, www.letamareo.re, DZ 80 €, Bett im Drei- oder Vierbettzimmer 30 €, Frühstück 12 €, Abendessen 38 €

Fünf Sterne oder Daumen hoch

Le Bistrot des Songes: Sehr komfortable Unterbringung in modern gestalteten Holzbungalows mit heißer Dusche. Angeschlossen ist ein Bistro samt Resto und Bar. Unbedingt reservieren.

La Nouvelle, T 0693 44 53 23, https://bistrotdessonges.re, DZ/HP 170 €, Bett im Vierbettzimmer/HP 70 €

Fünf Minuten ins Paradies

Gîte le Jacquanelle: Einfache, neuere Berghütte mit Doppelzimmer und Hüttenlager, in kurzer Gehdistanz zum Dorf. Köstliches Abendessen, ruhige Lage am Rand.

La Nouvelle, Christelle und Gérard Bègue, T 0692 38 99 36, Person/HP 55 €

Vom Cirque de Cilaos nach Marla im Cirque de Mafate

E5

Ohne Schweiß kein Preis

Der Zugang über den **Col du Taïbit** ist der einzige Zugang, bei dem es steil bergauf geht, bevor man in die Tiefen des Talkessels absteigt. An der Straße nach Îlet-à-Cordes ist der Startpunkt der Wanderung nicht zu übersehen: Fahrzeuge parken wild am Straßenrand und endorphintrunkene Wanderer taumeln umher.

Viele Menschen? Marla

Die Übersetzung des madagassischen Wortes *marla* bedeutet ›viele Menschen‹, früher war Marla tatsächlich das am dichtesten besiedelte Plateau. Heutzutage sind knapp zehn Familien übrig geblieben, die von Viehzucht, Feldanbau, Imkerei und Wandertourismus leben. Aber Marla wächst, man hat sogar wieder die Schule eröffnet. Immerhin, alle drei Weitwanderwege der Insel, nämlich GR 1, GR R2 und GR R3, führen an Marla vorbei. Eingepfercht zwischen den Ausläufern des mächtigen Grand-Bénare, des Col du Taïbit und den bizarren Trois-Salazes ist Marla (1620 m) das am höchsten gelegene Dorf im Cirque de Mafate.

Wie geht es weiter?

Nach La Nouvelle (GR R1): Distanz 5,4 km, Gehzeit 2–3 Std., da La Nouvelle tiefer als Marla liegt, ist der Marsch in Richtung La Nouvelle etwas weniger anstrengend, aber wegen der Durchquerung der Rivière des Galets macht man doch einige Höhenmeter.
Nach Col des Bœufs: s. La Nouvelle.
Nach Cilaos via Col du Taïbit: Distanz 6,5 km, Gehzeit ca. 5 Std., steiler, langer Aufstieg, aber fantastisches Panorama vom Col du Taïbit, s. S. 205.
Nach Roche-Plate: Distanz 8,5 km, ca. 5 Std., verläuft über den GR R3 entlang der Cirque-Wand, die erste Hälfte geht es bergab, der Rest ist anspruchsvoll. Man marschiert an und in der Rivière des Galets. Highlight: Cascade de Trois Roches. Bei den Wasserfällen öffnet sich eine Spalte im glattpolierten und glitschigen Basaltstein und die Gewässer des Flusses zwingen sich danach in eine enge Klamm (Achtung: Sturz- und Lebensgefahr!). Die drei großen Basaltfindlinge am Ufer geben dem beliebten Rastplatz seinen Namen. Nach Regenfällen ist in Erfahrung zu bringen, ob diese Passage begehbar ist.
Nach Maïdo: s. Roche-Plate.

Schlafen, Essen

Bergluxus

Le Bois de Couleur: Moderne, komfortable und charmante Berglodge mit fünf freistehenden Bungalows in ruhiger Lage abseits. Allerdings ist manchmal mit dem Hausherrn nicht gut Kirschen essen.
Annick und Sylvio, T 0693 11 70 00, DZ/ÜF 110 €, Abendessen 30 €

Bei der Bienenkönigin

Miellerie de Marla: Die kleine, liebevoll geführte Bergpension mit angeschlossener biologisch-dynamischer Imkerei hat zwei Vierbettzimmer sowie ein Gemeinschaftsbad. Sie liegt am Ende von Marla in Richtung Trois-Roches.
Marla, M. Sébastian Ladrange, T 0692 03 20 99, http://miellerieddemarla.com, Bett 22 €, Frühstück 8 €, Abendessen 25 €

Gute Wahl

Gîte Mafate A Pat: Wer Privatsphäre sucht, findet sie hier. Gepflegte Berghütte mit einfachen Doppelzimmern (samt Privatbädern), einem Vierbettzimmer und schöner Aussicht.
Marla, T 0692 38 94 54, vh.mafate974@yahoo.fr, DZ 50 €, Bett im Vierbettzimmer 20 €, Frühstück 7 €, Abendessen 25 €

Herzlich gut

Chambres d'Hôte Le Gros Morne: Nette Gastgeber, sechs Betten in zwei blitzblanken Zimmern mit einem Gemeinschaftsbad, ausgezeichnetes Essen in großzügigen Portionen. Die Hütte liegt am Ende von Marla in Richtung Trois-Roches, 5 Min. von der Schule entfernt.

Marla, Mme Brigitte Clain, T 0692 29 47 75, Bett 20 €, Frühstück 8 €, Abendessen 27 €

Zugang von Le Maïdo nach Roche-Plate D/E5

2,7 km vor dem Parkplatz für den Aussichtspunkt Maïdo beginnt an der Forststraße der Pfad nach Roche-Plate. Steil, aber gut begehbar, führt er in gut 3 Std. nach Mafate. Etwa 10 Min. bis zum Ti Col (Absprungrampe der Fallschirmspringer), danach geht es von 2020 m Seehöhe für ca. 2 Std. bergab bis zur Scharte La Brèche auf 1285 m. Hier, am Kreuzungspunkt, peilen Sie entweder links Îlet-des-Orangers (s. S. 191) oder rechts Roche-Plate (s. u.) an, beide Wege bedeuten etwa 1 Std. Fußmarsch. Die letzten knapp 200 Höhenmeter nach Roche-Plate, anfangs direkt entlang der Wand, sind hingegen (fast) ein Klacks.

Roche-Plate – die Anstrengende

Die Sänfte schaukelt bedenklich, die Sonne brennt unbarmherzig, die Pferde zittern vor Anstrengung. Können Sie sich vorstellen, dass es für kränkliche, schwache Menschen in der zweiten Hälfte des 19. Jh. ein Genuss war, über Stock und Stein zu einem Thermalbad transportiert zu werden, das tief unten im Cirque, am Fuß des Berges Le Bronchard, beim Flussbett der Rivière-des-Galets liegt? Da kann man ja fast von göttlicher Fügung sprechen, dass die Schwefelquellen 1913 verschüttet wurden. Ein Hotel, Fremdenpensionen und Privathäuser hatten den Kurgästen neben dem Thermalbad zur Verfügung gestanden. Über einen 15 km langen Kurpfad hatte man sie zuerst mit Pferden, das letzte Stück am Flussbett mit Sänften zum Kurbad gebracht. Durch die Nähe zur Westküste mit den Plantagen wurde Roche-Plate schon im 18. Jh, von den *marons* (entlaufene Sklaven) als Zufluchtsort entdeckt. Mitte des 20. Jh. war es recht dicht besiedelt, sodass in den 1950er-Jahren sogar eine Schule für über 40 Kinder errichtet wurde. Doch mittlerweile gibt es auch auf anderen Îlets Schulen und Familien wanderten ab. Nur mehr an die 60 Menschen bewohnen heute dieses Plateau auf 1100 m zwischen Maïdo (2208 m) und Le Bronchard (1264 m).

Wie geht es weiter?

Nach Marla (GR R3): Distanz 8,5 km, Gehzeit ca. 5–6 Std., verläuft entlang der Cirque-Wand, schwierig wegen enorm vieler Höhenmeter.

Nach La Nouvelle via Trois-Roches: Distanz 8,4 km, Gehzeit ca. 5 Std., herausfordernd (insgesamt über 1000 Höhenmeter).

Nach La Nouvelle via Le Bronchard (GR R2): 6,5 km, 4–5 Std. Gehzeit, steiler Abstieg ins Flussbett der Rivière des Galets, danach langer Aufstieg (mehr als 600 Höhenmeter).

Nach Maïdo: Distanz 6,5 km, Gehzeit 3–4 Std., steil bergauf (mehr als 1000 Höhenmeter).

Nach Îlet-des-Orangers (GR R3) via La Brèche: Distanz 5 km, Gehzeit 2,5–3 Std.

Nach Grand-Place/Cayenne: s. Îlet-des-Orangers.

Schlafen, Essen

Épicerie mit Witz

Le Mahafaty-be: Dem Gîte mit je zwei Doppel- und Mehrbettzimmern ist ein kleiner Lebensmittelladen angeschlossen. Schöner Blick aufs Dorf und die Gipfel ringsum. Jean-Pierre ist mit Leib und Seele Gastgeber.

Roche-Plate, T 0692 32 80 95, DZ/HP 130 €, Bett/HP 60 €

Zugang von Sans-Souci nach Îlet-des-Orangers

C3–D4

Zwischen Savanna/Saint-Paul und La Possession mündet die Rivière des Galets ins Meer. Südlich davon (*sortie* 6 nach Sans-Souci/Cambaie von der N1) führt die D2 nach Sans-Souci und zum dortigen Startpunkt der Wanderung entlang der **Canalisation des Orangers.** Der Pfad nach **Îlet-des-Orangers** verläuft über weite Strecken entlang der Steilwand relativ flach, nur am Anfang und ab **Îlet-des-Lataniers** gibt es starke Steigungen. Man genießt durchweg schöne Fernsichten, anfangs auf die Küste, später auf den Cirque. Vorbei geht es an einem Wasserfall sowie durch einen Erdtunnel. Der Weg ist gut beschildert und normalerweise in gutem Zustand. Deshalb gilt diese Route als eine der einfachsten, wenngleich auch langwierigsten Zugänge (16 km, 4–5 Std.) zum Cirque de Mafate. Er lässt sich gut in einem Tagesausflug (8–9 Std. Gehzeit) bewerkstelligen. Alternativ nehmen Sie ein Geländewagen-Taxi (Start in Rivière-des-Galets, *sortie* 5, Parkplatz vorhanden) bis Deux-Bras über das Flussbett der Rivière des Galets und marschieren danach zu Fuß weiter. Der Zugang über den Fluss ist nur in der Trockenzeit (ab Juni) möglich, nach Regenfällen ist die Piste ebenfalls nicht befahrbar.

Die Isolierte

Als unbezwingbare Felsenburg zog **Îlet-des-Orangers** (1000 m) besonders nach Freiheit dürstende Sklaven an. Deshalb zählte sie neben Roche-Plate und Aurère zu den ersten Siedlungsgebieten im Cirque. Eigentlich handelt es sich um zwei nebeneinander liegende Plateaus, die nach den wichtigsten Errungenschaften benannt wurden. Auf dem Plateau l'École liegen die Schule, ein Kirchlein und eine

Eine gemütliche Hütte am Abend, was will man mehr nach einer anstrengenden Wanderung?

kleine Krankenstation, auf dem Plateau l'Épicerie (am GR R2) ein bescheidener Lebensmittelladen. Bis zur Fertigstellung der Wasserleitung 1975 konnte der Weiler nur über einen sehr schmalen, gefährlichen Weg erreicht werden. Obwohl die beiden Flüsse Ravine Orangers und Ravine Grand'Mère 200 m unterhalb der Plateaus entspringen und über die Canalisation des Orangers die Wasserversorgung für das Ballungszentrum Saint-Paul sicherstellen, kämpfen die Bewohner seit jeher mit Wasserversorgungsproblemen. Etwa 50 Menschen leben auf dem Doppelplateau, das seinen Namen wahrscheinlich den sauren Bitterorangen *(bigarades)* verdankt, die hier einst wuchsen.

Wie geht es weiter?

Nach Maïdo: Distanz 6,9 km, Gehzeit einfach 4–6 Std., sehr kräftezehrend.

Nach Roche-Plate (GR R3) via La Brèche: Distanz 5 km, Gehzeit 3–4 Std.
Nach La Nouvelle: s. Roche-Plate.
Nach Grand-Place: Distanz 5,2 km, Gehzeit 2–3 Std.
Nach Îlet-des-Lataniers: Distanz 2,6 km, Gehzeit 2 Std., auf abfallendem Terrain.

Schlafen, Essen

Einfach gut

Fleur des Orangers: Ruhige, einfache Berghütte, Doppelzimmer mit eigenem Bad und verschiedene Mehrbettzimmer (Gemeinschaftsbäder). Herzliche Gastgeber, gutes Essen, alles blitzsauber.
Îlet-des-Orangers, T 0692 37 44 08, lafleurdesorangers@gmail.com, DZ 60 €, Bett 22 €, Frühstück 7 €, Abendessen 25 €

Klein, aber fein: In Grand-Place gibt es tatsächlich noch eine Schule für die wenigen Kinder.

Am Rand

Gîte de Bellevue: Simple und schnörkellos, aber wer braucht schon Chichi bei so einer Aussicht? Ein Doppel- und ein Dreibett- sowie zwei Vierbett- und ein Sechsbettzimmer werden neben herzhafter Verpflegung und guten Vibes geboten.
Îlet-des-Orangers, T 0692 29 55 45, DZ/HP 130 €, Bett/HP 60 €

Grand-Place E4

Die Großartige

Die größte Ortschaft im nördlichen Teil des Cirque de Mafate besteht aus drei Siedlungen: Am obersten Plateau liegt Grand-Place-les-Hauts (840 m), in der Mitte Grand-Place-École (660 m) und auf 530 m Seehöhe Grand-Place-Cayenne, das wie ein Adlerhorst auf dem Osthang der Rivière des Galets thront. Lange Zeit war Grand-Place so etwas wie die ›Hauptstadt‹ von Mafate, was dem Ort seinen den Namen eingebracht hat. An die 1000 Menschen lebten damals in dem dreigeteilten Weiler. Die heute verbliebenen 120 Bewohner genießen eine recht gute Infrastruktur – mit einem Krämerladen, einer Schule, einer Kirche und natürlich der obligaten Arztvisite einmal im Monat.

Der Zugang zu Grand-Place führt hauptsächlich über andere Îlets in Mafate. Der einzige direkte Zugang erfolgt über die Rivière des Galets mit dem Geländewagen bis Deux-Bras.

Wie geht es weiter?

Alle Entfernungsangaben beziehen sich auf Grand-Place-les-Hauts.
Nach Îlet-des-Orangers: Distanz 5,2 km, Gehzeit 2,5 Std.
Nach Roche-Plate: s. Îlet-des-Orangers.
Nach Îlet-des-Latanier: Distanz 3,7 km, Gehzeit 2–3 Std.
Nach Îlet-à-Bourse: Distanz 2 km, Gehzeit 1,5–2 Std.

Nach Aurère: s. Îlet-à-Bourse.
Nach Aurère (GR R3): Distanz 8,5 km, Gehzeit 4–5 Std.
Nach Îlet-à-Malheur: Distanz 5 km, Gehzeit 2–3 Std.

Schlafen, Essen

Ausblick zum Verlieben

Gîte Le Cœur de Mafate: Die pittoreske Lage am Fuße des Piton des Calumets mit Blick bis zum Maïdo und Cimendef macht diese Berghütte aus. Vier saubere Holzbungalows mit Mehrbettzimmern und Gemeinschaftsbädern, liebevoll gepflegter Garten.

Grand-Place-les-Hauts, M. Nicolas Bulin, T 0692 21 15 35, Bett 20 €, Frühstück 7 €, Abendessen 20 €

Ausblick zum Staunen

Gîte Le Pavillon: Ein Doppelzimmer und Mehrbetttzimmer werden geboten. Angenehmes Ambiente, gute Küche, mit kleinem Laden für Jause und Getränke.

Grand-Place-les-Hauts, M. Benoît Boyer, T 0692 66 60 83, DZ 45 €, Bett 20 €, Halbpension 28 €

Infos

- **4 x 4-Taxi:** Jeeptaxis verkehren von Rivière-des-Galets bis Deux-Bras.

Cirque de Cilaos

»Den Ort, den wir nicht verlassen« (aus dem Madagassischen *tsy laozana*), ließen die geflohenen Sklaven verlauten, die sich ins unwegsame Terrain zurückzogen. Lange Zeit war der rund 11 km breite Cirque (2020: 5568 Einw.) vollständig von der Außenwelt abgeschnitten. Erst 1826 erhielt Louis Clément Figaro, ein freigelassener Sklave, als Dank für ein verhindertes Komplott von seinem Herrn in Îlet-à-Cordes die erste Landkonzession, doch die Besiedelung ging nur schleppend voran, vor allem weil der verbissene Sklavenjäger Mussard viele Entlaufene aufspürte und massakrierte.

ORIENTIERUNG

Internet: www.sudreuniontourisme.fr
Auto: Ab dem Ortsteil La Rivière in Saint-Louis führt die N5 nach Cilaos. Von Saint-Pierre wird die N5 auch auf Nebenstraßen über die Gemeinden Ligne Paradis, Bois d'Olives und Le Ouaki erreicht.
Bus: Die Linie 60 verkehrt zwischen dem Busbahnhof Saint-Louis und Cilaos Mo–Sa 12 x tgl., So, Fei 8 x tgl., 2 € (im Bus), erste Abfahrt in Saint-Louis 5.30, Ankunft 6.51 Uhr. Auch im Cirque selbst kann man gut mit den lokalen Bussen fahren (Linien 61, 62, 63, 2 € im Bus), allerdings verbunden mit längeren Wartezeiten (daher trifft man auch auf viele Anhalter).
Wanderkarte: IGN 4405 RT

Ab den 1830er-Jahren folgten hauptsächlich die *petits-blancs*, die verarmten Weißen von der Küste, die sich in Cilaos eine neue Existenz schufen – mit Linsen, Mais, Bohnen, Zitrusfrüchten und Wein. Vieles an Cilaos ist wegen ihnen auch französischer als anderswo geblieben. Die Stickereikunst, die Ende des 19. Jh. von einer Nachfahrin bretonischer Einwanderer verbreitet wurde, trug ebenso wie der Wein wesentlich dazu bei. Um 1860 eingeführt, gedeihen die Isabella-Trauben im milden, trockenen Klima von Cilaos besonders gut. Jeder,

TOUR
Schwindelerregende Aussichten

Spektakuläre Passstraße – Autotour auf der N5 nach Cilaos

Infos

E/F 6–9

Start: in Saint-Louis am Kreisverkehr am Supermarkt E. Leclerc

Ziel: Cilaos

Dauer/Länge: 1,5 Std., 32 km

Hinweis: An den wenigen noch verbliebenen unübersichtlichen Stellen ist Hupen geboten, bei starken Niederschlägen die Route wegen Steinschlag und Vermurungen meiden.

Nach Verlassen des dicht besiedelten Stadtgebiets von **La Rivière** tun sich die ersten dramatischen Steilabbrüche auf der rechten Seite auf. Die breite, gut ausgebaute Straße führt hinunter auf die Höhe des Flussbetts und wechselt vor **Îlet Furcy** auf die andere Seite des Bras des Cilaos. Hinter der Ortschaft schwenkt sie wieder zurück. Vor einigen Jahren noch war die Strecke nach Niederschlägen anfällig für Sperrungen. Bei Îlet Furcy können Sie erkennen, wieso. Sehen Sie die alte Trassenführung der Straße auf der anderen Seite der kleinen Eisenbrücke?

Nach der Entdeckung der Thermalquellen 1818 in Cilaos wollte man sie der betuchten, durch die tropische Hitze kränklichen Hautevolee zugänglich machen. 1836 wurde Guy de Ferrières mit einer ersten Trassierung beauftragt, die 1845 als einigermaßen brauchbarer, aber noch immer lebensgefährlicher und anstrengender Zugang eröffnet wurde. Zu Fuß, zu Pferd und mit Ochsenkarren konnte die 38 km lange Strecke in Angriff genommen werden. Die variantenreichen Geländeformen bargen für die Reisenden jener Zeit jede Menge Gefahren auf der sieben Stunden dauernden Anreise. Mehrere Male musste der Fluss gekreuzt werden, Steinschlag war ein ständiger Begleiter.

Immer imposanter wird die Schlucht, je weiter man in den Cirque vordringt. Es geht bergauf und bergab; man passiert kleine, auf natürliche Schwemmebenen gepferchte Weiler und erreicht schließlich das Dörfchen **Le Petit-Serré.** Die hoch aufragenden Wände des Kessels sind zum Greifen nahe. Ein paar Kilometer hinter Le Petit-Serré verengt sich die Straße und führt durch den ersten von drei Tunneln, die alle einspurig geführt

werden und mit Sicherheit nicht den verkehrstechnischen Mindestanforderungen der EU entsprechen. Hupen nicht vergessen, besonders vor den Engstellen!

1,5 km hinter dem ersten Tunnel, dem **Tunnel au Pavillon,** führen mehrere scharfe Kehren hinunter zum Fluss an die Stelle, wo der Petit- und der Grand-Bras de Cilaos zusammenfließen und die Schlucht sich weitet. Gleich hinter der Brücke steht links ein Gebäude, das schon seinerzeit die erste Raststätte auf der beschwerlichen Anreise darstellte. Hinter **Le Pavillon** schraubt sich die Straße in engen Serpentinen hinauf.

Viel häufiger als zu Fuß oder hoch zu Ross reisten die Kurgäste in Sänften an, die von sechs bis zwölf Trägern getragen wurden. Alle 2 km mussten sie vor Erschöpfung ausgetauscht werden. Die Träger hielten sich mit Gesängen bei Laune, vor allem, wenn weiter oben der Aufstieg immer schwieriger wurde. Erst 1932 wurde die Straße für Autos eröffnet, fünf Jahre hatte ihre Fertigstellung gedauert. Man ging das herausfordernde Projekt von Saint-Louis und von Cilaos aus an. Nur wenige Kilometer vor der Zusammenführung erkannten die Ingenieure, dass die beiden Trassen nicht auf gleicher Höhe lagen. Man ersann für die Verbindung der beiden Enden schließlich eine trickreiche Konstruktion, bei der sich die Straße fast einmal um die eigene Achse windet. Zu erkennen ist der sogenannte **Pont de la Boucle** an einem Denkmal am rechten Straßenrand und der stattlichen Steinbrücke mit Durchfahrt und Fahrbahn oberhalb.

2,5 km weiter erreicht die Straße das Bergdorf **Peter Both,** den Außenposten des Gemeindegebiets von Cilaos. Seinen Namen verdankt der Ort der Ähnlichkeit der Felsnadel oberhalb des Weilers mit der Steinformation auf Mauritius. Für die Sänftenträger und die Reisenden war Peter Both seit jeher eine wichtige Übernachtungsstation. Der **Tunnel Peter Both,** einige Kehren nach der Ortsausfahrt, der zweite auf der Strecke, ist 172 m lang, 3,4 m breit und 3,8 m hoch. Achten Sie auf die Millimeterarbeit der Busfahrer, die ihre großen Busse präzise durch den Schacht manövrieren.

Gleich dahinter passieren Sie die Abzweigung nach Palmiste-Rouge und 1,5 km weiter den dritten Tunnel, der sich eng und schwarz durch das Bergmassiv Morne de Gueule-Rouge bohrt. Ein kurzer Stopp auf 1100 m nach der Ausfahrt lohnt sich, auch wenn es keine Parkbuchten gibt. Die unbeschreibliche Schönheit des **Cirque de Cilaos** tut sich auf: Schroffe Felsen und Berge, erhöhte Plateaus mit kleinen Siedlungen, aufragende Zacken und der alles dominierende **Piton des Neiges** verschlagen einem fast die Sprache. Von rechts nach links reihen sich die klingenden Namen aneinander: Coteau Kervéguen, Piton des Neiges (3071 m) mit dem verschmelzenden Gros Morne (3019 m), die drei Felsnadeln Trois-Salazes (2132 m), Col du Taïbit (2082 m) und ganz links der Grand- (2898 m) und der Petit-Bénare (2600 m).

Der Ausbau der N5 hat einige Passagen entschärft, aber ohne Hupen und Warten geht es dennoch nicht.

Nach den letzten sechs kurvenreichen Kilometern ist **Ville de Cilaos** erreicht. Der erste Mensch, der die Straße mit angeblich 400 Kehren von Saint-Louis bis hierher in einem Automobil befahren hat, war der Ingenieur Telmar, der die rettende Idee bei der Zusammenführung der beiden ungleichen Trassen hatte. Bis heute ist sie die Schlagader von Cilaos, der einzige Verbindungs- und Versorgungsweg.

der im Cirque etwas auf sich hält, hat einen Weinstock in seinem Garten. Er spendet nicht nur Schatten, sondern liefert auch köstlichen Aperitifwein, der in alten Rumfässern mehr als ein Jahr reift.

Ville de Cilaos

F6

Noch ganz berauscht von der spektakulären Anfahrt über die N5 fühlen sich die ersten Häuser des Stadtzentrums ein wenig wie Störenfriede der Magie an. Einem überdimensionalen Amphitheater gleich ragen der höchste Berg der Insel, der Piton des Neiges (3071 m), und eine Reihe von Drei- und Zweitausendern hoch über dem auf 1200 m Seehöhe gelegenen, schmucken Thermalort empor. Der Rundumblick macht schwindelig.

Die Rue de Père Boiteau (Achtung Einbahn!) führt ins Stadtzentrum. Kurz hinter dem Hotel Tsilaosa beginnt die erst 2023 errichtete Fußgängerzone. Was für eine Wohltat beim Schlendern! Es reihen sich Läden, Souvenirshops und Restaurants aneinander. Das pinke Kreolenhaus schräg gegenüber dem Bürgermeisteramt, die **Villa Soledad,** zählt zu den schönsten Häusern im Cirque sowie auf der Insel und wurde in der ersten Hälfte des 20. Jh. erbaut. Überhaupt ist Cilaos ein sehr schmuckes Städtchen, mit unzähligen Beeten voller blühender Blumen. Die neu gestaltete Fußgängerzone hat das Zentrum nur noch weiter aufgewertet.

Klingende Kirche

Im Ortsteil oberhalb des Fremdenverkehrsamtes dominiert die weiß-blaue **Église Notre-Dame-des-Neiges** im Art-déco-Stil der 1930er-Jahre, die auf Initiative des heute noch verehrten Père Boiteau 1938 fertiggestellt wurde. Mit 48 Glocken zählt das Glockenspiel zu den größten der Welt. Links an der Seite liegt übrigens das von den Bewohnern bestens gepflegte Grab des verehrten Pfarrers. Links hinter der Kirche befindet sich das heute stark verfallene Priesterseminar (1913–72).

Filigranes Frauenhandwerk

Filigrane Stickereien in der schroffen Bergwelt? Widersprüchlich, auf den ersten Blick. Eine glückliche Fügung, auf den zweiten. Als dem Doktor Mac-Auliffe 1900 die Leitung der Thermen übertragen wurde, zog er mit Kind und Kegel in das isolierte Bergdorf. Seine Tochter, Angèle Mac-Auliffe, brachte sich die Stickerei selbst bei und unterrichtete junge Mädchen, um ihnen ein zusätzliches Einkommen zu ermöglichen. Seitdem wird die spezielle Technik von Generation zu Generation weitergereicht, wobei dem Museum in der Erhaltung der Tradition große Bedeutung zukommt. In Gruppen sticken die Frauen gemeinsam, die Motive erfinden sie selbst. Bis 1997 war Stickerin ein zweijähriger Lehrberuf – ganz im Sinne von Mme Mac-Auliffe.

Das **Maison de la Broderie de Cilaos,** das renovierte Stickereimuseum dokumentiert die Geschichte des diffizilen Kunsthandwerks. Im Obergeschoss können die zeitaufwendig hergestellten Stickereien erworben werden. Allein für kleine Stickereien benötigen Frauen gut und gerne zwei Tage! (Im Ort existieren weitere Lädchen, die ihre eigenen Stickereien verkaufen.)

4, rue des Écoles, unweit vom Tourismusamt, T 0262 31 77 48, Mo–Do 8–12, 12.45–16.30, Fr 8–12 Uhr, 2 €

Mit alten Wassern gewaschen

Sie ist nicht spektakulär, sondern hat mehr nostalgischen Charakter: die Wanderung zu den **Anciens Thermes.** Am Parkplatz vor der Salle Multimedia kurz vor der Kirche startet der historische **Sentier des Porteurs** (hin und retour max. 1 Std.), der zu den Überresten der alten Therme führt. 1818 entdeckt, hatte man erst viel später, 1839, sechs durch Strohdächer geschützte Naturbecken direkt bei den Quellen für Kränkelnde errichtet, aber die beschwerliche Anreise klang für nicht Gesunde nicht gerade verlockend. 1896 erbaute man ein Badehaus aus Stein. Erst ab der Fertigstellung der Straße avancierte Cilaos zum beliebten Kurort für betuchte Großstädter. Ein wuchtiger Zyklon 1948 brachte die Quelle zum Versiegen und den Thermentourismus zum Stillstand. Marschieren Sie an den Gebäuden vorbei bis zu den drei Naturbecken samt kleinem Wasserfall. Achtung: rutschiges Terrain! Sie können denselben Weg wieder hochstapfen oder folgen der D242 auf Teer zurück hinauf nach Cilaos.

Das staatlich geführte **Kurzentrum Irénée Accot** befindet sich nördlich des Zentrums an der Abzweigung der D242. 1987 eröffnet, bietet es eine Vielzahl von Anwendungen mit dem mineralhaltigen und leicht radioaktiven Heilwasser. Es wird mehr recht als schlecht wie eine Krankenanstalt geführt und ist leider Wanderern, die sich Massagen oder Wellness wünschen, nicht zu empfehlen.

S

STADTBLICK

Die gute Nachricht: Man hat ein Herz für Räder. Deshalb ist die **Roche Merveilleuse** auch mit dem Auto oder Fahrrädern (Distanz 2 km, Fahrradverleih: TOF Bike, s. S. 203) erreichbar. Man folgt der Teerstraße D241 nach Bras-Sec, bei der Bushaltestelle Roche Merveilleuse führt eine Stichstraße links hinauf zum Aussichtspunkt. Die letzten paar Meter über Stufen müssen aber zu Fuß zurückgelegt werden.

Wunderbarer Felsbrocken

Zur Einstimmung auf anspruchsvollere Wanderungen eignet sich der einfache Weg zum Aussichtspunkt **La Roche Merveilleuse** mit Blick auf die Stadt. Es existieren viele Wege zur Roche Merveilleuse, sogar ein botanischer Lehrpfad, denn das Waldgebiet ist als Naturreservat ausgewiesen. Zunächst führt der Pfad hinauf aufs Plateau des Chênes (Eichenebene). Folgen Sie am besten der Beschilderung. Sie laufen durch dichten Sicheltannenwald, der von Ingwerlilien flankiert ist. Ein 360°-Panoramablick über Cilaos und Teile des Cirque winken als Belohnung – allerdings nur am frühen Vormittag zwischen 9 und 11 Uhr, wenn Cilaos von der Sonne gut beleuchtet ist und noch keine Wolken am Himmel thronen. Für den Rückweg nehmen Sie denselben Weg. Alternativ können Sie dem GR R1 / GR R2 oder dem Lehrpfad folgen. Wer es eilig hat, kann auch fahren. Die Zufahrt erfolgt über eine Forststraße, die knapp 1,7 km hinter der Therme links von der D241 abzweigt.

Start: Ganz in der Nähe Therme und dem Kreuzungsbereich von D241 und D242 weist ein Schild auf den Pfad hin, hin und retour je nach Route zu Fuß ca. 2 Std.

Schlafen

Zentrale vier Sterne

Hôtel Tsilaosa: Der Platzhirsch in Cilaos hat unbestritten die beste Lage – mitten in der Stadt, nahe bei den Restaurants und doch ruhig und mit beeindruckenden Panoramen. 22 Zimmer auf drei Etagen, hell, modern, komfortabel. Es gibt gar breite Betten, eine Seltenheit auf der Insel. Vielfältiges, üppiges Frühstücksbüfett. Im *salon de thé* serviert man von 15–17 Uhr Mehlspeisen und Crêpes. Nach Reservierung besteht die Möglichkeit, Mi–So im alten, renovierten Weinkeller stimmungs-

S

SCHWEISSTREIBEND

Es wurde schon von Gästen berichtet, die einfach nur wegen der Panoramen kamen, aber die große Mehrheit begnügt sich damit nicht. Zu den einfacheren Wanderungen mit toller Aussicht zählen **La Roche Merveilleuse** oder **Sentier des Sources** (4,8 km, ca. 1,5–2 Std.). An das Flussbett des Bras de Cilaos, des Bras-Rouge und zur Grotte La Chapelle, einer geologischen Besonderheit, führt die anspruchsvolle Wanderung entlang des **Sentier de la Chapelle** (8 km, 5–6 Std.). Der **Piton Morel** (Zugang über Palmiste-Rouge) erlaubt einen 360°-Traumblick aus knapp 1200 m Seehöhe auf den gesamten Cirque (Hinweg 1 km, ca. 1–1,5 Std., steiler Aufstieg, 350 m Höhendifferenz). Der wenig begangene Weg ist herausfordernd und kann mit einer Rundtour um den Grand Piton kombiniert werden (8,1 km, ca. 4 Std.). Die tollsten Ausblicke auf den Cirque de Mafate und den Cirque de Cilaos bietet aber der **Col du Taïbit** (850 m Höhendifferenz; s. S. 205) auf dem Weg nach Îlet-à-Cordes (Haltestelle Sentier Marla). Wer nach 2,5–3 Std. Aufstieg nicht genug hat, kann nach **Marla** und **La Nouvelle** weitermarschieren. Reservieren Sie unbedingt noch Kraft für den **Piton des Neiges!**

voll zu Abend (Raclette oder Fondue) zu speisen. Wer Halbpension bucht, isst aber gegenüber im Chez Noé oder im Chez Lucay.

21, rue du Père-Boiteau, T 0262 37 39 39, www.tsilaosa.com, DZ/ÜF 189–459 €

Mit Herzblut dabei

Villa Soalic: Baptiste hat sein Handwerk von der Pike auf im Ausland gelernt, und den Unterschied merkt man auch. Verpassen Sie nicht sein ausgezeichnetes Abendessen! Zwei schmucke Standardzimmer und drei größere Prestige-Zimmer, alle gut ausgestattet, die meisten mit Balkon und sensationeller Aussicht. Herrlicher Garten, auch ein Jacuzzi für müde Glieder ist vorhanden. Liegt etwas außerhalb im Grünen, ca. 20 Min. Gehzeit ins Zentrum. Baptiste spricht Englisch.

51a, chemin des Trois Mares, T 0692 76 84 09, https://villasoalic.com, DZ/ÜF 149/174 €

Verstaubt, aber okay

Le Vieux Cep: In den 45 Zimmern herrscht rustikal-alpines Stubenflair vor, einfach und in die Jahre gekommen. Beheizter Pool sowie Spa mit Massagen. Sehr beengte Standardzimmer, aber bei klarer Sicht ist der kleine Balkon ein Plus. Die großen Suiten mit Balkon und wunderbarer Aussicht sind zu bevorzugen. Empfehlenswert: das reichhaltige Frühstücksbüfett. Die Qualität des Restaurants ist leider nicht konstant.

2, rue des Trois-Mares, T 0262 31 71 89, http://levieuxcep.re, DZ ab 105 €, Frühstück 16 €

Es ist, was es ist

Otroiza: Man gibt weder vor, ein Viersternehotel noch ein Haubenrestaurant zu sein. Fokussierung auf das, was man kann: zehn unprätentiöse, komfortable, saubere Zimmer auf zwei Etagen, einige sogar mit kleinem Vorgarten. Jene mit Blick auf die Straße sind preiswerter, jene in der oberen Etage haben den besseren Ausblick.

3a, rue du Père Boiteau, an der Ortseinfahrt links, T 0262 31 50 12, www.otroiza.com, DZ ab 85 €, mit kleinem Garten 95 €, Frühstück 9,50 €

TOUR
Gipfelglück mit Meerblick

Zu Fuß auf den Piton des Neiges

Erforderliche Ausrüstung: knöchelhohe Bergschuhe, warme Bekleidung für Temperaturen um 0 °C im Winter bzw. 10 °C im Sommer, Ersatz- und Regenkleidung, Stirnlampe, Proviant, Wasser, je nach Hygieneempfinden ein eigener Schlafsack und Handtücher.

Mittagszeit, Startpunkt **Le Bloc,** 1380 m Seehöhe. Lautes Lachen, hupende Autos, ein paar Wanderer feiern die Besteigung ausgiebig mit Bier. Ein bisschen wie Jahrmarkt, nur ohne Marktbeschicker. Der Pfad, als GR R1/ R2 markiert, beginnt links vom Schilderwald. In engen Kehren, teilweise über Treppen, stapfen wir steil bergan durch die **Réserve Biologique du Grand-Matarum,** einen geschützten Forst mit endemischen Baumarten. Bartflechten prägen das Bild, ein untrügliches Zeichen dafür, dass es oft viele Stunden feucht und neblig sein muss. Vereinzelt tun sich Blicke aus der Vogelperspektive auf den Cirque und Cilaos auf.

Plateau du Petit-Matarum, 2040 m Seehöhe. Hochnebel fällt ein. Wir lassen uns von rot-weißen Markierungen an knorrigen Bäumen und moosigen Steinen leiten. In der kleinen **Schutzhütte** versorgen wir uns mit frischem, kühlem Bergwasser und verschnaufen kurz. Die Banane hat es in sich und pumpt Energie in die Muskeln.

Abbruchkante, 2480 m Seehöhe. Das Blätterdach hat sich gelichtet, Strauchvegetation und Gestrüpp lösen den Wald ab, der Piton des Neiges ist zum Greifen nah. Der Wind pfeift unfreundlich und die Nebelschwaden kommen immer näher. Ab da haben wir glücklicherweise bereits die Berghütte konstant im Blick und folgen dem leicht abfallenden, fast schnurgeraden Pfad zu unserem Nachtquartier.

Infos

F5

Start/Ziel: Mini-Parkplatz/Bushaltestelle Le Bloc zwischen Cilaos und Bras-Sec (D241); nächtliche Autoeinbrüche kommen vor

Dauer/Länge: 8–10 Std. mit einer Übernachtung, 16 km hin/zurück, Aufstieg 1700 Höhenmeter

Bus: Linie 63 Cilaos Ville bis Haltestelle Le Bloc, 2 € im Bus, Hinfahrt ab Cilaos Ville Mo–Sa u. a. 6, 7.30, 9.10, 10.50, 12.30, So 7.05, 10.45 Uhr, Rückfahrt ab Le Bloc Mo–Sa u. a. 10.32, 12.07, 13.34, 15.12, So u. a. 12.11, 15.16, 16.56 Uhr

17 Uhr, **Gîte de la Caverne Dufour** (Refuge du Piton des Neiges), 2478 m Seehöhe. Großen Komfort bekommen wir in nicht geboten, 72 Betten stehen in Gemeinschaftsräumen und Militärzelten zur Verfügung. Um den Andrang in der kälteren Hochsaison von Mai bis November, wenn es weniger Wolken gibt, zu bewältigen, stellt man zudem Zelte auf. Wegen der bescheidenen Sanitäranlagen begnügen wir uns mit Katzenwäsche. Um etwa 19 Uhr werden deftige kreolische Speisen kredenzt, aber auf Aprés-Hike-Gaudi müssen wir verzichten. Kaum ist der letzte Teller abgeräumt, wird die Bar dicht gemacht. Mitgebrachtes Bier haben schon manchen Hüttenabend hier oben gerettet, lassen wir uns aufklären.

4 Uhr, Start für den Gipfel. Wir sind unter den Ersten, die die Hütte verlassen. Stockfinstere Nacht, nur die Lichter aus dem Tal glitzern wie kleine Diamanten in der Ferne. Die Stirnlampe leuchtet den Weg aus, es fröstelt mich, brrrr. Obwohl die zweite Tagesetappe insgesamt etwas flacher als der Aufstieg am Vortag verläuft, erfordern lose Lavabrocken und unwegsame Pfade vollen Einsatz. Die weißen Bodenpunkte helfen gut bei der Orientierung. Etwa 1,5 km hinter Gîte macht die gut markierte Strecke einen Schlenker gen Süden. Von hinten wird der Gipfel teilweise in Kehren erklommen und nach gut 2 Std. ist das Ziel erreicht.

6.30 Uhr, **Piton des Neiges,** 3071 m Seehöhe. Über dem Meer thronen Wolkentürme, die sich mit den zartrosa Sonnenstrahlen duellieren. Im Vorfeld prüften wir, wann genau der Sonnenaufgang stattfindet, um unnötiges Warten in der klirrenden Kälte zu vermeiden (je nach Monat zwischen 5.30 und 7 Uhr). Die ersten warmen Sonnenstrahlen tun ungemein gut, der Ausblick verschlägt uns die Sprache, ich zerdrücke ein Tränchen. Die gesamte Insel liegt uns zu Füßen, wir stehen am höchsten Punkt des Indischen Ozeans. Unglaublich!

Abstieg. Es geht den gleichen Weg zurück Gîte, wo ein stärkendes Frühstück wartet. Erst jetzt kommen wir in den Genuss der markanten Farbspiele des Vulkans, wenn die eisenhaltige Erde im Licht der aufgehenden Sonne rostrot leuchtet. Wir steigen flott nach **Le Bloc** ab (ca. 3 Std.), überholen andere, die es lieber gemütlich angehen.

Die Tour sollte nur von gut trainierten, trittsicheren Wanderern unternommen werden. Schutzhütte samt Abendessen unbedingt rechtzeitig reservieren, z. B. beim Tourismusamt oder direkt unter T 0693 13 54 10.

Hier das prächtig herausgeputzte Hotel für Touristen, dort die bescheidene Hütte eines Anwohners: In Cilaos liegen die Gegensätze Tür an Tür.

Bergeweise Zufriedenheit

Case Nyala: Für alle, die sich in großen Hotels nicht wohlfühlen, öffnen Marjorie und Anthony ihre Türen. In der ansprechenden Frühstückspension in einem cremegelben Kreolenhäuschen warten farbenfrohe Standardzimmer sowie – in einem separaten Bungalow – ein *chambre privilège* mit kleiner Terrasse und Whirlpool auf ihre Gäste. Das opulente, hochwertige Frühstück mit vielen unterschiedlichen, hausgemachten Marmeladen ist der perfekte Energieschub zu Beginn eines langen Wandertags. Die Gastgeber umsorgen die Gäste mit persönlichem Einsatz. Alles ist fußläufig erreichbar.

8, ruelle des Lianes, T 0262 31 89 57, www.case-nyala.fr, DZ/ÜF 100/135 €

Essen

Gipfel der Gaumenfreuden

L'Atelier des Saveurs: Direkt an der Hauptstraße gelegen, lässt schon das gepflegte, graue Äußere auf mehr hoffen. Professionell auf der ganzen Linie, von der Reservierung über den Empfang bis hin zum Wein und der Hintergrundbeschallung. Gehobene französische Küche, genussvoll drapiert auf den Tellern. Genießen und schwelgen, der Olymp der kulinarischen Freuden von Cilaos liegt eindeutig hier. Reservierung empfohlen.

46, rue du Père Boiteau, T 0692 02 98 89, Mi 19–20.30, Do–So 12–13.30, 19–20.30 Uhr, Menü 59 €, Hauptgerichte ca. 30 €

Solide kreolisch

Chez Luçay: Bei den großen Portionen werden selbst hungrige Wanderer pappsatt. Immer gut besucht, kreolische Küche sowie einige Fleisch- und Fischgerichte. Auf der Terrasse hat man einen schönen Ausblick.

Obergeschoss des Archipel des Métiers d'Art (s. Einkaufen), 82, rue du Père Boiteau, T 0692 09 18 70, Di–Sa 11.30–14.30, 18–21.30 Uhr, Menü 35 € mit Getränken, kreolische Hauptgerichte ca. 19 €

Crêpes in süß und pikant

L'Instant Plaisir: Nach all den *caris* und *rougails* sorgen pikante, bissfeste *galettes* (typisch bretonische Buchweizen-Crêpes mit herzhaften Füllungen) und süße Crêpes für Abwechslung auf den Tellern. Wenn es schnell gehen muss und man Lust auf Honig, Schoko oder Zwiebel und Lauch hat. Eignet sich auch für den Nachmittagskaffee.

28, rue du Père Boiteau, T 0692 45 71 99, Mi–Mo 12–17, 18.30–20 Uhr, *galettes* ca. 12 €, Crêpes ca. 5 €

Einkaufen

Entlang der Hauptstraße finden sich mehrere Läden für Souvenirs und Krimskrams. Im gesamten Cirque de Cilaos gibt es drei Supermärkte (Leader Price, Proxi, U-Express).

Kunsthandwerk

Archipel des Métiers d'Art: Da könnte man mehr draus machen, aber vielleicht werden sie in einem der wenigen Lädchen fündig.

82, rue du Père Boiteau, unterschiedliche Öffnungszeiten

Sammelsurium

Marché couvert: Klingt nicht unbedingt einladend, aber im bis unter die Decke vollgestopften Lädchen gibt es eine riesige Auswahl an hausgemachten Würzsaucen, Wein, Honig, Marmeladen und anderen lokalen Spezialitäten. Eine kulinarische Reise durch La Réunion auf 30 m².

Rue du Marché, nach RunEvasion nach hinten versetzt, tgl. 7–13 Uhr

Mehr lokale Produkte

Bauernmarkt: Lokale Spezialitäten wie Gewürze, Würzsaucen, Piment, Linsen, Mispelhonig, Wein oder Taro gepaart mit richtigem Marktambiente.

Rue des Écoles, unweit vom Tourismusamt, So 7–13 Uhr

Bewegen

Best of

Stadtführung: Wenn Sie mehr über Geschichte und Charakter von Cilaos erfahren möchten.

Reservierung im Office de Tourisme, s. Infos S. 204, Mi, Fr 14 Uhr, 12 €

Sattelfest

TOF Bike: Christophe Payet, der engagierte und freundliche Besitzer, hilft gerne weiter, wenn Ihnen der Sinn nach einer Radtour steht. Nicht nur Leihräder (zum Treten und mit Motor), sondern ganze Touren samt Karten hat Christophe ausgearbeitet, z. B. nach Bras-Sec (mäßig anstrengender 10-km-Rundkurs, teilweise querfeldein) oder nach Roche-Merveilleuse (familientauglicher 6-km-Rundkurs). Für Familien stehen Anhänger und Halbräder zur Verfügung, falls die Kinder noch nicht ganz sattelfest radeln können. Mit Händen und Füßen und ein paar Brocken Englisch verstehen Sie sich wunderbar mit Christophe! Gute Fahrräder, 6 €/Std., 14 € / halber Tag, 19 €/Tag, E-Bike 30 € / halber Tag. Reservierungen per E-Mail unter tofbike413@live.fr.

68, rue du Père Boiteau, T 0692 25 61 61, Mo–Sa 8.30–12, 14–17.30, So 8.30–12 Uhr

Nichts für Angsthasen

Canyoning La Réunion: Wer sich noch nie an den glatt geschliffenen Wänden der Flussläufe im Fels versucht hat, ist bei Philippe in guten Händen. Ruhiger und geduldiger Führer, der auch Englisch spricht. Besonders zu empfehlen für Anfänger.

Treffpunkt vor dem Tourismusamt, T 0692 85 36 23, www.canyoning-la-reunion.fr, ab 60 €/Pers., nur n. V.

Nicht nur Canyoning

Nature Péi Canyoning: Wer bei Philippe keinen Platz findet, weicht zu Luciano aus, der allerdings nur Französisch spricht. Gute Betreuung von A bis Z, professionell und erfahren. Ohne Wasser geht es auch, denn Luciano arrangiert auch Klettertouren.

T 0692 67 94 50, ab 65 €, nur n. V.

Infos

- **Office de Tourisme:** 2, rue Mac-Auliffe, gegenüber der Post, T 0262 31 71 71, www.sudreuniontourisme.fr, Mo–Fr 8.30–17, Sa 8.30–12.30, 13.30–17, So 9–12 Uhr. Busfahrpläne, Karten, Wanderrouten, Hüttenübernachtungen, Reservierung von Stadtführungen, Souvenirs und Besuchertoilette.
- **Geldautomat:** ein *gabier* bei der Post.
- **Deutschsprachige Wanderführer:** s. S. 249.
- **Auto:** Eine Tankstelle existiert beim Stadion in der Rue des Trois-Mares.
- **Bus:** Alternéo-Linien 60, 61, 62, 63, 1,70 € Vorverkauf, 2 € im Bus, Ticketverkauf und Haltestelle an der Ecke Rue Louis Maillot / Rue des Glycines (gegenüber dem Kriegerdenkmal). Funktioniert gut, um zu den Startpunkten der Wanderungen zu gelangen.
- **Taxi:** M. Figuin, T 0262 39 19 45, 0692 659 658.
- **Anfahrt:** Über die N5 mit dem Auto.

ADRENALINSCHUB

Wenngleich Canyoning körperlich nicht anstrengend ist, verlangt es eine gehörige Portion Mut. Mitzubringen sind Sportschuhe (am besten zwei Paar), T-Shirt und Shorts sowie ein Badeanzug, den Rest der Ausrüstung stellt der Veranstalter. Canyoning ist das ganze Jahr über möglich, am besten sind die heißen und trockenen Monate Oktober bis Dezember. Beliebte Routen für Einsteiger sind z. B. die Canyons Mini-Fleur oder Fleurs-Jaunes (je nach Tour mindestens einen halben Tag einplanen, Transfers im Preis inbegriffen).

Îlet-à-Cordes

E6

Spurlose Seilschaften

Brutale Sklavenjäger machten es den entlaufenen Sklaven seinerzeit nicht leicht. Sie mussten zu raffinierten Tricks greifen: Um keine Spuren für die Sklavenjäger zu hinterlassen, verzichteten sie darauf, Pfade anzulegen, sondern hangelten sich an Seilen bergwärts an ihre Rückzugsorte. Dieser List verdankt das Bergdorf auf 1100 m Seehöhe seinen Namen.

Dabei ist eigentlich der Weg dorthin schon das Ziel. Die spektakuläre, teilweise sehr enge, 10 km lange Straße, die D242, beginnt an der Kreuzung am nördlichen Ortsende von Cilaos und schlängelt sich unterhalb von schroffen Steilwänden durch mehrere Schluchten. Eine der Schluchten bei Kilometer 7,5, die **Ravine Fleurs-Jaunes,** ist besonders für Canyoning-Anhänger und Kletterer von Interesse. Wunderbare Panoramen, malerische Aussichtspunkte und Naturhighlights wechseln sich fast im Minutentakt ab.

Neben der Selbstversorger-Landwirtschaft (Knoblauch, Bohnen, Tabak) dominieren im Dorf der Weinbau sowie die Produktion von Honig. Alle Produkte können bei den Höfen gekauft werden. Im Mai kann man den Bauern bei der Aussaat der Linsen zusehen. Die handverlesenen Linsen erreichen bei Feinschmeckern stolze Preise. Linsen und Weinreben ergänzen sich übrigens perfekt: Anbauflächen sind im felsigen Talkessel rar, deshalb spenden die Weinreben den Linsensträuchern Schatten.

Schlafen, Essen

Genießen hoch drei

Le Tapacala: So viel Komfort und Klasse erwartet man am Ende der Cilaos-Welt nicht. Schöne Herberge im gehobenen Segment mit drei geräumigen, modernen Suiten samt Riesenbad, Salon und Terrasse. Der Hausherr ist passionierter Koch, der himmlische kreolische Küche zaubert, reservieren Sie also unbedingt das Abendessen mit. Im kreolischen Kochkurs lernen Sie, worauf es ankommt. Am Ende weiß man nicht, was man schmerzlicher vermissen wird: das traumhafte Panorama, die herzliche Betreuung durch Raymonda und Mickaël, das Essen, den liebevoll angelegten Garten oder die paradiesische Ruhe. Die Latte für nachfolgende Übernachtungen ist jedenfalls ziemlich hochgelegt!
2c, chemin des Orangers, von Cilaos kommend am Ortsanfang, T 0692 84 55 67, http://tapacala.re, DZ/ÜF 169 €, Abendessen 39 €

Bewegen

Zwei Cirques auf einmal

Wanderung auf den Col du Taïbit: Ab der Haltestelle Sentier Marla gibt es für Bergziegen kein Halten mehr. Verirren ist hier völlig ausgeschlossen, einfach nur wacker unablässig steil bergauf stapfen. Der Weg auf den Col du Taïbit zählt als Teil des GR R1/R2 zu den Klassikern auf der Insel und ist nicht schwierig, erfordert aber eine sehr gute Ausdauer. Er verbindet Cilaos mit Mafate.

In engen Kehren führt der schmale, aber gut instand gehaltene Pfad rasch hinauf auf die Ebene **Îlet des Trois Salazes.** Der knackige Abstecher zum **Cap Bouteille** geizt nicht mit tollen Panoramen auf die Schlucht des **Bras-Rouge** (ca. 2,5 Std. extra), aber der kann auch bis zum Abstieg warten. Über das nächste Plateau, **Plaine des Fraises,** und dem letzten abrupten Aufstieg ist nach ungefähr 2,5–3 Std. die Passhöhe **Col du Taïbit** auf 2081 m Seehöhe erreicht. Unmittelbar davor eröffnet sich ein Fenster in den Cirque de Cilaos. Wenige Meter weiter vorne bieten sich Panoramen auf Mafate, der Weiler Marla leuchtet in der Sonne, umgeben von den aufragenden Wänden des Cirque de Mafate. Umdrehen oder weitergehen, stellt sich hier die Frage. Marla ist knapp eine Stunde entfernt.

Start und Ende der Tour ist an der D242 bei Kilometer 5 oder an der Bushaltestelle Sentier Marla. Die einfache Strecke beträgt ca. 4 km, der Aufstieg beläuft sich auf insgesamt rund 850 m. Hinweis: Frühmorgens starten, weil es kaum Schatten gibt, und ausreichend Wasser mitnehmen!

Infos

- **Bus:** Linie 62 Cilaos Ville bis Haltestelle Sentier Marla, 2 € im Bus, Hinfahrt ab Cilaos Ville Mo–Sa u. a. 5.50, 7.30, 9.15, 10.50, 12.25, So u. a. 7.15, 10.50, 13.15, Rückfahrt ab Sentier Marla Mo–Sa 10.22, 11.57, 13.22, 15.07, So u. a. 8.59, 11.59, 14.59 Uhr.
- **Anfahrt:** über die D242 mit dem Auto.

Zugabe Schräge Vögel

Verrückt, verrückter, Grand Raid

Stockdunkle Nacht, nur die Lichtkegel vieler Stirnlampen flackern aufgeregt durch die Nacht. Das Klacken von Schuhsohlen ist zu hören, Schnaufen, Husten. Für die Trilliarden funkelnder Sterne bleibt keine Energie. Als ob eine Wanderung bei Tag über die höchsten Gipfel und die tiefsten Talkessel nicht anstrengend genug wäre, nein, es gibt Menschen, die laufen 164,6 km über 9576 Höhenmeter, noch dazu anfangs in stockdunkler Nacht. Der Startschuss fällt um 22 Uhr in Saint-Pierre, am Gelände, wo normalerweise der Wochenmarkt stattfindet. Eine auf und ab marschierende Musikkapelle heizt mit Gassenhauern dem Publikum ein, lustig verkleidete Passanten und Läufer sorgen für Stimmung, jene, die nicht laufen, feiern das Ereignis mit reichlich Hochprozentigem, Johlen, Schreien, Anfeuerungsrufe. Der Start wird im Fernsehen übertragen, wie zu Silvester wird gemeinsam rückwärts bis null gezählt, Volksfestcharakter. Der schnellste Läufer erlebt den Sonnenaufgang am Col de Taïbit gegen 7 Uhr, nach knapp 80 km wildem Ritt auf Stein und Vulkanfels durch die Nacht. Zwischen 23 und 66 Stunden benötigen die Läufer für die verrückte Durchquerung der Insel, also die **Diagonale des Fous.** Für jene, die etwas schwächer auf der Brust sind, gibt es ›verkürzte‹ Routen von 65 und 111 km sowie einen Staffellauf. ■

2112

Die Hochplateaus und der Vulkan

Almwiesen, Wälder und glutrote Lava — prägen die höchsten Punkte der Insel. Am Ende des Tages weiß man gar nicht mehr, welcher Aussichtspunkt der spektakulärste war.

Seite 213

Forêt Notre-Dame-de-la-Paix

Eine gigantische Naturkulisse eröffnet sich beim Blick in die tiefe Schlucht der Rivière des Remparts. Oder auch nicht. Es lohnt sich, ein wenig zu warten, die Wolken können sich ohne Vorwarnung lichten.

Seite 215

Grand-Bassin

Zu unfit für Mafate? Kein Problem, obwohl Grand-Bassin selbstverständlich Ausdauer erfordert. Ein Leben ohne Autos und Stromleitungen kann man sich im Flusstal gut vorstellen.

Im Kreolischen ›furzt‹ der Vulkan.

Eintauchen

Seite 218

Cité du Volcan

Viel zu gut, als nur Ersatzprogramm zu sein: Das Vulkanmuseum in Bourg-Murat vermittelt anschaulich, mit welchen Kräften der Natur wir es zu tun haben.

Seite 221

Piton de la Fournaise ✪

Wenn er gerade nicht rumort, zählt eine Wanderung auf den aktiven Vulkan zum feurigsten Highlight. Um keine bösen Überraschungen oben zu erleben, sollte die Wanderung gut vorbereitet sein: Wetter checken, prüfen, welche Pfade geöffnet sind, Gîte reservieren.

Seite 222

Route du Volcan

Zwei Stunden Autofahrt voller Sensationen. Ganz schön schwer, den Tag am Vulkan zu vergessen!

Seite 223

Plaine des Sables

Dem fehlen schlicht die Worte, der die Mondlandschaft erstmals erblickt. Ein Ort von faszinierender Schönheit, der ausnahmsweise ohne Anstrengung erreichbar ist.

Seite 231

Forêt de Bébour-Bélouve ✪

Es dschungelt, es duftet, es trieft. Im letzten Primärwald wuchern Bartflechten, Orchideen und seltene Baumarten friedlich nebeneinander. Und erfreuen sich am Blick auf den Piton des Neiges und nach Salazie.

Seite 235

Trou-de-Fer

Diese schöne Aussicht muss man sich nicht so schwer erarbeiten: Eine gemächliche Wanderung auf flachen, aber matschigen Waldpfaden ist das spektakuläre Trou-de-Fer entfernt.

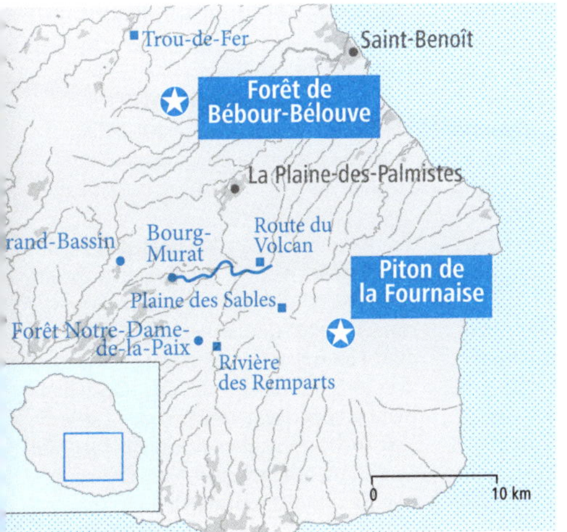

Die Fahrt auf der Route du Volcan wird zum Härtetest für jede Kamera.

»Mehr Mars als Mond«: Patrice Huet, wissenschaftlicher Direktor des Vulkanmuseums, hat genug von der Welt gesehen, um zu wissen, wie einzigartig der Piton de la Fournaise ist.

Rain, sweat and tears

W

Winddichte Kuscheljacke, Handschuhe, Strickmütze. Muss das wirklich mit ins Gepäck? Steht tatsächlich auf der Packliste. Ebenso wie stabile Wanderschuhe. Keine Sorge, Sie machen Urlaub auf einer Tropeninsel und nicht im Hochgebirge. Aber bitte glauben Sie mir: Sie werden mir dankbar für diese Ausrüstungstipps sein.

Sobald Sie das quirlige Saint-Pierre und das Ballungszentrum Le Tampon hinter sich gelassen haben, wird es richtig urig. Saftige Almwiesen und Wälder bis zum Horizont, einfache kreolische Häuser und beschauliches Dorfleben. Je höher man kommt, desto mehr Land und weniger Menschen. Ab Mittag könnten Nebel und Sprühregen Ihre Sicht markant beeinträchtigen. Die immergrüne Idylle wird vom eindrucksvollen Piton des Neiges auf der einen und dem aktiven Vulkan Piton de la Fournaise auf der anderen Seite flankiert. Letzterer spuckt in regelmäßigen Abständen dünnflüssige, feuerrote Lava, (meist) ohne Menschen zu gefährden. Er zeichnet für die bizarrsten und magischsten Landschaften der Insel verantwortlich, die einem selbst nach mehrmaligen Besuchen noch immer Tränen in die Augen treiben.

O

ORIENTIERUNG

Internet: www.sudreuniontourisme.fr
Verkehr: Zwischen Saint-Pierre und Saint-Benoît verläuft die Höhenstraße N3. Alle Straßen sind bestens ausgebaut.
Wanderkarten: IGN 4405 RT für Le Tampon, Plaine-des-Cafres, Grand-Bassin, Bourg-Murat; IGN 4406 RT für Route du Volcan, Piton de la Fournaise, IGN 4402 RT für Bébour-Bélouve, IGN 4403 RT für Plaine-des-Palmistes.

Wem es hier, an den höchsten Punkten der Insel, nicht in den Beinen kribbelt, ist selbst schuld. Bei geplanten Wanderungen sollten mindestens drei Nächte auf dem Hochplateau veranschlagt werden. Wer sich mit der Pflicht, der herzzerreißend schönen Autofahrt auf der Route du Volcan, begnügt, dem reicht ein Tag. Alle Sensationen, angefangen vom letzten Primärwald mit sensationellen Panoramen bis hin zum Mini-Cirque Grand-Bassin, erfordern einen ausgedehnten Aufenthalt.

Ach ja, fast hätte ich's vergessen: Langschläfer werden keinen Gefallen an der Region finden, denn nur wer früh aufsteht, wird mit den schönsten Panoramen belohnt.

Le Tampon G8

Ein Blick auf Google Maps verrät es: Hier waren gründliche Menschen am Werk. Die Stadtplanung ist durch viele auffallend parallel verlaufenden Straßen im Rechteckmuster geprägt. Des Rätsels Lösung? Ab 1731 zog der königliche Feldmesser ab der Küste in Abständen von 100 Höhenmetern Linien, um die Landparzellen und Plantagen einzuteilen. Die Ligne Paradis (D38) liegt bei 100 m, die Ligne des Bambous bei 200 m und die Ligne des 400 bei 400 m. Die Stadt Le Tampon liegt oberhalb der ursprünglichen Plantagenzone, wobei die Ligne 600 die Hauptstraße Rue Hubert Delisle (D3) bildet.

Um 1830 kaufte ein gewisser Graf Gabriel Le Coat de Kerveguen die meisten Ländereien auf, sein Name ist bis heute untrennbar mit dem Gebiet verbunden. Lange Zeit überzog die kühleren Hochplateaus – Les Hauts Plaines – nichts als undurchdringlicher Urwald, wovon nur noch ein Rest im Gebiet von Bébour-Bélouve erhalten ist. Bis die ersten Holzfäller kamen, um das Gebiet großflächig zu roden, sollte es bis in die 1860er-Jahre dauern. Von der Ligne des 400 bis hinauf zum Nez de Bœuf opferte man die Wälder der Geranium-, Ylang-Ylang- und Vetiveröl-Destillation – wie übrigens alle Höhenlagen der Insel zwischen 400 und 1400 m. Zwar hielt der Boom nicht lange an, die bedeutsamen Primärwälder verschwanden aber für immer. Obwohl heute keine Bauern von der Destillation leben können, gelten die Parfümessenzen nach wie vor als typisches Inselprodukt. Auf den Bauernmärkten werden sie als Souvenir angeboten, allerdings stammt nur der kleinere Teil tatsächlich von der Insel.

Tampon und Saint-Pierre sind längst zu einem großen Ballungszentrum verschmolzen, wobei sich Le Tampon wegen des etwas kühleren Höhenklimas zu einem beliebten Wohnviertel entwickelt hat. Viele bauen in den Höhen ihre Häuser und pendeln an die Küste, manche sogar bis nach Saint-Denis. Der dichten Besiedlung trägt die Infrastruktur mit dem größten Schulzentrum der Insel, zahlreichen Kinderbetreuungseinrichtungen, dem Théâtre Luc Donat sowie weiteren kulturellen Zentren Rechnung. Ebenfalls wurde ein Teil des Campus der Université de La Réunion von Saint-Denis nach Le Tampon verlegt. Touristisch gesehen kann die Stadt aber wenig bieten. Ihr Name stammt übrigens aus dem Madagassischen. Tampony bezeichnet einen Ort mit weiter Fernsicht.

Schlafen

Klein und sehr fein

Le Jardin de Ravintsara: Für den Fall, dass Sie sich nicht zwischen Berg und Meer entscheiden können, bieten Sylvie und Éric vor den Toren der Stadt drei geschmackvolle, hochwertige Zimmer an. Unweit der Autobahn gelegen, aber doch ruhig, ca. 10 Min. Fahrt bis Le Tampon und 20 Min. nach Saint-Pierre. Sie entspannen am Pool, im Jacuzzi oder auf der eigenen Terrasse.

103e, Ancienne Route Nationale 3, Anfahrt über die Autobahn nach Le Tampon, Ausfahrt La Ligne des Bambous, T 0693 65 40 11, www.jardinderavintsara.com, DZ/ÜF 249 €

Kühlen Kopf bewahren

Caloupilé: Wem die Hitze der Küste zu schaffen macht, der ist bei der franko-türkischen Familie Alice und Metin auf 500 m Seehöhe gut aufgehoben. Drei hübsche, gepflegte Komfortzimmer (zwei Doppelzimmer mit Bad en suite, ein Dreibettzimmer mit externem Bad, alle ohne Klimaanlage) im Obergeschoss sowie ein Studio für Selbstversorger werden geboten. Eingebettet in einen herrlichen Garten mit Pool und Blick auf die Berge und die Küste. Köstliches Frühstück, herzliche Gastgeber, gute Lage zwischen Berg und Meer.

9, rue du Général Bonnier, von der N3 beim Schild Bras Creux bergwärts rechts abbiegen, T 0693 11 66 57, www.caloupile.fr, DZ/ÜF 90–110 €, Studio (Mindestaufenthalt 5 Nächte) ab 50 €/Nacht

Lustige Ritter

Villa Ambralini: Mit breitem Lachen begrüßen Pascale und Pascale Chevalier ihre Gäste, man möchte am liebsten gar nicht mehr wegfahren. Zwei geräumige, geschmackvoll ausgestattete Zimmer ohne Klimaanlagen stehen im Obergeschoss zur Auswahl. Morgens versüßt ein hochwertiges Frühstück mit hausgemachten Spezialitäten den Tagesbeginn. Pool vorhanden, Massagen werden auf Anfragen ebenfalls geboten. Ideal für jene, die noch nah genug am Meer sein wollen (ca. 10 Min. entfernt), aber mit der stickigen Hitze auf Meeresniveau zu kämpfen haben. Nicht direkt in Le Tampon, sondern kurz davor, aber von der N3 aus leicht zu erreichen.

33, chemin Reboul, Ligne des Bambous, T 0692 11 13 33, www.villaambralini.fr, DZ/ÜF 115 €

Essen

Wie im Mutterland

L'Olivier: Im hübschen Kreolenhaus wird schön aufgetischt. Traditionelle, französische Küche von kleiner Speisekarte, aber groß im Geschmack. Frisch vom Markt, ist die Devise von Chefkoch Bruno.

136, rue Marius et Ary Leblond, direkt an der N3, T 0262 88 77 60, Mi–Sa 12–13.30, 19–20.30, So 12–13.30 Uhr, Menü ab 35 €, Hauptgerichte ca. 35 €

Augen- und Gaumenschmaus

Diables O Thym: Fusionküche vom Feinsten mit italienischen, spanischen und natürlich herzhaft französischen Einflüssen. Laufend wechselnde Speisekarte, äußerst freundliches Personal, einfach nichts zu meckern.

186, rue Hubert Delisle, an der Hauptstraße von Le Tampon gegenüber von Pharmacie Centrale / Univers Pharmacie, T 0262 11 61 34, Di/Mi 12–14, Do–Sa 12–14, 19–23 Uhr, Hauptgerichte ca. 30 €

Gehoben kreolisch

L'Ambéric: Schwer zu finden, aber wer einmal dort war, kommt immer wieder. Sehr gepflegtes kreolisches Restaurant, wo gehobene lokale Küche zu gehobenen Preisen dominiert. Neben den üblichen Verdächtigen, wie *cari* und Linsen, finden sich auch ausgefallenere Spezialitäten auf der Speisekarte. Trauen Sie sich! Tischdecken, sehr korrekte Wirtsleute. Das Haus und die Terrasse mit den Tischen ist von einem herrlichen Tropengarten umgeben.

13, chemin Raoul Hoareau, Trois-Mares, von der Ligne 600 (D3) beim Kreisverkehr in Trois-Mares steil bergauf, T 0262 57 77 68, Mi–Sa 12–14, 19.30–22, So 12–14 Uhr, Hauptgerichte ab 25 €

Herzhaft köstlich

Le Bongo: Hinter einer Wucht von Bougainvillea-Hecke, im Italo-Style auf einer begrünten Terrasse unterm Blätterdach werden die besten Pizzen weit und breit fabriziert. Außerdem köstliche Pasta, saftige Steaks und kreolische Spezialitäten.

187, rue Hubert Delisle, an der Hauptstraße von Le Tampon schräg gegenüber von Pharmacie Centrale / Univers Pharmacie, T 0262 57 69 69, Mo–Sa mittags, abends, Pizza ab 15 €, Fleischgerichte ca. 30 €

Einkaufen

Duftig

Coopérative Agricole des Huiles Essentielles de Bourbon (CAHEB): Im letzten Duftöl verarbeitenden Betrieb am Vulkan wird die Tradition der Parfümdestil-

Lieblingsort

Wolkenkino für Ruhebedürftige

Frieden, der Name verrät es schon. Vogelgezwitscher fünfstimmig. Taunasse Flechten an den Ästen, wie Bärte des Methusalem. Ein Teppich aus weißen Blüten. Sicher, Orte mit sensationellen Panoramen existieren zuhauf auf der Insel, aber der Aussichtspunkt im **Forêt Notre-Dame-de-la-Paix** (📍 H 8) ist doch anders. Ruhiger, friedlicher. Kaum Besucher, aber umso mehr Vögel. Der Blick vom naturbelassenen Aussichtspunkt auf 1720 m Höhe in die Schlucht der Rivière des Remparts mit dem Dörfchen Roche-Plate in der Tiefe ist unbestritten erhebend. Bei guten Verhältnissen geht der Blick geradeaus zum Morne Langevin, hinter dem die Plaine-des-Sables liegt. Der Blick nach links lässt recht gut nachvollziehen, dass es sich eigentlich nicht um ein Flusstal, sondern um eine Caldera handelt. Möglicherweise ist aber von alldem nicht viel zu sehen, oder nur vereinzelte Bildausschnitte. Die Sichtverhältnisse können ganz schnell umschlagen, wenn Wolken aufziehen. Harren Sie aus, lauschen Sie auf den Picknickbänken der Ruhe. Die Wolken könnten sich genauso schnell wieder verziehen, wie sie gekommen sind (Anfahrt: hinter Le Vingt-Troisième Abzweigung auf die D36, gut ausgeschildert, 9 km ab N3).

lation hochgehalten. Die hier produzierten ›Essenziellen Öle‹ stehen im Lädchen zum Verkauf (ab 10 €). Leider sind viele der hier darüber hinaus erhältlichen Massageöle, Raumdüfte und Pflegeprodukte importiert und die Workshops zur Herstellung eines eigenen Parfüms oder Massageöls werden erst ab fünf Personen angeboten (nur bei telefonischer Vorabreservierung). Eine geführte Tour durch den Garten und die Ölproduktion findet jedoch regelmäßig statt.

83, rue de Kervéguen, an der N3 in Le Tampon rechts in Richtung Terrain Fleury abbiegen, danach die erste Abzweigung scharf rechts nehmen, T 0262 27 02 27, www.geranium-bourbon.com, Mo–Sa 9–12, 14–17, geführte Tour Mo–Fr 15 Uhr, 5 €

La Plaine-des-Cafres

G8

Wie fantasielos! So viele blumige Orts- und Straßennamen begegnen einem auf der Insel, und dann das. Oberhalb von Le Tampon passiert die N3 eine Abfolge von Straßensiedlungen, die alle einfach nur Kilometernamen tragen. Gemeint ist die Kilometerentfernung von Saint-Pierre. Warum eigentlich? Weil von hier aus das Hochplateau (und der Süden) gezähmt und erschlossen wurde.

Der Name des Plateaus mit dem gleichnamigen Ort geht hingegen wohl auf den Sklavenjäger Mussard zurück. Ihm wurde der Ausruf »pleine des — cafres« (dt. ›voller Kaffer‹) in den Mund gelegt, wobei *cafre* im kreolischen Sprachgebrauch nicht abwertend ist. Im Gegenteil, mit Stolz bezeichnen sich die Nachfahren der ostafrikanischen Sklaven so. Sogar der wichtigste Feiertag, an dem der Abschaffung der Sklaverei gedacht wird, heißt Fête des Cafres (oder *fet kaf* auf kreolisch).

In der unzugänglichen, dicht bewaldeten Hochebene versteckten sich einst entlaufene Sklaven. Die weißen Kleinbauern kamen ab 1850 an und versuchten sich an der Schafs- und Pferdezucht, was aber misslang. Später folgten die Geranium- und Vetyver-Plantagen, doch auch ihr wirtschaftlicher Erfolg hielt nicht lange. Heute leben die Landwirte hauptsächlich von der Rinderzucht, der Milchwirtschaft und dem Anbau von Kartoffeln sowie Frühgemüse. Einige wenige Betriebe in Notre-Dame-de-La-Paix oder Grand- und Petit-Tampon destillieren noch Geraniumöl. Wegen der besseren Verdienstmöglichkeiten durch den zunehmenden Wandertourismus hat sich die Bevölkerung in den letzten Jahren massiv erhöht.

Etwa 20 Min. hinter Le Tampon ist Plaine-des-Cafres erreicht, ein lang

DER UMWEG IST DAS ZIEL

Z

Man kann die breite, ausgebaute N3 vom Vulkan oder Bébour-Bélouve nach Le Tampon im Stau erleben. Man kann aber auch die **D36** durch saftig grüne Almen, Waldgebiete und Kraut-, Kartoffel- und (in tieferen Lagen) endlose Ananasfelder hinuntercruisen. Kaum Verkehr, vereinzelt mal ein Traktor oder ein Transporter, aber viele Kurven. Mit etwas Glück bleiben Sie unter den Wolken (höchster Punkt der Straße 1730 m). Hinter dem Parkplatz für den Aussichtspunkt Forêt Notre-Dame-de-la-Paix (s. Lieblingsort S. 213) fällt die Bergstraße ab. Sobald der Wald, ein Teil des Nationalparks, durchquert ist, funkelt weiter unten der Ozean in der Sonne. Der Umweg von 25 km eignet sich nicht, wenn man es eilig hat, aber wenn Sie Zeit und Muße haben, gönnen Sie sich die Auszeit.

gezogenes Straßendorf im Antlitz des Piton des Neiges. Für die Erkundung des Piton de la Fournaise, für die Wanderung nach Grand-Bassin und andere kleine und größere Wanderungen ist das kleine Dorf ein idealer Ausgangsort – die Startpunkte sind flott erreichbar und das Preis-Leistungs-Verhältnis ist noch attraktiv. Je höher man kommt, desto bäuerlicher und einfacher werden die Quartiere. Achtung: Es ist oben die meiste Zeit des Jahres feuchtkalt, deshalb warme Kleidung mitnehmen.

Schlafen

Höchste Nachhaltigkeit

Le Millepertuis: Orientieren Sie sich am besten nach dem Windrad, es weist Ihnen den Weg zum Kleinod auf 1216 m Höhe mit zwei geschmackvollen und geräumigen Zimmern und Blick bis zur Küste. Das Anwesen ist mit viel Liebe zum Detail gestaltet, der Betreiber geht nachhaltig mit den Ressourcen um, z. B. mit Solar- und Windenergie. Im Pavillon wird das Frühstück serviert, das – so weit möglich – aus der eigenen Landwirtschaft stammt. Der liebenswürdige Monsieur Hoareau bemüht sich redlich, auch Englisch zu sprechen.

8, rue des Mimosas, Piton Hyacinthe, ca. 1,7 km von der N3 entfernt, kurz vor Plaine-des-Cafres zweigt eine Straße links zum Piton Hyacinthe ab, T 0692 56 39 05, www.lemillepertuis.fr, DZ/ÜF 85–120 €

In Hülle und Fülle

L'Estagnon: Ein Ort der Fülle: Gastfreundschaft, Verpflegung, Ambiente. Zwei komfortable Zimmer stehen in einem opulenten Garten vor der Abbruchkante des Flusses Bras-de-la-Plaine. Von der kleinen Terrasse vor jedem Zimmer sieht man bis zum Meer. Umsorgende Gastgeber, ausgezeichnete kreolische Küche.

197, chemin Henri Cabeu, von der N3 auf die D27 abbiegen, weiter vorne von der D27 bergauf nach rechts, in Pont-d'Yves, T 0692 82 45 85, DZ/ÜF 77 €

Essen

Dem Himmel so nah

Le Sens Ciel: Gepflegtes Restaurant, erstklassiger Service, kreativ serviert und himmlisch im Geschmack. Französische und internationale Küche mit Pep.

40, rue Raphaël Douyère, T 0692 56 44 57, Di–Sa 12–13.30, 19–21.30, So 12–13.30 Uhr, Hauptgerichte ca. 35 €

Wärmt das Herz

Crêperie Le Tinto: Sie lechzen nach Abwechslung auf dem Speiseplan? Bei pikanten und süßen Crêpes und dick mit Käse überbackenen Gratins fällt das nicht schwer. Genau die richtige Dosis von Zucker und Käse, ob vor oder nach dem Vulkan. Sehr gutes Preis-Leistungs-Verhältnis.

133, rue Jean Defos du Rau, direkt an der N3 nahe der Kirche in Plaine-des-Cafres, T 0262 59 13 03, Mi–So 11.30–14, Mitnahme auch 17.30–20.30 Uhr, Hauptgerichte 10–14 €

Grand-Bassin ⚲G7

Keine Zeit (oder nicht ausreichend fit) für Mafate, aber es reizt Sie trotzdem, einen isolierten Ort fernab von den bequemen, modernen Errungenschaften zu erleben? Ihr Glück, dass auf der Insel kein Mangel an solchen Plätzen herrscht. Obwohl ein wenig Fitness dennoch erforderlich ist, aber im Idealfall kann die Wanderung auf drei Tage ausgedehnt werden. Bei **Grand-Bassin** handelt es sich um eine spektakuläre Schlucht des Flusses Bras de la Plaine, also kein Krater wie anderswo, aber nicht minder beeindruckend. Unternehmungslustige wandern von **Bois-Court** die steilen knapp 700 Höhen-

TOUR
1400 Tiefenmeter ins Glück

Wanderung nach Grand-Bassin

Infos

G 7

Start/Ziel: Belvédère de Bois-Court, Parken am großen Parkplatz (bei Übernachtung keine Wertsachen im Auto lassen!)

Dauer/Länge/Hinweis: Abstieg ins Dorf 2–2,5 Std., 4 km (Aufstieg 3–5 Std.), Dorf–Wasserfall 30–45 Min. (1 km, Aufstieg 1–1,5 Std.), gesamt 10 km; steiles Terrain, Wanderstöcke ratsam

Soll ich, soll ich nicht, soll ich, soll ich nicht? Am **Belvédère de Bois-Court,** dem Aussichtspunkt, von dem der Blick 700 m in die Tiefe stürzt, hinab in die Schlucht des Bras de la Plaine, breitet sich das ganze Ausmaß Ihres Vorhabens vor Ihnen aus. Jetzt könnten Sie noch einen Rückzieher machen, den Tag ganz gemütlich ohne Schweißperlen ausklingen lassen. Doch es beginnt in den Beinen zu kribbeln, der Herzschlag beschleunigt sich wie von selbst. Ein Schritt nach dem anderen, fast automatisch setzen Sie sich in Gang. Wie ein Magnet zieht einen das Flusstal an.

In puncto Wegbeschaffenheit ist die Wanderung nach Grand-Bassin nicht schwierig, aber trittsicher sollten Sie dennoch sein und auch über eine gute Ausdauer verfügen. Immerhin nutzen die Einheimischen selbst den Weg als Trainingsparcours für den Grand Raid (s. Zugabe S. 206). Lassen Sie sich also keinesfalls entmutigen, wenn Sie laufend überholt werden: Es handelt sich vermutlich zumeist um die Besten der besten Bergläufer!

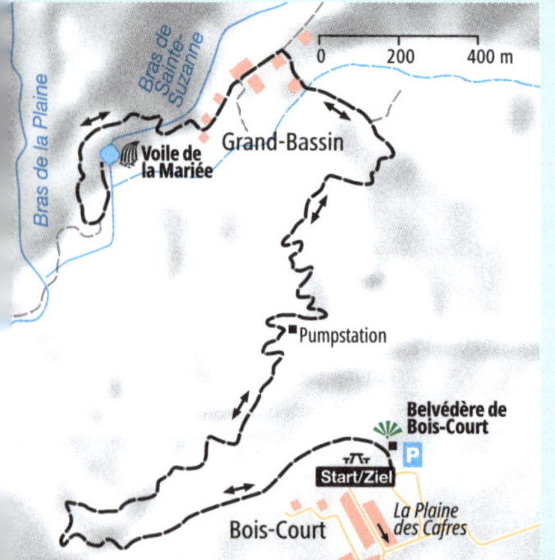

Beim steilen Abstieg in Serpentinen belohnt das wundervolle Panorama von Grand-Bassin mit seinen unterschiedlichen Weilern wie Îlet Janvier oder Îlet Commandeur jeden einzelnen Schritt. Kein Wunder, dass man auf der Insel gerne von Le Petit Mafate spricht!

Auf halber Strecke bildet die **Pumpstation** einen wichtigen Orientierungspunkt. Außerdem haben Sie hier die Möglichkeit, Ihre Wasservorräte am Wasserhahn aufzufüllen. Nach insgesamt 2–2,5 Std. Abstieg sind der Talboden und **Grand-Bassin** erreicht. Sobald

Blick in den Abgrund: An der Aussichtsplattform Bois-Court sollte man schwindelfrei sein!

Sie die Brücke überquert haben, ist das Dörfchen nicht mehr weit.

Strecken Sie Ihre müden Beine von sich und ruhen Sie sich fürs Erste aus. Hören Sie etwas? Nein? Ach, wie friedlich. Falls Sie Lust auf ein Bad im Fluss (nur bei Niedrigwasser möglich) verspüren oder wenigstens Ihren müden Beinen eine Abkühlung gönnen möchten, marschieren Sie ein paar Hundert Meter weiter zum **Bras de Sainte-Suzanne** mit seinen Stromschnellen und kleineren Wasserfällen. Er fließt innerhalb des Dorfes.

Wenn Sie noch Reserven haben, stapfen Sie weiter zum Wasserfall **Voile de la Mariée,** der etwa 30–45 Min. Gehzeit unterhalb des Dorfes liegt. Zum Plantschen wagen sich Wackere manchmal ins Becken am Fuße des Wasserfalls. Wer hinunter zum Becken möchte, muss knapp 100 Höhenmeter absteigen und den Fluss queren.

Nach einer ausgedehnten Rast geht es auf demselben Weg zurück nach oben (sehr anstrengend und heiß in der Mittagshitze). Tipp: Übernachten Sie doch in Grand-Bassin (s. S. 218) und wagen Sie sich am nächsten Morgen an den kräftezehrenden Aufstieg von ca. 700 Höhenmetern zurück zum **Belvédère de Bois-Court.**

meter hinunter ins abgeschiedene Dorf Grand-Bassin und auf demselben Weg wieder hinauf. Wer sich nur mit der Aussicht auf selbiges begnügen möchte, kann dies vom **Belvédère de Bois-Court** tun, der Blick fällt von 1390 m auf durchschnittlich 690 m im Tal (s. Tour S. 216). An die 5000 Besucher finden sich an durchschnittlichen Wochenenden auf der Aussichtsplattform ein, der riesige Parkplatz und die Parkanlage sagen alles.

Benannt ist der einsame Weiler im Tal ohne Straßen, ja sogar ohne Helikopteranbindung, nach dem Flussbassin, das samt Wasserfall, **Voile de la Mariée,** auch von oben gut zu sehen ist. Verglichen mit Mafate ist **Grand-Bassin** wesentlich ruhiger und untouristischer. Als Selbstversorger pflanzen die etwa 30 Dorfbewohner Obst und Gemüse (*chouchou*/ Christophinen, Bibasse- und Longani-Bäume, Taro etc.) und verkaufen ihre Erzeugnisse an den Marktständen von Bois-Court, die je nach Saison und Wochentag geöffnet haben. 2023 segnete die politische Verwaltung ein Seilbahnprojekt ab. Es soll vor allem Grand-Bassin für die Tamponais als Naherholungsgebiet noch attraktiver machen. Nicht allen Talbewohnern schmeckt das Projekt, sie fürchten, dass ihr bisher recht beschauliches Leben auf den Kopf gestellt werden könnte.

Schlafen

Unerwartet entspannt

Parenthèse Inattendue: Mehr Entschleunigung geht nicht, trotz Funksignal und Internet. Natur pur ohne Autos, Ruhe ohne Ablenkungen. Spazieren gehen, im Fluss baden, in die Sonne blinzeln. Wenn das verlockend klingt, sind Sie hier goldrichtig. Zwei komfortable Zimmer in einem Holzhaus, mit Whirlpool, Sauna und Kaltbecken. Gutes Essen, nette Gastgeber, ein Garten zum Niederknien. Grand-Bassin, T 0692 77 38 44, www.parenthese-inattendue.re, DZ/HP 100 €

Info

- **Anfahrt:** Nach Bois-Court gelangt man auf der D70 ab der Kirche von Plaine-des-Cafres oder auch ab Bourg-Murat. Von dort zu Fuß (oder zukünftig per Seilbahn) nach Grand-Bassin.

Bourg-Murat G/H7

Wenn da nicht der Vulkan wäre, würde kaum jemand vom Berg- und Transitdorf Bourg-Murat an der N3 gleich hinter Plaine-des-Cafres Notiz nehmen. Aus der Lage als Tor zum Vulkan könnte gewiss mehr gemacht werden, aber außer der **Cité du Volcan,** dem Vulkanmuseum, scheint es wenig Bestrebungen zu geben, den Ort aufzuwerten. Es gibt einige Unterkünfte, Restaurants, Läden und das Touristenbüro, aber je nach Saison und Tageszeit kann es sein, dass man als Tourist vor verschlossenen Türen steht.

Als Ausgangspunkt für einen Ausflug zum Vulkan ist das Bergdorf optimal. Was man bei einem Aufenthalt nicht vergessen darf: Auf 1500–1600 m Meereshöhe kann es selbst im tropischen Sommer feucht und kühl werden, insbesondere am Morgen braucht man warme Kleidung.

Museum

Mit den Ohren sehen

La Cité du Volcan: Ohrenbetäubender Lärm, es dröhnt, der Boden vibriert. Beängstigend, lebensbedrohlich, die Kehle ist wie zugeschnürt. Hautnah sind Besucher mittendrin, wenn die Erde sich öffnet und rote Lava speit. Zwei Minuten im Lavatunnel, wo die Geräusche unter der Oberfläche simuliert werden, und die ›Romantik‹ eines Vulkans ist wie weggeblasen. Die Faszination bleibt. Dem kompletten Spektrum des Vulkanismus wird Rechnung getragen, wie ein Vulkan zerstören und gleichzeitig Leben schaffen kann, wie Ausbrüche vorhergesagt werden können, welche Legenden sich um Vulkane in Réunion und weltweit ranken, ... Neben der Ausstellung mit vielen interaktiven Elementen und anschaulichen Schautafeln demonstriert besonders das 4D-Kino eindrücklich, welche Urkräfte am Werk sind. Auf einem 270°-Konvexbildschirm verfolgt man die Entstehung der Welt im Schnelldurchlauf mit beeindruckenden Bildern. Mehr als nur ein Schlechtwetter-Notnagel will das Museum sein – und schafft es tatsächlich. Rundum erneuert seit 2014, wird hier Vulkanismus populärwissenschaftlich thematisiert. Eigentlich wäre es sinnvoll, es vor der Fahrt zum Vulkan zu besuchen, um die Zusammenhänge besser zu verstehen, aber in der Realität erfolgt ein Besuch nach der Tour zum Pas de Bellecombe (s. S. 228), wenn sich mittags die Wolkendecke über Bourg-Murat legt und kaum andere erfüllende Urlaubsaktivitäten möglich sind. Zwei Stunden sind einzuplanen.

N3, in der Ortsmitte, T 0262 59 00 26, https://museesreunion.fr/la-cite-du-volcan, Mo 13–17, Di–So 9.30–17 Uhr, 9 €, 4D-Kino 2 €, Audioguide auf Deutsch 2 €

Schlafen

Für Wellness-Liebhaber

Tamar'Inn: Langsam hält auch in den Bergen der moderne Tourismus Einzug. Neuester Zugang in Bourg-Murat sind

Réunionesische Schulkinder sind wohl die wichtigste Besuchergruppe der Cité du Volcan. Zu Recht: Das Museum bereitet das Thema Vulkanismus selbst für Laien fesselnd auf. Einfach ein Muss!

drei großzügige, moderne und bestens ausgestattete Bungalows. Terrasse, Jacuzzi, Infrarotsauna, Blick auf den Piton des Neiges.

152, chemin du Champ de Foire, T 0692 60 95 64, tamarinn974@gmail.com, DZ ab 150 €, Frühstück 12 €

Schicker Platzhirsch

Côte Volcan: Nur, weil man am Berg übernachtet, muss es nicht Hüttenflair sein! Vier heitere, farbenfrohe und sehr komfortable Zimmer stehen zur Auswahl. Nicht nur die Lage an der Zufahrtsstraße zum Vulkan besticht: Die Gastgeber sind gastfreundliche, die Ausstattung ist modern und in den beheizten Zimmern gibt es viel Platz.

8, rue Josémont Lauret, T 0262 704053, www.cote-volcan.fr, DZ/ÜF 85–110 €

In die Jahre gekommen

Hôtel L'Écrin: Man mag es nicht glauben, aber das Hotel war lange Zeit das Beste, was Bourg-Murat bieten konnte. 21 spartanische Zimmer in mehreren einzelnen Bungalows und ein Familienappartement hat das Hotel direkt an der N3. Erscheint dieses Niveau zu einfach oder sind die beiden o. g. Unterkünfte ausgebucht, müssen Reisende nach Le Tampon ausweichen.

N3, PK 27, im Ortszentrum, T 0262 590202, www.ecrin-hotel.re, DZ/ÜF ab 100 €, Ferienwohnung/ÜF 198 €

Essen

Eine Prise Nordafrika

O' QG: Bei der tomatenroten Fassade bleibt einem nichts anderes übrig, als stehen zu bleiben. Und der Stopp im gepflegten, heimeligen Resto soll nicht zu Ihrem Schaden sein. *Caris* aus La Réunion, senegalesische Gerichte wie *poulet yassa* (Gericht mit pikant mariniertem Hähnchen), aber auch traditionelle, französische Speisen wie Entenbrust oder Cordon bleu. Im Kamin knistert das Feuer, die Stoffservietten strahlen blitzeweiß und der hauseigene Weinkeller ist Balsam für trockene Kehlen.

60bis, rue Alfred Picard, direkt an der Straße zum Vulkan, T 0262 25 02 17, www.oqg-restaurant.com, Mo–Sa 11.30–16, 18.30–22, So 11.30–16.30 Uhr, Hauptgerichte ca. 25–40 €

Nach althergebrachten Rezepten

Le Ti'Resto Lontan: Authentisches kreolisches Lokal mit typischen Spezialitäten, die über dem offenen Feuer zubereitet werden. Von weither kommen die Réunionesen, um nach Großmutters Art zu speisen.

N3, PK 27, gegenüber der Cité du Volcan an der N3, T 0262 43 90 42, Mo, Do 11–14, Fr–So 11.30–14, 18.30–21 Uhr, *cari* ab 22 €

Bei der kreolischen Oma

Palais du Fromage: Der Duft von warmer Milch kriecht schon vor der Tür in die Nase. Neben dem Käseverkauf (s. u.) werden süße und pikante Crêpes sowie Waffeln für den kleinen Hunger gebacken. Während die beiden Schwestern ihr Handwerk wunderbar verstehen, täte etwas Nachhilfe beim Ambiente Not. Gut und sehr günstig.

Rue Alfred Picard, unweit des O' QG (s. o.), T 0262 59 27 15, Di–So 9.30–17 Uhr

Einkaufen

Köstlichkeiten mit Odeur

Palais du Fromage: Zwei in die Jahre gekommene Schwestern haben sich mit Haut und Haaren der Herstellung von ausgefallenen Käsesorten aus Kuhmilch verschrieben. Die Spezialität des Hauses ist der *fromage miel caramel*, ein mit Karamell überzogener und mit Honig versehener Käse. Ausgefallen und gut.

Adresse s. Essen

Bewegen

Auf allen Vieren

Cœur de Lave: Sich auf allen Vieren durch schmale Öffnungen im Basalt zwängen. Wen das in Verzücken versetzt, findet rund um Bourg-Murat einige Lavatunnel. T 0693 49 99 77, https://coeurdelave.fr, Touren ab 50 €

Infos

- **Office de Tourisme:** 160, rue Maurice et Katia Krafft, an der N3 rechts vor der Engen-Tankstelle, T 0262 90 78 78, www.sudreuniontourisme.fr, Mo–Fr 9–16 Uhr. Nette Angestellte helfen auch auf Englisch. Gute Tipps, Infomaterial. Taxis zum Vulkan (für Wanderungen) sind hier buchbar.
- **Taxis:** Austral Taxis Réunion, T 0692 44 54 94, oder VTC La Réunion, T 0692 91 51 11, https://runvtc.re. Bourg-Murat bis Pas de Bellecombe 109 €, von Plaine-des-Cafres bis Saint-Pierre 106 €.

Piton de la Fournaise

Kilauea. Pico del Teide. Eyjafjallajökull. Alles bekannte Namen, selbst wenn Sie sich für Vulkane nur eingeschränkt interessieren. Aber Piton de la Fournaise? Nie gehört. Dabei zählt er weltweit zu den aktivsten – und am leichtesten erreichbaren – Vulkanen. Er bricht im Schnitt alle neun Monate mal mehr, mal weniger spektakulär aus. Die 1200 °C heiße, glutrote Lava drängt dann aus Spalten und Rissen, spritzt teils in Fontänen in die Höhe und fließt in verästelten Strömen hangabwärts. Relativ ungefährlich, d. h. schnell und ruhig, entleeren sich effusi-

VULKAN ABC

Ausrüstung: Top Wanderstiefel mit dicker Sohle (scharfkantige Lava), warme Kleidung, Regenjacke, Sonnencreme, Sonnenbrille, Kopfbedeckung, ausreichend Wasser und Proviant. Wegen der exponierten Lage bildet der Piton de la Fournaise eine Wetterbarriere, an der sich die Passatwolken stauen und abregnen. Das Wetter ist unberechenbar: Auf strahlend blauem Himmel folgen wenige Minuten später Wolken; Nieselregen macht die Wege glitschig.
Ankündigen: Informieren Sie vor dem Aufbruch eine Kontaktperson (Rezeptionist, Gastgeber).
Begleitung: Wer alleine wandert, sollte einen Guide anheuern, z. B. Christoph Kindler (s. S. 249). Wegen der Unfallgefahr wird davon abgeraten, allein zu wandern.
Früh starten: Um den Gipfel nebelfrei zu erleben, am besten vor oder bei Sonnenaufgang losgehen.
Sicher zum Gipfel: Gut planen: Wetter (www.meteo-reunion.com), Wegezustand (www1.onf.fr/la-reunion, Menüpunkt Info Sentiers), Vulkanaktivität (www.ipgp.fr/fr/ovpf)
Markierungen beachten: Weichen Sie nicht von der weißen Markierung ab. Es wurden dehydrierte und sogar erfrorene Menschen gefunden, die vom Weg abgekommen sind.
Verhalten bei Nebel: Die Rettungshelikopter fliegen nur, solange die Wolken nicht aufgezogen sind. Wenn unerwartet Nebel aufkommt, am besten warten, ob er sich wieder lichtet, sonst sofort umkehren oder sich auf eine kalte Nacht einstellen.
Müll: Ausnahmslos sollte man alles wieder mitnehmen.
Weitere Infos: s. S. 182.

TOUR
Hotspot-Vulkanismus in zwei Stunden

Autotour auf der Route du Volcan zum Piton de la Fournaise

Infos

H–K 7/8

Start/Ziel: in Bourg-Murat bei der Cité du Volcan von der N3 rechts auf die Rue Alfred Picard abbiegen. Beim letzten Kreisverkehr rechts und ca. 500 m weiter vorne links zur Auffahrt auf die RF5

Dauer/Länge: 1–1,5 Std., 23 km

Parken: Es gibt viele Parkplätze an der Route. Oft wird auch einfach am Straßenrand geparkt. Eingezeichnet sind nur die im Text erwähnten Parkplätze.

Tipp: Obwohl das Wetter am Vulkan unberechenbar ist, bleibt der Himmel am ehesten bis 11 und ab 16 Uhr wolkenfrei. Unbedingt vor Abfahrt prüfen: www.meteo-reunion.com.

Kuhglocken bimmeln. Saftige Almwiesen, knorrige Bäume, die windschlüpfrig gewachsen sind. Nach nur 10 Minuten auf der RF5 tauchen die ersten herzzerreißend schönen Panoramen in Richtung Nordwesten auf. In der Ferne wölbt sich ein Schild aus der Hochebene, deformiert und geschliffen von den freien Kräften der Erosion. Am rechten Rand des ehemaligen Schildvulkans thront ein markanter Rücken, die höchste Erhebung der Insel, der Piton des Neiges. Bei seiner Entstehung muss er bis zu 4000 m in die Höhe geragt sein, über die Jahrtausende hat ihn die Erosion auf 3070 m abgetragen. Bei den Cirques, die sich an den Flanken des Piton des Neiges auftun, handelt es sich um eingestürzte Magmakammern des erloschenen Vulkans. Der ältere ist mit dem zweiten, jüngeren Schildvulkan, dem Piton de la Fournaise, zusammengewachsen. An der Nahtstelle der beiden entstand das **Hochplateau Plaine des Cafres,** ein teilweise dicht besiedeltes Gebiet mit landwirtschaftlicher Nutzfläche. Die ersten Wolken mahnen zum Aufbruch.

Einige Kehren weiter schmiegt sich die Straße an die fulminante **Schlucht der Rivière des Remparts.** Geologisch gesehen handelt es sich um eine Caldera, die erste und mit 300 000 Jahren älteste des Piton de la Fournaise (*fournaise* = Glutofen). Die bis zu 1000 m tiefe Schlucht war eine der Magmaadern, durch die die Lava an die Erdoberfläche aufstieg und die danach in sich zusammenbrach. Der einzige gesicherte und beschilderte Balkon befindet sich am Fuß des **Nez de Bœuf** (2136 m), der ›Rindernase‹, auf 2050 m, etwa 6 km hinter der Abzweigung auf die RF5. Ein kurzer Pfad führt

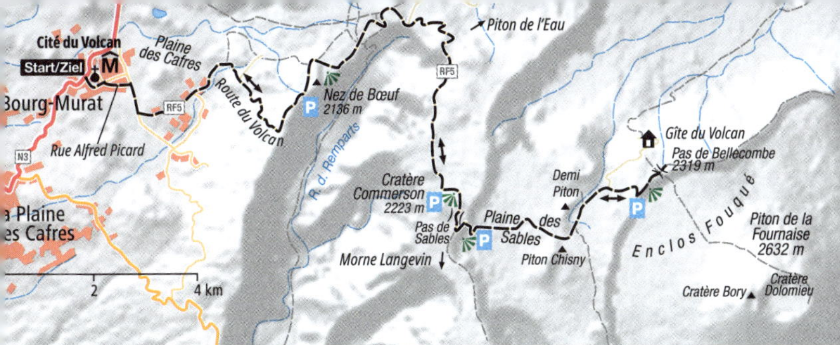

vom Parkplatz zum **Aussichtspunkt** *(belvédère)* über der Schlucht. Was für Panoramen! In einigen Tausend Jahren wird die Schlucht sich übrigens zu einem *cirque*, einem großen Kessel, weiterentwickelt haben.

Knapp 8 km weiter taucht der 235 m tiefe und im Durchmesser 200 m breite **Cratère Commerson** (auf 2310 m Seehöhe, Parken rechts der Straße auf Seite des Aussichtspunkts) rechts auf, ein Nebenkrater der Rivière des Remparts. Als vor 2000 Jahren im Zuge einer Eruption das Magma mit dem Grundwasser in Berührung kam, verdampften schlagartig so immense Mengen Wasser, dass die Dampfexplosion das Gestein in der Umgebung zertrümmerte und einen tiefen Sprengtrichter in den Untergrund riss. Eine riesige Wolke aus Asche und Dampf stieg infolge der Explosionseruption auf. Benannt wurde der Krater nach Philibert Commerson, der während einer Weltumsegelung 1771 zufällig auf die Île Bourbon kam und während seines einjährigen Aufenthalts Pionierarbeit als Vulkanforscher leistete. Von der kleinen **Aussichtsplattform,** die ein wenig zurückversetzt von der Straße liegt, sieht man bis auf den Kraterboden.

Immer spärlicher wird die Vegetation, niedere Heidebüsche und rotbraune Erde dominieren jetzt die Landschaft. In der Welt aus Geröll und Nebel und Temperaturunterschieden zwischen brennend heißen Tagen und empfindlich kalten Nächten überleben nur die robustesten Pflanzen. Der Lavaboden aus porösem Basalt lässt Wasser sehr schnell abfließen, weshalb selbst nach wolkenbruchartigen Regenfällen extreme Trockenheit herrscht. Wie trocken, sehen Sie 3 km weiter am **Pas des Sables.** Der Pass liegt auf 2350 m Höhe (Parkmöglichkeit). In Fahrtrichtung offenbart sich hinter Heidebüschen die **Plaine des Sables,** eine beeindruckende Mondlandschaft, in ihrer vollen Pracht. Nichts erinnert mehr an die saftig grünen Almwiesen am Beginn der Route du

Übrigens spielt die Plaine des Sables im Krimi »Beim Leben meiner Tochter« von Michel Bussi eine entscheidende Rolle. Die tückische Inversionswetterlage sorgt dabei für reichlich Spannung.

Volcan – in ihrer rostroten Kargheit könnte die Sandebene beeindruckender nicht sein. Der Blick darauf vom Pas des Sables hat etwas Mystisches.

Der Wind bläst, die Hubschrauber knattern. Einige Wanderer kreuzen unseren Weg. Wie überall auf der Insel, können Sie auch am Fournaise uneingeschränkt wandern. Wir aber fahren weiter, durch die 3 km breite Sandwüste (Abb.). Die Straße schlängelt sich in fünf scharfen Kehren vom Kraterrand in die Tiefe und überwindet dabei 80 Höhenmeter. Je näher der aktive Vulkan kommt, desto jünger werden die vulkanischen Formationen. La Réunion gilt wie Hawaii oder Island als Vulkan-Hotspot, wo die Wärmekonzentration in bis zu 100 km Tiefe besonders hoch ist. Da der Erdmantel aufgrund der Kontinentaldrift über den Hotspot hinwegwandert, sind die vordersten Krater des Piton de la Fournaise die jüngsten einer Kette aus nacheinander aufgereihten Kratern. Vor 65 000 Jahren war die Sandebene der zweite Gipfel des Piton de la Fournaise, bis er mehrmals in sich zusammenbrach und immer wieder von unten durch Risse mit Lava

Mond oder Mars? Die Plaine des Sables weckt viele Assoziationen und ist von faszinierender Schönheit.

aufgefüllt wurde. Die unterschiedlichen Farbschichten am lang gezogenen **Morne Langevin** rechts verdeutlichen den Prozess. Die Eruption des Piton Chisny, eines Nebenkraters des Piton de la Fournaise, vor ca. 980 Jahren verlieh der Plaine des Sables ihr charakteristisches Aussehen: Große Mengen von Asche und Lapili – bis zu 2 cm große Steinchen – bedecken seitdem den Kraterboden.

Am Kraterboden endet der Teerbelag der Straße. Wer genau hinsieht, wird unterschiedliche Farben am Basaltgestein erkennen, je nachdem, in welcher chemischen Zusammensetzung die Mineralien kristallisierten. Bei hohem Eisenanteil verfärbte sich der Basalt rot, bei hohem Olivin dagegen grün. Auch wenn die Mondlandschaft karg erscheint, einige wenige endemische Pflanzen sowie Vögel *(tec-tec)* haben sich den Lebensraum erobert.

Das Ende der Plaine des Sables flankieren der schildförmige **Piton Chisny** (rechts) und der halbmondförmige **Demi Piton** (links). Die Route du Volcan führt genau zwischen ihnen hindurch. Ab hier fehlen nur noch wenige Kilometer bis zum Ziel, dem 2319 m hohen **Pas de Bellecombe** und dem dortigen **Aussichtspunkt.**

Ein paar Schritte vom Parkplatz (auf 2354 m) entfernt, steht man schließlich vor der dritten, mit 4700 Jahren bislang jüngsten Caldera des Piton de la Fournaise, dem 13 x 9 km breiten **Enclos Fouqué.** Er ist nach Südosten zum Meer hin offen, hat also die Form eines Hufeisens. Der Großteil aller Eruptionen spielt sich innerhalb des Enclos Fouqué in den **Kratern Dolomieu** und **Bory** ab. Der zum Ozean offene Hang – als **Grand Brûlé** (s. S. 124) bekannt – ist unbedingt einen extra Ausflug wert. Der französische Geologe Ferdinand André Fouqué war übrigens Ende des 19. Jh. einer der bedeutendsten Wissenschaftler in der Erforschung des Vulkanismus. Vom behindertengerecht angelegten **Aussichtsbalkon** schweift der Blick über das ganze vulkanische Wunderland, an schönen Tagen erstreckt sich die Sicht bis zum Piton des Neiges. Wanderer, die eine Tour in den Morgenstunden zum Cratère Dolomieu planen, müssen die Route du Volcan im Eiltempo absolvieren – oder auf dem Rückweg bestaunen.

TOUR
Ein unvergesslicher Tanz auf dem Glutofen

Wanderung zum Piton de la Fournaise

Von wegen Gluthofen. Es ist beißend kalt kurz vor Sonnenaufgang. Handschuhe an, Haube tief ins Gesicht gezogen, Schuhbänder festgezurrt und los geht es. Vom Parkplatz und der Imbissbude am **Pas de Bellecombe** führt ein Pfad ca. 600 m in nordöstliche Richtung, bevor unzählige Stufen und Kehren rund 100 m in den **Enclos Fouqué** führen, die dritte und vorletzte Caldera des Piton de la Fournaise. Der Boden des Enclos, der von oben glatt und glänzend erscheint, entpuppt sich als Fläche aus ineinandergeschobenen und verkeilten Platten basaltischer Stricklava (Pahoehoe-Lava). Im Gegensatz zur brockenartigen Aa-Lava, die scharf und spitzkantig wie Glas ist, kann sie gut begangen werden.

Im vorderen Bereich der Caldera passieren Sie einen formschönen, rötlich schimmernden kleinen Krater, der 1753 entstand. Weil seine Trichterform an die Erdhügel erinnert, die Ameisenlöwen *(fourmi-lion)* bauen, taufte man ihn **Formica Léo** (2218 m; Abb. S. 229). Wer den Kegel für den Sonnenaufgang besteigen will, kann hier kurz von der Hauptroute abbiegen (ca. 20 Min.), allerdings raten Umweltschützer davon ab, da durch die menschlichen Eingriffe die Erosion verstärkt werde.

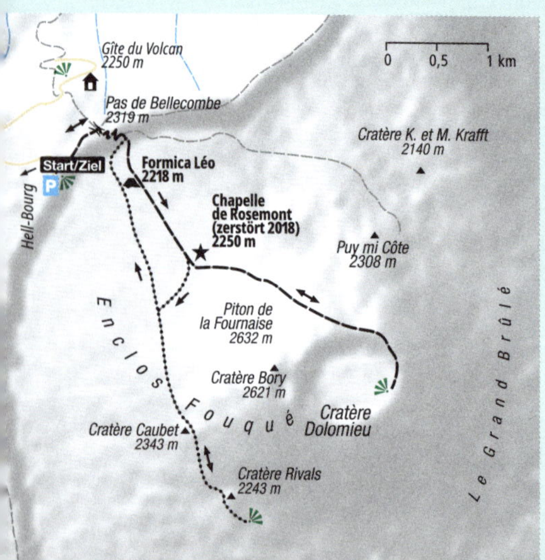

Der Pfad über die Stricklava steigt stetig an, ist aber bei durchschnittlicher Kondition gut zu bewältigen. Auf keinen

Infos

J/K 7/8

Start/Ziel: Parkplatz am Pas de Bellecombe

Dauer/Länge: 5–6 Std., ca. 10 km, insgesamt 500 Höhenmeter

Alternative: Sollte es gerade vulkanische Aktivität im oder am Cratère Dolomieu geben, eignet sich als Ausweichroute der Weg zum 1937 ausgebrochene Cratère Rivals (2243 m) bzw. zum dahinter liegenden Aussichtspunkt auf 2196 m.

Fall sollte man allerdings die weißen Markierungen verlassen, da die mitunter plötzlich hereinbrechenden Nebelwände schnell die Orientierung erschweren oder unmöglich machen. Immer näher gelangt man an den Zentralkrater, der genau genommen aus zwei Kratern besteht: dem Cratère Bory im Westen (Durchmesser ca. 350 m) und dem mit Maßen von 800 x 1200 m viel größeren Cratère Dolomieu im Osten. Mit 2621 m Höhe bildet der Bory die Spitze des Vulkans, die vulkanische Aktivität konzentriert sich aber seit 1971 ausschließlich auf den Dolomieu (2522 m).

Nach einer kurzen, aber heftigen Eruption am 13. Juli 2018 musste die klassische Routenführung über die **Chapelle de Rosemont** (ca. 2250 m) geändert werden, die teilweise zerstört wurde. Aus einer Glasblase entstanden, diente die natürliche Grotte schon den ersten Forschungsreisenden als Unterschlupf. Der neue Wanderpfad verläuft zunächst rechts vorbei an der Chapelle de Rosemont und schlägt einen Haken nach links, um großräumig der frischen Lava auszuweichen. Der Gang über die Lava ist kräftezehrend, selbst wenn das Gelände harmlos aussieht. Nach weiteren 3,5 km (45–60 Min.) Fußmarsch stehen Sie direkt vor einem imposanten Kraterloch, dem **Cratère Dolomieu.** Bei der Jahrhunderteruption 2007 wurde ein 360 m tiefes Loch in den vierten und jüngsten Krater gesprengt, der den Aufzeichnungen von Bory de Saint-Vincent zufolge am 17. Juli 1791 entstanden war und damals nur knapp 40 m in der Tiefe maß. Die schwarze Lava im Krater stammt von der Eruption von 2010.

Vom Kraterrand ist aufgrund von Einsturzgefahr ein respektabler Abstand einzuhalten, insbesondere bei Wind oder aufziehenden Wolken. Oft lohnt es sich, ein paar Minuten auszuharren, für den Fall, dass die Wolken abziehen. Achten Sie bitte auf Risse und Löcher im Boden und weichen Sie aus, auch wenn Sie den Pfad verlassen müssen. Ob der erloschene **Cratère Bory** (2621 m) im Zuge einer Umrundung des Dolomieu angesteuert werden kann, muss vor Ort geklärt werden, ansonsten müssen Sie am Aussichtspunkt umdrehen. Auf dem Rückweg halten Sie sich bei der Chapelle de Rosemont links, um die Route etwas zu variieren.

ve ›rote‹ Vulkane wie der Fournaise im Gegensatz zu den ›grauen‹ explosiven Vulkanen, deren Eruptionen gelegentlich ganze Gipfel in die Luft sprengen oder glühende Aschewolken freisetzen. Verzeichnet das Observatorium in Bourg-Murat mit seinen fast 50 Messstationen größere seismische Aktivitäten, wird die Präfektur alarmiert und notfalls das Gebiet weiträumig gesperrt.

Die erste dokumentierte Besteigung fand 1801 unter der Leitung von Bory de Saint-Vincent statt, man vermutet aber, dass eine erste Expedition schon 1751 den Gipfel erreichte. 1768 fand ein gewisser Guillaume Léonard de Bellecombe, seines Zeichens Oberbefehlshaber auf der Insel, den Zugang zum Vulkan, der noch heute in Verwendung ist. Wegen der fehlenden Wege war der Aufstieg bis in die 1960er-Jahre nur Wohlhabenden und Enthusiasten vorbehalten. Die Bürger von Bourg-Murat verdienten sich ein knochenhartes Zubrot, indem sie als Bergführer und Lastenträger die Expeditionen begleiteten. Bis zu acht Träger pro Sänfte wurden für das dreitägige Abenteuer angeheuert. Später ersetzte man die Menschen durch Lastentiere.

So schweißtreibend muss die Besichtigung heutzutage nicht mehr sein. Der Vulkan kann bei einem Überflug mit einem Ultraleichtflugzeug oder Hubschrauber von Saint-Paul, Saint-Denis, Saint-Gilles-les-Bains oder Saint-Pierre aus bestaunt werden. Mit dem Auto schafft man das direkt bis zum Pas de Bellecombe (s. rechts).

Wanderungen um den Vulkan

Eine Vielzahl von Wanderungen existiert. Ein gute, in der Regel aktualisierte Sammlung von Wanderungen finden sich auf www.randopitons.re.

Mehr, Meer, Morne Langevin

Der relativ einfache Pfad entlang der Abbruchkante zur Plaine des Sables hin zum **Morne Langevin** (2404 m) ist hauptsächlich wegen der großartigen Ausblicke lohnend. Nach Osten sieht man die Plaine des Sables, dahinter erhebt sich der Fournaise. Vorne, am Morne Langevin, erstreckt sich der Blick bis nach Saint-Joseph und dem Meer vor einem, auf dem Rückweg lugt der Piton des Neiges aus den Wolken hervor. Ohne große Steigungen führt der Weg durch eine gelb und rot blühende Heidelandschaft, die im Kontrast zur rostroten Erde besonders intensiv leuchtet. Entweder nehmen Sie denselben Weg zurück oder wählen den Rundweg über die Abbruchkante zur Rivière des Remparts.

Start am Pas des Sables, flache Strecke hin und retour 7 km, ca. 3–4 Std.

Immer der Nase nach

Zur nördlichen Spitze des **Enclos Fouqué** gelangt man über den **Pas de Bellecombe.** Den Piton de la Fournaise immer im Blick, führt der größtenteils wenig kräftezehrende Weg durch die typische Höhenvegetation auf dem durchweg abfallenden Weg bis zur ›abgeschlagenen Nase‹ des Nez-Coupé de Sainte-Rose. Vereinzelt reckt der Piton des Neiges seine markante Nase nach oben. Vorbei geht es am höchsten Punkt der Wanderung, dem Piton de Partage (2359 m), einem Aussichtspunkt auf die Eruption von 1998, wo heute zahlreiche Messgeräte des Vulkanologischen Observatoriums stehen. Nach etwa zwei Stunden ist das Aussichtsplateau auf 2075 m erreicht. Weit reicht das Panorama – über den Piton de la Fournaise und andere Vulkankegel, die Lavaströme des Grand Brûlé bis zum Meer.

Start am Pas de Bellecombe, Strecke hin und retour 10 km, ca. 4 Std., überwundene Höhenmeter ca. 350 m

Man stelle sich mal die Größe des Ameisenlöwen vor, der die Formica Léo hätte erbauen können …

Schlafen

1a Lage

Gîte du Volcan Pas de Bellecombe
Zur Zeit der Recherche wurde diese Berghütte gerade für mehr als 9 Mio. € renoviert. Hoffentlich wird dadurch das Übernachten am Vulkan komfortabler, auch bezogen auf die Gastfreundschaft. Praktisch für diejenigen gelegen, die früh losmarschieren wollen. Mindestens 48 Std. vor der Wanderung reservieren, auch die Verpflegung.
Route du Volcan, kurz vor Pas de Bellecombe in westlicher Richtung abbiegen, danach noch 1,4 km, T 0692 85 20 91, www.legitedu volcan.fr, bei Redaktionsschluss geschlossen, Öffnung und Preise auf Website checken

Infos

- **Vulkanologisches Observatorium:** T 0262 27 54 61, www.ipgp.fr/fr/ovpf.
- **Bergrettung:** T 0262 93 09 30.
- **Wettervorhersage:** T 0892 68 08 08 (gebührenpflichtig).
- **Zyklonwarnungen:** Point Cyclone, T 0897 65 01 01 (gebührenpflichtig).
- **Zustand der Wanderwege (ONF):** T 0262 37 38 39, www.onf1.fr/la-reunion.
- **www.fournaise.info:** keine offizielle Website, aber eine private Initiative mit vielen interessanten Infos und Link zu Webcams (zur Vorbereitung einer Wanderung).
- **Deutschsprachige Wanderführer:** s. S. 249.

Col de Bellevue

G/H6

Zwischen den beiden Hochplateaus Plaine-des-Cafres und Plaine-des-Palmistes liegt der Col de Bellevue auf 1606 m Höhe. Von Südwesten kommend, nähert man sich ihm unmerklich, denn die N3 hat schon bei Bourg-Murat die

Lieblingsort

Gipfelblick der Gottesmutter

Dem lieben Gott so nahe wie möglich zu sein, wo geht dies besser als auf dem Hochplateau, noch dazu vor der Kulisse des höchsten Berges der Insel, dem Piton des Neiges? Liebevoll wird die Gedenkstätte nahe dem **Col de Bellevue** (H 6), **La Salette – Notre-Dame-des-Fougères,** gepflegt. Frische Blumensträuße und christliche Devotionalien umringen die Heilige, zwei Menschenkinder bitten um ihren Segen. Es sind Maximin und Melanie, denen bei La Salette in den französischen Alpen die Jungfrau Maria erschienen sein soll. Wer früh genug unterwegs ist, wird mit diesem kurios-schönen Fotomotiv vor der traumhaften Bergkulisse belohnt. Innehalten, Staunen, Bewundern. Den guten Mächten für das schöne Fleckchen Erde danken.

Passhöhe erreicht. 3,5 km nordöstlich von Bourg-Murat auf der linken Straßenseite in einer Rechtskurve und 400 m vor dem Col de Bellevue wartet ein kurios-schönes Fotomotiv mit dem Piton des Neiges im Hintergrund auf alle Frühaufsteher (s. Lieblingsort S. 230). Häufig hält sich in diesen Höhen hartnäckig der Nebel, sodass man hier oben gar nicht mit einem Panorama rechnet. Hat man Glück, ist der Blick vom Aussichtspunkt weiter vorne auf das 400 m tiefer liegende Plaine-des-Palmistes, die dramatischen Abbruchkanten links und rechts davon, den Piton des Neiges, die scharfen Kehren der Passstraße, und sogar das Meer weiter hinten atemberaubend. Dafür muss man auf dem Pass rechts in den großen Parkplatz einbiegen und die holprige Straße bis zum Ende weiterfahren, erst hier kann man in Ruhe das Panorama bewundern.

Entlang der N3 Richtung Inselosten ändert sich die Vegetation. Die für Primärregenwald typischen Farne konkurrieren mit endemischen Bergakazien *(tamarin des hauts)* und Kryptomeria mit Platanen, die sich ab April/Mai gelb färben und das Bild einer europäischen Landschaft heraufbeschwören. Der dichte Bewuchs und Pflanzenarten, die bisher noch nicht auf der Insel zu sehen waren, stimmen ein auf die Urwälder von Bébour und Bélouve.

Forêt de Bébour-Bélouve

✪ G4–6

Holprig wie der Name ist schon die Zufahrt. Nicht mehr als die befestigte Forststraße RF2 ohne Straßenmarkierungen und Bankett führt über knapp 19 km bis zum Ende. Gespickt ist die Fahrt mit Aussichtspunkten, Fotostopps, rasanten Kehren sowie Rinnen und Bruchstellen im Asphalt. Also alles andere als eine glatte Anfahrt. Aber so schön (s. Tour S. 232)! Zur perfekten Dschungelkulisse tragen die Bartflechten und Moose bei, die aufgrund der hohen Feuchtigkeit die Bäume überwuchern. Imposante Riesenbaumfarne *(fanjan)* kringeln ihre Blätter. Das Unterholz mit seinen versteckten Orchideen und strahlend weiß blühenden Calla ist großteils so dicht, dass man nicht von den vielen Wegen abgehen kann, die die Forstverwaltung angelegt hat. Auch trocknen in den feuchten Wäldern die Pfade so gut wie nie ganz und sind je nach Regenfällen glitschig bis knöcheltief matschig.

Technisch gesehen handelt es sich bei der geschützten Waldfläche um zwei Gebiete. Der erste, mit 60 km² größere Teil erstreckt sich vom Col de Bébour bis kurz vor den Gîte de Bélouve und reicht links und rechts bis zum Piton des Neiges und Takamaka. Es grenzt an eine glückliche Fügung, dass der Wald nie wirtschaftlich ausgebeutet wurde und seit 1991 offiziell unter Schutz steht. Im Regenschatten des Piton des Neiges gelegen, erhält das Gebiet die meisten Niederschläge der ganzen Insel, was es für die Landwirtschaft ungeeignet macht. Nicht so für die teils endemischen Pflanzen, die nirgendwo so gut gedeihen wie hier. Je nach Regenmenge und Höhe haben sich unterschiedliche Vegetationszonen entwickelt, so beispielsweise eine Zone, wo die *bois de couleur des hauts* (wörtlich übersetzt: Höhenbunthölzer) vorherrschen, oder eine andere Zone, wo die endemische Bergakazien *(tamarin des hauts, Acacia heterophylla)* dominieren.

Wanderungen in Bébour-Bélouve

Achtung: Wegen der hohen Niederschlagsmengen bilden sich hier zeitig Wolken. Eine Wanderung muss früh beginnen, um 7, spätestens 8 Uhr. Sie er-

TOUR
Inseldschungel im Dreierpack

Fahrt durch drei Wälder: Petite-Plaine, Bébour und Bélouve

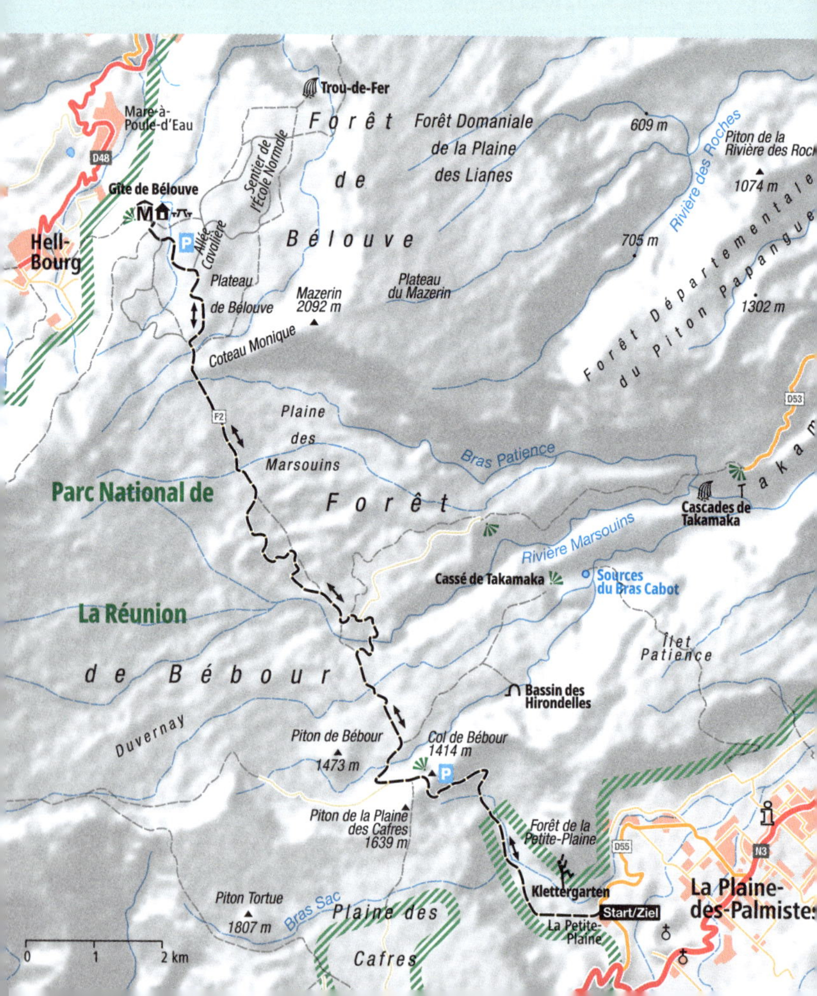

Infos

G/H 4–6

Start/Ziel: La Petite-Plaine, nahe der Abzweigung der D55 von der N3 am südwestlichen Rand von La Plaine-des-Palmistes

Länge: 19 km einfach

Hinweis: Wer wandern möchte, sollte spätestens bei Sonnenaufgang am Startpunkt sein.

Ich seh den Wald vor lauter Bäumen nicht. Schon die erste Station gibt einen Vorgeschmack darauf, was uns auf den nächsten 19 km erwartet. Den **Forêt de la Petite-Plaine** hat man mit EU-Geldern zum Naherholungs- und Waldschutzgebiet ausgebaut und gar einen Klettergarten für Groß und Klein installiert. Die überdimensionierten Parkbuchten und Picknickplätze lassen erahnen, welche Besuchermassen am Wochenende im Wald Zuflucht suchen. Dahinter schraubt sich die Straße, vorbei an Goyavier-Feldern, Waldstücken und hochaufragenden Farnen, in die Höhe – es ist feucht und dunstig.

Etwa 5 km ab der Abzweigung der RF2 von der D55 ist hinter mehreren scharfen Kehren recht unvermittelt der **Col de Bébour** (1414 m) erreicht, ein **Aussichtspunkt** mit Schautafeln (gleich hinter der markanten, braunen Hinweistafel auf den Forêt de Bébour). Gerade vor uns dominiert der Piton des Neiges die Szenerie, aber schon ziehen in der Ferne Wolken auf. Ihm (und uns) zu Füßen dehnt sich ein flacher grüner Kessel mit den Wäldern von Bébour und Bélouve in alle Richtungen aus, im Grunde der vierte *cirque* der Insel.

Links im Vordergrund befindet sich der kleine, bewaldete Hügel **Piton de Bébour,** der als erste Station für einen hübschen, kurzweiligen Spaziergang genutzt werden kann. Planen Sie etwa eine Stunde für den knapp 3 km Rundweg mit schönen Panoramen ein, vielleicht auch etwas länger, wenn sie die massiven Farne und delikaten Orchideen im Unterholz gebührend bestaunen wollen. Achtung: Der Weg ist teilweise glitschig, feste Wanderschuhe sind für diesen Abstecher unverzichtbar.

Auf den nächsten Kilometern zum Gîte de Bélouve folgen unzählige Wanderwege, darunter der Pfad zum **Bassin des Hirondelles** und zum **Cassé de Takamaka,** einem Aussichtspunkt mit Blick auf die gleichnamige Schlucht. Lassen Sie diese für heute links liegen und machen Sie diese am Rückweg oder ein andermal, denn die Wolken begraben den Cirque de Salazie unbarmherzig jeden Tag aufs Neue unter sich, häufig zwischen 10 und 11 Uhr.

Die Landschaft wird immer dschungelartiger. Der Piton des Neiges lugt ab und zu zwischen den Baumkronen durch. Je länger die Fahrt dauert, desto mehr verändert sich die Umgebung und der Wald. Knorrige Gesellen drängen sich in den Vordergrund, die endemischen Bergakazien *(tamarins des hauts).* Der Berg **Coteau Monique,** ca. 2,5 km vor dem Gîte de Bélouve, markiert den Beginn des **Forêt de Bélouve,** des zweiten Teils des Ökosystems. Weniger der Artenvielfalt als vielmehr der Kultivierung der Bergakazie ist man hier verpflichtet. Sie zu erhalten und der kreolischen Tradition Rechnung zu tragen, ist das Ziel der in den 1950er-Jahren errichteten Plantage, und das im ganz großen Stil. Etwa 500 m vor dem **Gîte de Bélouve** endet dann die Forststraße, der Rest muss zu Fuß gegangen werden.

Welche Art von Tradition, werden Sie sich jetzt vielleicht fragen? Das unscheinbare, links der Berghütte gelegene **Museum** schreit darauf die Antwort schon von außen heraus. Traditionell verwendete man nämlich Schindeln aus widerstandsfähigen Bergakazien, um die Dächer zu decken oder Hausfassaden wetterfest zu machen. Wer aufmerksam die Insel erkundet, wird noch das eine oder andere Gebäude finden, oft sind es größere Gutshäuser oder Gîtes in den Bergen, wo noch Schindelfassaden existieren. Sogar eine Seilbahn *(télephérique)* wurde installiert, mit der ab Mitte der 1950er-Jahren die Baumstämme ins Tal gebracht wurden.

Die Schindelfassade aus Bergakazien ist nicht das einzige Highlight des Gîte de Bélouve. Eine weitläufige **Lichtung** dahinter zieht die Menschen wie die Motten das Licht an. Kein Wunder, denn von hier bietet sich ein traumhafter **Blick auf den Cirque de Salazie,** der sich darunter erstreckt.

Im Herzen dieses Talkessels liegt das schöne Bergdorf Hell-Bourg, ganz links außen der Piton des Neiges und der Gros Morne, geradeaus im Hintergrund der Cimendef, rechts davon La Roche Écrite und in der Mitte im Vordergrund der Piton d'Anchaing. Sie sehen nichts außer Wolken? Schade, aber dann haben Sie vermutlich den Fehler gemacht, auszuschlafen.

Beim Wandern im Wald von Bébour-Bélouve wähnt man sich wie in einer Geschichte vom »Der Herr der Ringe«-Autor J. R. R. Tolkien.

fordert zudem rutschfeste, wasserdichte Bergschuhe und Regenkleidung. Man muss sich darauf einstellen, dass man knöcheltief im Morast stecken bleiben kann.

Ausblick mit Schwalben

Wer den Wald aus *bois de couleur des hauts* in seiner ganzen Pracht erleben möchte, wählt den einfachen Pfad zum Bassin des Hirondelles, der von der RF2 abgeht. Unter hoch aufragenden Baumfarnen und dicht bemoostem *bois maigre,* einem endemischen kahlen Gehölz, blühen je nach Saison weiße Calla (Juni–Nov.), blaue Hortensien und rosa Fuchsien. Der zum Teil überwachsene, matschige und teilweise mit Ästen befestigte Pfad gabelt sich nach fünf Minuten, man hält sich rechts, um zum Bassin des Hirondelles zu gelangen (links verläuft der Lehrpfad). Der Fluss Bras Cabot weitet sich hier zu einem flaschengrünen Teich mit einer Vulkangrotte, in der Schwalben *(hirondelles)* nisten. Von der Gabelung kann man noch bis zum Cassé de Takamaka, einem Aussichtspunkt auf die immergrüne Schlucht von Takamaka, weitermarschieren (Achtung: sehr schlammig!). Dieser Aussichtspunkt ermöglicht es, die Schlucht, die immer wieder von Osten her gesperrt ist, ohne große körperliche Herausforderung zu sehen. Auf demselben Weg geht es zurück zur Forststraße.

Start an der RF2 hinter Col de Bébour, Strecke hin und retour zum Bassin des Hirondelles 5 km, ca. 2,5 Std., zur Cassé de Takamaka 7 km, ca. 3 Std.

Eisern eingekesseltes Eisenloch

Alle Wege führen zum **Trou-de-Fer,** so viel steht fest. Vermutlich gibt es keine andere Attraktion, die so viele Zugangsmöglichkeiten bietet. Nur per pedes (oder über die Lüfte) erreichbar, bewegt das Eisenloch Besuchermassen.

Vom Coteau Monique, 2,3 km vor dem großen Parkplatz, verläuft der längere, aber viel matschigere Zugang über den **Sentier de l'École Normale**. Vorbei an der Grande Mare, einem kleinen Tümpel, und einem Sumpfgebiet, passiert dieser Pfad alle anderen Wege. Sofern man nicht denselben Pfad zurückgehen möchte, bietet sich der Rückmarsch über den **Sentier du Trou-de-Fer** an. Letzterer startet beim Gîte und ist speziell am Beginn breiter, weil er auf befestigten Schotterpisten verläuft. Am Schluss trifft dieser Weg auf den Sentier l'École Normale. Die letzten 800 m führen über die Sumpflandschaft (Holzstege). Nach etwa 5 km ohne nennenswerte Anstiege ist nach ca. 1 Std. 15 Min. die kleine Aussichtsplattform (1330 m) mit Blick auf den Wasserfall und das 300 m tiefe Loch erreicht. Die ratternden Helikopter verraten schon von Ferne, dass das Ziel nahe ist. Die Schlucht ist für Wanderer nicht zugänglich. Welcher Weg gewählt wird, entscheiden die Saison und das Wetter. Nach Regenphasen ist unbedingt die **Allée Cavalière** zu bevorzugen, aber selbst dieser Pfad wird stellenweise morastig sein.

Start am Gîte de Bélouve, am großen Parkplatz 500 m vor dem Gîte oder am Parkplatz Coteau Monique, hin/zurück ca. 10 km, ca. 3 Std.

La Plaine-des-Palmistes

H/J6

Auf Palmen darf man trotz des blumigen Namens nicht hoffen. Die namensgebende Palmenart, die *palmiste rouge*, deren oberster Trieb als Gemüse- und Salatdelikatesse verzehrt wird, wuchs zwar früher hier, ist aber mittlerweile eine unbezahlbare Rarität – und war in der Vergangenheit Anlass von Skandalen. Weil dreiste Dorfbewohner in den 1980er-Jahren des Nachts die vor dem Rathaus gepflanzten Palmen stahlen, fackelte ein Bürgermeister nicht lange und ließ alle 250 Palmen abschneiden. Um seiner Empörung besonderen Ausdruck zu verleihen, gab er sie der Schulkantine zum Verkochen.

Erst in der zweiten Hälfte des 19. Jh. wurde das an der Nordwestseite des Piton de la Fournaise (12 km nordöstlich von Bourg-Murat, 16 km südwestlich von Saint-Benoît) gelegene Plateau mit dem gleichnamigen Dorf besiedelt. Die alle 500 m gezogenen Vermessungslinien, entlang derer die Konzessionen aufgeteilt wurden, sind heute noch am Verlauf der Straßen nachvollziehbar. Zunächst wuchs die Siedlung rund um den ältesten Teil, Premier-Village, danach entstand das Deuxieme-Village und zum Schluss Petite-Plaine. Noch heute wächst der Ort beständig, vor allem des beliebten, kühlen Höhenklimas wegen. Für Besucher ist er hauptsächlich eine praktische Ausgangsbasis, um den Wald von Bébour-Bélouve sowie das Trou-de-Fer zu besichtigen. Das Mikroklima erfordert frühes Aufstehen, will man die Gegend ohne Wolken sehen.

Mit seinen Blumen erinnert Plaine-des-Palmistes eher an einen Ort in den Schweizer Alpen als an ein Dorf auf einer Tropeninsel. Trotz des feuchten Klimas und der botanischen Vielfalt der nahen Regenwälder sind diverse Kultivierungsversuche, etwa von Getreide, Kaffee oder Tee, gescheitert. So verkaufen die Palmiplainois heute hauptsächlich Obst, z. B. die köstlichen Goyavier, und Frischkäse *(fromage de la plaine)*. Im Dorfzentrum finden sich noch einige alte kreolische Häuser, die im Gegensatz zu Cilaos oder L'Entre-Deux kaum instand gehalten werden.

Gefährliches Wasser

Die 250 m hohe **Cascade Biberon** ist die Attraktion in Plaine-des-Palmistes. Allerdings eine nicht ganz ungefährliche, wie ein tödlicher Unfall 2014 zeigte, als zwei Wanderer nach einem Felssturz ums Leben kamen. 2019 wurde der Weg, renoviert und modifiziert, wiedereröffnet. Beim Startpunkt ist der Wasserfall schon

Auferstanden aus Ruinen: Der Neubau des Gutshofs Des Tourelles ist identisch mit dem Originalgebäude aus den 1920er-Jahren.

in der Ferne zu sehen. Der Pfad auf 985 m Seehöhe beginnt harmlos, von Juni bis August säumen köstliche *goyaviers* (s. Kasten S. 238) den Weg, greifen Sie zu! Mehrmals müssen kleine Wasserläufe überquert werden. Am Schluss bewältigen Sie über enge Serpentinen und teils steile Stufen sowie Gittertreppen knapp 100 Höhenmeter bis zur Aussichtsplattform (1105 m) gegenüber der Kaskade. Das Bassin darunter und somit die Gefahrenzone sind gesperrt, bitte ignorieren Sie das Verbot nicht. Zurück geht es über denselben Pfad.

Zufahrt: Am Hôtel de Ville Richtung Stadion abzweigen, danach rechts in die Rue Bras-Patience, bis 1 km weiter der Parkplatz erreicht ist. Distanz: 3 km hin und retour, ca. 1 Std. Gehzeit, Aufstieg 120 Höhenmeter

Sommerfrische im Nebel

1927 ließ Alexis Jean de Villeneuve, der Großgrundbesitzer von Saint-Benoît, **Le Domaine des Tourelles** als Sommerfrische erbauen. Nach seinem Tod vermachte er den Zweitwohnsitz seiner Frau, die das Haus verkaufte. Erst spät erkannte man das kulturelle Kleinod. Im Namen der Republik riss man das Haus bis auf die Grundmauern ab und errichtete 1993 ein neues, aber völlig identisches Gebäude. Rundherum wurden kleine Häuschen platziert, in denen sich Ateliers, Souvenirläden und ein Restaurant befinden, die leider keine einheitlichen Öffnungszeiten haben und etwas verkommen wirken. Im Garten stehen Schautafeln (Franz.), die den kreolischen Alltag zum Thema haben (Pflanzen, Geschichte, Architektur etc.). Im Herrenhaus selbst befindet sich ein gut bestückter Souvenirladen.

260, rue de la République, direkt an der N3, T 0262 51 47 59, https://tourelles.re, Mo–Fr 9–17/18, Sa/So 10–17 Uhr

Schlafen

Zeitgemäß

Le Tuit-Tuit: Schicker Viersternekomfort für all jene, die Hotelflair bevorzugen. Mit moderner Architektur, Kingsize-Betten, Spa, Sauna, beheiztem Pool, Bar und Terrasse in jedem Zimmer.

13, rue des Jardies, T 0262 15 06 06, www.tuit-tuit.com, DZ/ÜF ab 230 €

Gastfreundschaft mit Herz

Du Voyageur: Vier blitzsaubere, moderne Zimmer mit Kingsize-Betten bieten Dominique und Yves. Die herzliche Gastfreundschaft geht durch den Magen, mit köstlichem Frühstück und einem hervorragenden Abendmenü. So macht Urlaub Spaß!

11, rue Frémicourt-Perraul, T 0693 03 10 49, DZ/ÜF 110 €, Abendessen 28 €

Essen

La Plaine-de-Palmistes ist kein Hort gastronomischer Höhenflüge, obendrein sind die wenigen Restaurants oft geschlossen, speziell im Winter von Juni bis September.

Gut und günstig

Les Délices du Domaine: Im hübschen Ambiente des Domaine des Tourelles und mit Blick auf die Berge rundum können Sie gut kreolisch speisen. Obendrein ist der Service freundlich. Moderne Ausstattung, sehr faire Preise.

258, rue de la République, T 0693 13 73 25, Do–Mo 10–14.30 Uhr, Hauptgerichte 8–10 €

Gepflegt speisen

Relais des Plaines: Im gelben Kreolenhäuschen speist man gepflegt französische und kreolische Küche von schönem Gedeck auf weißen Tischdecken. Eine solide Wahl in La Plaine-des-Palmistes.

303, rue de la République, ein wenig rückversetzt, T 0262 20 00 68, Di, Do–So 11.45–14.30 Uhr, Hauptgerichte ab 15 €

G

HIMMLISCH – GOYAVIER

Sie stammt aus Brasilien und wuchert vor allem in den höheren Lagen rund um Plaine-des-Palmistes. Sie schmeckt wie eine Erdbeere mit Persönlichkeitsspaltung, die sich nicht entscheiden kann, ob sie geschmacklich eher der Banane oder der Kirsche nacheifert. Die Rede ist von der **Erdbeer-Guave** (kreol. *goyavier*), die zwischen April/Mai und August geerntet wird. Ihr Vitamin-C-Gehalt übersteigt den der Kiwi oder der Johannisbeere. Dabei zählt doch nur eines: Sie schmeckt so sündhaft himmlisch! An Ständen entlang der N3 werden sie in Schälchen, aber auch als Marmeladen, Gelees und Säfte verkauft. Die roten Beeren zergehen auf der Zunge, je nach Reifegrad sind sie im Abgang sauer.

Bewegen

Radeln für stramme Wadeln

Vélo Explore Réunion: Schmalz in den Beinen ist nur bedingt eine Voraussetzung, seit es mittlerweile E-Bikes gibt. Irgendwie doof für die Helden des Drahtesels. Sei's wie's sei, in den Bergen rund um Plaine-des-Palmistes ist für alle Geschöpfe auf Gottes Erdboden Platz – ob nun trainiert oder untrainiert. Touren führen nach Bébour-Bélouve und in die nähere Umgebung.

4, allée des Chênes, T 06 92 18 92 83, https://veloexplorereunion.wixsite.com/velo, Touren ab 50 €

Infos

- **Office de Tourisme:** 258, rue de la République, im Maison du Parc National, T 0262 46 16 16, www.reunionest.fr, Di–Sa 9–12.30, 13.30–17 Uhr.

Zugabe
»Mehr Mars als Mond«

Patrice Huet über die Faszination des Vulkans

Welch ein Schauspiel! Und noch besser: Man kann die Vulkanausbrüche ohne Gefahr für Leib und Leben beobachten!

Das Haus, in dem wir früher wohnten, wurde durch die Lava zerstört.« Das war 1986. Zwar war die Familie zuvor nach Saint-Joseph gezogen, doch am 20. März walzte ein zweigeteilter Lavastrom auf dem Weg zum Meer zwischen Citrons Galets und Pointe du Tremblet insgesamt acht Häuser nieder. Er zerstörte sogar die N2. Was Patrice dennoch nicht davon abhielt, den regelmäßig speienden Vulkan zu bewundern. Schon als Kind faszinierte ihn in stockdunklen Nächten das feuerrote Glühen am Horizont.

In guten wie in schlechten Zeiten, kann man da wohl sagen. Er studierte Geowissenschaften und kehrte zum Vulkan zurück. Besser gesagt auf den Vulkan. »Meine Partnerin und ich leben in Plaine-des-Cafres, weil wir die Hitze nicht ausstehen können.« Als wissenschaftlicher Direktor der Cité du Volcan bringt er seine Passion für die Naturwissenschaft und den Wunsch, die Erkenntnisse mit anderen zu teilen, unter einen Hut. Denn dass der Piton de la Fournaise jener Vulkan ist, der nicht nur weltweit am leichtesten zu erreichen ist und obendrein am besten vermessen und verkabelt ist, sollte nicht nur Insidern vorbehalten sein. Ausstellungen umzusetzen macht ihm am meisten Freude. »Drei Jahre Arbeit verschlingt eine Ausstellung, die danach ein Jahr zu sehen ist.« Die Ausstellungen widmen sich unterschiedlichen Themen, von historischen Würdigungen bis hin zur Renaturierung der Lavalandschaften oder zur Unterwasserforschung.

»Mars is closer than you think.«

An seinem Lieblingsort findet er Bestätigung, warum er tut, was er tut. Er hat schon auf dem Stromboli und am Ätna gestanden, aber bei der Plaine des Sables – *vraiement unique et magnifique* – leuchten seine Augen wie die brodelnde Lava. Für ihn als Naturwissenschaftler handelt es sich übrigens ganz klar um eine Marslandschaft. Daraus macht er keinen Hehl. Hinter seinem Schreibtisch, für jeden Besucher im Büro sichtbar, prangt ein Poster: »Mars is closer than you think.« ■

Das Kleingedruckte

Süßer Fluch und Segen zugleich: Zuckerrohr hat La Réunion für viele Jahrhunderte geprägt.

Anreise

Mit dem Flugzeug

Réunion ist in erster Linie über Paris per Flugzeug zu erreichen. Die reine Flugzeit beträgt etwa elf Stunden. In den letzten Jahren ist durch einige Low-Cost-Carrier Bewegung in die vergleichsweisen teuren Flugpreise gekommen. Sie hängen stark von der Saison und den Schulferien ab. Ab Deutschland oder Österreich muss mit durchschnittlichen Preisen von knapp 1000 € gerechnet werden, die Preise ab der Schweiz liegen darüber. In den französischen Schulferien explodieren die Preise. In der Nebensaison werden Sonderangebote lanciert, bei denen der Flugpreis ab Paris kurzfristig auf 600 € sinkt.

... über Charles de Gaulle (CDG)

Die auf Réunion ansässige Air Austral fliegt vom internationalen Pariser Flughafen Charles de Gaulle (CDG) täglich nach Saint-Denis. Für die Anreise aus Deutschland, Österreich und der Schweiz ist sie zu empfehlen, da man in Paris nicht den Flughafen wechseln muss (www.air-austral.com).

Alternativ dazu hat die Air Mauritius Saint-Denis im Programm, aber das zweimalige Umsteigen (Paris CDG, Mauritius) empfiehlt sich nur, wenn man ein paar Tage auf Mauritius anhängen möchte (www.airmauritius.com).

... über Paris-Orly (ORY)

Air France fliegt je nach Saison mit bis zu zwei Maschinen täglich nach Saint-Denis (www.airfrance.com). Weitere Airlines ab Paris-Orly: Corsair (www.corsair.fr) sowie die Billigairline French Bee (www.frenchbee.com). Diese Option ist nicht mehr zu empfehlen, da die Shuttlebusse *(navettes)* zwischen den beiden Flughäfen eingestellt wurden und die Nutzung der öffentlichen Verkehrsmittel

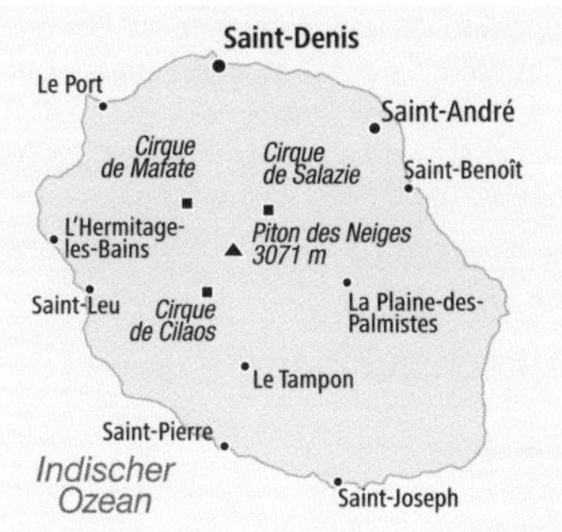

S

STECKBRIEF

Lage: Réunion liegt auf 55° 31' Ost und 21° 06' Süd im Indischen Ozean, ca. 680 km östl. von Madagaskar und 180 km südwestl. von Mauritius.
Größe: 72 km lang und 51 km breit mit sehr zerfurchtem Relief. Für die 210 km lange Umrundung der Insel braucht man etwa 6–8 Std.
Einwohner: 885 700 (Stand 2024).
Größte Ballungszentren: Hauptstadt Saint-Denis, Saint-Paul mit Saint-Gilles, Saint-Pierre mit Le Tampon, Saint-André.
Religion: über 80 % Christen, der Rest sind Hinduisten, Muslime und Buddhisten.
Sprachen: Französisch und Créole.
Staat und Politik: Réunion ist ein Département et région d'outre-mer (DROM), also eine Art französisches Bundesland mit gleichzeitigem Status als Bezirk. An der Spitze steht ein Präfekt. Réunion ist durch seine Zugehörigkeit zu Frankreich Teil der Europäischen Union. Als Gebiet in äußerster Randlage kommt die Insel in den Genuss beträchtlicher EU-Förderungen.
Zeitzone: MESZ +2 Std., MEZ +3 Std. **Vorwahl:** +262. **Währung:** Euro

umständlich und langwierig ist. Um den Flughafenwechsel zu vermeiden, kann man z. B. mit Air France nach Paris-CDG und anschließend mit Air France oder Air Austral nach Saint-Denis fliegen.

Bewegen und Entschleunigen

Baden

Réunion verfügt über einige schöne Strandabschnitte, die zu Ferienzeiten und an den Wochenenden gut besucht sind. Doch Baden und Schwimmen erfordert Eigenverantwortung und Vorsicht. Die **Strömungen** im Meer können tückisch sein und sind von der Wasseroberfläche nicht immer sichtbar. An vielen Strandabschnitten stellt der **hohe Wellengang** eine Gefahr dar und das scharfkantige **Korallengestein unter Wasser** kann zu schlimmen Verletzungen führen. Deshalb empfiehlt es sich, nur an überwachten Stränden mit Rettungsschwimmern ins Wasser zu gehen. Seit den **Haiattacken** ist noch mehr Vorsicht und Umsicht beim Baden angebracht, aber es werden heutzutage kaum mehr Vorfälle gemeldet. Unter den betroffenen Orten befanden sich beliebte Badestrände wie Boucan-Canot, Roches-Noires, Saint-Leu und L'Étang-Salé. Auf der Website https://securite-requin.re finden sich viele auch wissenschaftliche Informationen zu Haien und aktuelle Meldungen. Je nach Gefahrenlage erlässt die Präfektur allumfassende Badeverbote. Prüfen Sie vor Ort die Situation und sprechen Sie mit Ihren Gastgebern sowie den Rettungsschwimmern, bevor Sie ins Wasser gehen. Die **Flaggen am Strand** bedeuten: **rot** – Baden verboten, **gelb** – äußerste Vorsicht geboten, **grün** – Baden ist erlaubt. Der Beflaggung der Strände ist Folge zu leisten.

Bootsfahrten

Möglichkeiten für Bootsausfahrten ergeben sich viele: So kann man in den Sonnenuntergang segeln, sich Walen und Delfinen nähern oder auch auf einem Segelboot die Insel umrunden. Ausgehend von den Marinas von Saint-Gilles-les-Bains und Saint-Pierre bieten Veranstalter diverse Aktivitäten auf dem Meer an.

Canyoning

Takamaka, Fleurs-Jaunes, Trou de Fer oder Ravine-Blanche sind Namen, die Canyoning-Fans aufhorchen lassen. Abseilend, kletternd, springend, rutschend, schwimmend und manchmal sogar tauchend bewegt man sich durch grandiose wasserführende Schluchten teilweise über den blanken Felsen bergabwärts. Professionelle Veranstalter gibt es in Cilaos, Hell-Bourg, Saint-Denis, im Osten und natürlich im Großraum Saint-Gilles und Saint-Leu. Eine Reservierung im Vorhinein ist zwingend notwendig, zumal die Canyoning-Routen in den Bergen liegen, die Büros aber in den Städten.

Gleitschirmfliegen

Anspruchsvolle Bedingungen finden Gleitschirmflieger im Inselwesten, wo in regelmäßigen Abständen sogar Etappen der Weltmeisterschaften ausgetragen werden. Das wichtigste Zentrum für Gleitschirmflug *(vol en parapente)* ist Saint-Leu, wo fast alle Anbieter Büros haben. Obwohl es mehrere anspruchsvolle Absprungplätze gibt, z. B. auf dem Maïdo, am Dimitile oder in Saint-Joseph am Piton de L'Entonnoir, empfiehlt es sich, erst einmal die Thermik am Les Colimaçons in Saint-Leu auszuprobieren. Anfänger machen ihre ersten Flugversuche ohnehin von Saint-Leu aus.

Hubschrauber und ULM

Beliebt bei deutschsprachigen Urlaubern sind die Überflüge im Hubschrauber und Leichtflugzeug. Im Leichtflugzeug hat meist nur ein Passagier hinter dem Piloten Platz und der Wind zerzaust das Haar, weil keine Glasscheiben vorhanden sind. Im Hubschrauber müssen Sie sich mit fünf anderen Personen um den Sitzplatz streiten, denn nicht jeder kann einen Fensterplatz ergattern. Vom Hubschrauber aus gestaltet sich das Fotografieren wegen der Glasscheiben schwierig. Anbieter für Helikopterrundflüge gibt es am Flughafen Saint-Pierre und am Heliport bei Saint-Gilles, für ULM-Flüge in Saint-Denis, Saint-Paul und Saint-Pierre.

Tauchen

Es gibt fünf Tauchzentren auf der Insel: Le Port, Saint-Gilles, Saint-Leu, L'Étang-Salé und Saint-Pierre. Trotz der starken Strömungen ist die Beliebtheit von Saint-Gilles bei Tauchern ungebrochen, da sich vor der Küste größere Fischschwärme präsentieren. Saint-Leu punktet mit farbenprächtigeren und intakteren Korallenriffen, außerdem kommen durch die geschützte Lage seltener Strömungen vor, was besonders für Anfänger angenehm ist.

Seriöse Tauchschulen, die die französischen Gesetze achten, sind verpflichtet, von Anfängern ein maximal drei Monate, von Fortgeschrittenen ein maximal ein Jahr altes ärztliches Attest einzufordern. Denn während PADI, der weltweit größte Tauchverband, nach amerikanischer Sitte auf die Selbstverantwortung pocht, verlangt der französische Tauchverband (FFESSM) von den angeschlossenen Tauchschulen, dass sie die Verantwortung für den medizinischen Zustand ihrer Taucher übernehmen. Wer ohne ärztliches Attest nach Réunion reist, kann dies notfalls auch vor Ort von einem Hausarzt/Allgemeinmediziner *(généraliste)* ausstellen lassen (um die 30 €).

Wandern

Ein dichtes, gut gepflegtes Wegenetz, gute Beschilderungen und vor allem sensationelle Landschaften und Panoramen machen Wandern auf Réunion zum unvergesslichen Erlebnis. Neben botanischen Lehrpfaden, Spazierwegen und Tagesstrecken gibt es die Weitwanderwege GR R1, GR R2 und GR R3 (GR = *grande randonnée*). Sie durchqueren die ganze Insel und sind weiß-rot markiert. Entlang der Routen gewähren Berghütten Unterkunft. Zur Regenzeit (Januar–April) empfehlen sich Wanderungen eher nicht, da die Wege sumpfig und teilweise von Erdrutschen verlegt sind, außerdem ist mit plötzlich anschwellenden Bergbächen zu rechnen. Regen und Stürme können Strecken leicht monatelang unpassierbar machen.

WANDERKARTEN

Wenn Sie kurze Wanderungen von wenigen Stunden unternehmen, reichen die Beschilderungen vor Ort, die in den meisten Fällen Verirren ausgeschlossen macht. Sollten Sie längere oder weniger populäre Wanderungen planen, greifen Sie bitte unbedingt auf die detaillierten Karten des IGN (Institut national de l'information géographique et forestière) zurück. Sie sind in gut sortierten Trafiken und Buchläden erhältlich. Gratis-Online-Karten sind dafür ungeeignet.

Einreisebestimmungen

Da Réunion zu Frankreich gehört, ist die Insel Teil der EU, somit existieren keine gesonderten Einreisebestimmungen. Ein gültiger Reisepass muss mitgeführt werden; Kinder benötigen unabhängig vom Alter ein eigenes Reisedokument.

Essen und Trinken

Restaurants

In den Restaurants wird in der Regel von 11.30 bis 14 und 19 bis 21 Uhr warmes Essen serviert, wer davor oder danach hungrig ist, hat Pech gehabt. Die Öffnungs-

Kreolische Hausmannskost sollte man unbedingt probieren!

zeiten der Restaurants variieren stark je nach Saison und können von den im Buch genannten Zeiten abweichen.

Camion bars

Oft bleibt keine andere Wahl als eine Imbissbude, denn diese haben weniger strikte Öffnungszeiten. Beliebte Snacks sind Sandwiches, überbackene Baguettes mit unterschiedlichen Füllungen wie Hühnerstücken, Mais mit Thunfisch, Steaks, Fisch oder Würsten. Mit Einbruch der Dunkelheit öffnen die Pizza-Wagen. *Camion bars* sind bei den Insulanern wahnsinnig beliebt, weil man preiswert lang anhaltend satt wird.

À emporter

Essengehen ist in vielen Fällen eine teure Angelegenheit. Preislich attraktiv sind kreolische Mittagsgerichte zum Mitnehmen *(à emporter),* leider tragen Sie dadurch zum unsäglichen Plastikmüll bei. Tipp: Kaufen Sie zu Anfang Ihrer Reise zwei Plastikbehälter im Supermarkt, und lassen Sie diese jeweils befüllen.

Poulet rôti

Ein verführerischer Duft nach gebratenen Hähnchen steigt in die Nase. Aber hoppla, ich bin ja noch gar nicht hungrig, es ist erst 10 Uhr vormittags am Samstag oder Sonntag! Dennoch, unbedingt probieren, sie sind köstlich. Die Hähnchenbrater rücken an den Wochenenden aus und hüten die Gewürzmischungen wie ihren Augapfel.

Öffnungszeiten der Supermärkte

Gut, dass die Insulaner für ihr Leben gerne essen. Die großen Supermärkte sind daher lange geöffnet, häufig Di–Sa 8.30–19.30, So bis 12, Mo ab 12 Uhr. Die Öffnungszeiten weichen in kleineren Orten und bei kleineren Supermärkten ab, oft gibt es dort Mittagspausen oder ist sonntags geschlossen.

Diplomatische Vertretungen

… auf La Réunion

Honorarkonsulin der Bundesrepublik Deutschland
Marion Riess-Valérius
64, av. Eudoxie Nonge
97490 Sainte-Clotilde
T 0692 73 68 98
st-denis@hk-diplo.de

Schweizer Konsulat
Lotissement du Théâtre
7, rue des Pétrels
97434 Saint-Gilles-les-Bains
T 0692 66 32 55
reunion@honrep.ch

… in Paris (kein Konsulat auf La Réunion)

Konsularabteilung der Österreichischen Botschaft
17, av. de Villars
75007 Paris
T 03301 40 63 30 90
paris-ka@bmeia.gv.at

Feiertage

1. Jan.: Neujahr
Karfreitag und Ostermontag
1. Mai: Tag der Arbeit
8. Mai: Tag des Sieges 1945 (Kriegsende),
Christi Himmelfahrt
Pfingstmontag
14. Juli: Nationalfeiertag
15. Aug.: Mariä Himmelfahrt
1. Nov.: Allerheiligen
11. Nov.: Waffenstillstand von 1918
20. Dez.: Tag der Abschaffung der Sklaverei (wichtigster lokaler Feiertag)
25. Dez.: Weihnachten

Gesundheit

An niedergelassenen Ärzten, Zahnärzten, Krankenhäusern, Privatkliniken, Masseuren oder Physiotherapeuten mangelt es auf der Insel nicht. EU-Bürger sollten die Europäische Krankenversicherungskarte mit sich führen, Informationen dazu finden sich auf http://ec.europa.eu. Für den Rücktransport im Notfall empfiehlt es sich, eine private Reiseversicherung abzuschließen.

Informationsquellen

Vor Ort

Die Papier- und Broschürenflut in den Fremdenverkehrsbüros *(office de tourisme)* überwältigt einen schier, aber erwarten Sie keine Empfehlungen. Alle *prestataires* (Anbieter) werden gleichwertig vorgeschlagen. Von den Autoren persönlich geprüfte Adressen werden im Reiseteil bei den jeweiligen Orten aufgeführt.

Im Internet

www.insel-la-reunion.com Offizielle Website der Insel Réunion, betrieben von Île de la Réunion Tourisme (IRT). Auf Deutsch.

https://securite-requin.re Infos über den sicheren Umgang mit der Hai-Bedrohung. Auf Französisch.

www.fournaise.info Hier finden Sie alles, was Sie über den Vulkan wissen wollen. Mit Live-Webcams vom Vulkan. Auf Französisch.

www.reunion-urlaub.com Deutsche Website von Brigitte Monat, die bei Buchungen von hochwertigen Unterkünften behilflich ist. Geprüfte Partner. Auf Deutsch.

www.clicanoo.re Webportal der Tageszeitung Le Journal de l'île de la Réunion (JIR). Kleinanzeigen für Ferienwohnungen finden sich auf der Seite http://clicannonces.re. Auf Französisch.

https://habiter-la-reunion.re Ein Portal mit Infos von Ansiedeln *(S'installer)* bis Trinkwasserqualität *(Qualité de l'eau)*. Auf Französisch.

www.unterkunft-lareunion.com Ein Portal für Unterkünfte, mit zusätzlichen Informationen zu Aktivitäten. Auf Deutsch.

www.randopitons.re Schon fast eine Enzyklopädie über alle möglichen und unmöglichen Wanderungen auf der Insel. Noch ist der Zugang gratis. Auf Französisch.

Internetzugang

Per leistungsstarkem Unterseeglasfaserkabel ist Réunion bestens angebunden, seit 2021 große Investitionen getätigt wurden. Mittlerweile soll das High-Speed-Internet das zweitschnellste in Frankreich sein und man plant, die Insel in eine Art digitalen Hub zu verwandeln. In Unterkünften ist WLAN (Wifi), ausgenommen in einigen Bergunterkünften oder alten Gîtes, fast schon Standard, deshalb wird im Reiseteil nicht mehr explizit darauf hingewiesen.

Dadurch, dass Roaming in der EU abgeschafft wurde, kann man ohne Bedenken das eigene Mobiltelefon für Telefonie und Internet nutzen.

Klima und Reisezeit

Die Monsunwinde teilen das Kalenderjahr in zwei markante Perioden: die heiße, feuchte Saison von November bis April und die frischere, trockenere Saison von Mai bis Oktober. Die Temperaturen und Jahreszeiten sind genau gegenläufig zu jenen in Mitteleuropa. Aufgrund des zerklüfteten Reliefs gibt es aber unzählige Mikroklimazonen, die sich in Temperatur, Luftfeuchtigkeit, Regenmenge und sogar Vegetation unterscheiden. Während die Temperaturen an der Küste je nach Saison zwischen 18 und 35 °C variieren, kann es in den Wintermonaten in den Bergen unangenehm kalt werden. Pro 100 Höhenmeter kühlt die Luft etwa um 1 °C ab.

Online-Wetterportale wie www.meteo-reunion.com oder https://meteofrance.re erleichtern das Planen der nächsten Tage, die TV-Wettervorhersagen *(météo)* von Antenne Réunion und réunion.1ère bei der Vorbereitung des nächsten Tages.

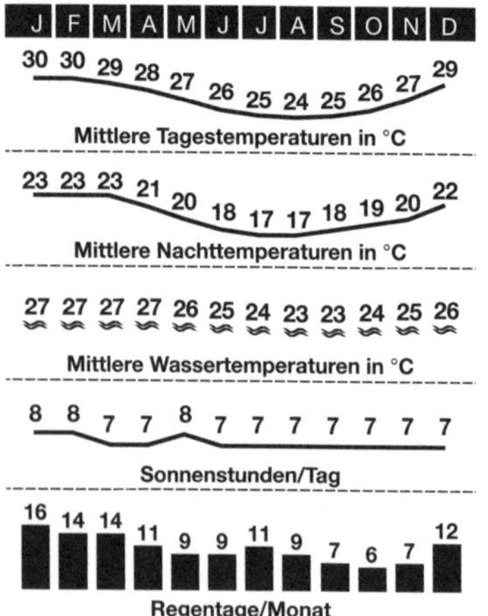

So ist das Wetter in Saint-Denis (La Réunion).

Tropischer Sommer (Regenmonate, l'été austral)

Von November bis April beschert die Äquatorsonne feucht-heißes Klima. Ab Dezember nehmen die Niederschlagsmengen zu. Von Januar bis März regnet es am häufigsten und die Tagestemperaturen an den Küsten steigen auf über 33, 34 °C. Der Indische Ozean erwärmt sich auf 30°C.

Der Regen kann heftig sein, meist dauert er aber nicht lange. Die Ostseite der Insel ist generell stärker vom Regen betroffen. Von Januar bis März fegen tropische Wirbelstürme und vereinzelt ein Zyklon (s. S. 260) über die Insel – das ist nicht gefährlich, aber unangenehm, wenn man im Hotel oder der Ferienwohnung festsitzt.

An der windabgewandten Westküste sind ungetrübte Sonnentage dennoch in der Überzahl. Dass sich an den Hängen schon ab 9, 10 Uhr Wolken bilden, tut den Sonnenfreuden keinen Abbruch. Die aufsteigende Warmluft trifft auf die kalten, weniger feuchten Luftschichten der Höhenlagen, Nebel und Sprühregen (Inversionswetterlage) entstehen in den Bergregionen, die mit durchschnittlich unter 18 °C zu den kalten Tropen zählen. Nicht umsonst erinnern die Vegetation und die Atmosphäre in höher gelegenen Regionen an Südtiroler Hochalmen. Im Sommer flüchten die Küstenbewohner gerne in die kühlere Bergluft.

Wer mit heißen, schwülen Temperaturen gut umgehen kann, kann in diesen Monaten bedenkenlos die Insel besuchen. Oft ist es im Süden und in den Höhen um einige Grade kühler. Vermehrte Regenfälle und Tiefdruckgebiete können den Wanderwegen zusetzen. Wasserfälle hingegen tosen besonders eindrucksvoll und die Vegetation strotzt vor Lebenskraft.

Tropischer Winter (Trockenmonate, l'hiver austral)

Von Mai bis Oktober herrscht kühleres, trockeneres Klima vor. Am kühlsten wird es im Juli und August, wenn man für die Abende, speziell in den Höhenlagen, warme

Socken und einen kuscheligen Fleecepulli im Gepäck haben sollte. Tagsüber fallen die Temperaturen an der Küste sogar auf milde 23–25 °C, die Lagune kühlt auf 21, 22 °C ab. In den Bergen über 1800 m Höhe herrschen dann Temperaturen um den Gefrierpunkt. Als trockenster Monat gilt statistisch gesehen der Oktober, obwohl es an der Inselostseite vereinzelt regnen kann.

Für Wanderer sind die Wintermonate ideal, wenn durch weniger Hitze weniger Wasser verdunstet und es folglich mehr wolkenlose Tage gibt. Gleichzeitig müssen Sie mit ausreichend warmer Wanderkleidung – am besten nach dem Zwiebelprinzip – ausgerüstet sein. Auf den höchsten Gipfeln werden teilweise sogar Temperaturen unter null Grad gemessen.

Feste finden auf La Réunion das ganze Jahr über statt.

Reiseplanung

Réunion hat immer Saison, besonders bei den Franzosen. Als absolute Spitzenzeiten gelten Weihnachten und Ostern sowie Juli und August, darüber hinaus die Schulferienzeiten im Winter (Feb./März), Frühling (April/Mai) und Herbst (Okt./Nov.). Es lohnt sich, im Internet die offiziellen französischen Feriendaten *(vacances scolaires, le calendrier scolaire)* zu prüfen und diese Wochen für die eigene Reise auszuklammern. Wenn es so etwas wie eine preisgünstigere Nebensaison gibt, dann sind das noch am ehesten die Monate April bis Juni. Für die Hochsaisonen sind unbedingt von Europa aus schon Reservierungen zu tätigen.

Stippvisite: La Réunion zum Kennenlernen

Réunion in komprimierter Form kennenzulernen, gelingt am besten durch ein paar Nächte an der Westküste und ein paar Tage Aufenthalt rund um Saint-Pierre. Von den Ferienorten an der türkisblauen Lagune (Saint-Gilles, L'Hermitage oder Saint-Leu) aus ist es nicht weit zum Panoramaberg Maïdo mit Blick auf Mafate und ins schöne kreolische Dorf L'Entre-Deux. Selbst ein Tagesausflug nach Cilaos ist machbar. Von Saint-Pierre aus können Sie in einem Tagesausflug die komplette Südküste inklusive Lavastrom-Berghang Le Grand Brûlé erkunden. Der Vulkan Piton de Fournaise mit der eindrucksvollen Route du Volcan ist ebenso an einem Tag machbar. Der bunte Bauernmarkt (Sa) sollte genauso wenig fehlen. Wer nur wenig Zeit zum Kennenlernen der Insel hat, muss sich aber darauf einstellen, viele Stunden am Tag im Fahrzeug zu sitzen und das Wandern auf ein Minimum zu reduzieren.

Gibt es überlaufene Touristenhochburgen?

Rechnen Sie damit, dass Sie nirgendwo allein sein werden, aber in den allermeisten Fällen treffen Sie auf Einheimische oder *métros* (Festlandfranzosen). Alle Highlights (Vulkan, Cilaos, Mafate, Maïdo) sind jahrein, jahraus gut besucht ebenso wie der Inselwesten. Wer sich ein paar Tage zurückzie-

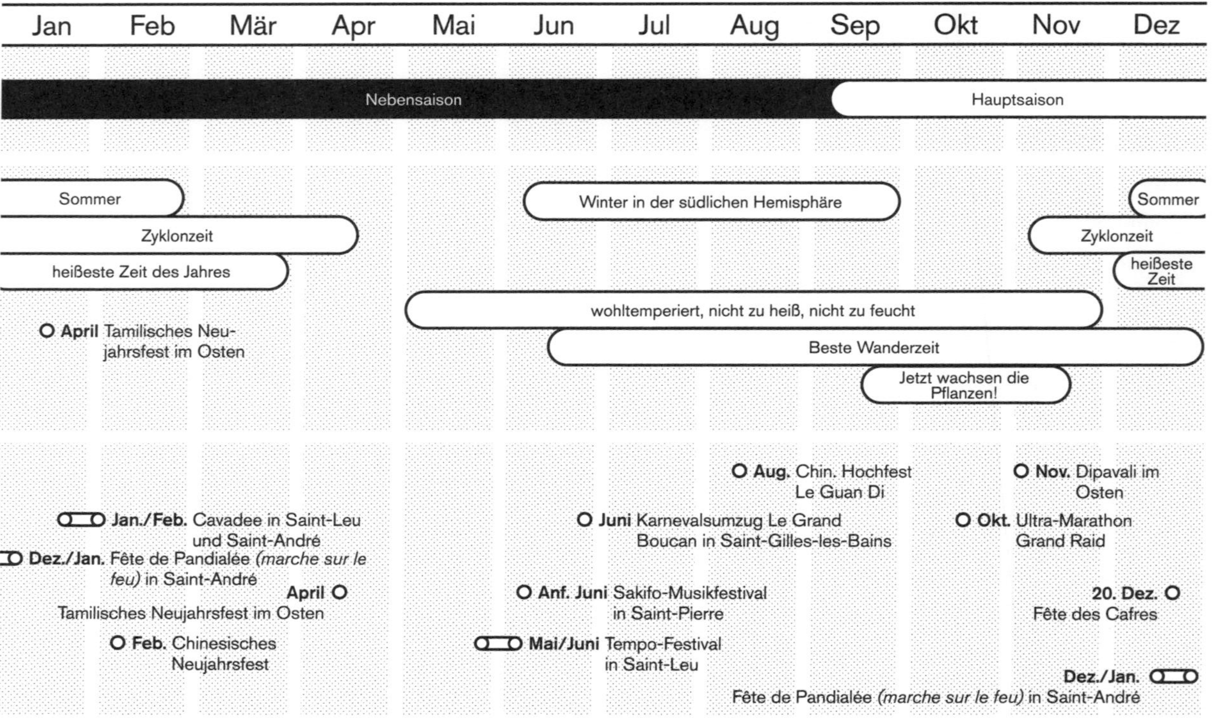
Jan
Feb
Mär
Apr
Mai
Jun
Jul
Aug
Sep
Okt
Nov
Dez
Nebensaison
Hauptsaison
Sommer
Winter in der südlichen Hemisphäre
Sommer
Zyklonzeit
Zyklonzeit
heißeste Zeit des Jahres
heißeste Zeit
wohltemperiert, nicht zu heiß, nicht zu feucht
Beste Wanderzeit
Jetzt wachsen die Pflanzen!
April Tamilisches Neujahrsfest im Osten
Aug. Chin. Hochfest Le Guan Di
Nov. Dipavali im Osten
Jan./Feb. Cavadee in Saint-Leu und Saint-André
Juni Karnevalsumzug Le Grand Boucan in Saint-Gilles-les-Bains
Okt. Ultra-Marathon Grand Raid
Dez./Jan. Fête de Pandialée *(marche sur le feu)* in Saint-André
April Tamilisches Neujahrsfest im Osten
Anf. Juni Sakifo-Musikfestival in Saint-Pierre
20. Dez. Fête des Cafres
Feb. Chinesisches Neujahrsfest
Mai/Juni Tempo-Festival in Saint-Leu
Dez./Jan. Fête de Pandialée *(marche sur le feu)* in Saint-André

hen möchte, tut dies am besten im Osten und im Süden (jenseits von Saint-Pierre).

Klassiker und Eskapaden

Eine typische 14-tägige Rundtour hat mindestens vier Standorte. Die ersten beiden Tage geht es z. B. in den Cirque de Salazie mit Wandern und der Panoramafahrt nach Col des Bœufs. Wenn Sie mehr Zeit haben, unternehmen Sie unbedingt die Wanderung nach La Nouvelle und verbringen Sie ein, zwei Tage in Saint-Denis.

Die nächsten drei Nächte empfiehlt sich eine Unterkunft im Großraum Saint-Benoît und Plaine-des-Palmistes. Als Highlights winken die Fahrt zum Forêt de Bébour-Bélouve (Wald) und ein Besuch des Vulkans Piton de la Fournaise, Le Grand Brûlé oder die Schlucht von Takamaka (so überhaupt erreichbar).

Weiter geht es an einen Standort, der zwischen Saint-Leu und Saint-Pierre liegt. Aussichtspunkte, Wasserfälle und ein bunter Bauernmarkt warten. Sofern Sie nicht ein, zwei Wanderungen machen wollen, lässt sich Cilaos von hier in einem Tagesausflug bewerkstelligen, ebenso wie die Fahrt ins schöne Dorf L'Entre-Deux.

Die letzten Tage klingen beschaulich an der Westküste zwischen Saint-Paul und La Saline-les-Bains aus, mit Fahrt auf den Piton Maïdo, der einen oder anderen Wanderung und Sonnenbaden am Nachmittag.

Organisiert oder individuell reisen?

Wer nicht gut Französisch spricht, ist bei professionellen Reiseveranstaltern gut aufgehoben. Wer es individueller und familiärer mag und auf der Suche nach Geheimtipps ist, sollte kleinere Anbieter und ausgewiesene Spezialisten mit der Reiseplanung betrauen. Reservierungen sollten Sie unbedingt schon von zu Hause aus tätigen, besonders von Leihwagen und Übernachtungen. Das erspart Unannehmlichkeiten auf der Reise!

Réunion sieht auf den ersten Blick aus wie eine klassische Selbstreisedestination. Doch die Realität zeigt sich anders: Oft beantworten Vermieter E-Mails nicht, sprechen kein Englisch und viele Unterkunftsbetreiber wohnen nicht direkt bei den Unterkünften, was zu seltsamen Check-in-Zeiten führt. Zudem ist wegen fehlender Beschilderung spontanes Reisen schwer möglich; in der Regel landet man in überteuerten Hotels.

Deutschsprachige Gästebetreuung

Wer des Französischen nicht mächtig ist, hat es über weite Teile auf der Insel schwer. In solchen Fällen kann **Pascal Zancopé** (T 0692 637 48 39, p.zancope@gmx.de) weiterhelfen und Sie, wenn Sie vor Ort sind, beraten: Tipps für Aktivitäten, Auswahl von passenden Wanderungen. Pascal empfiehlt ein Treffen gleich zu Anfang Ihres Aufenthalts, idealerweise an der Westküste. Kosten: 40 €/Pers.

Deutschsprachige Wanderführer

Die Vorteile eines Guides liegen in der Organisation der Hütten, in den ans Leistungsniveau angepassten Touren und der realistischen Einschätzung der Etappen. Zudem erfährt man aus erster Hand Wissenswertes über Tiere, Pflanzen und die Menschen. Die Vorgespräche finden meist irgendwo im Westen statt, in Saint-Gilles oder Saint-Leu.

Christoph Kindler: Staatlich geprüfter Bergwanderführer und Diplom-Geophysiker, T 0692 52 83 78, +49 152 23 41 46 60, https://aar-reunion.jimdofree.com. Er ist seit 20 Jahren auf der Insel und punktet vor allem mit Vulkanismuswissen. Ideal, um sich einer Wandergruppe anzuschließen (Menüpunkt Veranstaltungskalender). Tagessatz ab 180 €, Halbtageswanderungen ab 120 €. Gruppen: ca. 30–40 €/Pers.

Djamel Chahed: Staatlich geprüfter Tropenwanderführer, T 0692 35 06 57, djamelchahed@hotmail.com, seit 15

P

PREISGUIDE

Mittagsmenüs 15–35 €
Mittagsgerichte *à emporter* 7–10 €
Snacks, Sandwiches, etc. 5–10 €
Pizzen zum Mitnehmen 12–18 €
Abendmenüs 35–60 €
Abendgerichte 25–50 €
Einfache Gîtes: DZ 40–100 €
Hochwertige FeWos: ab 120 €
Doppelzimmer mit Frühstück (DZ/ÜF): ab 90 € (3 Sterne), 250 € (4-Sterne), 400 € (5 Sterne).
Frühstück (oft in den Hotels nicht inbegriffen im Preis): 12–18 €
Mietauto: ab 16–60 €/Tag (je nach Mietdauer und Fahrzeugkategorie)

Jahren auf La Réunion. Idealer Begleiter für mehrtägige Wanderungen im Cirque de Mafate oder eine Inseldurchquerung. Tagessatz 250 €.

Preisniveau und Kosten

Sie sollten nur mit entsprechender Urlaubskasse nach Réunion reisen, durchschnittlich sind die Preise 15–30 % höher als in Deutschland oder Österreich. Sparen lässt sich mit Schlafen in Selbstversorger-Unterkünften oder Gîtes, Abendessen aus dem Imbisswagen und Nonstop-Wanderungen. Allerdings sollten Sie keine allzu hohen Ansprüche an Sauberkeit oder Komfort stellen. Wem aber der Sinn nach hochwertigen Unterkünften, gutem Essen, mehr als nur Wandern und einem guten Leihwagen steht, muss die Urlaubskasse dementsprechend aufrüsten.

Sicherheit und Notfälle

Weder giftige Tiere noch tödliche Krankheiten existieren auf der Insel. Für Touristen beschränken sich die größten Gefahren auf den Straßenverkehr (alkoholisierte Fahrer nach Dienstschluss und am Wochenende, Moped- und Motorräder, schnell anschwellende Wasserläufe), Diebstähle aus dem Auto und Haie im Wasser. Es ist sicherlich nicht falsch, abends und nachts einsame Plätze und Straßen zu meiden. Wertgegenstände sollten nicht im Auto gelassen werden (Kamera, Bargeld, Mobiltelefon). Wanderungen alleine zu unternehmen, grenzt an Dummheit. Den Wagen unbewacht mehrere Tage in freier Natur stehen zu lassen, ist ebenfalls nicht ratsam. In Frankreich gelten sehr strenge Sicherheitsmaßnahmen gegen Terrorismus, aus diesem Grund existieren keine Schließfächer oder Gepäck-Aufbewahrungsstellen.

Während der Regenzeiten kann es zu Epidemien wegen Dengue-Fieber kommen, der beste Schutz besteht darin, mehrmals pro Tag Moskitolotion aufzutragen.

Notrufnummern

Rettung (SAMU): T 15
Polizei: T 17
Feuerwehr: T 18
Seerettung (auch bei Haiattacken oder Haisichtung): T 196
Bergrettung: T 0262 93 09 30
Zyklonwarnungen: T 0836 68 00 00
Apothekennotdienst: www.3237.fr oder T 0893 02 01 01 (gebührenpflichtig)

Übernachten

Unterkunftsmangel besteht nicht, aber die einzelnen Formen haben so ihre Tücken.

Hotels

In Hotels zu nächtigen, ist die kostspieligste Möglichkeit der Übernachtung. Die hohen Preise liegen an der Gesetzgebung in Frankreich: hohe Steuern und Auflagen, hohe Lohnnebenkosten, hohe Personalausgaben. Bei einer Buchung ist unbedingt nachzufragen, welche Leistungen im Preis inbegriffen sind, denn oft werden Zimmerpreise ohne Frühstück angegeben.

Chambres d'hôtes

Ein durchschnittliches Hotel hat weder Seele noch Esprit und vom Inselleben bekommen Sie wenig mit. Die charmante Lösung: *chambres d'hôtes*. In der französischen Form von Bed & Breakfast nächtigen Sie in einem Privathaus mit maximal fünf Zimmern Tür an Tür mit den Besitzern. In den allermeisten Fällen wird eine *table d'hôtes* angeboten, d. h. eine Mahlzeit, die die Hausherren mit den Gästen einnehmen. Das Abendessen (28–32 €) besteht aus mehreren Gängen (Aperitif, Vorspeise, Hauptspeise, Dessert, Kaffee, *rhum arrangé*). Das Frühstück sollte im Preis inbegriffen sein.

Gîtes

Anspruchslose können mit einfachen Gîtes die Reisekasse entlasten. Oft sind es Unterkünfte mit Mehrbettzimmern und gemeinschaftlich genutzten Sanitäranlagen. In der Regel wird in Gîtes am Abend ein Essen serviert. Kosten: 2 Pers./ÜF 40–100 € Die *gîtes de montagne* (vorwiegend in den Bergregionen) richten sich an Wanderer, die nur 1–2 Nächte bleiben. Alle Gîtes können über das Reservierungssystem des IRT reserviert werden (mind. 48 Std., besser mind. 3–4 Wochen im Voraus). Allerdings ist die Abwicklung durch das IRT unprofessionell. Centrale d'Information et de Réservation Régionale: T 0262 90 78 78, https://www.reunion.fr oder https://book.reunion.fr. Besser, wenn möglich, direkt beim Gîte buchen.

Ferienwohnungen

Ausgeschildert als *meublé de tourisme* oder *locations saisonnières*, haben sie eine große Tradition auf der Insel. Die Einheimischen und Franzosen bevorzugen diese Art der Unterbringung. Die klassischen Ferienwohnungen sind mit Miniküche, Geschirr, Fernseher, manchmal auch Waschmaschine und ähnlichen Annehmlichkeiten ausgestattet. Der Preis hängt meist von der Ausstattung und der Lage ab.

Studios sind günstige Einzimmer-Miniappartements (15–25 m^2). Das Kürzel F1 bedeutet, dass ein getrenntes Schlafzimmer vorhanden ist. F2-Wohnungen haben zwei Zimmer, F3-Wohnungen drei usw. Neben den bekannten Portalen existieren dafür frankophone Websites wie www.amivac.fr oder www.abritel.fr. Sollte keine Waschmaschine vorhanden sein: In jedem größeren Ort finden sich Wäschereien.

Umgangsformen

Außer wenn es sich um religiöse Stätten handelt, gibt es wenige Fettnäpfchen, in die Mitteleuropäer treten können. Die Umgangsformen sind Französisch, die allgemeine Etikette ebenso. Korrekterweise sollte man statt eines schmucklosen *bonjour* besser *bonjour, Madame, bonjour, Monsieur* oder *bonjour, messieurs dames* sagen. Wer zum *apéro* (Aperitif) geladen wird, kommt besser satt und gegen 18, 19 Uhr. Neben Alkohol werden auch kleine Häppchen gereicht, aber nach spätestens zwei Stunden sollte sich der Besuch verabschieden. In Restaurants werden keine getrennten Rechnungen ausgestellt. Da Pünktlichkeit schon in Frankreich keine große Tugend ist, sollte man dies auch nicht für Réunion erwarten. Anders ist es beim Geschäftsschluss – Läden, Restaurants und Autovermietungen schließen überpünktlich.

In den Gaststätten herrscht striktes Rauchverbot, doch dürfen rauchende Besucher darauf hoffen, dass die Gesetze gerne in Eigenregie adaptiert werden.

Verkehrsmittel

Mietwagen

Ein reibungsloser Urlaub auf der Naturinsel Réunion steht und fällt mit einem Mietfahrzeug (Busse sind mit Einschränkungen eine Alternative; s. S. 253). Sowohl internationale als auch einheimische

U

DER UMWELT ZULIEBE – NACHHALTIG REISEN

Nicht auf den ersten Blick sichtbar, aber die für ihre Naturwunder besuchte Insel kämpft genauso mit den Abfallprodukten der Zivilisation, allen voran mit Müll, mit der konventionellen Landwirtschaft und der Zerstörung der Riffe. Man muss es realistisch sehen: Jeder von uns kann nur einen kleinen Beitrag leisten. Vermeiden Sie Plastik, wo immer es geht. Nehmen Sie wiederbefüllbare Wasserflaschen und Einkaufstaschen aus Stoff von zu Hause mit. Kaufen Sie ein Mehrweg-Plastikgeschirr im Supermarkt, wenn Sie häufiger Speisen *à emporter* konsumieren. Kaufen Sie Trinkwasser in großen Gebinden (5 l, 10 l). Verzichten Sie auf Plastiktaschen beim Einkauf. (Buchtipp: Frank Hermann, FAIRreisen – Das Handbuch für alle, die umweltbewusst unterwegs sein wollen, München 2016. Viele Tipps, wie wir Touristen sozial- und umweltverträglicher reisen können.)

Mietwagenfirmen stehen zur Wahl, wobei die internationalen Ketten tendenziell teurer sind als die einheimischen. Das gilt auch für eine Wagenübernahme am Flughafen. Eine Reservierung macht Sinn, insbesondere zu Ferienzeiten und in der Hochsaison. Obwohl die Insel nicht groß ist, sollten unlimitierte Kilometer *(kilométrage illimité)* gebucht werden. Einen alten, verbeulten Renault Twingo ohne Klimaanlage, den man für 30 Tage mietet, gibt es ab 16–20 €/Tag. Wer sich mehr Komfort und ein sicheres Fahrzeug neueren Datums wünscht, muss bei einer Mietdauer von 14 Tagen 35–60 €/Tag und aufwärts rechnen.

www.ada-reunion.com; www.aubasprix.re; www.avisreunion.com; www.budget-reunion.com; www.europcar-reunion.com; www.hertz reunion.com; www.itctropicar.fr; www.sixt.com

Autofahren

Es gelten französische Verkehrsregeln, es herrscht Rechtsverkehr. EU-Bürgern reicht der Führerschein des Heimatlandes. Der Straßenzustand ist ausgezeichnet, bis auf wenige Schotterpisten und abgelegenere Pfade sind fast alle Straßen geteert. Zu den größten Risiken zählen die Verkehrsdichte und Staus (Auffahrunfälle), Alkohol am Steuer, Raserei und unbesonnene Motorrad- und Mofafahrer. Vorsicht auf den engen Straßen in den Bergen und den Cirques.

Witterungsbedingtes Fahren

Vorsicht ist bei platzregenartigen Schauern angesagt. Viele Straßen verfügen über sogenannte *caniveau,* tiefe Abwassergräben, an der Seite, damit das Wasser bei den heftigen Regenfällen abfließen kann. Auf den engen Bergstraßen kann man nur allzu leicht in einer unachtsamen Sekunde in diesen Gräben hängen bleiben.

Überall, wo es Wasserläufe gibt, werden *radiers,* ungesicherte Betonabschnitte, in die Fahrbahn eingebaut: Plötzlich enden Straßenmarkierungen oder Seitenbegrenzungen und die Straße verengt sich. Wenn sich in solchen Abschnitten Wasser gesammelt hat, sollte man unter keinen Umständen hineinfahren, auch wenn der Wasserstand harmlos aussieht. Urplötzlich können Wassermassen auftauchen, z. B. weil es weiter oben im Flusslauf geregnet hat, die aber genauso plötzlich wieder zurückgehen. Solche Phänomene treten punktuell auf, auch wenn die Sonne scheint. Ausländer haben keine Vorstellung davon, wie stark die Fließgeschwindigkeit solcher Wasserläufe ist. In regelmäßigen Abständen schwemmt es Autos von den *radiers* in die Schluchten und Bäche, weil Autofahrer unbesonnen durchfahren. Es empfiehlt sich, stehen zu bleiben und zu warten, bis das Wasser abfließt. Notfalls dreht man um und trinkt in der letzten Ortschaft einen Kaffee.

Vor *radiers* stehen Schilder: *Risque d'inondation* – Überschwemmungsrisiko, *Radiers submersible* – überflutbarer Kanal oder *Ne pas franchir en cas de submersion* – Überfahrt verboten bei Überschwemmung. Diesen Schildern ist unbedingt Folge zu leisten.

Verkehrstechnische Eigenheiten

Bei Gelbmarkierungen der Bordsteine darf weder geparkt noch gehalten werden. Im Kreisverkehr hat man nicht immer uneingeschränkte Vorfahrt, zahlreiche Kreisel haben anderslautende Vorfahrtsregeln. Zur Zeit der Zuckerernte haben die schweren Lastzüge, die oft 40 t und mehr Zuckerrohr geladen haben, ein uneingeschränktes Vorfahrtsrecht, denn sie können schlicht und ergreifend nicht bremsen.

Tanken & Tankstellen

Tankstellen gibt es überall zuhauf, außer am Vulkan und in den Cirques Salazie und Cilaos. Die Benzinpreise werden von der Präfektur festgesetzt und gelten auf der gesamten Insel. Selbsttanken ist nicht üblich.

Vorsicht, Stau!

Alle Ballungszentren bringen Staus mit sich, die Strecke zwischen Saint-Paul und Le Port zählt zum meistbefahrenen Straßenabschnitt. Anfällig für Verkehrsstaus sind die Morgenstunden zwischen 6 und 9 Uhr, die Mittagsstunden sowie die Abendstunden nach Dienstschluss. Besonders anfällig sind die Einfahrtsstraßen von Saint-Denis, das Ende der vierspurig ausgebauten Route des Tamarins bei Saint-Paul in Richtung Norden und die Einfahrtsstraßen von Saint-Pierre, z. B. von Saint-Joseph aus kommend. Am entspanntesten ist das Verkehrsaufkommen an den Sonntagen.

Busse

Bis auf wenige Gebiete (z. B. Route du Volcan, Bébour-Bélouve) verkehren die preisgünstigen Busse bis in die letzte Ecke der Insel. Allerdings bedarf es viel Planung schon im Vorfeld (Unterkünfte nahe von Bushaltestellen, genaue Routen- und Aktivitätenplanung, Unterkünfte mit Frühstück, die entweder Abendessen bieten oder von wo Restaurants fußläufig erreichbar sind). Vor Ort können Sie kaum spontan agieren. Die Frequenz der Busse ist eingeschränkt, am Vormittag zu Schulzeiten gibt es die größte Taktung, aber meist beträgt die Wartezeit zwischen den Bussen 1–1,5 Std. Gegen Abend und bei Dunkelheit kommt der Busverkehr ganz zum Erliegen. Häufig sind Umstiege bei den größeren Busbahnhöfen *(pôle d'échanges)* notwendig, wo sich alle Linien eines Gebietes treffen. Von den Haltestellen zu den jeweiligen Attraktionen marschieren Sie bis zu 20, 25 Min., teils in glühender Hitze (je nach Saison). Die Anfahrten per Bus dauern länger, aber Sie haben mehr Muße, die Landschaft oder das Panorama zu bewundern. **Wichtig:** Um den Haltewunsch in älteren Bussen anzuzeigen, klatscht man zwei-, dreimal in die Hände.

Für Kurzurlauber sind Busse bis auf wenige Ausnahmen keine echte Alternative. Wanderer nehmen die Dienste der Linienbusse in Anspruch, wenn der Ausgangspunkt einer Wanderung vom Endpunkt weit entfernt liegt und man zurück zum Mietauto gelangen muss. Entlang der Küste ist Car Jaune (www.carjaune.re) eine Alternative, wenn es nur um den Transport von A nach B geht, z. B. vom Flughafen mit der Linie T zu den Küstenorten.

Taxis

Es verkehren nur wenige Taxis und es existieren keine Rufzentralen. Um ein Taxi zu bestellen, muss man die Privatnummer eines Unternehmers kennen und unbedingt Französisch sprechen (Kontaktadressen im Reiseteil, auch die Fremdenverkehrsämter helfen gerne weiter). Am schwierigsten ist es im Osten, auf Taxis zurückzugreifen, im Westen oder am Vulkan ist das Taxiwesen aber recht gut organisiert. In Cilaos oder Salazie ist es nicht unüblich, auf Mitfahrgelegenheiten zu hoffen.

Sprachführer Französisch

Allgemeines

Guten Morgen/Tag	bonjour
Guten Abend	bonsoir
Gute Nacht	bonne nuit
Auf Wiedersehen	au revoir
Entschuldigung	pardon
Hallo/Grüß dich	salut
bitte	de rien/ s'il vous plaît
danke	merci
ja/nein	oui/non
einverstanden	d'accord
bis später	à plus tard
Wie bitte?	Pardon?
Wann?	Quand?

Unterwegs

Haltestelle	arrêt
Bus	bus/car
Auto	voiture
Ausfahrt/-gang	sortie
Tankstelle	station-service
Benzin	essence
rechts	à droite
links	à gauche
geradeaus	tout droit
Auskunft	information
Telefon	téléphone
Postamt	poste
Bahnhof	gare
Flughafen	aéroport
Stadtplan	plan de ville
alle Richtungen	toutes les directions
Einbahnstraße	rue à sens unique
Eingang	entrée
geöffnet	ouvert/-e
geschlossen	fermé/-e
Kirche	église
Museum	musée
Strand	plage
Brücke	pont
Platz	place
Hafen	port
hier	ici
dort	là

Zeit

Stunde	heure
Tag	jour
Woche	semaine
Monat	mois
Jahr	année
heute	aujourd'hui
gestern	hier
morgen	demain
vor	avant
nach	après
Montag	lundi
Dienstag	mardi
Mittwoch	mercredi
Donnerstag	jeudi
Freitag	vendredi
Samstag	samedi
Sonntag	dimanche
Feiertag	jour de fête

Notfall

Hilfe!	au secours!
Polizei	police
Arzt	médecin
Zahnarzt	dentiste
Apotheke	pharmacie
Krankenhaus	hôpital
Unfall	accident
Schmerzen	douleur
Zahnschmerzen	mal aux dents
Panne	panne

Übernachten

Hotel	hôtel
Pension	pension
Einzelzimmer	chambre individuelle
Doppelzimmer	chambre double
Doppelbett	grand lit

Einzelbetten	deux lits
mit/ohne Bad	avec/sans salle de bains
Toilette	cabinet
Dusche	douche
mit Frühstück	avec petit-déjeuner
Halbpension	demi-pension
Gepäck	bagages
Rechnung	note
Preis	prix

Einkaufen

Geschäft	magasin
Markt	marché
Kreditkarte	carte de crédit
Geld	argent
Geldautomat	guichet automatique
Bäckerei	boulangerie
Lebensmittel	aliments
teuer	cher/chère
billig	bon marché
bezahlen	payer

Zahlen

1	un	18	dix-huit
2	deux	19	dix-neuf
3	trois	20	vingt
4	quatre	21	vingt et un
5	cinq	30	trente
6	six	40	quarante
7	sept	50	cinquante
8	huit	60	soixante
9	neuf	70	soixante-dix
10	dix	80	quatre-vingt
11	onze	90	quatre-vingt-dix
12	douze		
13	treize	100	cent
14	quatorze	150	cent cinquante
15	quinze		
16	seize	200	deux cents
17	dix-sept	1000	mille

W

WICHTIGE SÄTZE

Allgemeines

Sprechen Sie Deutsch/Englisch?	Parlez-vous allemand/anglais?
Ich verstehe nicht.	Je ne comprends pas.
Ich spreche kein Französisch.	Je ne parle pas français.
Ich heiße …	Je m'appelle …
Wie heißt du/ heißen Sie?	Comment t'appelles tu/vous appellez-vous?
Wie geht's?	Ça va?
Danke, gut.	Merci, bien.

Unterwegs

Wo ist bitte …?	Pardon, où est …?
Könnten Sie mir bitte … zeigen?	Pourriez-vous me montrer … ?

Notfall

Können Sie mir bitte helfen?	Pourriez-vous m'aider?
Ich brauche einen Arzt.	J'ai besoin d'un médecin.
Hier tut es weh.	Ça me fait mal ici.

Übernachten

Haben Sie ein freies Zimmer?	Avez-vous une chambre de libre?
Wie viel kostet das Zimmer pro Nacht?	Quel est le prix de la chambre par nuit?
Ich habe ein Zimmer bestellt.	J'ai réservé une chambre.

Einkaufen

Wie viel kostet das?	Ça coûte combien?
Ich brauche …	J'ai besoin de …
Wann öffnet/ schließt …?	Quand ouvre/ ferme …?

Im Restaurant

Ich möchte einen Tisch reservieren.	Je voudrais réserver une table.
Die Speisekarte, bitte.	La carte, s. v. p.
Die Rechnung, bitte.	L'addition, s. v. p.

Kulinarisches Lexikon

Allgemeines

amuse-gueule	Gruß aus der Küche
entrée	Vorspeise
plat	Hauptgericht
plat du jour	Tagesgericht
dessert	Nachspeise
accompagnements	Beilagen
grillade	Gegrilltes
sel/poivre	Salz/Pfeffer
sucre/saccharine	Zucker/Süßstoff

Zubereitung

à point	medium gebraten
bien cuit/-e	gut durchgebraten
braisé/-e	geschmort
chaud/-e	heiß
civet de …	Ragout von …
confit de …	Eingelegtes/Eingekochtes von …
cru/-e	roh
émincé/-e	gehackt, geschnetzelt
farci/-e	gefüllt
fumé/-e	geräuchert
glacé/-e	gefroren, geeist
grillé/-e	gegrillt
nature	in Salzwasser gekocht
rôti/-e	gebraten
saignant/-e	blutig, roh
sauté/-e	kurz angebraten
velouté/-e	mit Sauce

Fisch und Meeresfrüchte

coquillage	Schalentier
crevettes	Krabben
dorade/daurade	Dorade
espadon	Schwertfisch
camaron/gamba	Garnele
homard	Hummer
huître	Auster
langouste	Languste
morue	Kabeljau
poisson	Fisch
saumon	Lachs
thon	Thunfisch
zourite	Tintenfisch

Fleisch und Fleischgerichte

agneau	Lamm
bœuf	Rind
boucané	geräucherter, entsalzter Speck
bouchons	dampfgekochtes Fleischklößchen
brochette	Spießchen
cabri	Zicklein
cabri massalé	Ragout mit Ziegenfleisch
cari	Eintopf mit Fleisch, Würsten oder Fisch auf Reisbasis
escalope	Schnitzel
porc	Schwein
saucisse	Würstchen
veau	Kalb
viande	Fleisch

Geflügel und Wild

cerf	Hirsch
foie gras	Stopfleber
lapin	Kaninchen
magret de canard	Entenbrust
poulet	Hähnchen

Gemüsegerichte

achard	geraspeltes, oft überbrühtes Gemüse, meist Karotten, grüne Bohnen, unreife Mangos und Gurken

beignet	in einem Backteig gebackenes Obst oder Gemüse
bonbon piment	frittierte Bällchen aus weißen Bohnen oder Kichererbsen
brèdes	Gemüse-zubereitung aus einer Art Blattgemüse wie Spinat
grains	Beilage aus Bohnen, Linsen, Reis
rougail	zerstoßene Chilis mit Gemüse, Combava, unreifen Mangos, Zwiebeln und Tomaten
samoussas	gebackene, (unterschiedlich) gefüllte Teigtaschen

Gemüse und Kräuter

ail	Knoblauch
artichaut	Artischocke
avocat	Avocado
bringelle	Aubergine
cassave	Kassava (Maniok)
chouchou	Christophinenart, kürbisähnlich
courgette	Zucchini
igname	Jamswurzeln
lentilles	Linsen
oignon	Zwiebel
palmiste	Palmenherz
patate	Süßkartoffeln
poivron	große Paprika
songe	Tarowurzel
ti'jacque	Jackfrucht

Gewürze

anis étoilé	Sternanis
baies roses	Rosa Pfeffer
caloupilé	Curryblätter
cannelle	Zimt
crème de noix de coco	Kokoscreme
cumin	Kreuzkümmel
curcuma	Kurkuma
gingembre	Ingwer
giroffle	Nelken
muscade	Muskat
piment	allgemein scharfe Gewürze

Obst

ananas	Ananas
bibasse	Mispel
combava	Zitronenart
fruit de la passion	Passionsfrucht
goyave	Guaven
goyavier	Erdbeer-Guaven
litchis	Litschi
longani	Longanfrüchte
mangue	Mango
noix de coco	Kokosnuss
papaye	Papaya
pêche	Pfirsich
pinpin	Frucht der Vacoa
pitahaya	Drachenfrucht
tamarin	Tamarinde

Käse und Nachspeisen

brioche	süßes Hefebrot
chèvre	Ziegenkäse
fromage blanc	Quark, Frischkäse
gâteau	Kuchen

Getränke

bière (pression)	Bier (frisch gezapft)
café	Kaffee
chai de cilaos	Wein aus der Isabella-Traube
eau gazeuse/plate	Mineralwasser mit/ ohne Kohlensäure
jus	Saft
lait	Milch
rhum arrangé	heimischer Zuckerrohrrum
thé	Tee
tisane/infusion	Kräutertee
vin blanc	Weißwein
vin rouge	Rotwein
vin de Cilaos	süßer Wein
vin mousseux	Sekt

Das

Willkommen auf dem Mars! Die Plaine des Sables beim Piton de la Fournaise scheint nicht von dieser Welt zu sein.

Magazin

Stürmische Zeiten

Mit 200 Sachen — Zugegeben, es ist nicht angenehm, einen Zyklon im Urlaub auszusitzen, aber solange man den Anweisungen der Behörden Folge leistet, bleibt das Risiko überschaubar. Die Insulaner nehmen die jedes Jahr wiederkehrenden Naturphänomene ziemlich cool.

Es rüttelte an den Fensterläden, der Regen prasselte, die Decke fiel uns auf den Kopf. Nein, nicht in echt, sondern nur sprichwörtlich. Denn nach drei Tagen in der kleinen Ferienwohnung ohne Wasser und Strom direkt am Entlastungskanal, der jeden Moment überschwappen konnte, stand uns der Sinn nach einer heißen Dusche, einem eiskalten Bier und vor allem Sonnenschein und blauem Himmel.

Schöne Namen für schlechtes Wetter
Alvaro, Belal, Candice, Anggreek, Djoungou, Eleanor hießen die Zyklone in der *saison cyclonique* 2023/24, die in alphabetischer Reihenfolge schon lange vor dem ersten tropischen Sturm der Saison bekannt gegeben wurden. Ein bisschen wie bizarres Bingo-Spielen, wenn die Namen vom meteorologischen Dienst nacheinander abgehakt werden.

Immer wieder, ohne Plan
Gebannt verfolgten wir vor dem Fernseher die Wetterberichte und studierten die Zeitungen. Wenn sich die Ereignisse zuspitzen, gibt es nur ein Thema. Nachbarn, die uns zuvor wildfremd waren, luden uns zum *apéro*, nur um die ahnungslosen Ausländer zu beruhigen.

Was auf dem Radarbild wie eine von einem Bekifften gemalte rote Rose mit wirrem Hintergrund aussieht, gehört von Dezember bis April zum Inselalltag. Wie Schnee im Winter bei uns, manchmal mehr, manchmal weniger. Nicht jedes Lüftchen wächst sich gleich zum Zyklon aus, in manchen Jahren bleibt es bei einigen *tempête tropicale modérée.* Von anderen Wirbelstürmen spricht man aber noch jahrelang.

Keine Angst vor Schlangen
Alerte Orange. Für die letzten Besorgungen und Vorbereitungen an den Häusern bleiben noch 24 Stunden. Die Supermärkte waren wegen der Hamsterkäufe lahmgelegt. Wir standen mittendrin, in einer unfassbar langen Menschenschlangen bis zur Straße, und gaben uns nach 45 Minuten Wartezeit vor der Kasse geschlagen. Noch immer waren wir ge-

Hier traut sich selbst der kühnste Surfer nicht ins Wasser. Die Brandung beim Cap Méchant ist schon bei gutem Wetter stürmisch, bei einem Zyklon wird sie unberechenbar.

fühlte 60 Minuten von der Kasse entfernt. Abgepacktes Wasser, Konserven oder nicht verderbliche Nahrungsmittel ließen wir einfach mitten im Laden stehen. Wir beschlossen, wir würden im Ernstfall einfach fasten. Alle Schulen und Kindergärten wurden geschlossen, Ausflüge aufs Meer oder in die Berge mussten wir natürlich stornieren.

Pirouetten der Lüfte

Die Tropenstürme entstehen über dem Meer: Wenn sich gegen Ende des tropischen Sommers die Wassertemperaturen in 80 m Tiefe über 27 °C aufheizen, verdunsten riesige Wassermengen. Die feuchte Luft steigt auf und gerät unter dem Einfluss der Erdrotation in Bewegung. Im Inneren des Wirbels herrschen Tiefdruck und völlige Windstille. Sobald die Luftmassen schneller als 60 km/h um das ›Auge‹ wirbeln, hat sich das Tiefdruckgebiet zu einem zünftigen Tropensturm ausgewachsen. Ab Rotationsgeschwindigkeiten von 118 km/h sprechen Meteorologen von einem Zyklon, der leicht bis zu 200 km/h oder mehr erreichen kann. Windgeschwindigkeiten über 212 km/h gelten als *cyclone tropical très intense.*

Vorbildlich vorbereitet

Wenn ein Tropensturm im Anrollen ist, hält die Insel trotz aller Routine den Atem an. Hochleistungsrechner berechnen mithilfe von Satellitenbildern die Verläufe *(trajets)* und die Ankunft der Tiefdruckgebiete. Die Ankündigung der *vigilance cyclonique* bedeutet, dass in den nächsten Tagen mit einem Zyklon zu rechnen ist. Die Bevölkerung wird aufgefordert, Häuser auf lose Bauteile und Bäume auf brüchige Äste zu kontrollieren. Danach folgt die Warnstufe 2, *alerte orange.* Bei *alerte rouge* schließlich herrscht Ausgehverbot, das von der Polizei patrouillierend kontrolliert wird. Tagelang halten solche Tiefdruckgebiete die Insel in ihrem Bann. Oft ist es mit einem Durchgang nicht getan: Der Zyklon dreht ab, schlägt einen Haken und kommt zurück.

Alles ist im Fluss

Mit der Entwarnung löst sich die Anspannung, die Türen gehen auf, Leben kehrt zurück auf die Straßen. Soliden Häusern können Wirbelstürme in der Regel nichts anhaben, denn speziell die neueren Bauten unterliegen strengen behördlichen Auflagen. Am meisten leiden die Armen in ihren bescheidenen Behausungen, meist in den Bergen oder im Hinterland, die Infrastruktur und natürlich die Landwirtschaft. Nicht alle Regionen auf der Insel sind übrigens gleich stark von Zyklonen betroffen.

Als wir nach der Aufhebung der *alerte rouge* vor die Tür gingen, zeigte sich die Insel von einer neuen, hässlicheren Seite. Im Port Plaisance, dem Hafen von Saint-Leu, stapelten sich die Überreste von Booten wie beliebig zusammengeworfenes Brennholz. Obwohl der Zyklon bereits im Abzug begriffen war, türmte sich das aufgepeitschte Meer noch immer zu Wellen von 6, 7 m Höhe auf. Entwurzelte Bäume und lose Äste blockierten zahllose Straßen, einige Autos hatten nur mehr Schrottwert. Viele Strommasten waren gekappt, der Stromversorger EdF sollte noch Wochen mit der Reparatur beschäftigt sein. Viel schlimmer als der Wind waren die enormen Wassermassen. In der zuvor knochentrockenen Grand-Ravine hinter dem Städtchen toste Wasser wuchtig wie bei den Victoria Falls. Die Regenfälle waren so mächtig, dass sie sogar die Fundamente der Brücke von Saint-Louis über den Rivière Saint-Étienne matschweich gemacht hatten. Wie ein Kartenhaus stürzte die knapp 700 m lange Brücke entlang einer Hauptverkehrsroute ein. Schauen Sie genau hin: Ein Pfeiler (mit Gouzou) steht noch im Flussbett. Jahre später sollte sich herausstellen, dass der Wirbelsturm Gaméde 2007 zu einem der stärksten Zyklone der jüngeren Zeit gehörte. ■

Alternativen zum lieben Gott

An nur einen Gott zu glauben, ist bloß etwas für Feiglinge — oder für Unkreative. Auf der Insel lassen sich Ahnen, Geister und Magier formidabel mit der allgemeinen katholischen Volksfrömmigkeit vereinen. Die Heilige Maria dankt ihren Schäfchen die Treue: Sie erscheint auf Réunion öfters als anderswo.

Mörderische Piraten

Es riecht verbrannt, irgendwie wie nach Lagerfeuer. Eine halbe Flasche Rotwein, selbstgedrehte Zigaretten, Papaya- und Melonenhälften und verdorrte Blumensträuße liegen auf dem Grab. Unübersehbar und blutrot, die Grabstätte von Sitarane auf dem Friedhof von Saint-Pierre.

Aus einer Hexerfamilie aus Mosambik stammend, landete er 1889 auf der Insel, um als Vertragsarbeiter anzuheuern. Bald aber schloss er sich einer

Bande Kriminelle an, die nachts bestialische Raubmorde verübten. Schließlich wurde er 1911 gehängt. Seitdem finden an seinem Grab im Schutze der Nacht satanische Rituale statt, wo Hexer und Voodoo-Zauberer Sitarane um Unterstützung bitten. Im schlimmsten Fall soll sogar Böses auf jene gelenkt werden, die anderen Böses zugefügt haben.

Einen ähnlichen Kult gibt es um den Piraten La Buse der neben anderen Schiffen die Nossa Senhora do Cabo e São Pedro im Hafen von Saint-Denis kaperte. Laut Historikern sollen Edelsteine, Schmuck, Gold- und Silberbarren und weitere Wertgegenstände von bis zu 5 Mrd. € an Bord gewesen sein. 1730 wurde der Freibeuter im Namen des Königs in Saint-Paul gehängt. Auch an sein Grab im Cimetière Marin de Saint-Paul pilgern Abergläubige, vielleicht um ihm das Geheimnis um seinen sagenhaften Schatz, der nie gefunden wurde, zu entlocken?

Glaubhaft gutgläubig

Man ist scheinbar nicht zimperlich auf La Réunion. Egal ob Mörder, Pirat oder frommer Priester, die Insulaner haben eine Schwäche dafür, Verbindung mit den Toten aufzunehmen. Dabei ist es völlig unerheblich, ob man sich etwas Gutes oder jemanden die Pest an den Hals wünscht, irgendein Ahne aus dem Geisterreich wird sich schon finden dafür. Die Zuwanderer brachten einen ganzen Bauchladen an Hexen, Meistern und Riten aus ihren jeweiligen Herkunftsländern mit und mischten ihn mühelos unter die Rituale der institutionellen Religionen.

In den Jahren der Zwangskatholisierung blieben ihnen nur Voodoo *(vaudou)*, Geister, Dämonen und die Hexerei *(sorcellerie)* als Verbindung zu ihren Wurzeln. Gefürchtet von den Gutsherren, wurden die Versamm-

Mal christlich, mal hinduistisch und dazwischen gibt es noch eine Reihe anderer Glaubensrichtungen: La Réunion zeigt, wie ein Miteinander der Religionen funktionieren kann.

lungen bald verboten, gingen aber im Verborgenen weiter, bis heute. Nicht selten finden Geisterbeschwörungen und Teufelsaustreibungen statt, die passenderweise gleich vom christlichen Seelsorger der Gemeinde durchgeführt werden.

Augen auf!

Gehen Sie mit offenen Augen durch die Städte und Naturlandschaften. Sie werden die schrägsten Opfer- und Voodoogaben erkennen. Mit Grasbüscheln und Bananenblättern oder mit von den oberirdischen Stromleitungen pendelnden Schuhen wünscht man gewissen Mitmenschen Unheil an den Hals. Die Urheber warnen davor, solche Arrangements durcheinanderzubringen, denn dies wird mit einem Fluch geahndet. An anderen Stellen sehen Sie vielleicht einen Beutel mit Münzen, Safran, einer Kokosnuss oder einem Fläschchen Rum, speziell an Wegkreuzungen.

Jeder Kulturkreis, die Madagassen, Tamilen, Muslime und sogar Chinesen haben ihre eigenen Riten, die sich über die Zeit in den buntesten Farben und Formen erhalten haben. Geben Sie doch in Google die Stichworte »marabout« oder »vaudou« mit dem Zusatz La Réunion ein, Sie werden überrascht sein, wie viele Magier ihre Dienste anbieten. Ursprünglich waren Marabouts in Nord- und Westafrika agierende islamische Heilige, die sich dem Okkultem zugewandt haben.

Ein Heiliger für alle Fälle

Rote Mini-Altäre am Straßenrand, manchmal an unübersichtlichen Stellen oder versteckt in Felsnischen, aber immer geschmückt mit Blumen, kleinen Porzellanfiguren und Kerzen. Schätzungen über konkrete Zahlen gibt es nicht, ebenso wenig wie Sie vermutlich je Gläubige vor den Altären sehen werden, die Kerzen anzünden oder Blumen bringen.

Egal ob er die Arbeitssuche unterstützen oder einen untreuen Ehemann verteufeln soll, die Verehrung des Saint-Expédit ist sozial geächtet. Typisch réunionesisch, könnte man behaupten. Der christlichen Lehre zufolge war Expédit ein römischer Zenturio in Armenien, der zum Christentum konvertierte. Deshalb stehen in den blutroten kleineren und großen Altären auch die typischen Legionärsstatuen mit Umhang, Kreuz und Bibel. Dabei kann man eigentlich gar nicht so genau sagen, wie sich der Heilige auf die Insel verirrte. Die nüchterne Version erzählt von Fanny Fleurié, die in der Kirche von Marseille irgendwann zwischen 1923 und 1925 den Expédit darum bat, einen Platz für sie auf dem nächsten Schiff zurück nach La Réunion zu finden. Sie versprach, ihn auf der Insel bekannt zu machen, wenn ihr Wunsch erfüllt würde. Gesagt, geschehen. Zum Dank stellte sie eine erste Statue in ihre Kirche in Saint-Denis, die 1931 eingeweiht wurde.

Ein augenzwinkerndes Bild der réunionesischen Gutgläubigkeit zeichnet die Alternativerklärung, gemäß der die Verehrung aus einem Missgeschick heraus entstanden sei. Als Anfang des 20. Jh. eine Bestellung in Rom mit der Bitte um Sendung einer Heiligenstatue einging, wurde diese prompt erfüllt. Bei der Ankunft des Pakets auf Réunion wusste aber leider keiner der Empfänger, um welchen Heiligen es sich dabei eigentlich handelte. Auf dem Paket stand nur »e spedito« und ein Datum, also ›versandt am‹. In Unkenntnis des Italienischen nahmen die Gläubigen also an, es handle sich um den Namen des Heiligen. Die Signalfarbe Rot rührt übrigens daher, dass die päpstliche Farbe Rot ebenfalls auf dem Paket zu finden war. ■

Dodo nicht dada

Auf der Suche nach dem verlorenen Vogel — Fast möchte man meinen, der Dodo sei nicht ausgestorben. Schließlich lacht er doch von gefühlt jeder dritten Hauswand herab. Also machte ich mich auf die Suche nach ihm.

Ich hätte stutzig werden sollen, als ich bei den Brasseries de Bourbon am westlichen Stadtrand von Saint-Denis vorstellig wurde. Meine erste Interviewanfrage im Jahr 2019 schien dem Portier ähnlich absurd wie die Übernahme der Weltherrschaft, er verwies mich an die Boutik Dodo Le La ›da hinten‹.

Das Marketing ist ausbaufähig

Angesichts der Beliebtheit des Bieres auf der Insel malte ich mir im Geiste einen stattlichen Fanshop aus, vielleicht nicht ganz so pompös wie für den FC Barcelona, aber doch wohl ähnlich repräsentativ wie für Red Bull Salzburg. Wäre es nicht frisch in leuchtendem Gelb und Rot gestrichen, ich wäre glatt am 6 m langen Holzhäuschen vorbeigelaufen. Verschlossene Türen, auf dem Schild stand »Geöffnet Di, Mi, Do 9.30–12.30 und 13.30–16.30 Uhr«. Es war Mittwoch, 14 Uhr. Gut so, erkannte ich später, denn die armseligen Merchandising-Produkte würden nur dem Kultstatus schaden. Bei der letzten Recherche war der kleine Laden übrigens ganz verschwunden.

Dodo an der Wand

Plan B musste in Kraft treten. Telefonisch ließ ich mich mit der Presseabteilung verbinden. Die Presseverantwortliche war nicht zu sprechen. Ich gab nicht auf, rief dreimal, viermal an. Vergeblich. Ich fürchtete schon, dass auch Plan C wenig Aussicht auf Erfolg hätte, doch die Presseverantwortliche erbarmte sich meiner und schickte mir ein Video. Es stammte aus dem Jahr 2005 und war nach eigenen Angaben das letzte öffentliche Auftreten eines Dodo-Dompteurs in der Presse. Das Video handelt von der Arbeit eines Wandmalers. Angestellt bei der Brauerei, pinseln sie nach Qualitätsvorgaben und Schablonen die Marke Dodo auf Hauswände. Für die Laden- oder Hausbesitzer fallen keine Kosten an, vielmehr liegt es der Brauerei am Herzen, einen durchgängigen Stil und gleichbleibende Farben aufzuweisen. Pro Jahr ist ein gewisser Betrag aus dem Marketingbudget für die Wandmaler vorgesehen. Man versucht sie, im Sinne der Message-Control, möglichst aus der Öffentlichkeit zu halten.

Wo ist er nur?

Ich verstand. Die Werbestrategie zielte auf künstliche Verknappung ab. Oder anders gesagt: Man tut es seinem Namensvetter gleich und macht sich rar. Wobei es gar nicht als gesichert gilt, dass es überhaupt einen einzigen Dodo auf der Insel gab. Jedenfalls wurden bis dato keine Skelette wie auf Mauritius gefunden. Beim von mehreren Seefahrern beschriebenen Weißen Dodo handelt es sich höchstwahrscheinlich vielmehr um den Réunion-Ibis. Er teilte dasselbe Schicksal wie sein Artgenosse aus Mauritius: Wenn er nicht in den Kochtöpfen landete, so machten ihm die eingeschleppten Ratten den Garaus. Beide Vögel verschwanden Ende des 17. Jh. von der Bildfläche.

Trotzdem Prost!

Die winzige historische Ungenauigkeit tut der Beliebtheit des Bieres keinen Abbruch, selbst wenn Merchandising gänzlich fehlt und man kaum Öffentlichkeitsarbeit betreibt. Machen Sie nicht denselben Fehler wie die Seefahrer: Fotografieren Sie die zahllosen farbenfrohen und markigen Dodos auf den Wänden, damit später niemand sagen könne, das Dodo-Bier hätte gar nie existiert. ■

Eigentlich heißt das Bier Bourbon, wird aber überall nur Dodo genannt – nach dem gleichnamigen Vogel, der auf der Insel womöglich nie lebte.

Der französische Patient

An Zuckerbrot und Peitsche — müssen sich die Bauern erst gewöhnen, denn lange galt der Zuckerrohranbau auf der Insel als Heilige Kuh. Doch die Zeiten ändern sich.

Die Zuckerwirtschaft ist kein Honigschlecken. Zu viel Regen, Zyklone oder Trockenheit setzen der Erntemenge und dem Zuckergehalt zu. Wenn eine der beiden Fabriken, Le Gol im Westen oder Bois-Rouge im Osten, wegen technischer Gebrechen stillsteht, ist sowieso der Teufel los. Jeder Tag zählt im Zuckergeschäft, Start- und Enddatum der Erntesaison sind strikt vorgegeben. Wenn zum Ende der *campagne sucrière*, der Erntezeit, auf dem Feld noch Zuckerrohr steht, hat der Bauer Pech gehabt. In den letzten Jahren sank die durchschnittliche Erntemenge auf unter 1,5 Mio. t, in guten Jahren zuvor waren es weit über 2 Mio. t.

Viele Verlierer, kaum Gewinner?

Bis 2018 hielt die EU die Zuckerpreise künstlich hoch. Doch seither muss sich auch Europas Zuckerwirtschaft am Weltmarkt orientieren. Außerdem dürfen nun außereuropäische Produzenten mehr Zucker in die EU importieren. Für die Zuckerbauern sind diese Umstände katastrophal. 2022/23 musste Paris 35 Mio. € in die Zuckerwirtschaft der Insel pumpen, trotz hoher Weltmarktpreise.

Obwohl großzügig subventioniert: Der Großteil der 3400 Zuckerbauern, die 53 % der landwirtschaftlichen Fläche (Tendenz fallend) Réunions bearbeiten, lebt in prekären finanziellen Verhältnissen. Die Gewerkschaft pocht seit Langem auf Sozialpläne und eine bessere Absicherung für die Beschäftigten, aber die Politik hat sich aufs Aussitzen verlegt. Ohne politisches Zutun wird die Zuckerwirtschaft über kurz oder lang für alle Bauern unprofitabel werden.

Mit 6700 ganzjährig beschäftigten Mitarbeitern und 3800 Saisonarbeitern ist die Zuckerwirtschaft der wohl größte landwirtschaftliche Arbeitgeber der Insel, aber es drängt kaum mehr Nachwuchs in die Sparte. Die Arbeit auf den Feldern ist nämlich ein Knochenjob. Etwa 70 % des Zuckerrohres muss aufgrund des Landschaftsreliefs per Hand geschnitten werden. Der richtige Schnitt entscheidet: Am bodennahen Teil des Stengels ist der Zuckergehalt am höchsten. Für etwa 120 kg Zucker muss 1 t Zuckerrohr verarbeitet werden.

Auf Kosten der Menschen und der Natur

Profitabel ist die Produktion schon lange nicht mehr, jährlich geben 90 Pflanzer auf. Schon gar nicht ist Zuckerrohr unbedenklich oder umweltfreundlich. Aufgrund der

Schuften bis zum Umfallen: Die Zuckerrohrernte ist knochenharte Arbeit, die sich angesichts fallender Weltmarktpreise immer weniger lohnt. Doch noch sträubt man sich gegen einen Neubeginn.

großflächigen Monokulturen müssen Chemikalien eingesetzt werden, darunter Roundup von Monsanto mit dem Wirkstoff Glyphosat, dessen gesundheitliche Auswirkungen umstritten bleiben.

Die staatliche Gesundheitsagentur veröffentlichte 2019 eine Studie, in der 28 verschiedene Pesti- und Herbizide isoliert wurden. Man schätzt, dass im Zeitraum von 1960 bis 2014 zwischen 6300 und 10 000 Personen bei der Arbeit mit Zuckerrohr toxischen Stoffen ausgesetzt waren, die Fruchtbarkeit und Schwangerschaften beeinträchtigen, krebserregend sind oder das Hormonsystem stören. Zwischen 1977 und 2014 sollen 232 t Glyphosat auf den Feldern ausgebracht worden sein!

Über das Regenwasser und die Kanalisation werden die Gifte ins Meer und die Lagunen geschwemmt, tragen maßgeblich zur Korallenbleiche bei. Darüber hinaus wird bei schweren Regenfällen das Grundwasser kontaminiert. Historisch gesehen war die Zuckerrohrverarbeitung immer schon problematisch für die Umwelt. Um den trüben Rohsaft zu reinigen, muss u. a. Kalk beigemengt werden. Früher wurden der Einfachheit halber für das Mineral die Korallenriffe zerstört.

Kein Klimawandel in Sicht

Zuckerrohr ist den Réunionesen heilig, wie den Amerikanern die Waffen. Es prägt die Landschaft, die Geschichte, die Menschen. Es gibt vermutlich kaum Familien, die nicht auf die eine oder andere Art mit der Zuckerproduktion verbunden wären: die einen durch Vorfahren, die als Sklaven auf den Plantagen schufteten, die anderen, weil sie von Zuckerbaronen abstammt, die dritten, weil sie heute noch Zuckerrohr pflanzen.

In den Tageszeitungen wird Stimmung gemacht, gegen den Staat, die böse EU, den noch böseren Weltmarkt. Die reißerischen Kommentare und Artikel erinnern ein wenig an den Brexit, wo Emotionen statt nackter Fakten den Diskurs prägten. Wie es für den englischen Patienten ausging, wissen wir. Ob der französische Patient vernünftiger ist? ■

Eine Ankündigung, die kaum das Papier wert ist, auf dem sie steht: Sarda Garriga verkündigt 1848 das Ende der Sklaverei.

Entrechtet, entwürdigt, entmenschlicht

Unterdrückung und Gewalt — haben sich in die DNA der Insulaner eingebrannt. Kaum eine Familienbiografie, die direkt oder indirekt ohne Sklaverei oder Zwangsarbeit geschrieben wurde. Im kollektiven Gedächtnis lassen sich die Schmach und der Schmerz besser aushalten.

Auf der Flucht

Bloß keine Spuren hinterlassen, um die Sklavenjäger nicht auf den Plan zu rufen. Deshalb errichteten die Flüchtigen ihre simplen *camps* mit Behausungen aus Blättern und Ästen an steilen, unzugänglichen Orten, die leicht zu überwachen waren. Im Notfall konnten sie sich sogar mit Steinen verteidigen. Organisiert in Gruppen, ernannten sie den Robustesten zum Anführer. Cilaos, Mafate, Anchaing, Cimendif, sie allesamt waren Bandenführer, deren Namen heute als Berge, Dörfer, Cirques verewigt sind, so als ob man sich ewig an die Greuel erinnern müsste, um sie in Zukunft verhindern zu können. Die Männer jagten Ziegen, angelten in den Flüssen, sammelten Larven und Honig. Manchmal legten sie kleine Mais-, Bohnen- oder Süßkartoffelfelder an.

Auf Menschenjagd

Viele starben auf der Flucht, was die meisten nicht davon abhielt. Tot sein war besser, als wie ein Tier behandelt zu werden. Hunger, Verdursten, Kälte oder Verletzungen durch Stürze konnten ihnen zum Verhängnis werden. Geschunden und unterernährt hatten nur wenige die körperlichen Voraussetzungen, um ein karges Leben in den kalten Bergen zu fristen.

Die Plantagenbesitzer ließen schwer bewaffnete Suchtrupps nach den Flüchtigen senden. Ihnen ging nicht nur eine Arbeitskraft durch die Lappen, sondern schlicht und ergreifend bares Geld. Außerdem bedrohten die Flüchtigen abgelegene Plantagen, brannten Häuser und Felder nieder, raubten Sicheln, Hämmer, Waffen, Küchenutensilien oder Kleidung und entführten schwarze Frauen, um Familien zu gründen. Die Jahre 1730 bis 1750 zählten zu den blutigsten der Kolonialgeschichte.

Unerbittlich jagten die Sklavenjäger die Entflohenen, man lieferte sich ein brutales Katz-und-Maus-Spiel. Selbst die einfache Bevölkerung machte Jagd auf die *marons*, wie man die entflohenen Sklaven nannte, denn die abgetrennte linke Hand berechtigte zur ausgesetzten Prämie – für verarmte Weiße eine Menge Geld.

Sachlich betrachtet

Ab dem Jahr 1744 trat der größte Sklavenjäger, François Mussard, in Erscheinung. Fast zehn Jahre lang machte er Jagd auf Entflohene und wurde schließlich von der Ostindien-Kompanie fürstlich dafür entlohnt. Für sie und ihre Profiteure waren Sklaven schließlich nicht mehr als bewegliche Dinge, was der »Code Noir« eindeutig regelte. Er galt von 1723 bis zur Abschaffung der Sklaverei 1848. Sklaven mussten gut genährt und gekleidet sein und bei Krankheit gepflegt werden. Den Alten wurde ein humanes Sterben gewährt, nicht wie bis dahin üblich ein gewaltsamer Tod durch Verhungern. Darüber hinaus schrieb er fest, dass die Sklaven ihrem alten Glauben abschwören mussten. Auch wenn sie selbst keinerlei christliche Nächstenliebe von ihren Besitzern erwarten durften, so gestand man ihnen einen freien Sonntag zu, allerdings nur, damit sie nicht den Kirchgang und die Bibelstunden versäumten. Zwei Sklaven, die heiraten wollten, mussten ihre Besitzer um Erlaubnis bitten. Ihre Kinder gingen automatisch in den Besitz desjenigen Herrn über, dem die Mutter gehörte.

Besonders drakonisch wurden Fluchtversuche geahndet: Beim ersten unentschuldigten Fernbleiben wurde dem Fliehenden ein Ohr abgeschnitten, beim zweiten wurden die Kniekehlen durchtrennt und beim dritten der Tod angeordnet.

Alltag auf den Plantagen

Während die Männer die harte Arbeit auf den Feldern ausführten, verrichteten die Frauen die Hausarbeit. Ihre Tätigkeit war sozial höherwertig als die der Feldsklaven. Handwerker und Kutscher waren mehr wert als Gartenarbeiter. In der gleißenden tropischen Sonne schufteten die Sklaven immer unter der Beobachtung der Aufseher. Einmal pro Tag schaute der Herr vorbei und ließ sich Bericht erstatten.

Nach zehn bis zwölf Stunden Arbeit durften sich die Sklaven in ihre Strohhütten ohne Belüftung und Licht zurückziehen. Ihre eigenen Häuser richteten die Gutsherren *(maîtres)* luxuriös ein und statteten sie mit allem erdenklichen Komfort aus. So eine *habitation* (oder später *domaine*) war fast wie ein autarkes Dorf, denn neben den Hütten der Sklaven und dem Herrenhaus umfasste sie weitere Wirtschafts- und Wohngebäude für die weißen Aufseher, Buchhalter, Ingenieure, Ärzte und das farbige Hauspersonal sowie eine Krankenstation, eine Kapelle und sogar Verliese. Sogar Priester hielten sich Sklaven, die per Aushang an den Kirchentüren zum Verkauf angeboten wurden.

Ohne Sklaven wäre die Bewirtschaftung der riesigen Kaffee- und später Zuckerrohrfelder unmöglich gewesen. Sie waren die Lokomotive des Wohlstands. Man schätzt, dass ab 1715 jährlich bis zu 1500 Sklaven aus Ostafrika und Madagaskar auf die Insel deportiert wurden.

Freiheit ohne Freude

103 000 Réunionesen, davon 60 000 Unfreie, hörten am 20. Dezember 1848 die Verlautbarung des aus Paris angereisten

Kommissars der Republik, Sarda Garriga, über das Ende der Sklaverei. Im verlesenen Dekret appellierte man an die Befreiten, dass sie dennoch die Arbeit auf den Plantagen nicht niederlegen sollten, da sie dort alsbald einen gerechten Lohn für ihre Arbeit erhalten würden. Man empfahl ihnen Brüderlichkeit und ermahnte sie, im Sinne der französischen Tugenden Ordnung und Arbeit hochzuhalten.

Die wiedererlangte Freiheit bedeutete jedoch nicht, dass sich die Lebensverhältnisse grundlegend veränderten. Neue schikanöse Gesetze machten den Freigelassenen ein Überleben fast unmöglich. So mussten schwarze Landbesitzer beispielsweise beim Bürgermeister eine Genehmigung einholen, um Waren auf dem Markt zu verkaufen, die selbstverständlich nur einen Tag gültig war, also immer wieder neu beantragt werden musste. Sich auf der Insel zu bewegen, war für die Befreiten ebenfalls nur bedingt möglich, da sie ohne ein *livret de travail*, das ausschließlich die auf den Plantagen verbliebenen ehemaligen Sklaven erhielten, jederzeit wegen Vagabundierens verhaftet werden konnten. Insgesamt war die wirtschaftliche Situation der Freigelassenen so schlecht, dass sich viele wieder auf ein Abhängigkeitsverhältnis mit dem ehemaligen Herrn einließen.

Nachschub aus Indien

Um dem drohenden Ende des Sklavenhandels zuvorzukommen, das seit 1817 offiziell in den französischen Kolonien herrschte, aber in der Realität nur äußerst halbherzig umgesetzt wurde, rekrutierten die Großgrundbesitzer ab 1827 Vertragsarbeiter *(engagés)* aus Indien. Eine zweite, diesmal indische Einwanderungswelle folgte nach der tatsächlichen Abschaffung der Sklaverei im Jahr 1848, als den Plantagen die afrikanischstämmigen Arbeitskräfte reihenweise davonliefen.

Um ihre hohen Profite beizubehalten, stellten sie nun meist die südindischen Tamilen mit lachhaften Verträgen ein. Für die Pflanzer und Plantagenbesitzer änderte sich nicht viel. Ähnlich wie ihre afrikanischen Vorgänger kamen die Inder in Schiffen wie Tiere eingepfercht über den Indischen Ozean. Null medizinische Versorgung und Schlafen unterm Himmel waren üblich, seitdem die Plantagenbesitzer nicht mehr von Gesetzes wegen dafür sorgen mussten. Für den harten Zwölf-Stunden-Tag auf dem Feld erhielten die Arbeiter – wenn überhaupt – nur ein paar Francs. Dennoch gewährte man ihnen zumindest auf dem Papier mehr Rechte: Sie durften zu ihren Göttern beten, konnten sich Ehepartner aussuchen und ihre Kinder waren freie Menschen.

Viele starben, jene, die überlebten konnten für die Rückfahrt nach Indien nicht genug Geld zusammenkratzen. Deshalb stellen die Nachfahren der indisch-hinduistischen Vertragsarbeiter, die *malbars*, die zweitgrößte Bevölkerungsgruppe der Insel dar. In geringerer Zahl kamen Muslime aus Guajarat. Weil die Araber den gleichen Glauben praktizieren, nennt man sie *zarabs*. ■

F

TAG DER FREUDE

Neben den religiösen Hochfesten gilt *La fête des Cafres* (kreol. *Fet Kaf*) am 20. Dezember als höchster Feiertag. Der Abschaffung der Sklaverei wird mit Umzügen und Festlichkeiten, begleitet von traditionellen Klängen wie Séga und Maloya, in allen größeren Städten gedacht. Die Tourismusbüros erteilen Informationen zu den Veranstaltungen.

Das zählt

Zahlen sind schnell überlesen — aber sie können die Augen öffnen. Nehmen Sie sich Zeit für ein paar überraschende Einblicke. Und lesen Sie, was auf La Réunion zählt.

2

Jahre (annähernd) dauert der Veredlungsprozess von der Bestäubung bis zur verkaufsfertigen Vanilleschote.

36

Prozent der Bevölkerung lebt unter dem Existenzminimum von 1420 Euro pro Monat.

113

Tage dauerte die Überfahrt von Frankreich nach La Réunion im revolutionär schnellen Dampfschiff 1825.

33.333.333

Euro kostete ein Kilometer (!) der Route des Tamarins von Saint-Paul nach Saint-Pierre, die 2009 dem Verkehr übergeben wurde.
100 Brücken, Viadukte und andere bauliche Maßnahmen mussten über die zahllosen Schluchten errichtet werden. Die 12,5 Kilometer lange, zyklonresistente Nouvelle Route du Littoral, die wegen Explosion der Kosten ihrer Fertigstellung harrt, wird diese Kosten toppen. Mehr als 2 Milliarden Euro soll sie kosten.

848

endemische Pflanzen sind auf La Réunion heimisch. Deshalb ist die Insel einer der wichtigsten 34 Arten-Hotspots weltweit.

900

Kilometer Wanderwege werden von der Staatlichen Forstverwaltung in Schuss gehalten. Geschätzte 1,2 Millionen Wanderungen sollen auf ihnen pro Jahr stattfinden.

42

Prozent der Inseloberfläche sind UNESCO-Weltnaturerbe.

974

lautet die Départmentskennzahl, die mit Vorliebe für alles verwendet wird, was als réunionesisch deklariert werden will. Die Zahl wird Sie vor Ort auf Schritt und Tritt begleiten!

3

Sekunden benötigen flinke Frauenhände für die heikle, händische Bestäubung einer Vanilleblüte. Das Ganze findet von Mitte September bis Ende Dezember ausschließlich in den Morgenstunden statt.

37

Prozent teurer als im Mutterland ist ein durchschnittlicher Lebensmitteleinkauf.

106

Sensoren an 70 verschiedenen Orten überwachen den Piton de la Fournaise minutiös. Sie registrieren jeden winzigen ›Furz‹, den der Vulkan macht. 12 Fixangestellte unterstützen sie dabei.

16.520

Euro beträgt das durchschnittliche Jahreseinkommen der Menschen auf der Insel, während es sich im restlichen Frankreich auf 22.320 Euro beläuft.

189

Zuckerfabriken gab es in den besten Jahren der Kolonie, heute sind nur noch zwei in Betrieb: Le Gol bei Saint-Louis und Bois-Rouge bei Saint-André.

4000

Liter Coca-Cola, 870 Tafeln Schokolade, 2500 Baguettes, und noch vieles mehr werden Jahr für Jahr für die Teilnehmer des Grand Raid zur Verfügung gestellt. Sie absolvieren 170 Kilometer über die höchsten Gipfel der Insel.

7.000

Meter ragt die Vulkanlandmasse, deren Spitze das uns bekannte Réunion ist, vom Meeresgrund auf. Der oberhalb des Wassers liegende Teil entspricht nur 3 Prozent des Gesamtvolumens.

80

Prozent der Übernachtungen entfielen 2023 auf Touristen aus dem französischen Mutterland. Mit 1,6 Prozent der Übernachtungen (9020 Besucher) führen die Deutschen die Statistik der fremdsprachigen Länder an.

885.700

Personen lebten mit dem Stichtag 1. Januar 2024 auf der Insel.

Schon immer war die Schifffahrt für La Réunion von großer Bedeutung, liegt es doch mitten im Indischen Ozean.

Reise durch Zeit & Raum

Ausgleichende Gerechtigkeit – meinen die Réunionesen. Weil die 1638 von der französischen Krone beanspruchte Insel von Anbeginn ausgebeutet wurde, gebührte ihnen ein fairer Ausgleich. Seit der Departmentalisierung fließen großzügig Subventionen. Ohne sie stünde die Insel heute nicht so gut da.

Knapp vorbei ist auch daneben

1186–1507

Fast hätte es der portugiesische Seefahrer Diego Fernandez Pereira dem berühmten Vasco da Gama gleichgetan. Dieser segelte 1498 nämlich glatt an Réunion vorbei, nachdem er auf der fiebrigen Suche nach einem Seeweg nach Indien von der kenianischen Küste abgelegt hatte. Hätte er doch besser die Aufzeichnungen anderer studiert! In arabischen Aufzeichnungen fand sich bereits seit 1186 die Insel Dina Morgabim. Selbst indonesische und chinesische Seefahrer kannten die Insel. Pereira hingegen kam auf der Rückfahrt von Indien vom Kurs ab und stolperte ungeplant am 9. Februar 1507 über die Insel. Wenige Tage später entdeckte er Mauritius.

Ihn ereilte das Schicksal vieler Pioniere, nämlich jenes des Vergessens. In Erinnerung blieb vielmehr der portugiesische Seemann Pedro Mascarenhas, der auf der Suche nach einem alternativen Seeweg nach Indien, ausgehend vom Kap der guten Hoffnung, 1512 auf der Insel landet. Ihm zu Ehren erhielt gleich die gesamte Inselgruppe, bestehend aus Mauritius, Rodrigue und La Réunion, seinen Namen: die Maskarenen.

Paradiesische Strafkolonie

1638–1663

Noch war man ratlos und wusste mit dem Eiland nicht so recht etwas anzufangen, aber vorsichtshalber nahm es die französische Krone am 25. Juni des Jahres 1638 bei La Possession in Besitz. Weil doppelt genäht besser hält, erklärten sie 1642 die Insel dann erneut zum französischen Staatsgebiet und gingen bei Saint-Paul an Land. Zum Ruhme des Sonnenkönigs Ludwig XIV., der dem Adelsgeschlecht der Bourbonen entstammte, wurde sie Île Bourbon getauft.

Den zwölf madagassischen Meuterern konnte man im Jahr 1646 keine größere Freude machen, als sie südlich von Sainte-Suzanne auszusetzen. Doch die Freude währte nur kurz, selbst Justitia sah ein, dass die Insel als unwirtliche Strafkolonie gänzlich ungeeignet ist. Es sollte noch bis 1663 dauern, bis sich zwei Franzosen mit zehn madagassischen Dienern, darunter drei Frauen, permanent in Saint-Paul niederließen.

Zum Anschauen:
La Grotte du Peuplement (früher: Grotte des Premiers Français) in Saint-Paul, S. 39

Satte Gewinner

1664–1717

Endlich durften auch die Franzosen auf Gottes weitem Erdball Monopoly spielen. Als letzte der großartigen Seefahrernationen wurde 1664 die Französische Ostindien-Kompanie gegründet. Neben der Sicherstellung des Seeweges von Südafrika nach Asien bestand ihr Hauptzweck in schnöder Gewinnmaximierung, vor allem durch Billigproduktion gewinnbringender Waren. Bequemerweise erhielt die Aktiengesellschaft das Monopol auf den Fernhandel mit den französischen Besitzungen. Die eroberten Gebiete gingen in ihren Besitz über, dafür musste die Kompanie aber auch für die militärische Verteidigung und Gerichtsbarkeit sorgen. 1665 wurde die erste französische Kolonie im Indischen Ozean ausgerufen. Auf Betreiben der Kompanie ließ sich Étienne Regnault mit 20 weiteren Siedlern an den Ufern des Étang de Saint-Paul nieder. 1667 gründete er Saint-Denis und Sainte-Suzanne. 1671 zählte die Inselbevölkerung 76, 1686 schon 216 Personen. 734 Siedler waren es im Jahr 1704. Just zu jener Zeit entwickelte sich Kaffee zum Modegetränk in den Pariser Salons. 1715 gelangten sechs Mokka-Kaffeepflanzen aus Jemen auf die Île Bourbon. Die satten Gewinne förmlich riechend, versprach die Kompanie 1717 jedem Siedler seine eigene, kleine Plantage, wenn er 100 Sträucher Kaffee anbaut. Bald war klar: Ohne fremde Hände wäre der Profit beim Kaffeehandel nicht ausreichend zu maximieren.

Zum Anschauen:
Étang de Saint-Paul, S. 41; Chemin du Tour des Roches bei Saint-Paul, S. 42

Menschenhandel als Geschäftsmodell

1724–1780

Die schieren Massen an Sklaven, die für den Profit herangeschifft werden mussten, stellten die junge Gesellschaft vor Herausforderungen. Deshalb übernahmen die Regierenden 1724 den Code Noir, der bereits 1685 für die französischen Besitzungen in Südamerika erlassen wurde. Das Gesetz regelte den Umgang mit Sklaven, unter anderem dass Sklaven römisch-katholisch getauft sein müssten oder dass Kinder von verheirateten Sklaven automatisch auch in den Besitz des Herrens übergingen. In großem Stil importierte man Sklaven aus Madagaskar und Afrika für die Arbeit auf den Plantagen, die den Kaffeeboom befeuerten: 2,5 Mio. Pfund exportierte die Kompanie 1744. Derweil baute der Marineoffizier Bertrand-François Mahé de La Bourdonnais, seines Zeichens Gouverneur von Bourbon und Mauritius, die Inseln zu blühenden Kolonien aus, indem er Häfen, Straßen und Lagerhäuser errichten ließ. Laut einer Volkszählung 1754 lebten 3376 Weiße und 13 517 Sklaven auf der Île Bourbon. Trotz mäßig guter Geschäfte schlitterte die Kompanie in finanzielle Schwierigkeiten, da der Krieg in Indien mit den Engländern viel Geld kostete. 1767 war der Verlust unzähliger Schiffe nicht mehr zu kompensieren, sodass sie bankrott ging. Die französische Krone kaufte die Kolonie zurück, und zur Cash Cow Kaffee kamen ab 1772 die Gewürznelken und weitere Gewürze hinzu.

Zum Anschauen:
Hôtel de la Préfecture in Saint-Denis, S. 19; Médiathèque Raphaël-Barquissau in Saint-Pierre, S. 91; Hôtel de Ville (Mairie) in Saint-Pierre, S. 93

Wechselvolle Jahre

1789–1815

Nach der Französischen Revolution 1789 und dem kometenhaften Aufstieg Napoleon Bonapartes begannen unruhige Jahre für die Kolonie. Nicht nur eine Neuorganisation der Verwaltung brachte Ungemach, sondern auch Lebensmittelengpässe und das offizielle Verbot der Sklaverei. Mehrere Umbenennungen spiegeln die Ungewissheit: 1793 erhielt die Insel den Namen Île de la Réunion, in Erinnerung an den Zusammenschluss der Revolutionssoldaten mit den Königlichen Garden beim Sturz des verhassten Sonnenkönigs. Als Zeichen des Danks an Napoleon wurde die Insel 1806 in Île Bonaparte umbenannt, nachdem er 1802 die Sklaverei wieder eingeführt hatte.

Von eitler Wonne im Paradies kann aber keine Rede sein: 1807 zerstörten mehrere Wirbelstürme und Parasiten alle Kaffee- und Gewürznelkenplantagen. Es mussten neue Exportschlager gefunden werden. Weder Muskatnuss noch Mais, Weizen, Bohnen oder Erbsen brachten den gewünschten Erfolg, besonders weil Frankreich ihren Import beliebig steuern durfte. Wenn in Frankreich genügend Bohnen oder Weizen vorhanden war, wurde der Import einfach gestoppt.

Die politischen Wirren waren noch längst nicht ausgestanden: Übermütig geworden durch die gewonnene Schlacht von Trafalgar träumten die Briten davon, die Vormachtstellung der Franzosen im Indischen Ozean zu brechen. Sie gingen 1809 in Sainte-Rose an Land und lieferten sich in den Folgejahren blutige Schlachten mit den Franzosen. Bei der Redoutenschlacht bei Saint-Denis 1810 wurde die französische Garnison vernichtend geschlagen und der alte Name, Île Bourbon, wieder ausgerufen. Der Vertrag von Paris vom 6. April 1815 beendete die ansonsten ereignislose Okkupation der Briten, die die Insel an Frankreich zurückgaben.

Zum Anschauen:
Chemin des Anglais bei Saint-Denis, S. 144; Monument Corbett in Sainte-Rose, S. 159

Zuckersüße Profite

1804–1839

Als sich am 1. Januar 1804 Saint-Domingue in der Karibik unabhängig erklärte, war Frankreich auf einen Schlag eine seiner profitbringendsten Zuckerkolonien los. Bereits um 1785 war Zuckerrohr auf der Île Bourbon eingeführt worden, nun kam auch die Zuckerverarbeitung, die zuvor auf den Antillen perfektioniert worden war, nach Réunion. 1819 baute Charles Desbassyns die erste dampfbetriebene Zuckermühle, bis 1833 entstanden 189 Fabriken, die dringend Arbeitskräfte benötigten. Da die afrikanischen Sklaven nicht mehr ausreichten, engagierte man Arbeiter aus Indien.

Zum Anschauen:
Museum Stella Matutina in Piton Saint-Leu, S. 63; Musée de Villèle in Saint-Gilles-les-Hauts, S. 52

Der Duft der Freiheit

1840–1848

Wirtschaftlich stand die Insel in voller Blüte, wie auch zahllose Orchideen, die erstmals 1819 importiert wurden. Doch sie wollten partout keine Schoten bilden. Welch ein Glück, dass der Sklave Edmond Albius ganz zufällig im zarten Alter von zwölf Jahren 1840 die händische Bestäubung der Vanille entdeckte. Wie sich herausstellte, mangelte es an den passenden Insekten, um die Orchidee zu befruchten, also taten es ab diesem Zeitpunkt Menschenhände.

Die Exporte ins Mutterland brummten, aber erneut drohte der personalintensiven Plantagenwirtschaft Ungemach. Mit der offiziellen Abschaffung der Sklaverei am 20. Dezember 1848 durch Generalkommissar Sarda Garriga verloren die Großgrundbesitzer auf einen Schlag ihre flinken Hände. Über 60 000 Sklaven wurden über Nacht zu freien Menschen. In der Folge lockten Plantagenbetreiber indische, chinesische und arabische Vertragsarbeiter auf die Insel, wenngleich der Sklaveneinkauf vorbei an den Behörden noch einige Zeit weiterging.

Zum Anschauen:
Vanilleplantage Pro Vanille in Bras-Panon, S. 150

Ein letztes Aufbäumen

1860–1910

Wie fatal die Abhängigkeit von den Monokulturen war, zeigte sich ab 1860, als die Weltmarktpreise für Zucker einbrachen. Der Rohrzucker begann mit dem billigeren europäischen Rübenzucker zu konkurrieren und zahlreiche Ernteausfälle durch Parasiten führten zur Rezession. Durch den Bau des Suezkanals 1869 verlor Réunion, das seit 1848 wieder so hieß, seine handelspolitische Bedeutung. Mit großen Infrastrukturprojekten stemmte man sich gegen den Niedergang. 1882 fuhr die erste Eisenbahn auf der Linie Saint-Benoît–Saint-Denis, und im selben Jahr die zweite, nämlich von Saint-Louis nach Saint-Pierre. 1886 legte das erste Dampfschiff am neuen Überseehafen von Le Port an.

Ab 1900 wurden riesige Landstriche für die Produktion von Geranium, Vetivergras, Ylang-Ylang und weiteren Duftessenzen gerodet, denn die Blütenduftessenzen sollte als neue Exportschlager die sinkenden Zuckererlöse wettmachen. Die Rosengeranie enthält wie Rosenöl Citronellol und sollte das echte teure Rosenöl ersetzen.

Zum Anschauen:
Schaudestillerie La Maison du Géranium in La Petite-France, S. 43; Sentier Littoral Nord in Sainte-Suzanne entlang der alten Eisenbahntrasse, S. 134

Der tiefe Fall

1915–1945

Letztlich waren alle Anstrengungen vergebens. Durch den Ersten Weltkrieg und die große Weltwirtschaftskrise in den 1930er-Jahren brachen die Exporteinnahmen weiter weg. Schon bald konnten die meisten Bewohner Réunions die hohen Preise für importierte Lebensmittel nicht mehr bezahlen. Da wegen der Plantagenwirtschaft aber keine Nutzflächen für den Anbau von Nahrungsmitteln zur Verfügung standen, waren Hungerkatastrophen vorprogrammiert. Als 1940 die Verbindung zum Mutterland durch die Besetzung der Deutschen gekappt wurde, brach die blanke Not aus. Die Bevölkerung war unterernährt, die Kindersterblichkeit hoch. Epidemien rafften Menschen dahin, jegliches letztes Fünkchen Wirtschaftsleben lag darnieder.

Totgesagte leben länger

1946–1976

Ob nun der Weitsicht, der Tradition oder der Bequemlichkeit geschuldet, Réunion entschied sich, französisch zu bleiben – im Gegensatz zu vielen anderen ehemaligen Kolonien, die sich nach Kräften bemühten, von den Kolonialmächten unabhängig zu werden. 1946 schließlich wurde die Insel in ein französisches Departement umgewandelt (DOM, Département d'Outre-Mer). Die Insulaner wurden den Kontinentalfranzosen gleichgestellt. In den frühen 1950er-Jahren begannen große Veränderungen: Man machte der Malaria den Garaus und führte die allgemeine Schulpflicht ein. Ab Ende der 1950er-Jahre bewirkte der stete Geldfluss einen spürbaren Fortschritt für die Menschen. Die verbesserte medizinische Versorgung führte zum Rückgang der Sterblichkeit und zum sprunghaften Anstieg der Bevölkerung. Geburtsraten erreichten Rekordwerte. 1962 lebten 354 294 Bewohner auf der Insel. 1964 wurde das erste moderne Kraftwerk in Takamaka in Betrieb genommen. Die Einführung des französischen Sozialversicherungssystems trug massiv zur Verbesserung des Lebensstandards bei. Die Küstenstraße N1 von Saint-Denis nach La Possession, 1976 fertiggestellt, ging als teuerstes Straßenbauprojekt der Welt in die Geschichte ein und wurde zum populären Symbol der Departmentalisierung.

Zum Anschauen:
Takamaka (sofern zugänglich), S. 155; alte Küstenstraße D41 zwischen Saint-Denis und La Possession, S. 33

Im Aufwind

1980–2000

Der Anschluss an die Moderne erreicht in diesen 20 Jahren Höhenflüge. Das Fernsehen ersetzt das Radio. Zahllose *boutiks chinoises* (kleine chinesische Läden) machen Mini- und Supermärkten Platz. Beständig wird der Straßenausbau vorangetrieben, durch Steuervergünstigungen geht der Wohnungsbau durch die Decke. Zuckerrohr bleibt die Nummer eins in der Landwirtschaft, die Bauindustrie boomt und Handel, Dienstleistungen sowie Tourismus sind im Aufwind.

Verhätschelt und verwöhnt

2001 bis heute

Am Tropf der Grand Nation zu hängen, stellte sich für die Insel als wahrer Glücksfall heraus. Wozu kleckern, wenn man auch klotzen kann. Alle paar Jahre werden abartig abgehobene Infrastrukturprojekte zusammenfantasiert, die rätselhafterweise von Frankreich und der EU finanziert werden. Von solchen, mit Geld geteerten Straßen können andere europäische Länder mit weit höherer Wirtschaftsleistung nur träumen!

Seit 2009 gehören stundenlange Staus auf der Küstenstraße zwischen Saint-Paul und Saint-Louis zum Glück der Vergangenheit an. Kein Wunder, dass Straßenbau teuer ist, denn die Stützpfeiler der Route des Tamarins müssen Windspitzen bis zu 250 km/h standhalten. 120 Schluchten wurden dabei überbrückt.

2010 folgte ein touristischer Paukenschlag: 40 % der Insel wurden zum UNESCO-Weltnaturerbe ernannt. Leider währte die gute Presse nicht lange, denn ab 2011 beschmutzten die Haiattacken das öffentliche Ansehen der Insel. Regelmäßig passieren tödliche Attacken, auf Surfer, Schwimmer und Fischer. Es kommt auch zu Unfällen innerhalb der Lagune oder ganz nahe an der Küste.

Die Abhängigkeit von Frankreich und der EU wird bis heute zum Wohle der Bewohner maximal ausgereizt. Wozu echten Wettbewerb zulassen, wenn Sozialtransfers ohnehin das Mindestauskommen von vielen sichern. Über Jahrhunderte gewachsene Strukturen und Vetternwirtschaft bestimmen das wirtschaftliche Leben unter der blank polierten Hochglanzfassade. Genauso wie die Korruption, was bei der Nouvelle Route du Littoral eindrucksvoll bewiesen wurde. Die 12,5 km lange, zweispurige Autobahn von Saint-Denis bis La Possession ersetzte 2022 die alte Schnellstraße, die wegen häufigen Steinschlags als sehr gefährlich galt. Um dem Steinschlag zu umgehen, wurde sie in das Meer hineingebaut und musste so stabil errichtet werden, dass ihr Zyklone nichts anhaben können. Die Skandale rund um den Bau bestimmten viele Jahre die Berichterstattung in der Presse.

An dem hohen Anteil von Zucker am réunionesischen Export hat sich bis heute nichts geändert, allerdings können die Pflanzer kaum noch davon leben – und das, obwohl der Staat den Zuckerrohranbau kräftig subventioniert. Die Subventionierung der Insel ist allerdings kein selbstloser Akt. Immerhin kommen die Subventionen und Förderungen französischen Konsumgüterproduzenten, Handelsunternehmen, Baufirmen und Stromversorgern zugute, die auf Réunion Aufträge erhalten. Letztlich legt Frankreich großen Wert darauf, im Indischen Ozean militärisch präsent zu sein.

Zum Anschauen:
Route des Tamarins, S. 274; Nouvelle Route du Littoral zwischen Saint-Denis und La Possession, S. 34; Usine sucrière du Gol (Zuckerfabrik) bei Saint-Louis, S. 73

Tanz auf dem Vulkan

So ganz anders — als die benachbarten Schwesterninseln Mauritius und Rodrigues: Réunion, das jüngste und höchste Eiland des Maskarenen-Archipels, erhob sich vor 2,5 Mio. Jahren aus dem Meer. Seitdem formen Wasser, Wind und Feuer das unverkennbare Relief.

Brodelnde Hotspots

Inselketten sind ein typisches Phänomen des sogenannten Hotspot-Vulkanismus. Der aktive Réunion-Hotspot, eine massive Magmakammer im oberen Erdmantel, die ihren Standort nicht verändert, brach vor über 65 Mio. Jahren auf und fördert seitdem Magma an die Erdoberfläche. Über die Jahrmillionen entstanden die Seychellen, Lakkadiven und Malediven, die nach Norden abdrifteten, da sich die über dem Hotspot liegende Erdplatte bewegt.

Als sich die Inselgruppen vom Hotspot entfernten, erloschen die Vulkane, die Landmassen kühlten ab, sanken in sich zusammen und wurden durch Erosion abgetragen. Übrig blieben schließlich nur noch Atolle zum Teil unter dem Meeresspiegel. Jüngeren Entstehungsdatums sind die Maskarenen-Inseln Rodrigues und Mauritius – sie bildeten sich vor etwa 10 Mio. Jahren. Das jüngste Eiland, Réunion, liegt noch über dem Hotspot, sodass es zu den aktivsten vulkanischen Regionen der Welt zählt.

Zackige Erosion

Während die Aktivitäten des Piton des Neiges (3071 m), des Stammvulkans von Réunion, vor 12 000 Jahren zum Stillstand kamen, brodelt der Piton de la Fournaise (2621 m) bis heute. Seine Lavaströme bedecken mindestens ein Drittel der Insel.

Wie mächtig der Vulkan einst gewesen sein muss, macht die 3 km breite Caldera, die Plaine des Sables, deutlich. Die Silhouette der beiden zusammengewachsenen Schildvulkane Piton des Neiges und Piton de la Fournaise bestimmt das Aussehen und die Geologie der Feuerinsel, weitere über 180 größere und kleinere Krater prägen die Landschaften wie z. B. die eingestürzten Riesenkrater der drei Talkessel Salazie, Mafate und Cilaos. Beim Piton de la Fournaise ist die Schildform, ein weiter Krater mit flach abfallenden Hängen, noch deutlich zu erkennen.

Das zackige, zerklüftete Inselrelief geht allerdings nicht auf den Vulkanismus, sondern auf die zügige Erosion durch die hohen Niederschlagsmengen zurück. So haben Wind und Regen tiefe Schluchten *(ravines)* im porösen Basalt geformt, kleine Inselchen in den Kesseln *(îlets)* herausgewaschen, steil aufragende Kesselwände *(remparts)* hinterlassen und gewaltige Flussläufe *(rivières)* eingeschnitten, die im Oberlauf Gesteinsmassen mit sich reißen und sie nahe dem Mündungsdelta wieder ausspucken.

Live dabei

Der absolute Höhepunkt besteht für jeden Réunion-Urlauber darin, die rot glühende Lava am Piton de la Fournaise in Aktion zu beobachten. Mal brodelt sie in der Caldera, mal fließt sie die Bergflanken gen Süden hinunter. Hier überrollen Lavaströme regelmäßig die Hauptküstenstraße, um anschließend mit Getöse im Meer zu versinken. Es ist nicht unwahrscheinlich, dass Sie so ein Spektakel erleben – immerhin fließt die Lava ein- bis dreimal pro Jahr.

2007 kam es sogar zum Jahrhundertausbruch. Man konnte beobachten, dass die großen Vulkanausbrüche einer gewissen Systematik folgen: Sie treten im Neun- bis Elf-Jahres-Rhythmus auf. Die letzten markanten Ausbrüche fanden in den Jahren 1977, 1986, 1998, 2004 und 2007 statt.

Der Vulkan bricht nicht aus, sondern er ›furzt‹.

Gefeierte Ausbrüche

Was für Besucher ein unvergessliches Spektakel darstellt, ist für Réunionesen ein Stück Identität. Nicht umsonst hat man eher ein liebevolles Verhältnis zum Piton de la Fournaise. Der Vulkan bricht nicht aus, sondern er ›furzt‹ *(volcan i pet)*, und wenn das Erwachen des Vulkans in den Medien vermeldet wird, feiert sich die Insel selbst. Einheimische setzen sich ins Auto und sichern sich die besten Aussichtsplätze. Immerhin: Ein Ausbruch stellt keine Lebensgefahr dar, denn Explosionen mit Aschewolken finden nicht statt. Als effusiver Vulkan entleert sich der Piton de la Fournaise schnell und ruhig. Nur selten sind Dörfer von den Lavaströmen bedroht. ■

Leiden nach Noten – der Maloya

Musik spielt auf der Insel eine herausragende Rolle, so wie beim Freedom Metisse Festival. Auch der Maloya darf dabei nicht fehlen.

Heimlicher musikalischer Schatz — Man muss schon viel Glück haben, um zufällig in eine traditionelle Maloya-Session zu geraten. Lange verboten, wird der Maloya am liebsten in den Familien oder unter Freunden gespielt. Doch er emanzipiert sich, wird lauter, hörbarer.

Kräftig stampfen Trommeln im Stakkato, die zartsüße Triangel gesellt sich dazu. Sekunden später setzt betörendes Rasseln im Zweitakt ein und übernimmt das Kommando. Der dumpfe Bass, die tiefen Frequenzen, sie rauschen in den Bauch, ganz tief. Spätestens ab da gibt es kein Halten mehr, die Füße beginnen unbewusst zu wippen, die Hüfte will am liebsten kreisen und der Kopf in den Nacken geschleudert werden.

Um die Ahnen zu ehren

Es ist nicht schwer, sich auszumalen, wie die rhythmischen Klänge mühelos in eine andere Bewusstseinsebene entführen. Der Maloya formierte sich Mitte des 18. Jh., um bei okkulten Zeremonien, sogenannten *kabaré* (oder *kabar*), mit den Toten in Verbindung zu treten, die Ahnen anzurufen, um das Leid den Geistern zu klagen. Der Maloya entstand im Verborgenen als Klagelied, als Sound des Schmerzes und des Widerstands. In einer Art Sprechgesang begann ein Sänger mit einer Frage und forderte die Antwort des Chores, der *bande,* heraus. Begleitet von Schlaginstrumenten, wurden die anklagenden Fragen und verzweifelten Antworten unaufhörlich wiederholt. Währenddessen fanden sich Paare zum Tanz ein.

Die Kolonialverwaltung verbat den Maloya alsbald, da man fürchtete, die

Lieder würden die Sklaven zu Aufständen animieren. Wie gut, dass die Herren die Texte und Worte in der Muttersprache der Sklaven nicht verstanden, denn sie bekamen ihr Fett ab und wurden lächerlich gemacht. Die Bestrafungen wären noch drakonischer ausgefallen.

Aus der Sklaverei geboren

»Am wichtigsten für den Rhythmus des Maloya ist der *kayamb*«, erklärt Monsieur Jean-Luc Robert, der in seiner Werkstatt am Kunsthandwerksmarkt von Saint-Leu (gegenüber vom Restaurant Chez Stéphanie) auf traditionelle Weise die Instrumente baut.

Der Bau der Rassel beginnt mit dem Besuch eines abgeernteten Zuckerrohrfeldes. Die strammen Stängel der Zuckerrohrblüte werden in gleiche Längen geschnitten und mit dicken weißen Schnüren zu beiden Seiten in mehreren Arbeitsschritten auf einen Holzrahmen geschnürt. In den entstandenen Hohlräumen werden getrocknete Samen der *conflor* (kreolisch für Indisches Blumenrohr) gefüllt. Die intensiv dunkelrot blühende Zierpflanze ist mit Helikonien und Strelitzen verwandt. »Ihre schwarzen Samen haben genau das richtige Gewicht und Größe, um perfekt zwischen den Stäben hin und her zu rollen«, sagt Monsieur Robert, ergreift das Instrument mit beiden Händen und beginnt es rhythmisch zu schwingen. Sein Blick verliert sich, am Horizont, vielleicht auch in der Geschichte. Kein anderes Instrument verkörpert die gewaltvolle Geschichte von Unterdrückung und Entwurzelung besser. Die Sklaven bauten die ersten *kayambs* mit dem, was sie auf den Feldern fanden: Zuckerrohrstangen, Samen, Holz.

Die Begleitmusik

Ein *roulèr,* eine Trommel, unterstützt den *kayamb.* Die ersten Trommeln entstanden aus ausgehöhlten Baumstämmen, aber heute fertigt man sie aus Eichenfässern. Der Musiker sitzt rittlings auf ihr und schlägt mit der flachen Hand auf die getrocknete Kuhhaut. Sehr traditionell, aber heute viel weniger verbreitet, ist der *bobre.* An einem mit einer Saite zu einem Bogen gespannten Vacoaholzstab ist eine Kalebasse als Resonanzkörper befestigt. Der Musikant lehnt die Öffnung auf seinen Bauch und produziert durch rhythmische Schläge auf die Nylonsaite und Heben der Kalebasse Laute.

Punker der Plantagen

Den Maloya als Importgut aus Afrika abzutun, wäre zu einfach. Vielmehr entstand durch unterschiedliche Einflüsse aus Afrika, Madagaskar, den Komoren und gar Indien eine neue Stilrichtung, die in der Art und Weise nur auf La Réunion existiert. Es finden sich eindeutig Elemente aus Mandundu, einer Musikrichtung der Makonde aus Tansania, Mosamik und Unguja (Sansibar), im Maloya. Selbst beim Tanz lassen sich Bantu-Ursprünge aus Afrika erkennen, mit ekstatischen Tanzelementen, erotischen Hüftschwüngen und sinnlichen Handbewegungen. Vielen Plantagenbesitzern war der Tanz ein Dorn im Auge, vielerorts verboten sie den um 1750 erstmals erwähnten Séga.

Lange machte man keine Unterschiede zwischen Séga und Maloya, erst später erfolgte die Abspaltung der Stile: Während der prosperierenden Regierungszeit Napoleons suchten Festlandfranzosen ihr Glück in der Ferne und brachten europäische Traditionen auf die Insel. Sie führten Elemente der Quadrille, der Polka und der Mazurka ein, die schwarze Musiker mit afrikanischen Elementen mischten, bis in den 1920er-Jahren die *quadrille créole* entstand. Die Texte waren seit jeher näher an der Standardsprache und behandelten banale Themen wie Liebe und Natur. So erhielt der Séga den Ruf, ›weißer‹ als der Maloya zu sein.

Renaissance

Vielleicht geriet der Maloya sogar in Vergessenheit. Mit der Departmentalisierung 1946 wird er jedenfalls verboten, um krude Ideen zur Unabhängigkeit und Autonomie im Keim zu ersticken. Mit der Formierung der kommunistischen Partei Ende der 1950er-Jahre tauchen jedoch Selbstbestimmung und kulturelle Identität im politischen Kanon auf. Ein Plantagenarbeiter avancierte zur Leitfigur des neu entdeckten Maloya auf. Firmin Viry, Zeit seines Lebens Arbeiter auf den Zuckerrohrplantagen, kämpfte gemeinsam mit den Kommunisten für die Rechte der Landarbeiter. Als begnadeter Sänger auf *kabars* nahm er 1976 sein erstes Maloya-Album auf. Dass aus den politisch-gesellschaftlichen Anklagen letztlich ein populäres Genre entstehen konnte, ist Danyèl Waros ein paar Jahre später zu verdanken. Selbst politisch in der kommunistischen Partei aktiv, entledigte er den Maloya vom schweren, ideellen Erbe und war maßgeblich daran beteiligt, dass das Verbot 1982 aufgehoben wurde. Andere wichtige Vertreter sind Ziskakan, die den Maloya zu einer Art Ethnorock mit indischen Elementen, Reggae und Jazz weiterentwickelten. Ti-Fock machten aus dem Maloya einen Maloggae, eine Verschmelzung von Reggae mit Maloya. Als weitere wichtige Vertreter machen Tiloun oder Zarlor von sich reden. Um die Entstehungsgeschichte und Elemente des Maloya zu würdigen, wurde er 2009 von der UNESCO zum Welterbe ernannt.

Sozialkritisch im Heute

Seitdem der 20. Dezember, der Tag der Abschaffung der Sklaverei, offiziell zum Feiertag (fr. *Fête des Cafres*, kreol. *fet kaf*) erklärt wurde, erfährt die kreolische Kultur, auch der Maloya, politische Aufwertung. Es dominieren sozialkritische Themen wie Arbeitslosigkeit, Drogen und Alkohol, Korruption und Misswirtschaft. Moderne Texte thematisieren die heutige Parallellgesellschaft mit den einkommensschwachen Kreolen einerseits, die kaum die hohen Lebensmittelpreise bezahlen können, und den wohlhabenden *métros* andererseits, die sich hübsche Wohnungen am Meer leisten. Die traditionellen Instrumente sind oft Akustikgitarre, Schlagzeug und Synthesizer gewichen; Jazz- und Reggae-Elemente werden hinzukombiniert. Das Bewahren und Modernisieren des Maloya hat sich das Musikkonservatorium (Conservatoire à Rayonnement Régional) mit insgesamt vier Außenstellen seit 1987 auf die Fahnen geschrieben. ■

M

WO DEN MALOYA ERLEBEN?

Beim **Musikfestival Sakifo** (www.sakifo.com; s. S. 100) im Juni in Saint-Pierre. In Saint-Leu bei Konzerten am Wochenende, z. B. **Rondavelle Tiroule/Le Surfeur** (www.fb.com/concertsrondavelletiroule) oder **Rondavel des Filaos** (www.fb.com/larondachezjp).

Im Veranstaltungsort und Kulturzentrum **Vavang'Art** in L'Entre-Deux (www.fb.com/vavangart; s. S. 82), wo regelmäßig Konzerte stattfinden.

Weitere Veranstaltungsorte: Auditorium des Musée Stella Matutina (s. S. 63) in Piton Saint-Leu, Léspas Culturel Leconte de Lisle in Saint-Paul (http://lespas.re), Théâtre des Sables in L'Étang-Salé-les-Hauts (www.theatredessables.re) oder Le Kerveguen Saint-Pierre.

Übersicht/Tickets für Konzerte und Kulturveranstaltungen: www.monticket.re.

Zum Nachhören online: www.youtube.com.

Gestatten – Ihre Königliche Hoheit, die Bourbonvanille

Eine dufte Fügung — Es ist nur einem Zufall zu verdanken, dass die Vanilla planifolia auf La Réunion ihre betörende Wirkung entfalten konnte.

Kaum ein Bauer kann mehr ausschließlich vom Vanilleanbau leben. Viele Insulaner hegen und pflegen ihre eigene Vanille im Garten, gerade so wie Basilikum in unseren Breiten.

Viel Fingerspitzengefühl und Erfahrung erfordert die Verarbeitung der Vanille. Allein durch Riechen an der Kiste oder einem Bund kann ein Profi eine verdorbene Schote erkennen.

Warum ist Bourbonvanille die Nr. 1? Wegen ihres hohen Vanillegehalts.

Ein sensibles Pflänzchen: Vanille gedeiht nur, wenn das Mikroklima zu 100 % passt. Deshalb wird sie im dunstig-schwülen Süden und Osten entweder unter Gazedächern oder im Unterholz gepflanzt.

Ein zweites Mauritius

Die Strände sind schuld — am Tourismus, der nicht in die Gänge kommt. So argumentiert man gerne. Die fehlenden, federweißen, feinsandigen nämlich. In Wahrheit liegt der Hund ganz woanders begraben.

Flug online gebucht, gecheckt, Mietauto reserviert, gecheckt, los geht's. Gehören Sie auch zu jenen, die am liebsten spontan im Urlaub unterwegs sind? Hört sich verlockend und logisch an, für eine Insel, wo mit Euro bezahlt wird und französische Gesetze gelten. Genauso malte sich Brigitte Monat ihren Urlaub aus, als sie 2007 erstmals nach La Réunion reiste. »Letztendlich sind wir in einem überteuerten Hotel gelandet, was wir eigentlich nicht wollten, aber alles andere war zu schwierig. Es war unmöglich, vorab einen Individualurlaub zu organisieren.«

Spontan die Lektion gelernt

Nicht, dass Brigitte keine Ahnung vom Reisen gehabt hätte, sie hatte zuvor in Thailand gelebt und eine Tauchbasis geleitet. Die erste Lektion lernte sie gleich auf die harte Tour: Spontan sein geht gar nicht. Entnervt checkten sie am Abend in einem unpersönlichen Großhotel ein und bezahlten für schmutzige Laken und kalten Kaffee 140 € für die Nacht.

Vieles hat sich in den letzten 15 Jahren natürlich verbessert, aber die noch verbliebenen Hindernisse sind so kurios wie inseltypisch. Viele Unterkünfte sind mangelhaft beschildert, sowohl an den Straßen als auch direkt am Haus. Grund: Man will keine Spontanankünfte. Viele Gastgeber wohnen Kilometer entfernt oder gehen einem Hauptberuf nach. Die Zimmervermietung ist für viele nur ein gut bezahltes, aber eben nachrangiges ›Hobby‹. Gnadenlos streng werden die Check-in-Zeiten ab 15 oder 16 Uhr eingehalten, Kulanz Fehlanzeige. Spontan eingeschränkt ist man bei vielem: bei den Öffnungszeiten der Restaurants oder Läden, die scheinbar keiner Logik folgen, bei Abendessen auf Berghütten, die explizit separat, zusätzlich zum Zimmer, reserviert werden müssen, bei Touren oder Aktivitäten, die ausschließlich *sur reservation* möglich sind.

Summa summarum umständlich

Reservierungen im Vorfeld zu tätigen, bleibt der wichtigste Rat von Brigitte. Gerade an Wochenenden und in den Schulferien belegen die Insulaner selbst viele der Unterkünfte. Zwar wurde es durch die Buchungsplattformen einfacher, Reservierungen vorzunehmen, aber wehe, Sie haben eine Frage. Oder Sie wollen verschieben oder stornieren. Viele Anbieter antworten gar nicht oder nur sehr zeitverzögert auf E-Mails, wobei Kenntnisse des Französischen leichte Vorteile bringen.

Heutzutage ist zudem ein Wildwuchs an Unterkünften zu beobachten. Jeder, der ein leeres Zimmer, eine alte Couch und einen wackeligen Tisch zu Hause hat, vermietet auf Airbnb. Sauberkeit, realitätsgetreue Fotos oder gar professionelle Gastfreundschaft sind hier kaum zu erwarten. Hinzu kommen notorische Unpünktlichkeit und Termine, die ohne große Worte der Entschuldigung einfach nicht eingehalten werden.

Gern gesehene Gäste

Angetan von der Insel und den Natursensationen, kehrte Brigitte im selben Jahr auf die Insel zurück – und blieb. Denn schnell war ihr klar, was fehlt: Professionalität, Zuverlässigkeit und Qualität im Umgang mit deutschsprachigen Gästen. Deshalb begann sie damit, Gäste zu beraten, Unterkünfte für sie zu buchen und individuelle Rundtouren zu planen. Dabei tritt sie nicht als Reiseveranstalter auf und nimmt keine Kundengelder an, sondern setzt auf Organisation und Beratung. Sie rechnet ihre Dienstleistung direkt mit den Gastgebern ab, den Kunden entstehen keine Kosten(www.reunion-urlaub.com). Mit Schaudern erinnert sie sich an den ersten Termin mit einem Hotelier. »Wir brauchen Ihren Service nicht.« »Aber Sie wissen ja gar nicht, was ich mache.« »Egal, wir brauchen es nicht.«

Heute sehen die Dinge freilich anders aus. Werbung in eigener Sache muss sie schon lange nicht mehr machen, die Beherbergungsbetriebe kommen auf sie zu. Die deutschsprachigen Gäste, die Brigitte bringt, werden mit offenen Armen begrüßt. »Sie interessieren sich für Land und Leute. Sie wollen wissen, wie das schmeckt, wie das heißt, wie das gekocht wird, wie das genau mit der Sklaverei war, wie es sich mit dem Vulkan lebt.« Für die Insulaner eine Wohltat, durch das ehrliche Interesse der deutschsprachigen Gäste fühlen sich die Kreolen wertgeschätzt und ernstgenommen. Nicht so wie bei den Festlandfranzosen, die kein Interesse an der Lebensart der Réunionesen haben und sich nur beschweren, »dass es nicht so schmeckt wie daheim und nicht so ist wie daheim«.

Wenn sich die Katze in den Schweif beißt

Schade, dass es hauptsächlich deutschsprachige Gäste, Réunionesen auf Verwandtschaftsbesuche und Franzosen *(métros)* auf die Insel verschlägt. Andere Nationen fallen kaum ins Gewicht. Mit einer hübschen Website und hippen Hashtags versucht das IRT (Île de la Réunion Tourisme) Eindruck zu schinden, aber die Gelder fließen in Werbung und Programme, die sich an den heimischen Markt richten.

Im Gegensatz zu Mauritius ist Réunion nicht auf den Tourismus angewiesen. »Ohne Tourismus würden die Mauritianer verhungern. Aber Réunion lebt zu 100 % von Frankreich und braucht den Tourismus nicht.« Die Tourismusämter kreieren zwar mit Begeisterung Touren und Programme, aber niemand macht sich die Mühe, diese für die zweitgrößte Gästegruppe, die Deutschsprachigen, zugänglich zu machen. Deutsche Audioguides oder Erläuterungen in den großen Museen, ebenfalls Fehlanzeige. Falls Sie während Ihres Urlaubs auf deutsche Broschüren oder Audioguides treffen, sind das in der Regel private Initiativen.

Urlaub bei Freunden

Was von Réunion in Erinnerung bleibt? »Es sind die hilfsbereiten, kreolischen Gastgeber und das Gefühl, von Herzen willkommen zu sein!«, ist sich Brigitte sicher. »Es gibt so viele Unterkünfte, die ich meinem größten Feind nicht empfehlen würde, aber die große Ausnahme sind die *chambres d'hôtes,* also Urlaub bei einer Familie, unaufdringlich, aber umsorgt.«

Man nächtigt im selben Haus wie die Gastgeber, wird kulinarisch mit kreolischen Köstlichkeiten versorgt (Frühstück, Abendessen auf Wunsch) und bekommt Einblicke in den Alltag der Insulaner. »Für viele Besucher ist der Kontakt mit den Einheimischen das Tüpfelchen auf dem ›I‹, das, woran sie sich länger erinnern als die Strände oder die Berge.« Weil das direkt ins Herz geht – und nicht nur in die Bildpixel. ■

Glauben und glauben lassen

Ein Sehnsuchtsort — wo alle ungeachtet von Religionen und Hautfarben friedlich miteinander leben. Wo Toleranz keine Worthülse, sondern gelebte Praxis ist. Das Mutterland schielt neidvoll auf die Insel und fragt sich: Warum gelingt das Zusammenglauben so gut auf der Insel?

Wenig überraschend: Zunächst diktierte die Heilige Bibel das Zusammenleben ohne Wenn und Aber. Später, als Kaffee und Zucker die Wirtschaft dominierte, wurden alle Sklaven mit ihrer Ankunft zwangskatholisiert, notfalls mit Peitschenhieben. Da das Ende des Sklavenhandels absehbar war, rekrutierten die Großgrundbesitzer ab 1827 Vertragsarbeiter *(engagés)* aus Indien. Man unterschied nicht zwischen Hindus aus Südindien und sunnitischen Muslimen aus Guajarat (Westindien), Hauptsache, die Arbeit wurde getan. Jeder Arbeiter hatte sonntags in die Kirche zu gehen, sie erhielten katholische Namen und hatten sich dem katholischen Diktat unterzuordnen.

Bewusster Bruch

Komplett rechtlos und quasi in den Fängen der Plantagenbetreiber, blieb den hinduistischen Vertragsarbeitern nichts anderes übrig, als die christlichen Werte und Traditionen anzunehmen. Eine Art Hybrid-Religion entstand, die sowohl ihren Verpflichtungen als Arbeiter als auch ihren Bedürfnissen als Gläubigen entgegenkam. Mehr noch, sie brachen mit Traditionen. Die meisten Hindus stammten aus der unterprivilegierten Kaste der Unberührbaren. Nicht verwunderlich, dass sie von der Fortführung dieser Tradition absahen.

Alsbald schafften sie es aber, ihre Religion zumindest eingeschränkt praktizieren zu dürfen. Im Jahr 1873 wurde hinter der Zuckerfabrik von Gol in Saint-Louis der erste hinduistische Tempel errichtet. Dennoch hatten sie weiterhin am christlich-französischen Leben teilzuhaben.

Schon von klein auf lernen die Kinder Toleranz und Respekt vor anderen Glaubensrichtungen.

Deswegen vereinen bis heute die tamilischen Nachfahren zwei Welten in ihrer Brust. Sie essen kein Fleisch, weil es die Hindutradition vorsieht. Wichtige Festivitäten wie Hochzeiten oder Taufen werden nach der hinduistischen Astrologie ausgerichtet, aber gleichzeitig lassen sie ihre Kinder christlich taufen und verehren den katholischen Heiligen Expédit. Manche gehen sogar sonntags in die Kirche, aber die Geburt, der Tod oder andere Lebensereignisse werden hinduistisch begangen.

Bis vor 30, 40 Jahren änderte sich daran nicht viel, denn der Kulturkreis des Herkunftslandes war nicht fassbar. Erst mit den Direktflügen und dem steigenden Wohlstand konnten sich die Tamilen mit ihrer Herkunft beschäftigen, und mussten nicht mehr nur ums Überleben kämpfen. Viele Menschen konnten es sich plötzlich leisten, nach Indien zu fliegen, und über den Hinduismus und Tamilisch zu lernen. Heute tragen die Hindus stolz ihre Saris bei den Festivitäten, was zuvor undenkbar war. Diverse Festlichkeiten, wie Dipavali oder das tamilische Neujahr, avancierten zu Touristenmagneten. Auf der Insel gibt es heute Ashrams und Sprachschulen, Kurse, wo Tanz und indische Musik unterrichtet werden. 2012 benannte man eine Straße in Saint-Denis nach dem Widerstandskämpfer und ersten Ministerpräsidenten Jawaharlal Nehru, wie der Boulevard de l'Oceán nunmehr heißt.

Minderheitenprogramm

Inder muslimischer Religionszugehörigkeit, deren Vorfahren aus der an Pakistan grenzenden Region Gujarat stammen, heißen *zarabs.* Zu diesem Namen kamen sie, weil sie sich zum gleichen Glauben wie die Araber bekannten. Zwischen 1804 und 1902, so schätzt man, arbeiteten 8–10 % indische Muslime auf den Plantagen.

Zahlenmäßig den Hindus weit unterlegen, ging es ihnen ähnlich: Sie mussten sich beugen. Außerdem stammte die Mehrheit der Muslime aus einem Land, wo sie sich mit der Mehrheitsreligion des Hinduismus arrangieren mussten. Genau darin liegt der große Unterschied: Die muslimischen Einwanderer im Mutterland Frankreich (und Europa) stammen aus Ländern, wo der Islam Haupt- und Staatsreligion ist und wo die Gläubigen niemals erlernten, wie sich ein Miteinander der unterschiedlichen Religionen und Kulturen praktisch leben lässt.

Erst 1901 erbaten die ersten Muslime vom Gouverneur die Erlaubnis, ihre Religion »diskret« und »in Harmonie mit den anderen Religionen« zu praktizieren. 1905 fertiggestellt, nimmt die Moschee Noor-e-Islam (Licht des Islam) in Saint-Denis als ältestes muslimisches Bethaus von Frankreich eine Vorreiterrolle ein.

Während die tamilischen Hindus noch heute eng mit der Zuckerindustrie verwoben sind oder zumindest in jenen Gebieten leben, die traditionell der Zuckerwirtschaft vorbehalten waren, besannen sich die *zarabs* nach und nach auf ihre althergebrachten Talente: aufs Handeln. Früher besaßen sie eine *boutik,* heute gehören ihnen Supermärkte, Autoläden oder ganze Handelswarenketten. Sie stemmen 35 % der Wirtschaftsleistung, obwohl sie nur knapp 5 % der Bevölkerung ausmachen.

Für die Insel ein Glücksfall, ohne Zweifel. Das sichert ihnen nicht nur Wertschätzung innerhalb der Gesellschaft, sondern lässt die heimischen Muslime finanziell auf eigenen Beinen stehen. Sie sind für das funktionierende kulturelle und religiöse Leben nicht von Spendern aus dem Ausland abhängig. Keine Einmischung von außen, keine Indoktrinierung von außen, keine Einflüsterer, die zündeln. Damit sich das

Leben wie Gott in Frankreich, zu dem La Réunion ja schließlich gehört: Allah wird vom Muezzin angerufen, farbenfroh sind die hinduistischen Feste und Tempel, hier am Narassinga-Peroumal-Tempel in Saint-Pierre.

auch nicht ändert, wird über jeden Cent Buch geführt. Eine Moschee wird nach den Unternehmensprinzipien geführt, jeder Gläubige weiß genau, wohin die Spenden fließen und was damit passiert. Gleichzeitig stehen die Koranschulen unter staatlicher Verwaltung, während die Imame sozialversichert sind und dem Religionsministerium unterstehen. Was in Frankreich undenkbar wäre, ist auf der Insel gelebte Praxis: Die muslimische Politikerin Nassimah Dindar war von 2004 bis 2017 Präsidentin des Département-Rates, des höchsten politischen Gremiums.

In einer zweiten Welle kamen 1972 schiitische Inder, nachdem sie zuvor von Madagaskar vertrieben wurden. Seit den 1990er-Jahren suchen sunnitische Muslime aus den Komoren oder von Mayotte Arbeit und Auskommen auf der Insel. Ihre Präsenz ist jedoch auf La Réunion ein Reizthema, nicht so sehr wegen der Religion, sondern wegen der mangelnden Eingliederung.

Um Harmonie bemüht

Die chinesischen Vertragsarbeiter konvertierten bereitwillig zum Christentum – möglicherweise bedingt durch das konfuzianische Ideal der Harmonie. Erst spät, Mitte des 20. Jh., entstanden quasi als Gegenbewegung erste Tempel, nachdem 1949 in China die Kommunisten an die Macht kamen. Erste Sekten, basierend auf buddhistischem Gedankengut, wurden gegründet. Man erbaute und renovierte vermehrt chinesische Tempel, in denen daoistische, buddhistische und konfuzianische Gottheiten verehrt werden, und in den Privathäusern werden chinesische Traditionen hochgehalten. Die chinesischen Feste wie das Neujahrsfest oder der Geburtstag des Kriegsgottes Guan Di im Juli oder August nehmen überdies im réunionesisch-chinesischen Jahreskalender eine wichtige Stellung ein. Wie schon bei den Hindus ist jedermann zum chinesischen Neujahrsfest eingeladen, wenn in den Straßen der Städte mit Feuerwerk und Knallkörpern böse Geister vertrieben und der Löwen- und Drachentanz aufgeführt werden. Nur im Familienkreis hingegen verzehrt man jene Speisen, die laut chinesischer Mythologie Reichtum und Wohlstand bringen sollen.

Keine Ethnie wird auf der Insel bevorzugt, ebenso wenig Religionen. Hauptsache, man glaubt überhaupt. Bei all der Euphorie um das friktionsfreie Zusammenleben der Religionen darf aber nicht übersehen werden, dass der Katholizismus unangefochten die Mehrheitsreligion bleibt. Saint hier, Sainte da, wer das Sagen hat, ist klar. ■

R

RELIGIÖSE STÄTTEN

Überall auf La Réunion gibt es sehenswerte Kirchen, Tempel und Moscheen, die besichtigt werden können, einige davon nur von außen.

Bethléem: Chapelle de Bethléem, s. S. 156.

Piton Saint-Rose: Église Notre-Dame-des-Laves, s. S. 160.

Saint-Denis: Grande Mosquée Noor-e-Islam, Besichtigung nur von außen möglich, s. S. 20.

Saint-André: Temple du Colosse, Besuch n. V., s. S. 143; Temple Maryen Péroumal, Besuch n. V., s. S. 143.

Sainte-Anne: Kathedrale von Sainte-Anne, s. S. 158.

Saint-Louis: Église de Saint-Louis, s. S. 74.

Saint-Paul: Cimetière marin, s. S. 63.

Saint-Pierre: Atyaboul Massadjid (Moschee), Besuch n. V., s. S. 91.

Vom Leben gezeichnet

Wegen der Naturwunder nach Réunion reisen? — Das machen alle anderen. Sie haben Lust auf eine Safari der anderen Art? Suchen Sie an den ungewöhnlichsten Orten nach den orangefarbenen Figuren von Jace. Oder nach anderen gemalten Botschaften.

Wenn Sie am Flughafen Roland Garros in der Warteschlange vor der Sicherheitskontrolle die pummeligen Wesen an der Wand zum Lachen bringen, ist es zu spät. Beginnen Sie lieber frühzeitig, die unverwechselbaren Männlein und Weiblein zu zählen. Doch nicht nur Graffiti, auch bei Illustrationen und Comics ist die kleine Insel ganz groß da.

Gouzou gegen Grau

Als er 1992 damit begann, Gouzous an triste Wände, Stromkästen und Brückenpfeiler zu sprayen, war die Szene noch überschaubar. Der Franzose, der seine Kindheit auf der Insel verbrachte, zählt heute zu den Superstars der Graffitisszene, mit Kunstwerken von Bali über Madagaskar bis New York und Kolumbien. Frankreich und La Réunion blieben jedoch seine liebsten Spielplätze, wo er in Nacht- und Nebelaktionen Wände verschönert. In der breiten Öffentlichkeit würde ihn wohl niemand auf der Straße erkennen, denn er versteckt seine Identität geschickt, aber seine Figuren sind Kult. So sehr, dass seine Graffiti gar nicht mehr als verboten oder illegal wahrgenommen werden. Ganz im Gegenteil: Es gilt fast als ›Ehre‹, wenn ein neuer Gouzou sein Unwesen auf einer Wand treibt. Wie sehr das drollige Kerlchen im Mainstream angekommen ist, zeigt sein ›Museum‹ in Saint-Pierre. Selbstironie ist Jace nicht fremd: »L'usine à Gouzou«, die Fabrik, wo Gouzous für die Masse geschaffen werden. Mittlerweile ist Gouzou nicht mehr allein an den Wänden. Eine Heerschaar lokaler Künstler leistet ihm Gesellschaft. Entstanden in den Scherbenvierteln von Saint-Denis setzten unterprivilegierte junge Männer erste Zeichen, um ihrem Frust freien Lauf zu lassen und doch noch einer Art von (unbezahlter) Beschäftigung nachzugehen. Ihren Wandmalereien stehen aber viele nicht wohlwollend gegenüber. Das Erfolgsrezept des Gouzou? Eine simple Gestalt, drollig-tollpatschig zum Verlieben, mit hohem Wiedererkennungswert, die eine Wand tatsächlich verschönert – und nicht verunstaltet.

Foto kann jeder

Klick, klick, klick. Mit der Digitalfotografie kommt man im Urlaub aus dem Klicken ja gar nicht mehr raus. Und trotzdem schauen Sie sich die Fotos möglicherweise nie wieder an. Anders da die fröhlichen Illustrationen von Damien Clavé. Spielerisch fangen sie den Esprit der Insel ein. Detailreich zeichnet der Kunstprofessor mit obligatem Wuschelkopf ein Motiv und limitiert jede Illustration auf wenige Hundert Stück. Inspirierend, seine in Rostrot und Türkis gehaltene Vintage-Hommage an das Fischerdorf Terre-Sainte. Mondän, die Illustration von Saint-Gilles-les-Bains. Und an der Promenade von Saint-Leu möchte man am liebsten sogleich ein Glas Rotwein leeren, so supersüß ist sie illustriert.

Sein erster Wettbewerb 2014, den er gar gewann, hat ihn an die Spitze der Illustratoren auf der Insel katapultiert. Große Unternehmen, Events und Hotels beauftragten ihn alsbald. Als etablierte Größe wurde er zum Selbstläufer, der nicht mehr Samstag für Samstag am Wochenmarkt von Saint-Pierre eigenhändig seine Poster verkaufen muss. Mittlerweile bietet er seine Werke online an (www.claveillustration.com) oder u. a. auch in Saint-Pierre bei Nanas Vanille (s. S. 87). Aber Obacht: Der Erfolg von Clavé ruft schamlose Kopierer auf den Plan.

Leben in der Blase

Wie ausgeprägt die Liebe zum gezeichneten Bild (*bande dessinée*, kurz BD) auf der Insel ist, beweist die Comicszene. Angefangen hat alles im Jahr 1986, als erstmals eine Monatszeitschrift herausgegeben wurde. Heute bringen drei (!) Comicverlage regelmäßig Neuerscheinungen auf den Markt, der sogar engagiert genug ist, um ein eigenes Comicfestival, das Cyclone BD, tragen zu können. Für einen verhältnismäßig kleinen Markt sind geschätzt über 80 Comiczeichner tätig. Zahlreiche Comics erscheinen in kreolischer Sprache, sie thematisieren häufig die Kolonialgeschichte oder äußern Sozialkritik. »Tiburce«, der vermutlich bekannteste Comic der Insel, erschien in sechs Teilen. Ein zehnjähriger, weißer Kreolenjunge lebt in einem Dorf in den Bergen und erlebt Abenteuer, in denen ein korrupter indischer Bürgermeister, ein muslimischer Textilhändler, ein chinesischer Krämer oder eine gottesfürchtige Dame vorkommen. Andere preisgekrönte Comics thematisieren die Zeit nach dem Ersten Weltkrieg (»La Grippe Coloniale«) oder die Insel um 1730 (»Île Bourbon 1730«). Wer Interesse an lokalen Comics hat, sollte eine Stunde oder zwei im Des Bulles Dans L'Océan in der Rue Jean-Châtel 63 in Saint-Denis einplanen. ■

Gegen den Charme von Gouzou kann man sich einfach nicht wehren.

Im Kochtopf um die halbe Welt

Es ist angerichtet: Zu einem echten ›rougail saucisses‹ gehört unbedingt Reis, viel Reis!

Fleisch, Reis und Kurkuma — Die kreolische Speisekarte wird von Eintöpfen mit gewisser Schärfe dominiert. Was einfach klingt, birgt jedoch Tücken.

Hat man schon einmal so viele Würste in einer Vitrine beim Metzger gesehen? Ich jedenfalls nicht. Roséfarbige, dunkelrote, mit weißen Fetteinschlüssen, mit Kräutern, lange, kurze, dicke, dünne, rohe, geräucherte, *saucisse chinois, saucisse créole d'antan, boudin, andouillette.* Völlig überfordert bat ich deshalb den Kreolen Philippe beim Nachkochen des Nationalgerichts *rougail saucisses* an den Herd.

Wurst, Hauptsache Fleisch

Resolut zeigt er auf rohe, leicht rosige, relativ simple *saucisse de porc* in der Vitrine. »Nicht viel Fett, sonst gibt es zu wenig Fleischgeschmack«, erklärt Philippe. Ein qualitativ hochwertiges Würstel für *rougail saucisses* besteht aus Schweinefleisch, Thymian, Salz und Pfeffer. Zu viel Fett bedeutet minderwertige Qualität, weil Fett billiger als das Fleisch ist.

Die Würste müssen im ersten Schritt in Wasser aufgekocht und angestochen werden, damit die Salze, die das Schweinefleisch bindet, sowie das überschüssige Eiweiß entweichen können. Am Ende muss eine prächtige Schaumkrone auf dem Wasser schwimmen und die Würste weiß-gräulich gargekocht sein.

Kurkuma oder nicht, das ist hier die Frage

Bei den allgegenwärtigen *caris* sind der Fantasie der Köchinnen und Köchen keine Grenzen gesetzt. Die Eintöpfe bestehen aus fein geschnittenen Grundzutaten wie Tomaten, Zwiebeln, Knoblauch und Ingwer, woher auch der Name (*carré* = geschnitten) rührt. Zusätzlich findet fast alles, was Land und Meer hergeben, den Weg in den Kochtopf. Huhn *(cari poulet)*, Ente *(cari canard)* oder Rind *(cari bœuf)*, aber auch Igel *(cari tangue)*, Krustentiere *(cari crabe)* oder Bananenblüten *(cari baba figue boucané)* werden dazugemischt.

Entscheidend für *cari* ist die Beigabe von Kurkuma – und theoretisch sollte es weniger scharf sein. Eine kleine Umfrage unter Insulanern hat ergeben, dass sie es nicht immer ganz genau nehmen, was den Einsatz des allseits beliebten Kurkuma anlangt.

Manche tun es auch ins Nationalgericht *rougail saucisses*, wobei es sich technisch gesehen um ein scharfes *cari* mit einer Würzsaucenbeilage handelt.

F

ACHTUNG FETTNÄPFCHEN!

Haben Sie sich schon über die 50-kg-Säcke Reis in den Supermärkten gewundert? Ein richtiger Kreole isst nämlich dreimal pro Tag Reis und schaufelt gewöhnlich mehr Reis als Fleisch oder Beilagen auf den Teller. Fleisch oder Gemüse bei einer privaten Einladung nicht aufzuessen ist kein Malheur, aber wehe Sie essen die Portion Reis nicht auf. Damit kränken Sie nicht nur die Hausfrau, sondern gleichsam alle Kreolen.

Die kalte Würzsauce aus Gemüse und Gewürzen wird praktisch zu allem, speziell zu *cari* oder zu Gegrilltem, gereicht. Die Basis kann aus Avocado, Christophinen *(chouchou)*, Combava, Gurken, Mango oder Bittergurke *(margose)* bestehen, die mit Salz, Chili, Zwiebel, Knoblauch und noch einigem mehr abgeschmeckt wird.

Zum Weinen

Ein halbes Kilo längliche Tomaten, in Streifen geschnitten und halbiert, und vier bis fünf grob geschnittene rote Zwiebeln werden in einer Schale jeweils extra bereitgestellt. Im Mörser zerstößt Philippe sechs bis sieben grob geschnittene Knoblauchzehen, einen Finger Ingwer, eine Schote grünen Chili *(piment vert)* und schwarze Pfefferkörner zu einer richtigen Pampe. Achtung: Es brennt höllisch in den Augen!

Mörser aus Vulkanstein *(pilon)* sind übrigens nicht nur eine Augenweide, sondern spielen traditionell eine tragende Rolle: Zur Hochzeit geschenkt, behalten die Frauen sie im Idealfall bis zum Lebensende.

Würstelgulasch mit Anspruch

Philippe schneidet die erkalteten Würste in fingerbreite Stücke. Ohne zusätzliches Fett wirft er sie in eine *marmite*, einen wuchtigen Kochtopf aus Aluminium, der einst dazu verwendet wurde,

Die Zutaten sehen auch schon so lecker aus, aber wenn das ›cari‹ erst einmal fertig ist, mag man mit dem Essen kaum noch aufhören. Und die richtige Prise Kurkuma krönt das Ganze!

M

MEDIZIN AUS DEM GLAS

Lokalen Rum aus Zuckerrohr selbst anzusetzen und mit eingelegten Früchten und Gewürzen zu veredeln, wird von den Réunionesen wie ein Volkssport betrieben. Zwischen sechs Monaten und zwei Jahren reift der *rhum arrangé*, damit sich der ganze opulente Geschmack entfaltet. Ursprünglich in der Familie als Medizin von Generation zu Generation weitervererbt, dient er heute vielmehr den kulinarischen Genüssen – am besten so oft wie möglich. Mal wird ein Gläschen vor der Mahlzeit als Apéro, mal nach dem Essen als Digestif serviert. Oder beide Male.

um über dem offenen Feuer zu simmern. »So entweicht der letzte Rest von Fett«, erklärt er. Sie brutzeln so lange, bis sie eine schöne, braune Färbung erhalten. Er gibt die Knoblauchwürzmischung, die Zwiebel und einen Zweig Thymian hinein. Er rührt und rührt und rührt, nach 10–15 Minuten kippt er die Tomaten hinzu. »Immer weiter rühren«, ermahnt mich Philippe. Noch ein wenig Wasser hinzu, noch ein paar Minuten rühren und auf kleiner Flamme köcheln lassen, dann ruhen lassen.

Auberginen gerührt, nicht geschüttelt

Gleich zu Beginn hatte Philippe die Auberginen im Ganzen in den Ofen geschoben. Sie backen nun bei 200 °C so lange, bis sie im Inneren blubbern. Traditionell röstete man sie über dem offenen Feuer, was ihnen einen intensiveren Geschmack verleiht. Zahlreiche traditionelle Restos legen heute noch Wert darauf, dass ihre Speisen *au feu de bois* gekocht werden, oft noch um die kreolische Bezeichnung *lontan* ergänzt (was mit ›althergebracht‹ oder ›vor langer Zeit‹ übersetzt werden kann).

Ein paar Zesten einer Combava, Salz und einen Finger *gingembre mangue* (Mangoingwer), eine Kurkumawurzel mit aromatischem, mangoähnlichen Geschmack, zerstampfe ich im Mörser. Philippe kratzt unterdessen die erkalteten Auberginen aus der Hauthülle und schmeckt sie mit der Würzmischung sowie einer Handvoll feingeschnittenen Zwiebeln, Salz und Saft einer halben Zitrone ab. Wer wie die Insulaner probieren möchte, streicht sich einen Löffel der nunmehr entstandenen *rougail bringelle* auf die innere Handfläche und schleckt sie ab.

Hauptsache rund

Keine kreolische Spezialität wäre ohne Beigabe von Reis sowie Bohnen oder Linsen *(grains)* komplett. Der von den Indern und Chinesen eingeführte Reis verdrängte die Süßkartoffeln *(patate)*, Jamswurzeln *(igname)* oder Tarowurzeln *(songe)* als Beilage. Heute wird aber auch ebenso Baguette zum Essen gegessen.

Wenn der Teller proppenvoll ist und nicht einmal ein Reiskorn Platz hat, dann hat sich die stundenlange Plackerei gelohnt. Obwohl ich mir nun nicht mehr ganz sicher bin, ob die lange Garzeit dem Geschmack oder einfach der Lebensphilosophie der Réunionesen geschuldet ist. »Doucement le matin et pas trop vite l'aprés-midi«, prostet mir Philippe am Ende der Kochsession lachend zu. Langsam am Morgen und nicht zu schnell am Nachmittag erklärt doch einiges. ■

atmosfair

FSC
www.fsc.org
MIX
Papier | Fördert gute Waldnutzung
FSC® C018236

Daniela Eiletz-Kaube und Kurt Kaube
schwören sich vor jeder Reise nach Réunion, mehr am Strand zu chillen. Aber erst mal angekommen, gehen dann doch wieder die Pferde mit ihnen durch. Wanderwege ohne Ende, Aussichtspunkte zum Abwinken, Märchenwälder, Tropenstrände, idyllische Steilküsten, bunt blühende Gärten, ein Picknick hier, ein Sundowner dort, mal ein Maloya-Konzert, dann wieder eine Einladung bei Freunden. Und jedes Mal bricht es ihnen das Herz abzufliegen, denn allen sozialen Problemen zum Trotz fühlt Réunion sich immer noch wie eine Insel der Seligen an.

Abbildungsnachweis
akg-images, Berlin: S. 276 (De Agostini Picture Lib./G. Dagli Orti) **AWL Images,** Whitchurch (GB): Titelbild (Aurora Photos) **Getty Images,** München: S. 282 (AFP/RICHARD BOUHET); 270 (Apic); 240 (Christian Murtin); 290 u. li. (Franz-Marc Frei); 239 (IMAZ PRESS); 64 (J.B DAVY); 290 o. li., 291 o. (Owen Franken) **iStock.com,** Calgary (CA): S. 166 li. (Dmitry_Chulov); 209 M. (imv); 36 re. (vale_t) **Kurt Kaube,** Graz (A): S. 15 li., 25, 28, 33, 35, 36 li., 41, 44, 57, 75, 87, 106, 110, 116, 128 re., 133, 146, 154, 156, 183, 196, 209 o. re., 230, 263, 264 o., 264 u., 266, 269, 296 o., 299, 300, 302, 307 **laif,** Köln: S. 72 (Dietmar Denger); 290 re. (Eva Haeberle); 8 (Gregor Lengler); 12/13, 224 (Günter Standl); 7 re., 11, 71, 84 li., 90, 92, 95, 109, 125, 127, 129 o. re., 148, 164/165, 217, 219, 247, 258/259, 260/261, 284/285, 291 u. (hemis.fr/Arnaud Spani); 213, 235 (hemis.fr/Bertrand Rieger); 202 (hemis.fr/Franck Charton); 37 li. (hemis.fr/Jean-Paul Azam); 15 o. re., 30 (hemis.fr/Johannes Braun); Umschlagklappe vorn, 119, 184, 191 (Iris Kuerschner); 128 li., 151, 288/289 (Kurt Henseler); 7 o. li. (Le Figaro Magazine/Eric Martin); 63 (LookatSciences); 101, 208 re. (Markus Kirchgessner); 37 o. re., 83, 192 (REA/Romain Philippon); 206/207 (REA/Valerie Koch); 161 (Sophie Henkelmann) **Lookphotos,** München: S. 174, 237 (Franz Marc Frei); 294 (Hauke Dressler) **Mauritius Images,** Mittenwald: S. 170 (age fotostock/Christian Goupi); 10, 142 (age fotostock/Sergi Reboredo); 166 re. (Alamy/Bjul); 138 (Alamy/Dorin Marius Balate); 37 u. re. (Alamy/Guichaoua); 244 (Alamy/Oliver Gerhard); 17, 85 li. (Alamy/Sergi Reboredo); 53 (Alamy/Stefan Ember); 21 (Maria Breuer); 229 (Photononstop/Florence Guillemain); 6 (Rainer Mirau) **picture-alliance,** Frankfurt a. M.: S. 131 (dpa/MAXPPP/Emmanuel Grondin); 173 (Rolf Wilms) **Shutterstock.com,** Amsterdam (NL): S. 129 li. (A. Karnholz); 167 u. re. (Aksenova Natalya); 15 u. re. (Evannovostro); 85 o. re. (lr.s); 296 u. (JeanLuclchard); 14 li. (lr.s); 2/3 (Ludovic Chambaud); 129 u. re. (New Africa); 208 li. (Stefano Ember); 167 o. re. (w1d); 85 u. re. (wavebreakmedia); 209 u. re. (Wonderful Nature); 84 re. (yggdrasill); 167 li. (Zamir Popat) **Stock.adobe.com,** Dublin (IRE): S. 80 (Graphithèque); 7 u. li. (Unclesam) **Wikimedia Commons:** S. 14 re. (CC-PD/Thierry Caro)

Umschlagfotos
Titelbild und Umschlagklappe vorn: Wanderung zum Cirque de Mafate

Kartografie
© KOMPASS-Karten GmbH, A-6020 Innsbruck; DuMont Reiseverlag, D-73751 Ostfildern

Autoren: Daniela Eiletz-Kaube, Kurt Kaube **Redaktion/Lektorat:** Sabine Zitzmann-Starz, Britta Rath **Bildredaktion:** Sima Ebrahimi; Titelbild: Sima Ebrahimi **Grafisches Konzept und Umschlaggestaltung:** zmyk, Oliver Griep und Jan Spading, Hamburg

Hinweis: Autoren und Verlag haben alle Informationen mit größtmöglicher Sorgfalt geprüft. Gleichwohl erfolgen alle Angaben ohne Gewähr. Bitte schreiben Sie uns! Über Ihre Rückmeldung und Ihre Verbesserungsvorschläge freuen wir uns: DuMont Reiseverlag, Postfach 3151, 73751 Ostfildern, info@dumontreise.de, www.dumontreise.de

2., aktualisierte Auflage 2024

Printed in Poland

Offene Fragen*

Wie oft fegen Zyklone über die Insel?

Seite 260

Was hilft gegen das Brennen im Schlund nach einem großen Löffel »piment«?

Seite 302

Warum schmeckt sauteurer »café pointue« wie schlechter Tee?

Wann bricht der Vulkan Piton de la Fournaise das nächste Mal aus?

Seite 282

Welches Ungetüm wird neckisch »cachalot« (Pottwal) genannt?

Werden die köstlichen »rhums arrangés« nur nach dem Essen getrunken?

Seite 303

Lohnt es sich, einen SUV zu mieten?

Seite 251

Warum fühlen sich viele Hotels so unpersönlich an?

Seite 292

Wie viele Stationen sollte eine Réunion-Rundreise haben?

Seite 249

Sind Geckos gefährlich?

Wie kann Vanille aus Madagaskar so viel billiger als echte Bourbonvanille aus Réunion sein?

Seite 150

Weshalb sind afrikanischstämmige Kreolen nicht beleidigt, wenn man sie als »cafrés« bezeichnet?

Seite 214

** Fragen über Fragen – aber Ihre ist nicht dabei? Dann schreiben Sie an info@dumontreise.de. Über Anregungen für die nächste Ausgabe freuen wir uns.*